सरदार पटेल

व्यक्तित्व, विचार एवं राष्ट्र निर्माण

सरदार पटेल

व्यक्तित्व, विचार एवं राष्ट्र निर्माण

जनक सिंह मीना

वाणी प्रकाशन

वाणी प्रकाशन

4695, 21-ए, दरियागंज, नयी दिल्ली 110 002

फ़ोन : +91 11 23273167 फ़ैक्स : +91 11 23275710

शाखाएँ

अशोक राजपथ, पटना 800 004, बिहार

कॉफ़ी हाउस कैम्पस, महात्मा गांधी मार्ग, इलाहाबाद 211 001, उत्तर प्रदेश

महात्मा गांधी अन्तरराष्ट्रीय हिन्दी विश्वविद्यालय, वर्धा 442 001, महाराष्ट्र

सुल्तानिया रोड, मोतिया पार्क, भोपाल 462 001, मध्य प्रदेश

www.vaniprakashan.com
marketing@vaniprakashan.in
sales@vaniprakashan.in

SARDAAR PATEL : VYAKTITVA, VICHAR EVAM RASHTRA NIRMAN
by Janak Singh Meena

ISBN : 978-93-89915-69-3
Criticism

प्रथम संस्करण 2020

मूल्य : ₹ 595

सिटी प्रेस, दिल्ली-110 095 में मुद्रित

वाणी प्रकाशन का लोगो मक़बूल फ़िदा हुसेन की कूची से

प्राक्कथन

"है समय नदी की धार कि जिसमें सब बह जाया करते हैं।
है समय बड़ा तूफ़ान प्रबल पर्वत उड़ जाया करते हैं।।
सब लोग समय की धारा में नित गोते खाया करते हैं।
पर कुछ ऐसे होते हैं, जो इतिहास बनाया करते हैं।।"

कवि की उक्त पक्तियाँ वल्लभभाई पटेल पर चरितार्थ होती हैं। उनकी विलक्षण प्रतिभा, धैर्य, कर्तव्यनिष्ठता, ईमानदारी, अनुशासनशीलता, संयम, दृढ़ता के इरादों को दर्शाते हुए राष्ट्रवादी के रूप में नव भारत का निर्माण करने की कहानी कहती हुई प्रतीत होती हैं।

सरदार पटेल की जीवन यात्रा पर नज़र डालने पर ऐसा प्रतीत होता है, मानो उनका जन्म कँटीले, ऊबड़–खाबड़, भयाभय रास्तों को पार करके राष्ट्र निर्माण के लिए ही हुआ हो। उनके बचपन, युवावस्था एवं प्रौढ़ता के जीवन में अनेक पहाड़, घाटी, जंगल आये, परन्तु वे इन सबकी परवाह किये बिना लक्ष्य की ओर बढ़ते चले गये, क्योंकि उनमें देश की आज़ादी के लिए अपना सब कुछ न्यौछावर करने की भावना थी, उनकी यह सर्वस्व न्यौछावर करने की भावना राष्ट्रभक्ति और राष्ट्रप्रेम की मिसाल कायम करती है। उन पर पारिवारिक संस्कार और संस्कृति के अलावा सर्वाधिक प्रभाव गाँधीदर्शन का रहा। उन्होंने गाँधी के सिद्धान्तों का व्यावहारिकता में पालन करते हुए बड़े–बड़े आन्दोलन, विरोध, सत्याग्रह किये। इसी मार्ग का अनुसरण करते हुए स्वतन्त्रता संग्राम से लेकर अन्तरिम सरकार, भारत का विभाजन और स्वतन्त्र भारत में देश के समक्ष खड़ी हुई चुनौतियों एवं समस्याओं का सामना मज़बूत इरादों के साथ करते हुए देश में फैली 562 देशी रियासतों का एकीकरण कर नये भारत का निर्माण किया।

भारत विभाजन पर हृदय की गहराइयों से क्षोभ प्रकट करते हुए पटेल ने कहा था—"मैं इस चीज़ की गहराई में जाना नहीं चाहता कि किनकी ग़लतियों के कारण यह दुखदायी परिणाम प्रकट हुआ। लेकिन दरमियानी सरकार का जो अनुभव मुझे हुआ था और उसके बारे में अंग्रेज़ों ने जो नीति अपनायी थी, उसे देखते हुए हिन्दुस्तान को बरबादी से बचाने के लिए उस समय उसके अलावा दूसरा कोई रास्ता नहीं रह गया था।" सरदार पटेल के इन उद्‌गारों में उनका आक्रोश व्यक्त हुआ है और इनकी गहराई में विभाजन सम्बन्धी नग्न सत्य भी छिपा है। देश ने जो अनमोल आज़ादी हासिल की थी, उसके तुरन्त बाद देश में प्रान्तवाद और भाषावाद के जो झगड़े सिर उठाने लगे थे और देशसेवा की क़ीमत वसूल करने की जो हलचलें देश में खड़ी होने लगी थीं, उन्हें देखकर पटेल ने बहुत परेशानी महसूस की थी। उन्होंने अपने एक पत्र में लिखा था कि यदि बापू होते तो वे इस प्रवृत्ति का कड़ा विरोध करते। सरदार पटेल त्याग की मूर्ति थे और पद या प्रसिद्धि की कोई इच्छा नहीं रखते थे, हाँ जब सवाल राष्ट्रीय एकता, अखण्डता का हो तो वे सबसे आगे कूदने को तैयार रहते थे और इसके लिए सब कुछ करने को तैयार थे।

सरदार पटेल का बचपन, विद्यार्थी जीवन, वकील के रूप में कार्य, इंग्लैंड में बैरिस्टरी की पढ़ाई, तदुपरान्त भारत वापसी, वकालत, गाँधी जी से सम्पर्क, सार्वजनिक जीवन में प्रवेश, आन्दोलन एवं सत्याग्रह, जेल यात्राएँ, काँग्रेस अध्यक्ष, पूर्ण स्वराज्य की प्रस्तावना, भारत छोड़ो आन्दोलन, अन्तरिम सरकार का गठन, मुस्लिम लीग और जिन्ना, भारत का विभाजन, स्वतन्त्रता, रियासतों का एकीकरण आदि ऐसी घटनाएँ हैं जहाँ सरदार वल्लभभाई पटेल ने बिना रुके, बिना भय के, बिना स्वार्थ के आगे बढ़ते हुए एक सच्चे राष्ट्रवादी के रूप में कर्तव्यों का निर्वहन कर अखण्ड भारत के निर्माण में महती भूमिका का निर्वहन किया।

सरदार पटेल की भूमिका को कुछ स्वार्थी एवं चाटुकार लोगों ने सदैव सन्देह की दृष्टि से देखा है और अपनी संकीर्ण मानसिक विचारधारा का परिचय दिया है। धर्म के बारे में पटेल के दृष्टिकोण को संकीर्ण और साम्प्रदायिक बताया गया, लेकिन इस तरह का दुष्प्रचार निरर्थक रहा। सरदार पटेल के किसी भी व्यक्तिगत या सार्वजनिक वक्तव्य अथवा भाषण से इस बात की न तो कोई पुष्टि होती है और न ही कोई ऐसे संकेत

प्राप्त होते हैं। स्वयं गाँधी जी ने अपने अन्तिम उपवास के दिनों में सरदार के विरुद्ध किये गये ऐसे प्रचार का खण्डन किया था। असल में, सरदार पटेल राष्ट्रीयता के कट्टर हिमायती थे। राष्ट्रहित को ख़तरे में डालने वालों को वे कभी बर्दाश्त नहीं कर सकते थे। इसलिए कुछ लोग उनको उकसाकर अपने मार्ग से विचलित करना चाहते थे, परन्तु उन्होंने कभी अपने सिद्धान्तों एवं लक्ष्यों से कोई समझौता नहीं किया। सरदार वल्लभभाई पटेल ने समाज–सुधारक की भूमिका का निर्वहन करते हुए अस्पृश्यता का निवारण, साम्प्रदायिकता का विरोध तथा नशाबन्दी के लिए आगे बढ़कर कार्य किया। पटेल ने एक भाषण में कहा था, ''अस्पृश्यता एक वहम है। जब कुत्ते को छूकर नहाना नहीं पड़ता, बिल्ली को छूकर नहाना नहीं पड़ता; तो फिर जो हमारे जैसे मनुष्य हैं उन्हें छूकर कैसे अपवित्र हो जाते हैं? हिन्दुओ, जागो! आप भूल कर रहे हैं। अन्त्यज ही मुसलमान या ईसाई बन जाते हैं। वे ईसाई बनकर आते हैं, तो आप उन्हें सलाम करते हैं। इस प्रकार हमारे यहाँ धर्म का निवास न रहता हो, तो ईश्वर का क्या दोष? जब वह हिन्दू धर्म छोड़ देता है, तब हमारे साथ बैठने लायक हो जाता है। फिर तो वह विधर्मी बनकर विरोधी बन जाता है।'' इसमें पटेल ने धर्म के नाम पर, जाति के नाम पर, छुआछूत करने वालों पर तंज़ कसा है। सरदार वल्लभभाई ने विवाह पद्धति पर भी चिन्ता व्यक्त की थी और बाल विवाह तथा बेमेल विवाह का विरोध करते हुए विधवा विवाह का समर्थन किया था। पटेल ने पर्दा प्रथा को भी समाप्त करने के लिए कहा था तथा शिक्षा को बढ़ावा देकर देश और समाज के उत्थान में योगदान की बात कही थी।

सरदार पटेल ने लोक सेवाओं को नया रूप देकर जारी रखने में महत्त्वपूर्ण भूमिका निभायी। उन्होंने भारतीय प्रशासनिक सेवा (आई.ए.एस.) तथा भारतीय पुलिस सेवा (आई.पी.एस.) को नया नाम एवं स्वरूप प्रदान कर देश के शासन–प्रशासन के लिए आवश्यक बताया। पटेल ने लोकतन्त्र की आवश्यकता पर बल देते हुए कहा था, "लोकतन्त्र और लोकतन्त्री सस्थाएँ कुशलतापूर्वक काम तभी तक कर सकती हैं, जबकि जिस प्रदेश में इनका प्रयोग किया जाये, वह काफ़ी हद तक आत्मनिर्भर हों। जब राज्य छोटे होने के कारण, अलग–अलग जगह में स्थित होने के कारण या दैनिक जीवन में सभी आर्थिक मामलों में पड़ोसी स्वायत्त प्रदेश, चाहे वह प्रान्त हो या बड़ी रियासत, पर निर्भर रहने के कारण, या अपनी जनता के पिछड़ेपन के कारण,

या स्वायत्त प्रशासन का भार उठाने में असमर्थता के कारण आधुनिक प्रणाली की सरकार कायम नहीं कर सकते, तब लोकतन्त्रीकरण और एकीकरण दोनों की आवश्यकता असन्दिग्ध हो जाती है।" अतः कहा जा सकता है कि सरदार पटेल लोकतान्त्रिक शासन व्यवस्था के प्रबल समर्थक थे।

–जनक सिंह मीना

कृतज्ञता अर्पण

इस पुस्तक का विषय 'सरदार पटेल : व्यक्तित्व, विचार एवं राष्ट्र निर्माण' है। विषय का चयन अत्यन्त सावधानीपूर्वक एवं पूर्व में किये गये साहित्य की समीक्षा के आधार पर किया गया, जिसकी नींव 2007–08 के दौरान स्व. प्रो. पी.सी. माथुर साहब के सान्निध्य में रहकर रखी गयी थी। प्रो. माथुर ने वर्धमान महावीर खुला विश्वविद्यालय के क्षेत्रीय अध्ययन केन्द्र, जयपुर में लोक प्रशासन के परामर्शदाता के रूप में सेवाएँ प्रदान करते हुए एम.ए. तथा एम.फिल. के पाठ्यक्रम तैयार किये थे, जिनमें प्रशासनिक विचारक नामक प्रश्न–पत्र में सरदार वल्लभभाई पटेल को प्रशासनिक चिन्तक के रूप में प्रस्तुत करने के लिए मुझे न केवल अवसर दिया, अपितु विषय से सम्बन्धित साहित्य अध्ययन में भी बराबर सलाह एवं सहयोग किया। यहीं से यह विषय मेरे ज़ेहन में पनप रहा था, जिस पर अध्ययन कर मैं अपने–आपको धन्य मानता हूँ और इस लेखन एवं अध्ययन को मेरे गुरुवर स्व. प्रो. पी.सी. माथुर के चरणों में समर्पित करते हुए उन्हें श्रद्धांजलि देता हूँ।

इस विषय को लेकर मैं निरन्तर चिन्तन–मनन करता रहा और जब–जब मौक़ा मिला आलेख, समीक्षाएँ, टिप्पणियाँ लिखता–पढ़ता रहा। मानो मैं इन्तज़ार कर रहा था कि मौक़ा मिलते ही विषय से सम्बन्धी मन–मस्तिष्क में कौंध रहे सवालों की जिज्ञासा को शान्त कर पाऊँ। यह अवसर मुझे मिला जब प्रो. पूनम बावा, राजनीति विज्ञान विभाग, जयनारायण व्यास विश्वविद्यालय की विभागाध्यक्ष पद पर आसीन थीं, और मैंने इसी विभाग में सहायक प्रोफ़ेसर के पद पर नियुक्ति पायी। मैंने अपनी नियुक्ति के चन्द दिनों बाद ही प्रो. पूनम बावा के समक्ष अपनी मंशा रख दी थी और उन्होंने सकारात्मकता के साथ मुझे साहित्य अध्ययन के लिए प्रोत्साहित किया। निरन्तर कार्य करते हुए आज इस परिणति तक पहुँचाने में गुरुवर प्रो. पूनम बावा, पूर्व सिंडीकेट सदस्य जेएनवीयू एवं निदेशक कमला नेहरू

महिला महाविद्यालय के अभूतपूर्व सहयोग, सहायता एवं परामर्श के लिए मैं उनका आजीवन ऋणी रहूँगा। प्रो. बावा के व्यक्तित्व एवं जीवन–शैली ने हरसम्भव इस कार्य में मेरे लिए ऐसे आदर्श प्रस्तुत किये हैं, जिन्होंने मेरे जीवन की दिशा ही बदल दी। मैं जब भी कमज़ोर पड़ा अथवा सही मार्ग की तलाश में रहा, उन्होंने मुझे सदैव प्रेरित एवं प्रोत्साहित कर जीवन के अनुभवों को साझा करते हुए आगे बढ़ने की प्रेरणा दी। इसके लिए मैं अपने–आपको धन्य मानता हूँ कि मुझे माँ स्वरूप गुरु मिलीं जिनके स्नेह एवं मार्गदर्शन ने मुझे इस कार्य को पूर्ण करने की स्फूर्ति प्रदान की। यहाँ मेरे लिए उन सबका नाम लिखना असम्भव प्रतीत हो रहा है जिन्होंने मेरे जीवन एवं इस कार्य में सहयोग, मार्गदर्शन एवं प्रेरणा देते हुए अपने आशीर्वाद से ऊर्जावान बनाया, इसके बावजूद कुछ नाम लेना मैं अपना पुनीत कर्तव्य एवं अकादमिक धर्म समझता हूँ जिनमें हैं–प्रो. प्रीता जोशी (मेरी पीएच. डी. निर्देशक), प्रो. संगीता शर्मा, प्रो. अशोक शर्मा, प्रो. पी. एस. भटनागर, प्रो. सुरेश गोयल, प्रो. रवीन्द्र शर्मा, प्रो. एस.एन. अम्बेडकर, प्रो. बी.एल. शर्मा (कुलपति, सीकर), प्रो. कैलाश सोढ़ानी (कुलपति जनजातीय विश्वविद्यालय, बाँसवाड़ा), प्रो. संजय लोढ़ा (उदयपुर), प्रो. अरविन्द के. शर्मा (पूर्व कुलपति, मिजोरम विश्वविद्यालय), प्रो. होशियार सिंह (पूर्व कुलपति, बीकानेर विश्वविद्यालय), प्रो. सुषमा यादव (सदस्य विश्वविद्यालय अनुदान आयोग, नयी दिल्ली), प्रो. बी.एस. राजपुरोहित (पूर्व कुलपति जेएनवीयू), प्रो. राजेश कुमार (कुरुक्षेत्र), प्रो. नीलिमा देशमुख (नागपुर), प्रो. लोकेश कुमार शेखावत (पूर्व कुलपति जेएनवीयू, जोधपुर) का हृदय की गहराइयों से धन्यवाद ज्ञापित करता हूँ जिन्होंने सदैव अपना आशीर्वाद एवं प्रोत्साहन देकर कृतार्थ किया।

प्रो. रामपाल सिंह (माननीय पूर्व कुलपति, जयनारायण व्यास विश्वविद्यालय, जोधपुर) ने सदैव अकादमिक कार्यों के लिए मुझे उत्साह एवं निरन्तर प्रोत्साहन देकर मार्ग प्रशस्त किया। उनके मार्गदर्शन के कारण ही यह लेखन कार्य इस रूप में प्रस्तुत कर पाया हूँ। मैं उनके प्रति अपनी कृतज्ञता अर्पित करता हूँ। प्रो. धर्मचन्द जैन (पूर्व अधिष्ठाता, कला, शिक्षा एवं समाज विज्ञान संकाय), प्रो. एल.एल. मीना, प्रो. कान्ता कटारिया, प्रो. प्रभावती चौधरी, प्रो. यादराम मीना, डॉ. एम.एल. वर्मा 'निकुंज' (बडवानी) एवं अन्य सहयोगियों ने हरसम्भव सहयोग एवं प्रोत्साहित किया, जिसके लिए मैं सभी को कोटिशः धन्यवाद देना अपना कर्तव्य समझता हूँ।

विद्यार्थियों एवं मित्रगणों में डॉ. रामचन्द्र, डॉ. योगेश देवल, डॉ. अनिता राठी, डॉ. वेंकट, डॉ. नरेशपाल मीना, डॉ. माया कुमारी, श्रीमती शीलावती मीना (आरएएस), श्री बबलीराम, जितेन्द्र दोतांनिया, दमयन्ती मीना, बद्रीनारायण, नमोनारायण एवं अन्य सभी ने पूरा सहयोग एवं उत्साहित किया, इसके लिए सदैव उनका आभारी हूँ।

मेरे पारिवारिक सदस्यों में मेरे पिताजी श्री श्रीलाल मीना, माँ श्रीमती धनपूली, भाइयों में श्री मगल लाल, श्री बाबूलाल, इंजि. नन्दराम (पी. एफ. कमिश्नर), श्री समय सिंह, बहिन स्व. श्रीमती इन्दिरा बाई, जीजाजी श्री जयसिंह मीना के आशीर्वाद एवं प्यार ने नयी ऊर्जा का संचार किया। धर्मपत्नी श्रीमती सुजाता मीना, सुपुत्री काकुन एवं नूतन देवतवाल के स्नेहिल प्रेम ने इस लेखन कार्य को अन्तिम रूप प्रदान करने में मदद की, इस हेतु मैं सभी का आभार और धन्यवाद ज्ञापित करना अपना कर्तव्य समझता हूँ।

–जनक सिंह मीना

अनुक्रम

अध्याय एक

विषय प्रस्तावना

सन् 1848 ई. से 1856 ई. तक लॉर्ड डलहौजी भारत के गवर्नर जनरल रहे और उन्होंने भारतीय राज्यों को समाप्त करने एवं हड़पने की नीति अपनायी, जिसके फलस्वरूप रानी विक्टोरिया का भारतीय उपनिवेश उत्तर में हिमालय पर्वतमाला से लेकर दक्षिण में समुद्र तट तक तथा पश्चिम में सिन्ध नदी से लेकर पूर्व में इरावती नदी तक विस्तृत हो गया। डलहौजी के बाद लॉर्ड केनिंग 1856–1858 ई. तक भारत के गवर्नर जनरल रहे। इसी दौरान भारत में ब्रिटिश सत्ता के विरुद्ध 1857 ई. में सैनिक विद्रोह हुए, जिन्हें अनेक नामों से जाना जाता है। भारतीय इतिहास में 1857 की क्रान्ति गौरवशाली घटना रही जिसका क्षेत्र सम्पूर्ण भारत रहा। क्रान्ति के स्वरूप को सैनिक विद्रोह, सामन्ती प्रतिक्रिया, गदर, विद्रोह, सिपाहियों की बग़ावत आदि कहा जाता है, परन्तु भारतीय परिप्रेक्ष्य में इसे देश का पहला स्वाधीनता या स्वतन्त्रता संग्राम कहा जाता है, जिसमें पूरे देश में अंग्रेज़ी शासन के शोषण, उत्पीड़न एवं सर्वहरण की प्रवृत्ति के चलते देश को मुक्ति दिलाने एवं स्वतन्त्रता प्राप्ति के लिए प्रयास किये गये। भारत में 1857 की क्रान्ति के अनेक कारण माने जाते हैं जिनमें हैं–भारतीय रजवाड़ों में अंग्रेज़ी शासन के विरुद्ध असन्तोष का होना, राज्यों के जागीरदारों एवं सामन्तों का अंग्रेज़ी शासन से असन्तुष्ट होना, कुलीन वर्ग की सम्पत्ति एवं जागीरों का छिनना, मुस्लिम शासकों के साथ किया गया दुर्व्यवहार, प्रशासन में भारतीयों के साथ भेदभावपूर्ण बर्ताव, न्यायिक व्यवस्था में सौतेलापन, सामाजिक अपमान, धर्मान्तरण, किसानों से मनचाहे राजस्व की वसूली, भारतीय सैनिकों के साथ भेदभाव इत्यादि। वरिष्ठ इतिहासकार एवं लेखक विलियम डेलरिम्पल ने 1857 की क्रान्ति को 19वीं सदी का सबसे बड़ा

विद्रोह बताते हुए लिखा है कि भारत में 1857 के विद्रोह ने बहुत बड़े बदलाव भारतीय इतिहास में किये जिसमें दो घटनाएँ महत्त्वपूर्ण रहीं– (1) मुग़ल बादशाहत का अन्त एवं (2) ईस्ट इंडिया कम्पनी का अन्त।

भारत में अंग्रेज़ी राज्य की स्थापना के साथ ही सशस्त्र विद्रोह का आरम्भ हो गया था। प्लासी विजय के बाद पहली बार ईस्ट इंडिया कम्पनी को भारत में 1757 में राजनीतिक सत्ता मिली। ईस्ट इंडिया कम्पनी को भारत में शासन करने में 1857 से पूर्व कोई ज़्यादा कठिनाइयाँ नहीं हुईं, परन्तु 1857 की क्रान्ति ने इंग्लैंड की संसद को भारत का शासन अपने हाथों में लेने के लिए प्रेरित किया और इसी परिप्रेक्ष्य में 2 अगस्त 1858 को ब्रिटिश संसद ने एक अधिनियम पारित करके भारत में कम्पनी शासन को समाप्त कर दिया तथा ब्रिटिश ताज ने शासन का अधिग्रहण कर लिया। भारत का शासन अधिकार ग्रहण करने के बाद ब्रिटिश क्राउन की ओर से भारतीय जनता के प्रति शासन की नीति एवं सिद्धान्तों की घोषणा लॉर्ड केनिंग ने महारानी विक्टोरिया के 1 नवम्बर 1858 के घोषणापत्र को पढ़कर की, जिसे भारतीय स्वतन्त्रता का मेग्नाकार्टा कहा गया। परतन्त्रता की बेड़ियों ने भारतीय जनता को विद्रोह, आन्दोलन, विरोध, सत्याग्रह करने के लिए विवश कर दिया, जिसका रास्ता 1857 की क्रान्ति ने प्रशस्त किया। आगे चलकर भारतीय कर्णधारों ने संगठित–नियोजित होकर, रणनीतियाँ बनाकर भारतीय स्वतन्त्रता की लड़ाई को आगे बढ़ाया। महात्मा गाँधी, सरदार वल्लभभाई पटेल, भगतसिंह, चन्द्रशेखर, लाला लाजपत राय, सुभाषचन्द्र बोस, मो. अली जिन्ना, मौलाना अबुल कलाम आज़ाद, जवाहरलाल नेहरू जैसे नेताओं ने बागडोर सँभालते हुए 1942 में 'अंग्रेज़ो भारत छोड़ो' का नारा बुलन्द कर दिया और देश में 'पूर्ण स्वाधीनता' का बिगुल बजा दिया। देश की जनता ने जिस अदम्य साहस, धैर्य और वीरता का परिचय दिया, वह निस्सन्देह प्रशंसनीय रहा और इसी के बल पर अन्तरिम सरकार और फिर 15 अगस्त 1947 को आज़ादी मिली। एक टीस जो उस समय के नेतृत्वकर्ताओं में ही नहीं, अपितु प्रत्येक देशभक्त एवं देशप्रेमी में रह गयी, वही थी, जिन मंसूबों, उद्देश्यों एवं लक्ष्यों के साथ यह संघर्ष किया गया उसके अन्तिम परिणाम उसके अनुकूल प्राप्त नहीं हो पाये। यहाँ स्पष्ट संकेत है कि जिस एकता एवं दृढ़ता से लड़ाई लड़ी गयी किन्तु अन्त में अखण्ड भारत का स्वप्न अधूरा ही रह गया और भारत को विभाजन का दंश झेलना पड़ा जिसकी

क़ीमत आज तक चुकानी पड़ रही है, अन्यथा आज हम विश्वपटल पर ऊँचे पायदान पर होते।

1857 में, ब्रिटिशों को भारत से निष्कासित करने का प्रथम स्वतन्त्रता संग्राम का प्रयास हुआ। इसमें भारतीयों की असफलता के उपरान्त ब्रिटिश शासन ने अपने शासन–काल में निरन्तर क्रूरता प्रारम्भ कर दी तथा अनेक एक्ट लादने प्रारम्भ कर दिये, जिससे ग्रामीण उद्योग–धन्धों, जो भारतीय जन की आर्थिक स्थिति के निर्णायक थे, को हानि पहुँची। 1857 की इस क्रान्ति के पश्चात् राजनीतिक स्तर पर दूसरी महत्त्वपूर्ण घटना वर्ष 1885 में अखिल भारतीय राष्ट्रीय काँग्रेस की स्थापना की रही और इन्हीं दो महत्त्वपूर्ण एवं ऐतिहासिक घटनाओं के बीच भारतीय धरातल पर सरदार पटेल का अवतरण हुआ।

सन् 1915 में, महात्मा गाँधी दक्षिणी अफ्रीका से भारत लौटे और 1916 में उन्होंने सार्वजनिक जीवन में प्रवेश किया और इसी समय सरदार पटेल ने अपनी सेवाएँ गाँधी जी के आह्वान पर अर्पित कीं, जिससे वे शीघ्र ही उनके विश्वासपात्र सहायक बन गये। 1914 में, प्रथम विश्वयुद्ध के दौरान आर्थिक होड़ और औपनिवेशिक विस्तार की प्रतिद्वन्द्विता थी। ब्रिटेन जर्मनी की पराजय के लिए बड़ा उत्सुक था, ऐसे में काँग्रेस ने मद्रास अधिवेशन 1914 में स्वीकार किया कि–"महामहिम सम्राट तथा इंग्लैंड की जनता तक उसकी राजसिंहासन के प्रति पूर्ण निष्ठा, ब्रिटिश सम्बन्धों के प्रति अडिग वफ़ादारी और प्रत्येक ख़तरे में तथा हर क़ीमत पर साम्राज्य का साथ देने का दृढ़ संकल्प पहुँचाया जाये।" साथ ही उग्रपन्थियों के प्रमुख नेता तथा ब्रिटिश शासन के कट्टर विरोधी बाल गंगाधर राव तिलक ने भी घोषणा की कि–"ऐसे संकटकाल में प्रत्येक छोटे–बड़े, ग़रीब–अमीर भारतीय का कर्तव्य है कि वह अपनी योग्यतानुसार महामहिम सम्राट की सहायता करें।" इसमें गाँधी जी का सरदार पटेल ने जहाँ तक हो सका, सहायता एवं सहयोग किया। अन्त में ब्रिटेन की युद्ध में विजय हुई। भारतीयों ने इस उम्मीद के साथ युद्ध में सहयोग किया था कि उनको युद्ध की समाप्ति पर स्वशासन प्रदान किया जायेगा, परन्तु जैसे–जैसे भारत की आकांक्षाएँ बढ़ती गयीं, इंग्लैंड की उदारता का उफान शान्त होता गया। युद्धकाल के दौरान दिये गये विभिन्न आश्वासन एवं वायदे रद्दी की टोकरी में जाने लगे तथा भारत के प्रति ब्रिटेन का पुराना दृष्टिकोण लौटना शुरू हो गया, और भारतीयों को कोई अधिकार और हक़ नहीं मिले।

बदलते सामाजिक-सांस्कृतिक-दृष्टिकोण

इसे सांस्कृतिक संदर्भ से पृथक विश्लेषित नहीं किया जा सकता। मुक्तिबोध सफलता की अपेक्षा 'सार्थकता' को रेखांकित कर भीतरी और बाहरी संघर्ष को कविता का आधार मानते हैं तो धूमिल ने 'सही कविता' के लिए सार्थक वक्तव्य की अनिवार्यता को प्रतिपादित किया है। लीलाधर जगूड़ी के पास युग-बोध "अल्लाह ईश्वर तेरा नाम" के सद्भाव के साथ बंधा था। अकस्मात् उसमें परिवर्तन हो गया। सन् 1965 एवं 1971 के भारत पाक युद्ध ने हिन्दू लहर को जन्म दिया। किन्तु आपात्काल की मार ने हिन्दू और मुस्लिम के भेद को मिटा दिया। सन् 1984 में फिर एक बार हिन्दू लहर फैली। पंजाब में रोज कत्लेआम और इन्दिरा गाँधी की शहादत ने हिन्दू आक्रोश को भड़काया। दिल्ली की गली स्टेशनों कूचों में आतंकवाद की सनसनी फैल गयी। आज हिन्दुओं के आक्रोश की लहर मुस्लिम विरोधी नहीं अपितु सिक्ख विरोधी थी जो उनके ही अंश थे। जो खून और नाखून जैसे जुड़े थे।

यह कैसी विडम्बना है कि अल्पसंख्यक वर्ग में भय एवं असुरक्षा के भाव खत्म करने के लिए उठाए गए कदम सत्ताधारियों के वोट बैंक के समर्थन के विचार से इस फूहड़पन से चलाए गए कि उसने बहुसंख्यक में भय को जन्म दे दिया और परिणाम हुआ कि हिन्दू मानसिकता के जिस विष बीज को उसके समर्थक गत 100 वर्षों से रेगिस्तान में निष्फल बो रहे थे, उसे कांग्रेस के तुष्टिकरण की नीति ने इन दिनों पल्लवित-पुष्पित कर दिया। यदि हम धर्म निरपेक्ष होकर कुशलतापूर्वक इस मार्ग पर आगे बढ़ते तो बौद्ध, जैन, आर्य, अद्वैत, द्वैत, त्रैत, आस्तिक, नास्तिक गंगा-यमुना के समान बहने देते।

सत्ता-व्यवस्था राजनीति निरंकुश, स्वार्थी, अनैतिक और भ्रष्ट हो रही है। सत्ता शक्ति हथियाने के लिए कई घृणित हथकंडे अपना रही है। कवि ऐसी अमानवीय प्रवृत्तियों पर जन समाज को सजग करके अंकुश लगाने को प्रेरित करता है।

संजय श्याम 'मैं डर गया' कविता में कहते हैं–

मैं हँस रहा था/जल रहे थे तुम्हारे खेत/मैं हँस रहा था।

कवि वर्गीय जातीय सम्प्रदायगत भेदभाव के कट्टर शत्रु है। मनुष्य-मनुष्य के मध्य समानता के पक्षधर है। वह ब्राह्मण क्षत्रिय शूद्र, ऊँच-नीच आदि के भेदभाव को सहन करने में असमर्थ है।

मानवीय प्रेम भावना

जीवन शब्द चेतना का प्रतीक है उसके अन्तर्गत उन समस्त तत्त्वों का समन्वय है, जिनके द्वारा सृष्टि का संचालन होता है। अनादिकाल से यह विश्वचक्र जिन आवर्त्तन-प्रत्यावर्त्तनों के अंतराल में विकासोन्मुख है, उसके निर्माण का प्रायः पूर्ण श्रेय मानवीय चेष्टाओं और क्रियाकलापों को है। एक प्रकार से मनुष्य की चेतना ही सृष्टि

के अणु-परमाणु में अपना आत्मप्रसार करती है। यही कारण है कि कवि का आग्रह विशेष तत्त्व पर परिलक्षित होता है। वह मानव के व्यक्तित्त्व की स्थापना और उपयोगिता से विकसित होता है जो समस्त विद्रूपताओं और कटूक्तियों के बावजूद मनुष्य को उसकी मूल मर्यादा के प्रति निजत्व और अस्तित्त्व के प्रति जागरूक रखना चाहता है।

पारिवारिक चेतना

इस दौर की कविता में जीवन के प्रति इन कवियों का दृष्टिकोण वस्तुपरक है। यह अमानवीय तंत्र तो हर एक के 'वस्तु' में तब्दील करने के प्रयास में है। लेकिन वर्तमान में अनेक कविताएँ माँ, बाप, बच्चे का उसी प्रकार का बिम्ब खड़ा करती है जैसा हम उन्हें पाते हैं। **राजेश जोशी** के शब्दों में 'फिरकनी-सी खटती माँ' की ममता और विश्वास का चित्र देखते बनता है : 'सोने से पहले/माँ दुईयाँ के तकिए के नीचे/सरोता रख देती है बिना नागा/माँ कहती है डरावने सपने इससे/डर जाते हैं।'

यद्यपि यह अन्धविश्वास पर टिका लोक यथार्थ है, परन्तु माँ का अपने पुत्र की भलाई, उसका निश्छल आत्मीय भाव वात्सल्य को प्रकट करता है।

अरुण कमल की कविता में--'माँ ने रख दी होती एक सुडौल हरी मिर्च और थोड़ा-सा नमक'

'प्यार' कविता में माँ का प्यार देखिए--'ये एक डिब्बा है छोटा-सा/जिसमें रखे हैं दो परांठे आलू की सब्जी, मेरे बेटे के स्कूल की/आधी छुट्टी में खाने को/जब पसीने में तरबतर कागज पेंसिल से जूझता होगा/भूख लगेगी उसे/घंटी बज उठेगी/होगी आनंद की आधी छुट्टी/इसे खोल वह/गंध लेगा आलू की सब्जी की/और कौर-कौर खाएगा/पीएगा बोतल से पानी।'

पारिवारिक सम्बन्धों के संदर्भ में प्रेम-स्नेह की झलक खूब मिलती है। माधव सिन्हा की 'मेरा बेटा', सुलतान अहमद की 'अगर बचे रहे', मंगलेश डबराल की 'सबसे अच्छी तारीख', गोविन्द माथुर की कविताएँ देखी जा सकती हैं। बच्चों को लेकर बहुत-सी कविताएँ लिखी गईं। जहाँ बच्चा भविष्य की असीम मानवीय सम्भावनाओं से भरपूर क्रान्तिकारी प्रयासों के प्रतीक रूप में उद्घाटित हुआ है। कवि की पीड़ा प्रकट होती है--**गोरख पाण्डेय** कहते हैं--बच्चों के लिए/खोले गए ढेर सारे स्कूल/ढेर सारी किताबें/बाँटी गयीं बच्चों के लिए/बच्चे बड़े हुए/जहाँ थे/वहाँ से/उठ खड़े हुए बच्चे/पर कुछ बच्चे तो निश्चित ही मालामाल हुए/बाकी बच्चों ने सड़क पर कंकड़/कूड़ा/दुकानों में प्यालियाँ धोईं/साफ किया टट्टी घर/खाए तमाचे। कवि स्पष्ट स्वर में कहता है कि समाज का बँटवारा कैसे बच्चों को भी बाँट देता है। अरुण कमल की 'अहिंसा और भीख मांगते बच्चे', इब्बार रब्बी की 'दूध-पीता बच्चा', सोमदत्त की 'भूख प्यास किलकारी' गोविंद माथुर की 'दीवारों के

अध्ययन का कथन

इस अध्ययन का विषय 'सरदार पटेल : व्यक्तित्व, विचार एवं राष्ट्र निर्माण' है। इसमें सरदार पटेल के भारत निर्माण, राष्ट्रीय आन्दोलनों, काँग्रेस के नेतृत्व, भारत के एकीकरण, सामाजिक, राजनीतिक, प्रशासनिक, आर्थिक एवं सांस्कृतिक चिन्तन आदि पर केन्द्रित अवधारणाओं, विचारधाराओं एवं जनसाधारण की अवधारणाओं की वास्तविकता को दृष्टिपटल पर लाने का प्रयास किया गया है, जिसमें से प्रमुख प्रश्न निम्नानुसार हैं :

1. जनसाधारण की धारणा के अनुसार, सरदार पटेल और गाँधी जी के बीच गहरे भावात्मक सम्बन्ध थे। अतः पटेल को गाँधी जी का सच्चा और समर्पित शिष्य और यहाँ तक कि उनके अन्धानुयायी के रूप में देखा जाता है। प्रश्न उठता है कि क्या सरदार पटेल गाँधी जी के अन्धभक्त थे अथवा उनके बीच क्या कोई वैचारिक मतभेद थे?
2. कहा जाता है कि, 'सरदार पटेल में मौलाना आज़ाद का जैसा पाण्डित्य नहीं था, लेकिन उनमें सामान्य विवेक कहीं अधिक था।' कथन की सत्यता क्या है?
3. 'सरदार पटेल स्वतन्त्रता संग्राम के संगठनकर्ता ही नहीं, अपितु संग्राम समाप्त हो जाने के बाद नवीन राज्य के निर्माता भी थे।'—इसकी सार्थकता क्या है?
4. 'महात्मा गाँधी के जो विचार और कार्यक्रम होते थे, उन्हें सरदार पटेल क्रियात्मक रूप देते थे।'—इस कथन की सत्यता क्या है?
5. क्या सरदार पटेल को देश के विभाजन के लिए ज़िम्मेदार ठहराया जा सकता है?
6. क्या सरदार पटेल हिन्दूवादी विचारधारा के पोषक एवं आर.एस.एस. के हितैषी थे? क्या वे मुस्लिम विरोधी रहे अथवा धर्मनिरपेक्षता के पक्षधर रहे?
7. क्या सरदार पटेल के अपने समकालीन नेताओं (महात्मा गाँधी, जवाहरलाल नेहरू) से सम्बन्ध अच्छे नहीं रहे?
8. क्या सरदार पटेल समाजवादी विचारधारा के पोषक थे?
9. क्या भारत के एकीकरण में सर्वाधिक योगदान का श्रेय सरदार पटेल को दिया जाना चाहिए?

10. क्या सरदार पटेल में बिस्मार्क जैसी संगठन शक्ति, चाणक्य जैसी राजनीतिज्ञता और अब्राहम लिंकन जैसी एकता के प्रति अटूट निष्ठा समाहित थी?

अध्ययन के उद्देश्य

सरदार वल्लभभाई पटेल को श्रेष्ठ राजनीतिज्ञ, कुशल प्रशासक, आधुनिक भारत के निर्माता, लौहपुरुष, भारत में लोक सेवाओं के जनक तथा एकीकरण के शिल्पी इत्यादि नामों की संज्ञा दी जाती है। यद्यपि सरदार पटेल के व्यक्तित्व एवं राष्ट्रीय योगदान पर अनेक अध्ययन हुए हैं, किन्तु यह अध्ययन उन सभी का पुनरावलोकन कर नवीन तथ्यों का विश्लेषण है। विभिन्न तकनीकों एवं विधियों के माध्यम से इस अध्ययन को विश्लेषणात्मक बनाने का प्रयास किया गया है। इस अध्ययन के उद्देश्य निम्नानुसार हैं :

- इस अध्ययन के माध्यम से सरदार पटेल के व्यक्तित्व एवं चिन्तन को चिन्हित करना।
- सरदार पटेल के स्वतन्त्रता से पूर्व किये गये राष्ट्रीय आन्दोलनों एवं स्वतन्त्रता के स्वप्न के लिए तैयार कार्य–योजना का परीक्षण करना।
- अध्ययन के माध्यम से सरदार पटेल की राष्ट्रवादी विचारधारा का अध्ययन करना तथा उनकी दूरदृष्टि, देशभक्ति एवं त्याग की भावना का आकलन करना।
- सरदार पटेल के समकालीनों के साथ सम्बन्धों का विश्लेषण (जिनमें प्रमुख रूप से महात्मा गाँधी, जवाहरलाल नेहरू) करना।
- सरदार पटेल के लोकतान्त्रिक, राष्ट्रीयता, राष्ट्रीय एकता एवं धर्म निरपेक्षता के विचारों को परखना।
- सरदार पटेल को प्रदत्त उपनामों के आधार पर उनके 'आधुनिक भारत के निर्माता' स्वरूप का विश्लेषण करना।
- सरदार पटेल द्वारा देशी रियासतों के लिए किये गये विलीनीकरण के प्रयासों के कारणों एवं प्रभावों की जानकारी प्राप्त करना।
- सरदार पटेल के राष्ट्र निर्माण में किये गये योगदान एवं महत्त्व को दृष्टिपटल पर लाना।
- सरदार पटेल की भारत के विभाजन पर विचारधारा का तर्कसंगत विश्लेषण करना।

है। यह विश्वजनीत समस्या है। केदारनाथ सिंह की 'धब्बा', देवी प्रसाद मिश्र की 'आतंक', नरेन्द्र गौड़ की 'गली गुलेशर खाँ', नीलाभ की 'खतरा', मधु धवन की 'आम की छाँव', गोरख की 'दंगा' इसी समस्या को व्यक्त करती हैं।

समसामयिक समस्याओं को उजागर करता कवि कुमार अंबुज 'क्रूरता' कविता के माध्यम से दया मानवता के भविष्य की ओर संकेत करता है—धीरे-धीरे क्षमा भाव समाप्त हो जाएगा। प्रेम की आकांक्षा तो होगी मगर जरूरत न रह जाएगी। पाने की बेचैनी और खो देने की पीड़ा झर जाएगी। क्रोध अकेला न होगा वह संगठित हो जाएगा। एक अनन्त प्रतियोगिता होगी जिसमें नागरिक पराजित न होने के लिए नहीं, श्रेष्ठता के लिए युद्धरत होंगे। कवि की पीड़ा है—तब आएगी क्रूरता पहले हृदय में आएगी और चेहरे पर न दिखेगी। फिर धर्मग्रंथों की व्याख्या में घटित होगी, फिर इतिहास में और फिर भविष्यवादियों में फिर वह जनता का आदर्श हो जाएगी। विलाप का कोई अर्थ न रह जाएगा। दूसरी मृत्यु थाम लेगी पहली मृत्यु उपजे आँसू, पड़ोसी सांत्वना नहीं देगा, एक हथियार देगा।

मनोज श्रीवास्तव की कविता 'आदमखोर' में कवि सामाजिकों की सद्भावना पर करारे प्रहारों को देख कहता है—

नहीं छिपाते बारूद वे/ठिठुरते-पसीजते पेट-पीठ-सटे राष्ट्र की धुनियाई नींव पर/किलों चौराहों सभाओं और बजते छपते इलेक्ट्रानिक डिब्बों से भेड़ियाई भाषण दे देकर और झूटी कसमें खा कर। इसी तरह अशोक वाजपेयी की कविता 'पश्चिम का पूर्व', ऋतुराज की 'भगोड़ों की कविता', एकान्त श्रीवास्तव की 'पंजाब, पीठ', कात्यापनी की 'आस्था का प्रश्न', मंगलेश डबराल की 'दूसरे लोग', कविता में कवि चीख-चीख कर कहता आग लगाने वालो/दूसरे लोगों के घर मत जलाओ/आग मनुष्य की अच्छाई है/यह आत्मा में निवास करती है/हमारा भोजन पकाती है/अत्याचारियों तुम्हारे चेहरे कितने विकृत हैं। इस दौर की कविता औदात्य का विरोध करती है--तथा मानवीयता से अलग किसी प्रकार के दार्शनिक ऊहापोह को अस्वीकारती है। युद्ध की नृशंसता को प्रकट करती विनोद कुमार शुक्ल की कविता देखिए—

एक अजनबी पक्षी/एक पक्षी की प्रजाति की तरह दिखा/
जो खाड़ी युद्ध के
पहले बम के विस्फोट की आवाज से
डरकर यहाँ आया हो
हवा में एक अजनबी गंध थी
साँस लेने के लिए/कुछ कदम जल्दी-जल्दी चले/
फिर साँस ली/वायु जिसमें साँस ली जा सकती है।

प्रकृति चित्रण

नव स्वच्छंदतावादी कवियों ने प्रकृति का अपने अनुभूत सत्यों की अभिव्यक्ति के लिए प्रयोग किया है। प्रकृति के साथ हमारे दो तरह के रिश्ते होते हैं—सहयोग और संघर्ष/प्रकृति ऊर्जा का, ऊष्मा का संचरण करती है। उसके बिना जीवन अपूर्ण है। वह हमारी माँ है, हम उससे 'प्रकृति-पुत्र' की भाँति जुड़े हैं। यद्यपि प्रकृति के इस मूर्त्त, जीवन्त रूप की सर्जना आज कम हुई है। इब्बार रब्बी प्रकृति और मनुष्य के सक्रिय रचनात्मक सहयोग पर दृष्टि निक्षेप करते हुए 'उषा' कविता में लिखते हैं—"वह माँ की तरह बच्चों को जगाती/पत्नी की तरह जगाती पुरुषों को/ धीरे-धीरे उतर रही है नीचे/नारंगी पल्ला लहराती/मुस्कान बिखराती आकाशी में/तेरी गोदी में छोटा-सा सूरज/जगत प्रकाशन/धरती की माता/प्रकृति का प्रेम-स्नेह से भरा रूप अपनत्व जताता है।

इस दौर में पेड़, धूप, सावन, धरती, आकाश, नदी, मातृभूमि 'हवा', सड़क, बादल, आम, पीपल, किरीट वृक्ष, खेत महावृक्ष आदि को लेकर नए अर्थसन्दर्भों के बीच रखकर प्रतीकात्मक अभिव्यक्ति देने का प्रयास किया गया है—इब्बार रब्बी की 'हत्या' कविता 'पेड़ को पेड़ काट रहा है। 'सुनीता जैन की 'कविता का काँटा' प्राकृतिक प्रतीक चित्रण से जुड़ी है।

अंतहीन रूढ़ियाँ

समकालीनं दौर के कवियों ने नारी को उज्ज्वल भविष्य हेतु समझाने का प्रयास किया है। **अरुण कमल** ने अशिक्षित अभावग्रस्त नारियों का उल्लेख किया है जिन्हें भरपेट भोजन नसीब नहीं होता। वे सूर्यदेव की परिक्रमा करते हुए 'छप्पन-व्यंजन और पढ़े-लिखे बेटे-दामाद की कामना करती हैं।' कवि ठोस तर्कों के आधार पर समझाता है कि—सूर्य के चारों ओर घूमती रही पृथ्वी जीवन भर/फिर भी जब चैन नहीं/तो सिर्फ फेरों से सुनेगा सूर्य कब/इतनी प्रार्थनाएँ/कोई देवी-देव नहीं/कोई सूर्य देव नहीं/तुम्हीं से पूरी होंगी सारी इच्छाएँ/यहीं इसी धरती पर/मानवीय विवेक को कुंद करने वाली धार्मिक रूढ़ियों का विरोध करते हुए विवेक को उजागर करती हैं। विरोधाभास पद्धति को अपनाकर कविसमाज की आँखें खोलना चाहता है।

व्यंग्यात्मक शैली की बहुलता

इन कविताओं में वर्तमान जीवन की कटुताओं और कुण्ठाओं के प्रति व्यंग्यात्मक भावनाओं की अभिव्यंजना मिलती है। नरेश मेहता के शब्दों में–जिस समाज में मानव मन बीमार और कुंठित ही नहीं खोखला भी हो, उस समाज में रचित काव्य में व्यंग्यात्मकता का आना स्वाभाविक है। सामाजिक विश्वास और वास्तविकता नेताओं की कथनी-करनी पर टिका होता है। व्यंग्य कविता को सम्प्रेषण युक्त बनाता है। राजनीतिक, सामाजिक, धार्मिक, सांस्कृतिक कोई भी पक्ष ऐसा नहीं है जो कवियों की नजरों से छूटा हो।

राष्ट्र निर्माण के प्रति त्याग, समर्पण, राष्ट्रभक्ति, दूरदृष्टि आदि की भावना उजागर होती है।

अवधारणाएँ

अध्ययन का विषय 'सरदार पटेल : व्यक्तित्व, विचार एवं राष्ट्र निर्माण' है, जिसमें सरदार पटेल के राष्ट्र निर्माण के घटकों को अवधारणाओं के रूप में परिभाषित किया जाना आवश्यक है—

राष्ट्र—यहाँ राष्ट्र को भारत के सन्दर्भ में लिया गया है, जो कि भारत को औपनिवेशिक काल में ब्रिटिश सत्ता से मुक्त कराकर रजवाड़ों एवं रियासतों को एकीकृत कर एक नवीन संविधान की रचना कर उसके अनुसार शासन का संचालन करना।

निर्माण—भारत में ब्रिटिश हुकूमत क़ायम थी और देश में चारों ओर व्याकुलता का वातावरण बना हुआ था। देश के कर्णधार आज़ादी के लिए प्रयासरत थे, जिसमें स्वशासन, स्वराज्य, स्वतन्त्रता के सपने थे। देश में आज़ादी प्राप्त कर अपने स्वयं का अस्तित्व एवं पहचान बनाकर शासन का संचालन करना एवं राष्ट्र का विकास करना।

राष्ट्रीय पहचान—राष्ट्र को पुनर्गठित कर भारत की गरिमा को पुनः स्थापित कर भारत राष्ट्र को विश्व गुरु के रूप में स्थापित करना। सरदार पटेल की दूरदर्शिता एवं व्यापक दृष्टिकोण ने स्वतन्त्र राष्ट्र का निर्माण विभिन्न रियासतों का एकीकरण कर, एकता और अखण्डता के माध्यम से दुनिया में अपनी विशेष छाप को राष्ट्रीय पहचान के रूप में स्थापित किया।

राष्ट्रीयता—सरदार पटेल की राष्ट्रीयता का तात्पर्य है कि राष्ट्र के हित सर्वोपरि हैं। राष्ट्रहित प्रमुख है, अन्य सब गौण हैं। देशहित में त्याग एवं समर्पण की भावना राष्ट्रीयता की द्योतक है।

राष्ट्रीय एकता—राष्ट्रीय एकता में धर्म, जाति, क्षेत्रीयता या अन्य विभाजनकारी घटकों का कोई स्थान नहीं है। इसमें संकीर्णता की भावना को त्यागकर देशहित में एक स्वर में आवाज़ गूँजे या एक साथ खड़े रहें।

नेतृत्व—सक्षम नेतृत्व से ही राष्ट्र निर्माण होता है। इसका श्रेष्ठ उदाहरण सरदार पटेल का नेतृत्व है। राजनेता एवं गृहमन्त्री के रूप में इन्होंने देश को सफल नेतृत्व प्रदान किया । लोगों का विश्वास एवं उनके द्वारा अनुसरण करना।

प्रशासनिक कुशलता–सरदार पटेल को भारत में लोक सेवाओं का जनक कहा जाता है, क्योंकि उन्होंने आज़ादी के बाद भी देश के सफल संचालन के लिए लोक सेवाओं को अनिवार्य रूप से जारी रखने का कार्य किया। एक कुशल प्रशासक में सही समय पर, सही निर्णय करने, उसे लागू करने एवं दूसरों से कार्य कराने की क्षमता होनी चाहिए।

राष्ट्रवादी–राष्ट्रवादी का तात्पर्य है, जो देश के लिए पूरी तरह से समर्पित भाव से कार्य करे। यहाँ पहली प्राथमिकता राष्ट्र होती है।

धर्मनिरपेक्षता–धर्मनिरपेक्षता में सभी धर्मों का समान आदर किया जाता है। धर्म की आड़ में देशहित को, संस्कृति को अथवा दूसरे धर्म को नुक़सान नहीं होना चाहिए।

त्याग–यहाँ त्याग का अर्थ है स्वहित या निजी स्वार्थों से परे देशहित में किया जाने वाला कार्य अथवा योगदान।

स्वशासन–स्वशासन का तात्पर्य है कि ब्रिटिश शासन से मुक्त करवाकर भारत को एक स्वतन्त्र राष्ट्र के रूप में स्थापित कर, भारत का शासन भारतीयों द्वारा ही चलाया जाये, चाहे वह किसी भी स्तर का शासन क्यों न हो।

लोकतान्त्रिक शासन–लोकतान्त्रिक शासन का तात्पर्य है देश की सरकार या शासन व्यवस्था में देश की जनता की भागीदारी हो और अधिकतम लोगों के आधार पर चयनित या निर्वाचित लोगों द्वारा उसका नेतृत्व किया जाना चाहिए, जो उनके कल्याण एवं विकास के कार्य सम्पन्न करे।

दूरदर्शिता–जब कोई व्यक्ति या संस्था केवल वर्तमान को मद्देनज़र रखते हुए कार्य न करके भविष्य को ध्यान में रखकर कार्य करे तथा आगे आने वाली पीढ़ियों अथवा सदियों का भी ध्यान रखे। व्यक्ति निःस्वार्थ भाव से कार्य करे, जिसके परिणाम लम्बे समय तक उपयोगी साबित हों।

नैतिकता–नैतिकता, ईमानदारी, सत्यता एवं स्पष्टता पर आधारित विचार एवं कार्य हों। राष्ट्र में छल–कपट का कोई स्थान नहीं हो। निर्माण के लिए प्रत्येक नागरिक में नैतिक गुणों का समावेश होना आवश्यक है।

एकीकरण–एकीकरण से तात्पर्य एक मज़बूत एकीकृत राष्ट्र से है। ऐसा राष्ट्र जो विविधताओं के होते हुए भी एकता व समता का भाव रखता हो। भारत की स्वतन्त्रता से पूर्व एवं स्वतन्त्रता के समय भी कुछ रियासतें एवं रजवाड़े पृथक् थे, इन सबको मिलाकर एक राष्ट्र का निर्माण ही एकीकरण है।

रहे हैं/जब जहर माहुर फल फूल रहे हैं। और फूलों की क्यारियों में जल नहीं।

मानव मूल्यों के विघटन की पुकार तथा सर्वत्र बढ़ती हुई व्यक्तिगत स्वार्थ-साधना, बेईमानी, चोर बाजारी, घूसखोरी आदि ने युग-युगों से सशक्त मानव मूल्यों के सम्मुख भारी प्रश्नवाचक चिह्न लगा दिया है—मतभेद के सवाल को उठाता कवि व्यवस्था की चतुराई की ओर संकेत करता है। 'अपनी-अपनी जमीन की तलाश' काव्य संग्रह में डॉ. मुनीश्वरलाल चिन्तामणि ने संकेत किया है।

कुमार विकल की कविता 'चीख' में विद्रूपता विकृत होती भावना का चित्र—मैं किसी किरपान से मरूँ किसी त्रिशूल से या पुलिस की गोली से लेकिन मरने से पहले मैं जरूर चिल्लाऊँगा मजहब ही है सिखाता आपस में बैर रखना आदमी को त्रिशूल या किरपान में बदलना।

लघु कविता शैली

नई कविता प्रायः चार-पाँच पंक्तियों में समाप्त हो जाती है।

टी.ई. ह्यूम जैसे पश्चिमी बिम्बवादी कवियों ने इसे अपनाया था। इस काल की कविताओं में यथार्थ अनुभूति ही मूल स्वर है जो आत्मप्रेरित है तथा रहस्यात्मक न होकर मानवीय है। वैयक्तिक प्रतिक्रिया का रूप अरुण कमल की कविता 'नये इलाके में' देखिए—

सामने बैठे यात्री ने लौंग बढ़ाई/तो हाथ मेरा एक बार हिचका/ऐसे ही तो खिला पिला लूटते हैं/एक बार उसे गौर से देखा, उसका चश्मा घड़ी और चप्पल जिसका नथूना टूटा था/और शुक्रिया कहकर ले ली लौंग/पर इतना पूछ लिया/कहाँ जायेंगे? किस मोहल्ले...? उसके बाद भी करता रहा इन्तजार बेहोशी का/।

इस दौर के कवियों में एक महत्त्वपूर्ण तथ्य यह पाया गया वह है सृजनशीलता का 'सहज' संवेदनीय रूप जिसमें कथ्य को सहज एवं आम रूपाकारों के द्वारा व्यक्त किया गया है। यह सहजता भाषा के स्तर पर लक्षित होती है। इस दृष्टि से **बोधिसत्व कृष्ण कल्पित, नीलाभ, अनिल गंगल, संजीव मिश्र, एकान्त श्रीवास्तव, मधुधवन, मदन कश्यप, निलय उपाध्याय, संजय चतुर्वेदी, कुमार अंबुज, राजेश जोशी** आदि के काव्य संकलनों की कविताएँ देखी जा सकती हैं। जिन साहित्यकारों में जीवन-संवेदनाओं का जितना अधिक गम्भीर और तीव्र उद्बोधन होता है, वे उतनी तलस्पर्शी अगाधता को अपनी रचना-प्रक्रिया द्वारा अभिव्यक्त करते हैं। यही कारण है कि कुछ साहित्यकार अपनी असाधारण प्रतिभा के बल पर ऐसा अमर और लोकमंगल विधायक साहित्य निर्मित कर जाते हैं जो देश कालावच्छिन्न होकर शाश्वत तथा विश्वजनीत बन जाता है। आज सामाजिक संकट के निरन्तर एवं गहराते जाने के लक्षण प्रतिदिन स्पष्ट परिलक्षित हो रहे हैं। नाउम्मीदी भरे इस माहौल में उम्मीद की झिपझिपाती रोशनी धुँधला उजाला बिखेरती है। **राजेश जोशी, आलोक धन्वा, आलोक भट्टाचार्य, चन्द्रकांत वदेवताले, ज्ञानेन्द्र पति, विनय**

दुबे, **मंगलेश डबराल** आदि कवियों की कविताओं में इसे देख सकते हैं। इन कवियों की कविताओं में तटस्थता या निर्वैयक्तिकता का भाव मिलता है। इनके कविता संग्रहों में स्मृति-विस्मृति के चित्र अत्यन्त सजग एवं संतुलित होकर सांस्कृतिक जड़ों परम्पराओं के प्रति संवेदना के रूप में सद्भावों के तत्त्वों पर बल देते हैं। उनमें नैतिकतावादी जीवनदृष्टि तथा बुनियादी राग को बचाए रखने की कोशिश है अन्यथा मरना बेहतर है। चन्द्रकांत देवताले की कविता 'मैं मरने से नहीं डरता' में कवि कहता है ऐसे जिन्दा रहने से नफरत है मुझे...। (सदी के अंत में कविता, पृ. 30)

कामकाजी जीवन की त्रास

विश्वनाथ प्रसाद तिवारी की 'गोरखपुर का भैया' अजित कुमार की 'गड़े मुर्दे', अजित चौधरी की 'सोने से पहले', अनूप सेठी की 'हमारे शहर की स्त्रियाँ' कविता में महानगर की दफ्तरी जिन्दगी, बसों की भीड़ से त्रस्त जीवन की झलक है।

करने के प्रयास किये, जिसको बनाने में अनेक रियासतों में विखण्डित भारत को अखण्ड भारत बनाने का कार्य किया गया। इसमें महात्मा गाँधी, सरदार वल्लभभाई पटेल, सुभाष चन्द्र बोस, लाला लाजपत राय, भगत सिंह, जवाहरलाल नेहरू जैसे अनेक नेताओं ने अपना अहम योगदान दिया। विषय का केन्द्रीय बिन्दु सरदार पटेल का राष्ट्र निर्माण है, अतः पटेल के व्यक्तित्व एवं विचार, नेतृत्व शक्ति, नियोजन–निर्णयन क्षमता, सार्वजनिक जीवन में निर्वहन की गयी भूमिका, राष्ट्रीय आन्दोलन में जान फूँककर जनता में चेतना लाने के प्रयास, भारत छोड़ो आन्दोलन, अन्तरिम सरकार का गठन, भारत की स्वाधीनता के लिए विभाजन का दंश ऐसे पहलू रहे जिन पर पटेल ने अपनी सूझबूझ का परिचय देते हुए राष्ट्रहित को सर्वोपरि मानकर अपना शत–प्रतिशत योगदान देने का कार्य किया।

अध्याय दो

सरदार पटेल : एक प्रेरक व्यक्तित्व

कनीयाँस्तु ततो न्द्दृणां वल्लभो वल्लभः सुतः।
यो भारतीय बिस्मार्क इति ख्यातिं गतो भुवि ।।[1]

अर्थात् वल्लभ भाई चौथी सन्तान के रूप में जन्मे जो कि बाद में दुनिया–भर में भारत के बिस्मार्क के रूप में विख्यात हुए।

जीवन परिचय एवं पारिवारिक पृष्ठभूमि

वल्लभभाई पटेल का जन्म विद्यालय प्रमाण–पत्रों के अनुसार 31 अक्टूबर 1875 को एक किसान परिवार में हुआ था। इनका जन्म काठियावाड़ (गुजरात) के नाडियाद क़स्बे में हुआ जो कि इनका ननिहाल था। इनके पिता का नाम झबेरभाई पटेल था, जो गुजरात प्रान्त में खेड़ा ज़िले के बोरसद तालुके के करमसद ग्राम के एक साधारण किसान थे और इनकी माता का नाम श्रीमती लाडबा था। इनके माता–पिता की छह सन्तान थीं जिनमें 5 पुत्र और एक पुत्री थी जिनके नाम क्रमशः सोमाभाई, नरसीभाई, विट्ठलभाई, वल्लभभाई, काशीभाई तथा डाहीबा थे। वल्लभभाई पटेल की माता श्रीमती लाडबा धार्मिक आस्था रखने वाली एवं संस्कारित

महिला थीं। माता–पिता के संस्कारों का बच्चों के व्यक्तित्व निर्माण पर महत्त्वपूर्ण प्रभाव पड़ता है।

सरदार पटेल के पिता श्री झबेरभाई एक किसान थे और इनके

बालकृष्ण शर्मा नवीन आदि व्यक्तिवादी स्वच्छन्दतावाद के कवियों ने जिन गीतों और प्रगीतों की रचना की—वे नितान्त वैयक्तिक, अभिधात्मक तथा वर्णनात्मक होने के कारण छायावादी गीतों-प्रगीतों की तुलना में अधिक महत्त्व न पा सके। इसी तरह प्रगतिवादी कविताएँ भी बौद्धिक व्यायाम, तार्किक व्याख्यान और राजनीतिक वाद-विवाद अधिक थीं। मार्क्सवाद से प्रभावित तत्कालीन कवियों—पंत, नरेन्द्र शर्मा, रामविलास शर्मा, नेमिचन्द्र जैन, भारतभूषण अग्रवाल, नागार्जुन, शिवमंगल सिंह 'सुमन', त्रिलोचन आदि की कविताएँ इसी प्रकार की थीं। इन प्रगतिवादी कवियों ने भी गीतों की रचना की थी जो शिल्प की दृष्टि से तो पारम्परिक ही थे, किन्तु उनका कथ्य समाजवादी, यथार्थवादी तथा मार्क्सवादी सिद्धान्तों से प्रभावित था। प्रयोगवादी कवि पूरी तरह से परम्पराभंजक थे, इस कारण उन्होंने गीत को पारम्परिक काव्य-विधा मानकर उसका सर्वथा बहिष्कार किया और केवल मुक्तछंद की कविताएँ लिखते रहे।

इस काल के राष्ट्रयतावादी कवि—दिनकर, सोहनलाल द्विवेदी, बाल मुकुन्द गुप्त आद पारम्परिक शैली में ही राष्ट्रीय भावनाओं से युक्त गीतों की रचना करते रहे। इस तरह व्यक्तिवादी स्वच्छन्दतावाद, प्रगतिवाद, प्रयोगवाद और राष्ट्रीयतावाद की नवीन प्रवृत्तियों के विकास और प्रसार के कारण छायावादी काव्यधारा क्षीण होती गई। सन् 1940 में उसका रूप शिथिल पड़ गया।

स्वतन्त्रता प्राप्ति के ठीक पहले वाले दशक में जिस छायावादोत्तर गीतकाव्य का विकास हुआ, वह प्रधानतः व्यक्तिवादी, स्वच्छन्दतावादी एवं प्रगतिवादी गीतकाव्य था। राष्ट्रीयतावादी गीतकाव्य स्वतन्त्रता प्राप्ति के बाद समाप्तप्राय हो गया। प्रगतिवादी गीतकाव्य की रचना भी राजनीतिक कारण से रुक-सी गई। प्रयोगवाद काव्य मुक्तछंद में लिखने के कारण गीत-विधा का विरोधी था। इस तरह छायावादोत्तर युग के पहले दशक में व्यक्तिवादी स्वच्छन्दतावादी गीतधारा हिन्दी कविता की मुख्यधारा बन गई।

नई दिशा

छायावादोत्तर युग के दूसरे दशक (1950-60) में पुनः गुणात्मक परिवर्तन हुआ और हिन्दी कविता में तीसरी अवस्था संस्थिति की सीमा में प्रविष्ट हुई। इस अवस्था में हिन्दी कविता की वादग्रस्त भूमिकाएँ बहुत हद तक समाप्त हुईं। कविता ने एक नया रूप लिया। इसी को 'नई कविता' नाम दिया गया, जिसमें व्यक्तिवाद, स्वच्छन्दतावाद, प्रयोगवाद की प्रवृत्तियाँ अन्तर्निहित तो थीं, परन्तु उनकी अलग पहचान लुप्त हो गई थी। इन सभी धाराओं के प्रमुख नये कवि एक कविता मंच पर एकत्र हो गए। इस नवीन काव्यधारा में सभी काव्य विधाओं—गीतिकाव्य, मुक्तकाव्य, प्रबंध काव्य, लम्बी कविता को निस्संकोच भाव से अपनाया। इस तरह 'नयी कविता' के अन्तर्गत आनेवाला गीति काव्य का रूप-शिल्प पूरी तरह से बदला हुआ था और उसे कविता

का ही अंग माने जाने लगा। अज्ञेय ने इसी को 'नयी कविता' का गीत कहा था और बाद में गीत को इसी धारा के विकसित रूप को नवगीत की संज्ञा दी गई। गीत का यह नया रूप पूर्ववर्ती पारम्परिक गीतों के रूप से बिलकुल भिन्न था।

नवगीत का विकास

सातवें दशक में चीन के भारत पर आक्रमण और भारत की पराजय होने के कारण इस काल के नवगीतों में आम जनता की असह्य वेदना और कड़वी अनुभूतियों की अभिव्यक्ति हुई। इस तरह सातवें दशक का नवगीत पूर्णतः सामाजिक यथार्थ का काव्य था। आठवें दशक की भारतीय परिस्थितियों ने नवगीत को पुनः नई दिशा में मुड़ने के लिए विवश किया। यह राजनीति में उथल-पुथल तथा जनक्रान्ति का काल था। गरीबी, बेरोजगारी, महँगाई के चलते जीवन कठिन हो गया। अन्तर्राष्ट्रीय स्थितियाँ भी भयावह थीं। इस्त्रइल और वियतनाम के युद्धों से भारी धन-जन को क्षति हुई। यूरोप में इन्हीं मनोदशाओं के चलते अस्तित्त्ववादी दर्शन का जन्म हुआ। जब यही मनोदशा भारत में व्याप्त हुई तो भारतीय साहित्य पर अस्तित्त्ववादी चिंतन का प्रभाव पड़ना स्वाभाविक था। आठवें दशक के नवगीत में सामाजिक विसंगतियाँ कुण्ठा, मृत्यु-भय, एकाकीपन, निरर्थकताबोध की प्रचुर मात्रा में अभिव्यक्ति हुई। इन प्रवृत्तियों की अभिव्यक्ति के कारण नवगीत भी आधुनिकतावादी काव्य बन गया। यूरोपीय विचारधाराओं के इस प्रभाव को भ्रमवश आधुनिकता-बोध माना जाता रहा है। यहाँ इस बात का उल्लेख उचित होगा कि युगीन प्रवृत्तियों के दबाव से नवगीत भी पाश्चात्य प्रभाव से बच न सका। किन्तु नवगीतकारों को अपनी गलती का एहसास शीघ्र हो गया और नवें दशक के प्रारम्भ में उन्होंने पाश्चात्य प्रभाव त्याग दिया।

नवें दशक में नवगीत का स्वरूप स्पष्ट निर्धारित हो चुका है। अब उसके प्रतिमान और उपमान निश्चित किये जा सकते हैं जिनके आधार पर वास्तविक और कृत्रिम नवगीत को अलग-अलग किया जा सकता है। नवगीत की प्रवृत्तियाँ हैं—

- छान्दसिकता और लयात्मकता।
- संवेदन धर्मिता या संस्पर्शशक्ति।
- ग्राह्यता और स्मरणीयता।
- सम्प्रेषणीयता।
- बिम्बधर्मिता या चित्रात्मकता।
- सादगी या अनलंकृति।
- स्वायत्तता अप्रतिबद्धता।
- लोक-सम्पृक्ति और जन जीवन के प्रति आसक्ति।
- भारतीयता की चेतना और जातीय बोध।
- यथार्थ-प्रसंग-विसंगतियों के दर्द।

फेंक देना बहुत आवश्यक था। कितने ही व्यक्ति अँधेरे में उससे टकराये होंगे और उन्हें चोट लगी होगी, फिर भी उसे कोई निकालता नहीं था। इसलिए सबका यह दुःख बना ही रहता था। कल मैंने निश्चय किया था कि आज इसे उखाड़कर ही दम लूँगा और आज मैंने उसे उखाड़ फेंका।"[6]

वल्लभभाई विद्यार्थी जीवन से ही अत्यन्त निर्भीक थे। अन्याय के विरुद्ध विद्रोह उनके जीवन का विशिष्ट गुण था, जिसके परिणामस्वरूप विद्यार्थी जीवन में उन्हें कई बार अध्यापकों का विरोध सहना पड़ा। वे अपने विद्यार्थी जीवन में अन्य छात्रों से अलग थे। उनकी प्रकृति में साहस था, पूर्ण निडरता थी, आलस्यहीनता एवं नेतृत्व का तेज़ था, जो जीवन–भर बना रहा। जब वे नाडियाद हाईस्कूल में थे तो वहाँ अनेक घटनाएँ उल्लेखनीय रहीं, जिनमें से मुख्य हैं[7]–

प्रथम–छठी कक्षा में एक पारसी शिक्षक अत्यन्त कठोर थे। बेंत की छड़ी का ख़ूब प्रयोग करते थे। एक दिन एक लड़के को जुर्माना भरने का दण्ड दिया और वह दण्ड न लाया तो उसको कक्षा से निष्कासित कर दिया। इस स्थिति में वल्लभभाई ने अपनी कक्षा को तुरन्त ख़ाली करा दिया। दोपहर छुट्टी में सारे स्कूल के लड़कों को इकट्ठा करके हड़ताल भी करा दी और कोई विद्यार्थी स्कूल न जाये इसके लिए भली–भाँति पहरा लगवा दिया। विद्यार्थियों के लिए एक धर्मशाला में व्यवस्था करा दी और वहाँ पीने के पानी इत्यादि की व्यवस्था भी कर दी गयी। हड़ताल तीन दिन तक रही। स्कूल के प्रधानाध्यापक बड़े युक्तिपूर्ण थे, उन्होंने सरदार को बुलाकर समझाया और यह कहकर समझौता करा दिया कि किसी विद्यार्थी को ग़लत रूप से या आवश्यकता से अधिक दण्ड भविष्य में नहीं दिया जायेगा।

द्वितीय–एक शिक्षक अपनी कक्षा में काम आने वाली पुस्तकों और विद्यार्थियों के कार्य के कागज़–पेंसिल और कॉपियाँ इत्यादि सामान का व्यापार करता और अपने ही पास से समस्त वस्तुएँ खरीदने के लिए कक्षा के विद्यार्थियों को विवश करता। सरदार के पास यह शिकायत आने पर उन्होंने विद्यार्थियों से उस शिक्षक का ऐसा बहिष्कार करवाया कि अन्त में उस शिक्षक को अपना व्यापार छोड़कर झुकना पड़ा।

तृतीय–नगरपालिका चुनाव में स्कूल के महानन्द नामक एक शिक्षक उम्मीदवार बनकर खड़े हुए थे। सरदार ने कॉलेज के समस्त लड़कों को शिक्षक महानन्द के पक्ष में कार्य करने को तैयार किया था। प्रतिपक्ष में नाडियाद के देसाई परिवार के एक भाई थे। उन्होंने यह कह दिया कि

इस शिक्षक के समक्ष हार जाऊँ तो मूँछें मुँड़वा लूँ। सरदार ने छात्रों की मदद से मतदाताओं में ऐसा कार्य किया कि महानन्द शिक्षक की बड़े बहुमत से जीत हुई। तुरन्त सरदार पचास के लगभग लड़कों की टोली के साथ–साथ एक हज्जाम को लेकर देसाई की मूँछें मुँड़वाने को कहने के लिए निकल पड़े।

वल्लभभाई में पढ़ने की बड़ी लगन और उत्साह था, महत्त्वाकांक्षा भी कम नहीं थी। अंग्रेज़ी भाषा से उनका लगाव था, अतः छोटी कक्षाओं में भी अपने साथियों की अपेक्षा वे अंग्रेज़ी में होशियार थे। नाडियाद में उनका ननिहाल था। खेड़ा ज़िले का मुख्य केन्द्र होने के कारण वहाँ सरकारी अंग्रेज़ी हाईस्कूल था। इसलिए वे ननिहाल में पढ़ने के लिए रहे। वहाँ उन्हें अच्छी संगति मिली। वहाँ के सार्वजनिक जीवन तथा कुछ वहाँ के वातावरण में, उस समय संस्कारिता की सुगन्ध फैली हुई थी। विद्वानों के शिरोमणि गोवर्धनराम त्रिपाठी, वेदान्तभूषण, मणिलाल नानुभाई द्विवेदी, कविरत्न बालाशंकर उल्लासराम, राजनीतिज्ञ और चरित्रशील हरिदास बिहारीदास देसाई आदि महानुभावों के जीवन का मन को प्रसन्न करने वाला सौरभ नाडियाद के वातावरण को सुगन्धित कर रहा था। ऐसे समय वल्लभभाई नाडियाद हाईस्कूल में पहुँचे। वहाँ जाने के बाद उनके व्यक्तित्व का खूब विकास हुआ। सामान्य जनता का नेतृत्व करने का पाठ भी वे वहीं सीखे। अभ्यास के साथ–साथ वे सार्वजनिक कार्यों में भी रुचि रखते थे। नाडियाद के म्युनिसिपल चुनाव में वे मतदाताओं का मार्गदर्शन भी करते थे और जो उम्मीदवार योग्य मालूम हो उसके लिए प्रचार भी करते थे।[8]

वल्लभभाई का विवाह 1893 में 18 वर्ष की आयु में झबेरबेन के साथ हुआ जिनसे दो सन्तानें पैदा हुईं। पहली, पुत्री के रूप में अप्रैल 1903 में हुई जिसका नाम मणिबेन रखा गया और दूसरी सन्तान पुत्र के रूप में 28 नवम्बर 1905 में हुई जिसका नाम दाह्याभाई रखा गया। श्रीमती झबेरबेन का देहान्त 11 अप्रैल 1909 को हुआ।[9]

वल्लभभाई की गतिविधियों में सदैव सकारात्मकता का रहस्य छुपा होता था, दूसरे विद्यार्थी चाहे उसे मज़ाक़ समझें, परन्तु वे तर्क और तथ्यों के साथ किसी बात या घटना को रखते थे। ऐसे अनेक अवसर एवं घटनाएँ रही हैं जिनके पीछे पटेल का कोई–न–कोई उद्देश्य होता था और उन घटनाओं के आधार पर ही हम सरदार पटेल के व्यक्तित्व एवं विचारों का विश्लेषण कर सकते हैं। कहावत है कि 'पूत के पाँव तो पालने में ही दिख

जाते हैं' और इस कहावत को चरितार्थ किया है सरदार पटेल के विद्यार्थी जीवन की घटनाओं ने। एक घटना जो इसी अध्याय में पूर्व में वर्णित है जिसमें स्कूल जाते समय रास्ते में गड़े हुए खूँटे को निकाल फेंकने की उनकी शैली, उनका विचार, उनकी शक्ति देखने योग्य है। मेरा मानना है कि यहीं से उनके जीवन में राष्ट्रीयता, मानवीयता, सरलता, बौद्धिकता एवं निरन्तरता के बीज अंकुरित हो गये थे। यही 'नींव की ईंट' इतनी सुदृढ़ रही कि उनके विचारों में, उत्साह, जोश, लगन, स्पष्टता, सौम्यता, सृदृढ़ता और मज़बूत इरादों ने आगे चलकर ऐसे भवन का निर्माण किया जिसके कारण उन्हें अनेक उपाधियों एवं नामों यथा 'भारत का निर्माता', 'आधुनिक भारत के निर्माता', 'लौह पुरुष', 'सरदार', 'आधुनिक भारत के शिल्पी' इत्यादि से नवाज़ा गया। इस विलक्षण प्रतिभा के धनी बालक में तर्क और तथ्यों को प्रस्तुत करने की अद्भुत क्षमता थी और यही कारण रहा कि आगे चलकर उन्होंने पूरे राष्ट्र के लिए अपना पूरा जीवन लगा दिया।

पाठशाला में वल्लभभाई तूफ़ानी विद्यार्थी के नाम से प्रसिद्ध थे। एक दिन एक शिक्षक अपने पीरियड में कक्षा में न आकर ऑफ़िस में ही गप्पें मार रहे थे। कुछ समय तो विद्यार्थियों ने उनके आने की प्रतीक्षा की, परन्तु शिक्षक अपनी कक्षा में नहीं आये तो कक्षा में गायन में रुचि रखने वाले एक छात्र ने गाना शुरू कर दिया। उन दिनों प्रसिद्ध नाटककार स्व. दाह्याभाई धोलशाजी के गीत बहुत चलते थे, उनमें सदाचार और चरित्र का पुट होता था। कक्षा के अन्य छात्रों ने भी उसका साथ गाना गाने में दिया जिसकी आवाज़ ऑफ़िस तक पहुँची, आवाज़ सुनकर शिक्षक गुस्से में आये और छात्रों को धमकाने–डाँटने लगे। गाना प्रारम्भ करने वाले छात्र को शिक्षक के क्रोध का शिकार होना पड़ा, परन्तु यह सब पटेल को अच्छा नहीं लगा। दूसरे सभी छात्र चुपचाप बैठे रहे लेकिन वल्लभभाई से बर्दाश्त नहीं हुआ। वे अपने विशिष्ट ढंग से बोल उठे–"आप इस लड़के को क्यों डाँट रहे हैं? क्लास का समय हो जाने पर भी आप ऑफ़िस में बैठे गप्पें मारते रहे और कक्षा में आये नहीं तो, हम क्या करें? गाना नहीं गायें तो क्या रोयें? दोष तो आपका है तब आप हमें क्यों डाँट रहे हैं। हमने बुरा क्या किया है जो आप हमें धमका रहे हैं?"[10] एक विद्यार्थी कक्षा में अपने शिक्षक के सामने ऐसे प्रश्न खड़े करे, वह कोई साधारण व्यक्ति भला कैसे हो सकता है। 'साँच को आँच कहाँ?' वाली बात को वल्लभभाई यथार्थ करते नज़र आते हैं। उनमें जो अदम्य साहस, निडरता, निर्भीकता एवं स्पष्टवादिता

झलक रही थी, वह निश्चित रूप से भारत के भविष्य निर्माता के रूप में दस्तक दे रही थी और सत्य के रास्ते पर चलकर बाधाओं को पार करने की दहलीज़ पर ले जाने का संकेत कर रही थी। शायद उनको आभास था कि देश के लिए नयी इबारत लिखनी है और उसके लिए यह प्रशिक्षण काल है जिसे भली–भाँति और सफलतापूर्वक पूरा करना है।

वल्लभभाई हाईस्कूल की पढ़ाई के लिए नाडियाद से बीच में ही बड़ौदा चले गये थे। यह पराक्रम उनकी कुशल बुद्धि, सत्याग्रही जीवन की जन्मजात प्रकृति, निडरता एवं अन्याय के विरुद्ध संघर्ष का सजीव उदाहरण ही बन गया। जब इन्होंने बड़ौदा हाईस्कूल में छठे दर्जे में प्रवेश लिया तब संस्कृत छोड़कर गुजराती भाषा का विषय चुना था। उस समय वहाँ छोटालाल जी गुजराती भाषा के अध्यापक थे तथा गुजराती भाषा के बड़े विद्वान माने जाते थें। वे गुजराती के शिक्षक थे, परन्तु कोई विद्यार्थी यदि संस्कृत रूपी देवभाषा को छोड़कर गुजराती लेता तो उन्हें नहीं भाता था। इसे दुर्भाग्य कहें या सौभाग्य कि पटेल ने भी यहाँ आकर संस्कृत भाषा में अरुचि के कारण गुजराती ले ली थी। जब सरदार छोटेलाल जी की कक्षा में गये तो अध्यापक जी ने कहा, ''आइये महापुरुष, कहाँ से आये? संस्कृत छोड़कर गुजराती लेते हैं। परन्तु यह पता है कि संस्कृत के बिना गुजराती आती ही नहीं। संस्कृत के लाभ हैं...।'' इस पर वल्लभभाई ने कहा, ''परन्तु श्रीमान यदि हम सब संस्कृत में ही रहते तो आप किसे पढ़ाते?'' यह सुनकर शिक्षक क्रोधित हो गये और वल्लभभाई को बेंच पर खड़ा कर दिया तथा दण्डस्वरूप अगले दिन एक से लेकर तीस तक पहाड़े लिखकर लाने को कहा, परन्तु तीन दिन तक वल्लभभाई ने ऐसा नहीं किया। अब अध्यापक अत्यन्त क्रोधित हो गये और बिना किसी हिंसक कार्यवाही के वल्लभभाई को मुख्याध्यापक के समक्ष प्रस्तुत किया। वहाँ अपने बचाव में वल्लभभाई ने कहा, ''श्रीमान, मेरे शिक्षक ने प्रथम मुझे मेरे उद्धत दोष के कारण बेंच पर खड़े रहने का दण्ड दिया और उस दण्ड को बिना किसी आनाकानी के मैंने स्वीकार किया और मैं खड़ा हो गया। लेकिन बाद में बिना दोष के उन्होंने जो अधिक दण्ड मुझे दिया, उसमें अन्याय था। मैं कभी अन्याय के वश में नहीं होता। इसके अतिरिक्त, शिक्षक ने जिस प्रकार का अधिक दण्ड मुझे दिया उसे मानने में मानहानि प्रतीत हुई। मैं स्कूल के छठे दर्जे का विद्यार्थी हूँ। मुझे बच्चों की कक्षा में पढ़ने वाले छह–सात वर्ष के बच्चों को दी जाने वाली सज़ा दी जाये–पहाड़े लिखने

को कहा जाये–इसे मैं अपनी मानहानि समझता हूँ। मेरे आज के अभ्यास में से मुझे कुछ लिखने को कहा जाता तो उसका कोई अर्थ होता। शायद उससे मुझे लाभ भी होता। परन्तु पहाड़े लिखने के दण्ड के पीछे शिक्षक का उद्देश्य मेरा मान भंग करके मुझे शर्मिन्दा करने के अतिरिक्त कुछ और नहीं हो सकता था, इसलिए मैंने उस दण्ड पर अमल नहीं किया और इसका दण्ड भोगने को मैं तैयार हूँ।''[11]

उक्त घटनाक्रम में पटेल की निडरता, स्पष्टवादिता, व्यंग्यात्मकता के सहारे प्रहार करने की क्षमता, हाज़िरजवाबी, अन्याय के विरुद्ध संघर्ष, तर्कशीलता, वैज्ञानिक दृष्टिकोण जैसी अनेक विशेषताएँ उजागर होती हैं। साथ ही, शिक्षक छोटेलाल के मुख से निकली 'महापुरुष' की उपाधि अनायास ही देश के भविष्य के प्रति पहले से ही दस्तक देती नज़र आती है और पटेल के प्रखर व्यक्तित्व एवं राष्ट्र के प्रति समर्पित होने की भावना परिलक्षित होती है, जिसे पटेल ने आगे चलकर यथार्थता में साकार कर दिखाया।

मैट्रिक की परीक्षा पास करने के बाद पटेल के समक्ष प्रश्न था कि अब क्या किया जाये। उस समय उनके घर की आर्थिक स्थिति भी कमज़ोर थी, इसी को मद्देनज़र रखते हुए परिवार एवं रिश्तेदारों का मानना था कि किसी नौकरी या धन्धे में लग जाना ही बेहतर होगा। परन्तु सरदार पटेल किसी छोटी–मोटी नौकरी से सन्तुष्ट नहीं थे। उनके मन–मस्तिष्क में बचपन से ही बड़ी महत्त्वाकांक्षाएँ रही थीं। सरदार पटेल ने स्वयं उस समय की चर्चा करते हुए कहा था, ''मैं बचपन से ही यह देखने और जानने को तड़पता रहता था कि जो अंग्रेज़ लोग सात हज़ार मील दूर विदेश से भारत पर राज्य करने आते थे, उनका देश कैसा होगा? मैं तो साधारण घराने का था। मेरे पिताजी मन्दिर में सेवाभाव में ज़िन्दगी बिताते थे और उसी में उन्होंने उसे पूरी किया। मेरी उच्च शिक्षा प्राप्त करने की इच्छा पूरी करने का उनके पास कोई साधन नहीं था। मुझे बताया गया कि 10–15 हज़ार रुपये मिल जायें तो उच्च शिक्षा के लिए विलायत यानी इंग्लैंड जा सकता हूँ। मुझे इतना रुपया देने वाला कोई नहीं था। अतः मैंने निश्चय किया कि विलायत जाना हो तो रूपया कमाकर जाना चाहिए। बाद में वकालत की पढ़ाई की और वकालत का धन्धा करके ख़र्च लायक कमाई करके विलायत जाने का निश्चय किया।''[12]

सरदार पटेल के मस्तिष्क में अंग्रेज़ों और उनके देश के प्रति अनेक

सवाल कौंध रहे थे, इसलिए उन्होंने यह दृढ़ निश्चय कर लिया था कि भारत में जो समस्या है उसकी तह तक जाने के लिए उच्च शिक्षा एवं अंग्रेज़ों की पारिस्थितिकी का अध्ययन किया जाये। सरदार पटेल ने 1900 में गोधरा में वकालत प्रारम्भ की। हालाँकि उनके अग्रज विट्ठलभाई ने अपने साथ बोरसद में वकालत करने के लिए कहा था परन्तु वल्लभभाई ने अस्वीकार करके अपना निर्णय स्वयं करते हुए कार्य किया, जिसका परिणाम हुआ कि उनकी प्रतिभा का निखार हुआ और उनका आत्मविश्वास और दृढ़ हो गया। दो वर्ष गोधरा में वकालत करने के बाद वे 1902 में बोरसद चले गये जहाँ विट्ठलभाई का संघर्ष स्थानीय अधिकारी से चल रहा था। खेड़ा ज़िले के बोरसद तालुके में सर्वाधिक मुक़दमे फ़ौजदारी के आते थे जिनमें अधिकतर बचाव पक्ष में वल्लभभाई होते थे तथा केस जीत जाते थे। अपनी वाक्शक्ति एवं बहस (जिरह) करने की पटुता के कारण शीघ्र ही पटेल ने ख्याति प्राप्त कर ली और एक सफल वकील के रूप में पहचान बनायी।

वल्लभभाई की वकालत में सफलता का रहस्य क़ानूनी बारीक़ियों की सूक्ष्म छानबीन नहीं थी, बल्कि उनके गहरे व्यावहारिक ज्ञान, मानव स्वभाव की सूक्ष्म परख, गवाहों से जिरह की अद्भुत चतुराई और शहादत–गवाही की छानबीन करने की ज़बरदस्त शक्ति आदि गुणों–विशेषताओं का मुख्य योगदान रहा।[13]

वल्लभभाई के मन में उच्च शिक्षा की तीव्र इच्छा थी तथा वह विदेश में विधि अध्ययन करना चाहते थे। मुख्तारकारी के समय ही इसके लिए उन्होंने प्रयास करने प्रारम्भ कर दिये थे। इसके लिए आवश्यक धनराशि की व्यवस्था भी करनी थी लेकिन जिस कम्पनी से विदेश यात्रा के सम्बन्ध में उनका पत्र–व्यवहार चल रहा था, विदेश यात्रा का प्रबन्ध करने वाली उस कम्पनी की अन्तिम चिट्ठी उनके बड़े भाई विट्ठलभाई पटेल को मिल गयी। अंग्रेज़ी में दोनों का नाम वी.जे. पटेल होने के कारण ऐसा हुआ। विट्ठलभाई ने कहा, "मैं तुमसे बड़ा हूँ। पहले तुम मुझे ही जाने दो क्योंकि तुम्हारे लौट आने के उपरान्त मैं नहीं जा सकूँगा।" उन्होंने सहर्ष यह स्वीकार किया और सम्पूर्ण ख़र्च का उत्तरदायित्व भी अपने ऊपर ले लिया। यह उनके त्याग का वह उदाहरण है जो सदैव भावी पीढ़ियों को प्रेरित करता रहेगा।[14]

विट्ठलभाई पटेल 1908 में भारत लौटे और वल्लभभाई ने अगस्त

1910 में इंग्लैंड के लिए प्रस्थान किया। वल्लभभाई ने मार्ग में ही पूरे रोमन लॉ का भली–भाँति अध्ययन कर लिया। सितम्बर 1910 में उन्होंने मिडल टेम्पल में प्रवेश लिया और कुछ महीने बाद आयोजित परीक्षा में प्रथम श्रेणी के रोमन लॉ का पुरस्कार प्राप्त किया।[15] इसके बाद कई अन्य पुरस्कार भी वल्लभभाई ने प्राप्त किये। उनकी सबसे बड़ी अध्ययनकालिक विशेषता उनका एकमात्र ध्येय कठिनतम परिश्रम के साथ विद्याध्ययन करना था। टेम्पल से पुस्तकालय की दूरी 11 मील थी। सरदार पटेल सवेरे ही वहाँ पहुँच जाते तथा जब चपरासी आकर कहता कि साहब समय समाप्त हो गया है, तभी उठते थे। कभी–कभी उन्होंने 17 घण्टे प्रतिदिन भी कार्य किया।

इंग्लैंड में बैरिस्टर की रजिस्ट्री चार सोसायटियों में होती थी। वल्लभभाई ने अपना नाम 'मिडल टेम्पल' में दर्ज करवाया। इंग्लैंड में वल्लभभाई ने अपना ध्यान पूरी तरह पढ़ाई में केन्द्रित कर रखा था। आम तौर पर बैरिस्टर होने में तीन वर्ष का समय लगता था, परन्तु वल्लभभाई पटेल ने न केवल इसे ढाई वर्ष में पूरा किया बल्कि इक्विटी के प्रश्नपत्र में सर्वाधिक अंक प्राप्त करने के लिए पुरस्कार की आधी राशि भी उन्हें प्राप्त हुई, क्योंकि एक अन्य विद्यार्थी के अंक समान होने से पाँच पाउंड की राशि दोनों के बीच बाँटी गयी। वर्ष 1912 में, जब वल्लभभाई ने पूरी परीक्षा दी तब उनका कठिन परिश्रम रंग लाया और इस अन्तिम परीक्षा में वल्लभभाई प्रथम दर्जे में ऑनर्स के साथ उत्तीर्ण हुए और इस हेतु उन्हें 50 पाउंड की राशि का पुरस्कार प्रदान किया गया। बैरिस्टरी में अपने अध्ययन के प्रति लगन एवं कठिन परिश्रम से इंग्लैंड में उनका नाम, मान–सम्मान बढ़ गया और प्रशंसा हुई। इंग्लैंड में ऐसा प्रावधान था कि प्रथम स्थान पर आने पर बैरिस्टर की उपाधि नियत समय से 6 माह पूर्व प्रदान की जाती थी। इसी के चलते वल्लभभाई ने एक आवेदन देकर 6 माह पूर्व अभ्यास समाप्ति का निवेदन किया, परन्तु बोर्ड ऑफ़ डायरेक्टर ने इसे स्वीकार नहीं किया। इसके पीछे उनकी यह सोच नहीं थी कि वल्लभभाई को रोका जाये अपितु भविष्यगत चिन्ता थी कि यदि वल्लभभाई के आवेदन को स्वीकार कर लिया गया तो हिन्दुस्तान में ऐसा सन्देश जायेगा कि वहाँ के लोग बैरिस्टरी की पढ़ाई करने के लिए इंग्लैंड आने की लम्बी क़तार लगाकर बैठ जायेंगे। हालाँकि इस चिन्ता का नुक़सान वल्लभभाई पटेल को झेलना पड़ा। परन्तु पटेल भी कहाँ बैठने वाले थे, उन्होंने इन

6 महीने के समय का सदुपयोग करते हुए सर्वप्रथम इंग्लैंड के दर्शनीय स्थलों का भ्रमण कर उनको समझा। इसके पश्चात् इंग्लैंड की अदालतों की कार्यवाही और क़ानूनी प्रक्रिया का प्रत्यक्ष अनुभव किया, जिससे सैद्धान्तिक परिपक्वता के साथ प्रायोगिक ज्ञान भी अर्जित हो सके।

वल्लभभाई ने 6 माह का समय भी पूरा कर लिया था और दीक्षान्त समारोह की तिथि निर्धारित होते ही दूसरे ही दिन स्टीमर का टिकट जो मुम्बई रवाना होना था, ख़रीद लिया और दीक्षान्त समारोह की तैयारी में जुट गये। इंग्लैंड में दीक्षान्त समारोह को 'कालिंग टु द बार' कहा जाता है जिसका आशय है–वकील मण्डली में प्रविष्ट होने का निमन्त्रण देना। इसके अन्तर्गत मिडल टेम्पल प्रबन्ध समिति के एक सदस्य को उम्मीदवार के लिए बैरिस्टर बनने का प्रस्ताव पेश करना होता है। प्रस्ताव पारित होने के बाद उम्मीदवार अगर वकील मण्डली में प्रविष्ट हो जाये तब से उसे बैरिस्टर की उपाधि मिल जाती है। वह बैरिस्टर हो जाता है।[16]

वल्लभभाई अपने नाम का प्रस्ताव रखने वाले और इसका समर्थन करने वाले दो सदस्यों की खोज में प्रवृत्त हुए। वे निजी तौर से किसी को नहीं पहचानते थे, परन्तु प्रबन्ध समिति की सूची में से एक वरिष्ठ सदस्य का नाम पसन्द कर वे उनके पास पहुँच गये और उनका नाम प्रस्तुत करने के लिए नम्र निवेदन किया। वे सदस्य जानते थे कि आया हुआ व्यक्ति परीक्षा में अव्वल रहा है। ऐसे उम्मीदवार के नाम का प्रस्ताव रखने के लिए कौन तैयार नहीं होगा। उस सदस्य ने वल्लभभाई की बात को सहर्ष स्वीकार किया। इतना ही नहीं समर्थन करने वाले सदस्य का प्रबन्ध भी उसने ही कर दिया। वल्लभभाई का राष्ट्र प्रेम एवं पारिवारिक लगाव इतना सुदृढ़ था कि दीक्षान्त समारोह सम्पन्न होने के बाद प्रस्ताव रखने वाले सदस्य ने दूसरे दिन उनको घर पर भोजन का न्यौता दिया तो वल्लभभाई ने क्षमायाचना करते हुए कहा, "बिन माँ के दो बच्चों को ढाई साल से अकेला दौड़ाकर आया हूँ इसलिए मैं पहली स्टीमर से देश रवाना होना चाहता हूँ।"[17]

बिना एक पल खोये, अपने अध्ययन को समाप्त कर वे फ़रवरी 1913 में भारत लौट आये। बम्बई प्रान्त के मुख्य न्यायाधीश ने उनसे किसी उच्च पद को ग्रहण करने की बात कही लेकिन विनम्रता से नकार कर वे अहमदाबाद पहुँचे और वहाँ वकालत करने का मन बनाया।

सरदार वल्लभभाई का व्यक्तित्व[18]

सरदार वल्लभभाई पटेल के प्रारम्भिक जीवन तथा शिक्षाकाल में हमें उनके व्यक्तित्व के अनेक गुणों का परिचय मिलता है। उनका जन्म ही उस भूमि में हुआ था जो श्रीभगवद्गीता के नायक वासुदेव श्रीकृष्ण की कर्मभूमि थी और जिसने महर्षि स्वामी दयानन्द सरस्वती, राष्ट्रपिता महात्मा गाँधी तथा विट्ठलभाई पटेल जैसे कर्मवीरों को जन्म दिया था। इससे भी अधिक वह उस पाटीदार वंश में पैदा हुए थे, जो स्वतन्त्र विचार, शुद्ध हृदय एवं तेज के कारण प्रसिद्ध था। यदि उनके जीवन को भली–भाँति देखें तो उनका व्यक्तित्व बहुमुखी प्रतीत होता है तथा उसमें अनेक विशेषताएँ दृष्टिगोचर होती हैं। सबसे अच्छी बात यह है कि उनके प्रत्येक गुण ने उनके जीवन को सुशोभित किया तथा चिर अमरता प्रदान की।

त्याग की भावना–वल्लभभाई पटेल के व्यक्तित्व का प्रथम गुण उनका सभी के लिए त्याग था। अपने बड़े भाई विट्ठलभाई पटेल को अपने से पहले विदेश भेजा और स्वयं बाद में जाना स्वीकार किया। अपनी अच्छी–ख़ासी वकालत को महात्मा गाँधी की पुकार पर देश के लिए त्याग दिया। स्वयं को पीछे रखकर, अपने से आयु में छोटे, और पक्ष के भीतर जिनका स्थान उनसे निश्चित रूप में बहुत पीछे था और वे थे जवाहर लाल नेहरू, के प्रधानमन्त्री बनने पर सरदार वल्लभभाई पटेल ने कोई विरोध न करके स्वयं उप–प्रधानमन्त्री बने। यह सरदार पटेल के व्यक्तित्व की प्रमुख विशेषता है।

सेवा–भावना–भारत की स्वतन्त्रता के लिए सरदार व उनके बड़े भाई विट्ठलभाई ने समझौता किया कि बड़ा देश सेवा करे और छोटा परिवार–पालन। वल्लभभाई ने कहा, ''मैं पाप कमाऊँ वे पुण्य, लेकिन उनकी सेवा–भावना में मेरा भाग भी तो रहेगा।'' उपरान्त स्वयं उनसे भी अधिक सेवा–भावना में आ गये और स्वयं कहने लगे निःस्वार्थ सेवा से मन को अनोखा आनन्द मिलता है। उससे प्राप्त होने वाला सुख संसार के किसी भी सुख की तुलना में कम नहीं है। महात्मा गाँधी के साथ 16 महीने वे यरवदा जेल में रहे तथा उन्होंने उनकी अपने पिता, सखा, गुरु व ईश्वर की भाँति इतनी सेवा की कि स्वयं महात्मा गाँधी ने कहा, ''उनकी अनुपम वीरता से तो मैं अच्छी तरह परिचित था, परन्तु पिछले सोलह महीनों में जिस तरह रहा वैसा सौभाग्य मुझे कभी नहीं मिला था, जिस प्रकार उन्होंने मुझे स्नेह से ढँक लिया, वह मुझे मेरी माँ की याद दिलाता है।

मैं यह कभी नहीं जानता था कि उनमें माँ के गुण भी हैं'' और यही नहीं कोई कनिष्ठ साथी या दलीय कार्यकर्ता भी बीमार पड़ जाये या कष्ट में हो तो वे निःस्वार्थ सेवा करते थे। साथ ही वे सेवक की परिभाषा करते हुए उसके लिए आदर्श निर्धारित करके कहते थे, ''सेवक को मूक रहकर काम करना चाहिए, बोलना आता हो तो भी वह जिह्वा को बन्द रखे। भाषणों की चाट लगाये हुए सेवक को ग्राम के लिए अयोग्य माना जायेगा, जिसका काम ही बोलता है, वही सच्चा सेवक हो सकता है। वह मूक होगा तो भी उसका काम उसे अन्त में प्रकट कर देता है। सेवक अवसर के अतिरिक्त बोलने का प्रयत्न न करे, अवसर पर बोलना ही शोभा देता है, परन्तु प्रसंग के बिना बोलना माघ महीने की वर्षा के समान निरर्थक है। अतः सेवकों का धर्म मूक सेवा है।''

निःस्वार्थता—किसी प्रसिद्धि की इच्छा के बिना सरदार सेवकों को जैसे निःस्वार्थ सेवा का उपदेश देते, उसी प्रकार उनका व्यक्तित्व भी निःस्वार्थ भावना का प्रतीक था। उनका स्पष्ट मानना था कि, ''निःस्वार्थ सेवा करने वालों के लिए विशाल क्षेत्र ख़ाली पड़ा है। स्वार्थ और सेवा दोनों साथ—साथ नहीं चल सकते। दोनों का मिश्रण नहीं हो सकता, जो दोनों का मिश्रण करना चाहते हैं, वे वैसा करने में शुद्धता और अशुद्धता का विचार करना भूल जाते हैं।''

सम्मान करना—परिवार के बड़े सदस्यों, समाज के बड़े व्यक्तियों या कार्यक्षेत्र की दृष्टि से बड़े लोगों का सम्मान करना सरदार पटेल के व्यक्तित्व की अगली मुख्य विशेषता थी। विट्ठलभाई जब कभी घर आते तब वल्लभभाई बड़े भाई के जूतों के फीते खोलकर उनका स्वागत करते थे। जब वे बम्बई लौटते तब बम्बई के ख़र्चे के लिए उनकी जेब नोटों से भर देते, तब विदा करते। न तो वल्लभभाई एक शब्द बोलते, न बड़े भाई से कुछ पूछते, न यह कहते कि इतनी रक़म आपकी जेब में रखी है, ऐसी आत्मीयता व सम्मान था। गाँधी जी का वे कितना सम्मान करते थे, यह शब्दों में व्यक्त नहीं किया जा सकता। स्वतन्त्र प्रकृति के कारण भी इतना सम्मान करते कि, ''वोटिंग के समय ताकते रहते कि गाँधी जी किधर अपना हाथ उठा रहे हैं? उधर ही हाथ उठाते।'' उनके सम्मान की सबसे बड़ी झलक पण्डित नेहरू के प्रति देख सकते हैं। मतभेद हुए, कार्य—पद्धति भिन्न हुई, विचार न मिले, लेकिन आयु में कम होने पर भी एक बार जब उन्हें अपने नेता का सम्मान दिया, तो जीवन—भर सम्मान बनाये रखा।

श्रद्धाशीलता—सरदार का व्यक्तित्व उनकी श्रद्धाशीलता का एक अद्‌भुत उदाहरण है। वे समर्पणशील व्यक्ति थे। श्रद्धा व्यक्ति के प्रति हो या ईश्वर के प्रति, कार्य के प्रति अथवा ज्ञान के प्रति, वे उसका व्यवहार चाहते थे। उनके शब्दों में, "अँधेरी रात के बाद सवेरा होता है। ज्वार—भाटा तो सृष्टि का नियम है लेकिन जिसमें श्रद्धा है, वह कभी परेशान नहीं होता, जिसकी श्रद्धा टूट जाती है, उसकी स्थिति दयनीय बन जाती है। वह किसी पर विश्वास नहीं कर पाता और हाथ—पैर पटकता रहता है। जिसे अपने मार्ग पर अटल विश्वास होता है, वह खाई, गड्ढों और काँटों आदि को लाँघ कर अपनी मंज़िल की ओर बढ़ता रहता है और अन्त में अपने निश्चित किये हुए स्थान पर पहुँच जाता है।" उनकी स्वयं गाँधी जी में इतनी श्रद्धा, उनके मार्ग—निर्देशन व नेतृत्व के प्रति थी कि कहते थे, "मैंने अपने ऊपर ताला लगाकर चाबी बापू को दे दी है।" ईश्वर में भी उनकी पूर्ण आस्था थी। ईश्वर के बारे में अनन्य श्रद्धा और जीवन एवं मृत्यु, सुख एवं दुख के सम्बन्ध में जो विरक्ति उनकी अखण्ड क्रम साधना में पायी जाती है, वह उनको पूर्ण श्रद्धाशील ठहराती है।

स्पष्टवादिता—झूठा विश्वास दिखाने वाली बातों में सरदार की श्रद्धा नहीं थी। वे स्वयं स्पष्टवादी थे तथा दूसरों से भी स्पष्ट व्यवहार चाहते थे। उनका जीवन आरम्भ से अन्त तक खुली पुस्तक के समान रहा। पटेल का कहना था कि मुझे बाल—जीवन से जानने वाले अब कुछ ही व्यक्ति जीवित होंगे और वे भी प्रसिद्धि के जगत से दूर होंगे। सुदूर देहातों में जीवन व्यतीत करते होंगे। इसलिए मेरे विषय में उनके संस्मरण काल के गतिचक्र में निश्चय ही मिट गये होंगे। परन्तु मैं स्वयं अपने सम्बन्ध में इतना ही कहना चाहता हूँ कि 1949 के इस वर्ष में जैसा जीवन बिता रहा हूँ, उनकी बनिस्बत, 74 वर्ष पहले मैं बालक की भाँति जैसे जिया था, वैसे ही जीना पसन्द करूँ, अर्थात् खुले मस्तिष्क व स्पष्ट दृष्टिकोण से रहूँ, जैसे बाल्यकाल में था। सम्पूर्ण जीवन में जो कुछ कहने स्वरूप हो, उसे पहले ही कहकर रखना चाहिए और मन को हलका करके आनन्द से रहना चाहिए। एक भाषण में उन्होंने कहा था कि मैं साफ़ बोलने में विश्वास करता हूँ और लघु सामग्री क्या है, मैं नहीं जानता। वे उस व्यक्ति से भी घृणा करते थे, जो स्पष्ट न हो तथा शंका की परिधि में हो।

आशावादिता—सरदार ने जीवन में शायद ही कभी निराशा देखी हो,

उनके जीवन में आशा सदैव उनकी संगिनी रही। यदि किन्हीं परिस्थितियों में निराशा और उदासी के बादल अधिक घिरे हुए लगते थे तो उस समय में सरदार की कार्यकुशलता और उनका कर्तव्य विशेष रूप से खिल उठता था। प्रारम्भिक काल हो, मध्यकाल हो या जीवन का अन्तिम पहर, असंख्य उदाहरण आशा से भरे देखे जा सकते हैं। कश्मीर पर पाकिस्तान ने आक्रमण किया। लॉर्ड माउंटबेटन चिन्तित हुए तथा पण्डित नेहरू निराश हुए किन्तु सरदार ने आशा भरे शब्दों में कहा था, ''कश्मीर बच कर रहेगा'', और कश्मीर आज भारत का जितना अभिन्न अंग है, वह सरदार की आशावादी दृष्टि के कारण ही है।

परख शक्ति–महात्मा गाँधी की भाँति सरदार में भी सामने आने वाले व्यक्ति की एक–एक रग को पहचानने की शक्ति निहित थी। सच्ची बात को निकलवाने की व्यावहारिक कला में भी वे दक्ष थे। वकालत के समय अनेक मामलों में वे विरोधी पक्ष या मुजरिम से सही बात निकलवा लेते थे। जब 1940 में लाहौर में लीग ने पृथक् मुस्लिम राष्ट्र के रूप में पाकिस्तान का प्रस्ताव पास किया और जिन्ना को उसको व्यवहार में लाने का अधिकार दिया तो सरदार ने जिन्ना व लीग की वास्तविकता जाँच ली थी, बार–बार महात्मा जी व काँग्रेस को इन्हें आवश्यकता से अधिक महत्त्व न देने की बात कही थी, किन्तु फिर भी महत्त्व दिया गया, तो उसका जो परिणाम निकला, वह सामने है।

विरोधी को जीतना–सरदार की एक और विशिष्ट कला थी, वे विरोधी को भी अपना बना लेते थे। वे अपना पक्ष भी ऊपर रखते, सावधान भी रहते तथा शत्रु से काम भी ले लेते थे। जब गुजरात में भयंकर बाढ़ आयी तो उन्होंने विरोधी सरकार से एक करोड़ की बड़ी रकम प्राप्त करके उसे बाढ़ पीड़ितों में बाँटकर, उन्हें घरों में बसाकर, असम्भव को भी सम्भव कर दिखाया था। लेकिन उनका विरोधी को विजित करने वाला वह उदाहरण जो इन्हें इतिहास में सदैव अमर रखेगा–562 देशी राजाओं को भारतीय संघ से मिलाना था। भारतीय स्वतन्त्रता के साथ देशी राजाओं को दोनों उपनिवेशों (भारत व पाकिस्तान के साथ) में रहने की छूट थी और उनमें से अनेक तो भारत के शत्रु बन गये थे, लेकिन सरदार ने उनके दिल को जीत लिया और भारत संघ को सुदृढ़ बनाया। नेहरू जी ने सन् 1953 में भूतपूर्व राजाओं को एक तीन पृष्ठों का पत्र लिखा था और उनसे अनुरोध किया था कि वे अपने प्रिवीपर्स में कमी कर दें जिसका किसी ने

उत्तर नहीं दिया था। जबकि सरदार ने उनके राज्य ही ले लिए थे। इतने पर भी अनेक राजा तो उनकी मृत्यु पर यह कहकर रोये कि हमारा मित्र व रक्षक ही चला गया।

दूरदर्शिता—मौलाना अबुल कलाम आज़ाद ने अपने ग्रन्थ 'इंडिया विन्स फ्रीडम' में कहा कि सरदार ने सर्वप्रथम विभाजन स्वीकार किया। लेकिन यह वास्तविकता है कि सरदार दूरदर्शी थे, और यदि उन्होंने पहले विभाजन स्वीकार किया तो यह देखकर ही किया कि इसका परिणाम क्या होगा? लीग व जिन्ना की निरन्तर अटकलबाज़ियाँ तथा उसका सहारा लेकर अंग्रेज़ों की स्वतन्त्रता देने में देरी, स्पष्ट रूप से देश का भविष्य बिगाड़ रही थी। ऐसे में विभाजन योजना को स्वीकार करके देश की परतन्त्रता की बेड़ियों को तोड़ना दूरदर्शिता का परिचायक था। वास्तविकता तो यह है, कि वे सम्पूर्ण जीवन ही दूरदर्शी रहे थे। दूरदर्शिता उनकी प्रकृति बन चुकी थी, फिर प्रत्येक मनुष्य पूर्व संस्कारों, शिक्षा–दीक्षा और जीवन की कार्य–पद्धति के द्वारा पोषित स्वभाव का इच्छा या अनिच्छा से अनुसरण करता है। उदाहरणार्थ—सरदार पटेल कश्मीर के प्रश्न को संयुक्त राष्ट्र संघ में ले जाने के विरुद्ध थे। लॉर्ड माउंटबेटन की सलाह से पं. नेहरू कश्मीर का प्रश्न संयुक्त राष्ट्र संघ को सौंपने पर तैयार हो गये। किन्तु सरदार की दूरदृष्टि की दाद दें कि माउंटबेटन की सलाह नहीं मानी गयी तो प्रश्न ज्यों–का–त्यों है, एक हड्डी की भाँति गले में लटका है। इसके पीछे सरदार का एक व्यावहारिक सिद्धान्त यह था कि हम जहाँ तक हो सके वादी के रूप में न प्रस्तुत हों, हमें सदैव प्रतिवादी के रूप में ही न्याय के लिए खड़ा होना चाहिए। वे दृढ़ मस्तिष्क के साथ तथ्य को परखने की शक्ति रखकर दूरदर्शिता से काम लेते थे। हाल ही में जम्मू–कश्मीर में अनुच्छेद 370 व 35ए को हटाकर उन्हें दो केन्द्रशासित प्रदेशों के रूप में लाया गया है जो कश्मीर समस्या के हल का पहला संकेत है।

सत्यवादी—दूरदर्शी व परिणाम को समझने वाले होने के साथ सरदार पूर्णतया सत्यवादी थे और वे कहते थे कि किसी को पता नहीं कि भविष्य के गर्भ में क्या छिपा पड़ा है, लेकिन यह बात अटल है कि अन्त में सत्य की विजय होती है। वे कभी भी कुनैन पर मीठा लगाना नहीं जानते थे। सत्यप्रिय व ईमानदार व्यक्ति ऐसे ही होते हैं, उनकी सत्यता कड़वाहट की पर्यायवाची बन जाती है। यह गुण उनमें स्पष्ट रूप में था, सरदार सत्य बोलते थे और सत्य चाहते थे।

नैतिकवादी—राजनीतिज्ञ होते हुए भी उनके जीवन में राजनीतिक स्तर की अपेक्षा उनका नैतिक स्तर कहीं भी कम नहीं था। उनके नैतिक स्तर ने ही उनके राजनीतिक स्तर की नीति निर्धारित की थी। उनकी नैतिकता का सबसे बड़ा प्रमाण नेहरू जी के सम्बन्ध में गाँधी जी को दिये गये अपने वचन—कि नेहरू जी को वे जीवन—भर अपना नेता मानेंगे—के पालन में मिलता है।

अनुशासनबद्धता—सरदार के जीवनकाल में उनके व्यक्तित्व का मुख्य नमूना उनकी अनुशासनात्मक प्रवृत्ति है। वे स्वयं अनुशासन में रहे तथा दूसरों से भी अनुशासन की अपेक्षा करते थे, यदि किसी व्यक्ति ने सार्वजनिक अनुशासनहीनता दिखायी तो उसको सरदार ने कभी क्षमा नहीं किया। डॉ. खरे तथा नरीमन के विरुद्ध अनुशासनहीनता की कार्यवाही प्रसिद्ध है। नेताजी सुभाष चन्द्र बोस के विरुद्ध उनका मत भी इसी कड़ी में है। अपने दीर्घकाल के जेल निवास में स्वाभिमानी तथा अनुशासनप्रिय सरदार ने शरीर के लिए कभी सत्ताधारियों से कोई सुविधा नहीं माँगी। जैसे—जैसे वे जीवन में गूढ़ते गये यह बात और भी पक्की होती गयी। सरदार ने अनुशासनप्रियता किसी पुस्तक से नहीं सीखी, अपितु स्वयं जीवन के व्यवहार से ग्रहण की। संक्षेप में कहें, तो शरीर सँभालने में, खाने—पीने, बोलने या व्यवहार करने, संघर्ष करने या पहनने जैसे छोटे—छोटे क्षेत्रों में भी सरदार में पूर्ण अनुशासन था।

आत्मसम्मानी—सरदार का व्यक्तित्व आत्मसम्मान का पूर्ण परिचायक था और आत्मसम्मान को कहीं ठेस पहुँचे यह उनके लिए असम्भव था। उनका पूर्ण विश्वास था कि मरना तो एक दिन सभी को है, लेकिन सम्मान के साथ मरने का अवसर प्राप्त हो तो मृत्यु का समय पूर्व आना भी ठीक लगता है। उनका सम्पूर्ण जीवन इस बात की कथा कहता है कि किसी भी आन्दोलन में उन्होंने आत्मसम्मान गँवाकर समझौता नहीं किया। यहाँ तक कि 'सविनय अवज्ञा आन्दोलन' काल में जब वे जेल में थे, तो उनके पूज्य भाई विट्ठलभाई पटेल व माता जी की मृत्यु हुई। जेल अधिकारियों ने कुछ शर्तों के साथ उन्हें रिहा करने का प्रस्ताव किया लेकिन सरदार को यह सब कुछ आत्मसम्मान के विरुद्ध प्रतीत हुआ और ऐसे अवसर पर वे दोनों के अन्तिम दर्शनार्थ भी बाहर नहीं आये।

समानतावादी—यद्यपि सरदार अपने घरवालों, अपनी एकमात्र पुत्री या पुत्र व गाँधी जी को बड़ा प्यार करते थे लेकिन इनसे भी अधिक अपने

साथी कार्यकर्ताओं को प्यार करते थे। इस दृष्टि से वे कहीं–कहीं तो साथी कार्यकर्ताओं को अपेक्षाकृत अधिक महत्त्व भी देते थे। जेल में थे तो कुछ समय बाद मुलाक़ात की सुविधा हुई लेकिन केवल सम्बन्धियों के लिए, सरदार ने कहा, "रिश्तेदारों से मिलने की अनुमति अधीक्षक दे सकते हैं। अब उनको इतना अधिकार मिल गया है, लेकिन मेरे कार्यकर्ता तो मेरे जीवन के साथी ही रहे हैं अथवा मेरे लिए वे रिश्तेदारों से भी अधिक हैं, यदि उनसे मिलने में रुकावट खड़ी होती है तो दूसरों से मिलकर क्या करना है।" इससे भी आगे किसी कार्यकर्ता के बीमार होने का पता यदि उनको चल जाता तो उसे देखने उसके घर जाते थे। जेल में सुबह सभी साथियों को, अपनी बीमारी में भी चाय बनाकर पिलाते थे। ऐसा समानतावादी था उनका दृष्टिकोण।

स्वयंभूवादी दृष्टिकोण–अपना कार्य स्वयं करें तथा स्वयं के ही शरीर को कष्ट देकर जियें, ऐसा सरदार का विश्वास था। उनका मानना था कि जहाँ तक हो सके हमें किसी पर निर्भर न रहकर अपना निज का काम स्वयं कर लेना चाहिए और जितना हो सके दूसरों की सेवा करनी चाहिए।

धनलोभ नहीं–आर्थिक क्षेत्र में सरदार ईमानदारी की मूर्ति थे। 1934 का केन्द्रीय असेम्बली का चुनाव, 1937 का प्रान्तीय असेम्बलियों का चुनाव, 1946 का पुनः केन्द्रीय असेम्बली का चुनाव तथा लगभग एक दर्जन आन्दोलन उनके नेतृत्व में हुए या उनमें नेतृत्वकारी भूमिका का निर्वाह उन्होंने किया। वे विभिन्न संस्थाओं के नेता भी रहे लेकिन सम्पूर्ण जीवन में एक भी उदाहरण ऐसा नहीं मिलता कि उन पर धन के दुरुपयोग का कोई आरोप लगा हो, या कभी उन्होंने सार्वजनिक धन व्यक्तिगत रूप से ख़र्च किया हो, या किसी को ऐसा करने की आज्ञा दी हो। वे इस मामले में पूर्ण रूप से साफ़ थे तथा दूसरों को भी साफ़ देखना चाहते थे। वे केन्द्रीय गृहमन्त्री थे तो काँग्रेस दल का भी अधिकतर कार्य देखते थे। काँग्रेस के प्रदेशाध्यक्षों से निरन्तर टेलीफ़ोन से वे बात करते थे, लेकिन टेलीफ़ोन का बिल अपनी जेब से देते थे। उनकी आधी से अधिक आय इसमें ही चली जाती थी, ऐसे थे सरदार। माया–मोह से वे दूर थे तथा कहते थे कि जगत से सबको जाना है। असल में मानना यह चाहिए कि मृत्यु तो मुक्ति का द्वार है, किन्तु हम मोह–माया छोड़ नहीं पाते। ईश्वरेच्छा से सब कुछ होता रहता है। हेर–फेर कौन कर सकता है? यही व्यवहार उनका जीवन–भर रहा। उनकी एकमात्र सुपुत्री मणिबेन पटेल, जिसने सदा उनके साथ रहकर काम किया, उसके

लिए भी सरदार जब दुनिया से चले गये तो किसी से नहीं बोले—मणिबेन का ख़याल रखना। गये केवल दो धोती और एक कुर्ता बदन पर छोड़कर।

कर्तव्यपालक—सरदार के व्यक्तित्व की अगली कड़ी थी उनकी कर्तव्य पालन में अपार श्रद्धा। किस समय क्या करना है या आवश्यक है, उसे समझकर अपने कर्तव्य का पालन करने की वृत्ति सरदार में सहज थी। उनका यह गुण उनके व्यक्तित्व के विकास में अत्यधिक सहायक भी बना। उनका यह स्पष्ट मानना था कि अपने क्षेत्र में जितना कार्य हो सके उतना शुद्ध हृदय से कर देने में ही सार है। सरदार पटेल जैसे एकपक्षीय कर्तव्य के प्रति भक्ति वाले, व्यवहार युक्त व्यक्तित्व का पाया जाना आज सम्भव नहीं हो सकता। कर्तव्य पालन की भावना उनके जीवन में हम सम्पूर्ण रूप में पाते हैं। 1910 में बैरिस्टरी के लिए इंग्लैंड गये तो मार्ग में ही 'रोमन लॉ' का अध्ययन पूर्ण कर लिया। सत्रह घण्टे तक अध्ययन कर समय से भी छह माह पूर्व प्रथम श्रेणी में बैरिस्टरी की उपाधि प्राप्त कर तथा पुरस्कार लेकर अगले ही दिन स्वदेश रवाना हो गये। बम्बई पहुँचे तो मुख्य न्यायाधीश को ब्रिटेन से लिखा पत्र देकर अहमदाबाद पहुँचे। वहाँ अत्यधिक रुचि से कर्तव्य निभाया। सार्वजनिक जीवन में आये और बाद में अहमदाबाद नगरपालिका के अध्यक्ष बने लेकिन 1928 में त्यागपत्र दे दिया तथा बारदोली सत्याग्रह में जुट गये। संगठन के अध्यक्ष बने, विभिन्न पदों पर कार्य किया, स्वतन्त्रता के लिए लड़े, उसे प्राप्त किया, देश को एक सूत्र में बाँधा। कार्य पूर्ण हुआ तथा स्वर्गवासी हो गये। सारा जीवन कठिन कर्तव्य साधना में व्यतीत हुआ।

प्रायश्चित्तवादी—सरदार का व्यक्तित्व मानवीयता का पक्ष प्रस्तुत करते हुए व्यक्ति को भूल का पात्र मानता है। यह स्वाभाविक भी है, क्योंकि यदि त्रुटि न करने वाला कोई व्यक्ति हो तो वह मनुष्य नहीं अपितु उससे किसी ऊपरी स्तर का ही हो सकता है। सरदार का सन्देश था कि मनुष्य, मनुष्य नहीं, भूल का पात्र है। लेकिन जिसे भूल का भान हो जाता है और भूल सुधारने का निश्चय करता है, ईश्वर उसका साथ देता है। ...पाप का पश्चात्ताप ही मनुष्य को सत्य के मार्ग पर ले जाता है। यही नहीं सरदार ने स्वयं कई भूलें पश्चात्ताप के बाद सुधारीं, भले ही वे छोटी थीं। उदाहरण स्वरूप, 1930 में गाँधी जी के द्वार के सामने साबरमती आश्रम में 'डाण्डी' मार्च से पूर्व उन्होंने सिगरेट पीनी छोड़ी, और आजीवन उसे हाथ नहीं लगाया।

मर्यादाशील–मर्यादा पुरुषोत्तम रामचन्द्र जी के व्यक्तित्व का सबसे श्रेष्ठ गुण उनका मर्यादा का पालन करना था, और किसी भी श्रेष्ठ व्यक्ति के लिए मर्यादा का पालन करना आवश्यक है। सरदार न तो कभी मर्यादा से बाहर निकले, न ही निकलने की आज्ञा उन्होंने किसी दूसरे को दी। उनका सन्देश था कि प्रत्येक मनुष्य को अपने–अपने क्षेत्र में अपनी–अपनी मर्यादा में रहकर काम करना चाहिए। जीवन–भर वे स्वयं उसका पालन करते दिखायी पड़ते हैं। उदाहरणार्थ–हैदराबाद के निज़ाम के विरुद्ध उन्होंने पुलिस से कार्यवाही करायी, लेकिन कब? जबकि निज़ाम मर्यादाहीन बन गये तथा उन्होंने सीमा का उल्लंघन किया।

स्वच्छताप्रिय–अहमदाबाद नगरपालिका के अध्यक्ष के रूप में सरदार ने नगर को स्वच्छता प्रदान कराने में जो योगदान दिया उसमें उनके व्यक्तित्व की स्वच्छता झलकती है। उनका मानना था कि सफ़ाई कर्मचारियों का धन्धा गन्दा कहलाता है फिर भी वह श्रेष्ठ है, क्योंकि जहाँ सफ़ाई नहीं होती, वहाँ ईश्वर का वास नहीं होता। अतः जो सफ़ाई अथवा स्वच्छता के लिए प्रयत्न करते हैं, वे ईश्वर के निकट जाने का प्रयत्न करते हैं। स्वच्छता के प्रति उनके इस दृष्टिकोण में स्थान, शरीर, वस्त्र, खान–पान आदि की स्वच्छताओं के साथ ही मन, वचन व कार्य में स्वच्छता का भाव भी स्पष्ट होता है।

विजित प्रकृति–लगभग एक दर्जन सत्याग्रह या आन्दोलनों में पूर्ण या आंशिक विजय के प्रतीक सरदार वल्लभभाई पटेल अमर व्यक्तित्व के पुरुष हैं। स्वयं वे अविजित थे तथा पराजय का मुँह न देखने वाले थे। वे कार्य चुनते, समय देखते तथा सत्याग्रह को व्यवहार में लाकर विजय प्राप्त करते थे। विष्णु प्रभाकर जी के शब्दों में, ''सरदार न कठोर, न विजयी, न गृहस्थ, न संन्यासी हैं, वे तो किसान हैं जो अपना काम बख़ूबी जानता है और जिसका लक्ष्य केवल जय है।'' वे बापू को प्यार करते थे। वे देश को प्यार करते थे, वे सब कुछ कर सकते थे, पर जो भी करते थे उसमें से बापू और भारत का जय–जयकार ही फूटता। उनकी सबसे बड़ी विजय 562 देशी राजाओं के हृदय को जीतकर, भारतीय संघ में मिलाना था और वह भी बिना रक्त गिराये। ऐसा विजित प्रवृत्ति का व्यक्तित्व विश्व के इतिहास में कोई दूसरा सहज ही नहीं हो सकता।

दृढ़ इच्छा का प्रतीक–सरदार लौह पुरुष कहे जाते हैं लेकिन वे ऐसे लौह पुरुष नहीं थे, जो बाहर और भीतर दोनों ओर से कठोर हों।

वे भीतर से नरम थे। स्वयं शारीरिक रूप से कष्ट सहन कर सकते थे, लेकिन वास्तविकता यह है कि वे दृढ़ इच्छावान व्यक्ति थे। जब वे एक बार अपना मन किसी बात के लिए बना लेते थे तब उसे व्यवहार में लाने के लिए बिना देरी के कार्य करते थे, कार्य पूर्ण हो तभी साँस लेते थे। यह बात उनकी कार्य के प्रति निष्ठा व रुचि का प्रतीक थी। वह दृढ़ इच्छावान थे, दृढ़ दिल वाले नहीं।

निर्णय शक्ति के धनी—दूरदर्शी व्यक्तित्व के धनी सरदार पटेल कार्यशील व्यक्ति थे जो काम में विश्वास करते थे। वह इतिहास के जन्मदाता नहीं अपितु निर्माता थे, उनकी यह विशेषता वास्तव में रोमन लोगों जैसी थी। उनकी प्रशासनिक सूझबूझ, उचित लेकिन सुदृढ़ निर्णय शक्ति और विशेष रूप से व्यवहार, उनके चरित्र का अंग था। देश को एक करने में हैदराबाद का मामला हो या कश्मीर का, देश का विभाजन हो या स्वीकार करने में उनकी भूमिका, सभी में उनके तीव्र व दूरदर्शी निर्णय के दर्शन होते हैं।

निडरतापूर्ण—बारदोली सत्याग्रह में सरदार ने किसानों को कहा था—यदि अंग्रेज़ों से डरोगे और आत्मसमर्पण करोगे—तो याद रखना ऐसे ही परतन्त्र रहोगे। उन्होंने एक–एक को घर से निकालकर निडर बनाया था। यही नहीं स्त्रियों को भी अन्याय के विरुद्ध निडर किया। एक बार सरकारी कर्मचारियों ने एक किसान को पकड़ा तो उसकी स्त्री दौड़कर सरदार के पास गयी और कहा—मुझे उसकी जगह भेजो, कहीं वह ढीला जवाब न दे। स्त्रियों में भी इस प्रकार की निडरता आ गयी थी। यद्यपि गाँधी जी का सम्पूर्ण दर्शन ही भयरहित है तो भी सरदार का जीवन शिक्षाकाल या वकालत के समय में निडरता का उदाहरण रहा था।

स्वतन्त्र प्रवृत्ति वाला—सरदार स्वतन्त्र प्रवृत्ति के व्यक्ति थे। यदि ऐसा न होता तो उनके द्वारा किये गये कार्य कदापि सम्भव नहीं थे। उन्होंने एक स्वतन्त्र मस्तिष्क तथा चिन्तनशील चेतना का विकास किया था। उन्होंने कभी बुलबुले उत्पन्न नहीं किये। सदा अपनी स्वतन्त्र चिन्तनशीलता व कार्यपद्धति बनायी। अपने पिता के समान उनकी वाणी भी भावपूर्ण एवं स्वतन्त्र थी। उनको गाँधी जी का अन्धभक्त भी कहा जाता है, लेकिन वे गाँधी जी की बात स्वीकार करने से पूर्व उनको अपना निर्णय बताते थे। उदाहरणार्थ—गुजरात विद्यापीठ की लाइब्रेरी जो कि गाँधी जी ने स्वर्गीय काका साहेब कालेलकर की सलाह से अहमदाबाद म्युनिसिपैलिटी को

एकपक्षीय निर्णय से दे दी थी, सरदार की दृढ़ता व स्पष्टता के कारण उनको वापिस लेनी पड़ी थी। इसी से सिद्ध होता है कि वे स्वतन्त्र प्रवृत्ति के व्यक्ति थे।

विनोदपूर्ण स्वभाव—स्वतन्त्र प्रकृति व दृढ़ इच्छाशक्ति के प्रतीक वीर सरदार पटेल में विनोद कितना था, यह लम्बी चर्चा का विषय हो सकता है। अपने व्यक्तिगत जीवन में वे बहुत नीरस व्यक्ति थे, यह सत्य है। लेकिन अपने सहज हास्य—विनोद से पितातुल्य बापू को भी पेट पकड़कर हँसने के लिए विवश कर सकते थे। जहाँ सरदार उपस्थित होते, मनहूसियत वहाँ टिक नहीं पाती थी। यदि बाहरी जीवन की छटा अन्दर के जीवन में प्रकट होती हो तो अनुमान लगायें, इस नीरस दिखने वाले व्यक्ति में कितना अधिक जीवन—रस भरा था।

राष्ट्रवादी—सरदार अपनी तरह के ही राष्ट्रवादी थे। वे देशभक्ति के पीछे नाम की परवाह नहीं करते थे। दूसरे, वे ऐसी देशभक्ति को पसन्द नहीं करते थे, जिसमें वास्तव में देश को किसी क्षेत्र में हानि हो। उदाहरणार्थ—वे कहते थे, कि हज़ारों रुपये फूँक देने पर भी, जिसका परिणाम शून्य निकले और जिससे कई लोगों का समय बर्बाद हो, ऐसे कार्य को बढ़ावा देना उचित नहीं, सरदार धर्म या जाति के नाम पर चलने वाली राष्ट्रीयता और अन्तरराष्ट्रीयता के मध्य भेदों को अपनी पारदर्शक परिस्थिति या दृष्टि से जाँचते थे, जो उनकी ज्वलन्त देशभक्ति एवं राष्ट्रीयता का द्योतक था। साथ ही, देश को कठिन—से—कठिन स्थितियों में भी बचा लेने की कलाओं में वे सिद्ध थे। उदारता घर से प्रारम्भ होती है, हमें औरों की सहायता करने से पूर्व अपना घर ठीक करने दो, वह बराबर इस तथ्य में विश्वास करते थे। इसलिए वे एक श्रेष्ठ राष्ट्रवादी थे।

व्यवहारवादी व्यक्तित्व—सरदार के जीवन में उनकी समस्त सफलताओं के पीछे जो कारण था, वह उनका व्यवहार था। किस वस्तु की आवश्यकता है, वे यह जानते थे। उनके व्यावहारिक ज्ञान ने उन्हें एक सफल वकील बनाया और उनके ही कारण एक मजिस्ट्रेट ने दो बार न्यायालय बोरसद से आनन्द व फिर बोरसद के लिए तबादला करवाया ताकि वल्लभभाई से बचा जा सके। उन्होंने कभी जनता की भावनाओं के साथ खेलने का प्रयत्न नहीं किया। यद्यपि वह अपने गुरु महात्मा गाँधी की भाँति एक सन्त नहीं थे, न अपने साथी जवाहरलाल की भाँति एक आदर्शवादी, तो भी कभी वे भावनाओं या कल्पनाओं की उड़ान में नहीं उड़े। गाँधी जी का जीवन

सिद्धान्त व व्यवहार में अहिंसामयी था, लेकिन सरदार वहीं तक अहिंसक थे, जहाँ तक वे इसको व्यवहार में ला सकते थे। अन्तरराष्ट्रीयवादी वहीं तक थे जहाँ तक देश का हित सर्वोच्च रहे। दिखावा या विदेशों में चर्चा उन्हें ठीक नहीं दिखायी देती थी। फिर वे कर्मप्रिय थे और लम्बे भाषणों में अकारण उनका रस नहीं आता था। सार्वजनिक जीवन से पूर्व के दिनों में, दोनों दलों–उग्र दल व नरम दल–के विषय में उन्हें यह शिकायत थी कि पहला चिल्लाकर बोलता है, जबकि दूसरा बहुत धीमा बोलता है। सरकार के समक्ष निवेदन करने से अधिक दोनों कुछ भी नहीं करते हैं। सरकार से प्रत्युत्तर 'ना' में प्राप्त होने या प्रत्युत्तर न प्राप्त होने पर वे सदा चुप हो जाते हैं। सरदार का इस प्रकार केवल ज़बानी जमाख़र्च करने में कोई विश्वास नहीं था।

धर्मनिरपेक्ष दृष्टिकोण–चाहे कोई कुछ भी कहे, सरदार धर्मनिरपेक्ष थे। 'बारदोली सत्याग्रह' का प्रारम्भ कुरान की आयत व कबीर के भजन से उन्होंने करवाया था और सभी स्थानों पर किसानों या मज़दूरों को समान इन्सान मानकर उन्होंने कार्य किया। धर्मनिरपेक्षता में वे धर्म की आड़ में देशहित, संस्कृति अथवा दूसरे धर्म को नुक़सान देना कदापि स्वीकार नहीं करते थे। धर्म का स्वरूप उनकी दृष्टि से एक था। उनके अनुसार धर्म तो यह है कि हमसे सबकी जितनी मदद हो सके, उतनी हम करें, यदि हम ऐसा नहीं करते तो अपना धर्म चूकते हैं। फिर वे स्वयं कहते हैं, "हिन्दू और मुस्लिम दोनों धर्मों में नशा करना अधर्म है, तथा मना है, यह धार्मिक वृत्ति है। धर्मों में भेद कैसा?"

आस्तिकता–सरदार पूर्ण रूप से आस्तिक पुरुष थे तथा ईश्वर में उनका पूर्ण विश्वास था क्योंकि उनके अनुसार ईश्वर अकेले मनुष्यों और राष्ट्रों के भाग्य पर शासन करता है। सम्भव है कि उनके बाहरी आचरण को देखकर ऐसा प्रतीत होता हो कि वे नास्तिक होंगे लेकिन उनके सम्पर्क में आने वाला उनके वास्तविक आस्तिक भाव से परिचित था। वे अक्सर कहा करते थे कि–जो अनादि काल से होता आया है, वही होगा। यह तो ईश्वरीय नियम है। इसमें सुख–दुख मानने जैसी कोई बात नहीं है। ...केवल ईश्वर का नाम लेना और उसे पहचानने के लिए जितना प्रयत्न किया जा सके उतना कर गुज़रना है। उसके अतिरिक्त सब मिथ्या है। उनकी आस्तिकता उनके मृत्यु के बारे में इस दृष्टिकोण में और भी अधिक स्पष्ट होती है, "मनुष्य की आयु उसके जन्म के साथ ही निश्चित

हुई रहती है, जिसमें कोई हेर–फेर नहीं कर सकता। मरण तो मोक्ष का द्वार है। मूर्ख मनुष्य मरण को पहचानते नहीं हैं, इसलिए वे उससे डरते हैं। मौत से मोहब्बत, संसार का सार है, वैसे कोई व्यक्ति अपनी आयु एक घण्टे के लिए भी ले–दे नहीं सकता।''

इतनी विशेषताएँ धारण किये हुए था सरदार का व्यक्तित्व। फिर गठा हुआ शरीर, लौह रेखाओं से आच्छादित मुख, दृढ़ता के प्रतीक जबड़े, शत्रु को चुनौती और मित्र को अभय देती तेजस्वी आँखें, उनके गर्वीलेपन का प्रतीक थीं। वह पौराणिक युग के अभिमन्यु की भाँति कर्तव्यपथ पर डटे रहना सीखे थे, और डटे रहने का अर्थ था विजय। वह ज्वालामुखी की भाँति भस्म करने की शक्ति रखते थे। वे मितभाषी थे और महात्मा लूथर के शब्दों में, ''सच्चे सरदार व सच्चे सिपाही कभी बढ़कर बातें नहीं करते लेकिन जब बोलते हैं तो फ़तह ही समझिए।''

वल्लभभाई पटेल के जीवन व वकालत का सजीव चित्रण उनके 70वें जन्मदिवस के शुभ अवसर पर जी.वी.मावलंकर ने एक लेख में निम्न शब्दों में किया है–''युवक बैरिस्टर पटेल ने एक प्रतिभासम्पन्न युवक के रूप में जो अच्छे ढंग के सिले हुए अंग्रेज़ी लिबास तथा फ़ेल्ट हेट–एक तरफ़ ज़रा झुकी हुई लगाये, जूनियर बार में प्रवेश किया। उस युवक की आँखें चमकीली तथा दृष्टि गहरी और पैनी थी। उसे ज़्यादा बोलने की आदत नहीं थी। वह मुलाक़ातियों का भी एक मुस्कराहट के साथ स्वागत करता था और उनसे प्रायः नहीं ही बोलता था। उसकी दृष्टि दृढ़ और मज़बूत थी। ऐसा प्रतीत होता था कि वह उच्चावस्था की भावना के साथ ही दुनिया के लोगों को देख रहा है। वह जब कभी भी बोला, तो शब्दों पर वज़न डालते हुए गर्व के साथ बोला। उसके चेहरे पर हमेशा ही दृढ़ता और मौन के भाव झलकते थे। पटेल के आते ही जूनियर बार में एक प्रकार की जान–सी आ गयी। क्योंकि युवक पटेल सभी के आकर्षण का केन्द्र था। उसके रहन–सहन और व्यक्तित्व सभी में एक विशिष्ट प्रकार का आकर्षण था। जब वह किसी की ओर देखता तो उसके देखने के ढंग से आकर्षण, सम्मान और शायद दबे हुए जोश की भावना स्पष्ट झलक जाती थी।''

वकील की हैसियत से पटेल साहब फ़ौजदारी में ज़्यादा दिलचस्पी लेते थे। उनका गवाह से जिरह करने का ढंग अत्यन्त ही संक्षिप्त लेकिन चुभता हुआ होता था। उनमें मनुष्य की बुद्धि का इतना अच्छा ज्ञान था कि

एक बार गौर से किसी व्यक्ति को देखकर ही वे जान लेते थे कि इससे किस तरह अपने मतलब की बात निकाली जा सकती है। वे मनुष्य के स्वभाव की पहली नज़र में ही पूर्ण रूप से जाँच करके उस पर जिरह द्वारा ऐसा हमला बोल देते थे कि वह सँभल भी नहीं पाता था। ...अहमदाबाद में उनकी प्रशंसा वकालत की दृष्टि से कम, निर्भीकता की दृष्टि से बहुत अधिक थी। साफ़–साफ़ कहने में वे अदालत के न्यायाधीशों से भी नहीं चूकते थे। वे जज को अपनी मर्यादा से कभी भी बढ़ने नहीं देते थे और न ही वे कभी किसी जज का पुलिस की ओर अन्यायपूर्ण झुकाव बर्दाश्त करते थे। यदि उन्हें किसी जज का पुलिस की ओर या अपने विपक्षी की ओर अनावश्यक झुकाव दिखायी देता तो वे साफ़–साफ़ जवाब दिये बिना चुप रह ही नहीं सकते थे।[19]

सरदार वल्लभभाई को किन्हीं सीमित विशेषताओं में बाँधना उनके साथ अन्याय होगा क्योंकि वे बहुआयामी प्रतिभा के धनी थे। कठोरता एवं कोमलता का समयानुकूल प्रदर्शन, दृढ़ता, निडरता, निःस्वार्थता, त्याग एवं समर्पण की भावना जैसी विविध विशेषताएँ उनमें समायी हुई थीं। राजगोपालाचारी ने अपने आपसे वल्लभभाई के बारे में पूछा और पाया कि प्रेरणा, साहस, विश्वास और शक्ति की एक भव्य मूरत थे वल्लभभाई...हमें ऐसा व्यक्ति दोबारा देखने को नहीं मिलेगा।[20] पण्डित जवाहरलाल नेहरू ने सरदार पटेल को अपने शब्दों में पिरोते हुए कहा कि, "वे नवभारत के निर्माता एवं संघटितकार हैं...आज़ादी के संघर्ष में हमारी फ़ौजों के उत्कृष्ट कप्तान, दृढ़ता का एक ऐसा स्तम्भ जिसने लड़खड़ाते दिलों को पुनर्जीवित किया है।"[21] महात्मा गाँधी ने पटेल के लिए कहा कि, "वे गाँधी विश्वस्त, दृढ़ तथा निडर सहकर्मी थे।"[22] विनोबा भावे का मानना था कि, "वे गाँधी के संघर्ष के ऐसे यथार्थ धनुर्धर, शिष्य हैं, जिन्हें पीछे हटना नहीं आता।"[23]

सरदार वल्लभभाई पटेल केवल भारत में ही लोकप्रिय नहीं थे अपितु उनकी शासनिक–प्रशासनिक–क्षमताओं की चर्चा पूरी दुनिया में थी। उनके यश की गाथाएँ विदेशों में भी ख़ूब चर्चित थीं। उनकी मृत्यु पर *लन्दन टाइम्स* ने उनके बारे में छापा था "अपने देश के बाहर लघु चर्चित, 'सरदार जी' ने अन्तरराष्ट्रीय स्तर पर श्री गाँधी और श्री नेहरू जैसी पहचान की न अपेक्षा की और न ही उन्हें वह प्राप्त हुई, लेकिन इन तीनों के त्रिशासनकाल ने ही समकालीन भारत को आकार प्रदान किया।"[24] *मैनचेस्टर गार्जियन* की श्रद्धांजलि और भी विशिष्ट थी–"पटेल

के बिना गाँधी के विचारों का कम व्यावहारिक प्रभाव होता और नेहरू के आदर्शवाद का दायरा भी छोटा पड़ जाता। पटेल न सिर्फ़ आज़ादी की लड़ाई के आयोजक थे, बल्कि लड़ाई ख़त्म होने के बाद, उभरते देश के निर्माता भी थे। बहुत कम लोग एक ही समय में क्रान्तिकारी एवं राजनेता की भूमिका सफलतापूर्वक निभा पाते हैं। लेकिन पटेल असाधारण थे।''[25]

अपने पिता की तरह पटेल की भी अनेक राजकुमारों से गहरी मित्रता हो गयी थी–हिन्दू और मुसलमान समान, हैदराबाद के निज़ाम तथा भोपाल के नवाब इनके मित्रों में सम्मिलित थे। इन सम्बन्धों को महाराजा ग्वालियर (सिन्धिया) ने कुछ इस तरह व्यक्त किया–''यह वही व्यक्ति है जिससे मैं कभी नफ़रत करता था। यह वही व्यक्ति है जिससे मुझे बाद में डर लगने लगा। यह वही व्यक्ति है जिसका मैं अब आदर करता हूँ और उससे प्यार करता हूँ।''[26] महाराजा ने जनरल एस.पी.पी थोराट के सामने क़बूल किया था कि–''यदि हम राजकुमारों को दोबारा किसी से अपना सर क़लम करवाना हो तो हम इस काम के लिए निस्सन्देह सरदार और वी.पी. (मेनन) को चुनेंगे।[27]

सरदार वल्लभभाई पटेल पर गाँधी दर्शन का प्रभाव

सरदार वल्लभभाई का जीवन एक खुली किताब की तरह रहा है। उनके माता–पिता, भाई–बहिनों एवं पारिवारिक सदस्यों के संस्कारों और संस्कृति ने उन पर अमिट छाप छोड़ी। किसी व्यक्ति की पारिस्थितिकी उसको सर्वाधिक प्रभावित करती है और बचपन में बच्चे की पारिस्थितिकी उसके पारिवारिक सदस्य एवं नज़दीकी रिश्तेदार ही होते हैं, जहाँ से वह प्रत्येक चीज़ को नज़दीकी से अवलोकित करता है और अपने जीवन में उतारने का प्रयास करता है। प्रारम्भिक शिक्षा के लिए पटेल ने घर से बाहर निकलकर देखा तो उनकी पारिस्थितिकी और व्यापक बन गयी, जिसमें स्कूल के साथी, शिक्षक, कर्मचारी एवं वहाँ के वातावरण ने भी उन्हें प्रभावित किया। चूँकि पटेल की शिक्षा करमसद, पेटलाद, नाडियाद, बड़ौदा आदि स्थानों पर हुई जिससे उनको प्रभावित करने वाले कारक अधिक रहे। उनके विद्यार्थी जीवन के प्रसंगों से स्पष्ट झलकता है कि विद्यालय की परिस्थितियों एवं घटनाओं ने उन्हें ऐसा फौलादी, नेतृत्वकर्ता, साहसी, निडर, निर्भीक, सत्यनिष्ठ, कर्तव्यपरायण बना दिया जिससे आगे चलकर वे और अधिक मज़बूत होकर उभरे।

किसी व्यक्ति के जीवन पर समय और परिस्थितियों का प्रभाव अवश्य पड़ता है। ऐसे ही पटेल को अपनी माँ लाडबा की धार्मिक आस्था और संस्कारों ने प्रभावित किया। दूसरा, पटेल के पिता साहसी, संयमी और वीर थे और उन्होंने 1857 के स्वतन्त्रता संग्राम में बड़े उत्साह से भाग लिया था, यहीं से सरदार पटेल में साहस, संयम, धैर्य, अनुशासन का बीजारोपण हुआ। वल्लभभाई ने उच्च शिक्षा प्राप्त करने के दौरान देश और विदेश के बारे में जानना प्रारम्भ किया और ब्रिटिश शासन पर चिन्तन–मनन किया।

वल्लभभाई पटेल के जीवन पर आगे चलकर जिसका सर्वाधिक प्रभाव रहा वह है–गाँधी दर्शन (Gandhian Philosophy)। गाँधीवाद अन्याय एवं शोषण की समाप्ति तथा शान्तिपूर्ण व अहिंसात्मक तरीक़ों पर आधारित है। गाँधी दर्शन के प्रमुख सिद्धान्त हैं–सत्य तथा अहिंसा। इसके अलावा कुछ अन्य सिद्धान्त भी हैं जिनमें हैं–बह्मचर्य, असंग्रह, शरीर श्रम, अस्वाद, सर्वत्र भय वर्जनं, सर्वधर्म समानत्वं, स्वदेशी एवं स्पर्श भावना। जब इन सिद्धान्तों को व्यावहारिक रूप से उपयोग में लाया गया तो कुछ अन्य कार्यक्रम भी इनमें जुड़ते चले गये, जिनमें हैं–वर्ग सहयोग, विकेन्द्रीकरण, हृदय परिवर्तन एवं सत्याग्रह। इसी प्रकार समाज के उत्थान के लिए कुछ रचनात्मक कार्यक्रम प्रारम्भ हुए यथा–साम्प्रदायिक एकता, अस्पृश्यता निवारण, मद्यनिषेध, खादी–प्रचार, ग्रामोद्योग, सफ़ाई की शिक्षा, बुनियादी तालीम, स्त्रियों की उन्नति, देशहित के लिए आर्थिक समानता, कृषक संगठन, श्रमिक संगठन, सुशासन के लिए संघर्ष आदि गाँधी दर्शन के ही तत्त्व हैं।

वल्लभभाई पटेल की पहली बार महात्मा गाँधी से मुलाक़ात होने एवं उनके विचार और दर्शन को जानने पर वे पूरी तरह से उनकी ओर आकर्षित होते चले गये। इसी का परिणाम है कि लोगों ने सरदार पटेल को गाँधी का अन्धभक्त कहना प्रारम्भ कर दिया जबकि यह वास्तविकता से परे है। पटेल ने गाँधी मन्त्र एवं दर्शन को अपने पूरे जीवन में उतारा और इसी से वे देश को स्वतन्त्रता, राज्यों का एकीकरण जैसे चुनौतीपूर्ण कार्यों को सहजता से कर गये। सरदार पटेल ने अनेक आन्दोलन एवं सत्याग्रह किये और वह भी सत्य और अहिंसा को साथ लेकर। और इसी से वे आगे बढ़ते चले गये, कभी पीछे मुड़कर नहीं देखा। सार रूप में कहा जाये तो वल्लभभाई पटेल का व्यक्तित्व एवं कृतित्व गाँधी दर्शन पर आधारित रहा और उन्होंने इसे अन्तिम समय तक ईमानदारी से अपनाया।

सन्दर्भ

1. डॉ. शिवप्रसाद भारद्वाज, *लौहपुरुषावदानम् ऐतिहासिकं महाकाव्यम्*, भारद्वाज, देहरादून, 1990, पृ. 17
2. सुशील कपूर, *लौहपुरुष सरदार वल्लभभाई पटेल*, विद्या विहार, नयी दिल्ली, 2013, पृ. 8
3. प्रो. एस.एम.चाँद एवं डॉ. इक़बाल *फ़ातिमा, सरदार वल्लभभाई पटेल : जीवन और विचार*, पंचशील प्रकाशन, जयपुर, 2010, पृ. 2
4. गिरिराज शरण, *मैं पटेल बोल रहा हूँ*, प्रभात प्रकाशन, नयी दिल्ली, 2012, पृ. 9
5. सुशील कपूर, पूर्वोक्त, पृ. 9
6. रावजी भाई म. पटेल, *हिन्द के सरदार*, नवजीवन प्रकाशन मन्दिर, अहमदाबाद, 2013, पृ. 4
7. रवीन्द्र कुमार, *सरदार वल्लभभाई पटेल के सामाजिक व राजनीतिक विचार*, मित्तल पब्लिकेशंस, नयी दिल्ली, 1991, पृ. 2–3
8. रावजी भाई म. पटेल, पूर्वोक्त, पृ. 10
9. सरदार वल्लभभाई पटेल मेमोरियल सोसायटी, अहमदाबाद से प्राप्त जानकारी के आधार पर।
10. रावजी भाई म. पटेल, पूर्वोक्त, पृ. 10
11. नरहरि द्वारकादास पारिख, *सरदार वल्लभभाई भाग–1*, नवजीवन प्रकाशन मन्दिर, अहमदाबाद, 1950, पृ. 13
12. प्रो. एस.एम.चाँद एवं डॉ. इक़बाल फ़ातिमा, पूर्वोक्त, पृ. 7–8
13. नरहरि पारिख, पूर्वोक्त, पृ. 11
14. रवीन्द्र कुमार, पूर्वोक्त, पृ. 5
15. पी.यू. पटेल, *सरदार पटेल–इंडियाज़ मैन ऑफ़ डेस्टनी*, पृ. 15
16. हिम्मतभाई मेहता, *चक्रवर्ती संन्यासी सरदार पटेल*, प्रकाशन संस्थान, नयी दिल्ली, 2010, पृ. 44
17. उपर्युक्त, पृ. 44–45
18. रवीन्द्र कुमार, पूर्वोक्त, पृ. 7–8
19. दीनानाथ व्यास, *सरदार वल्लभभाई पटेल*, आगरा, 1948, पृ. 19–21
20. वैवेल, *द वायसरायज जर्नल*, पृ. 260
21. ऐलेन कैम्पबेल जॉनसन, मिशन विद माउंटबेटन, पृ. 52
22. सरदार पटेल स्पीचेज़ (नरहरि डी. पारिख द्वारा, गुजराती से हिन्दी अनुवाद), पृ. 445
23. *हिन्दू*, 16 नवम्बर, 1997
24. एम.एन. रॉय, *मेन आई मेट*, पृ. 15–16
25. दिस वॉज़ सरदार संस्मारक खण्ड भाग–1, पृ. 447–449
26. ठाकुर जसवन्त सिंह के साथ बी.कृष्ण की रिकॉर्डे की गयी भेंटवार्ता, 5–7 मार्च, 1970
27. लेफ़्टिनेंट जनरल एस.पी.पी. आरोट, *फ़्रॉम रीवेल टू रिट्रीट* में से, पृ. 119

अध्याय तीन

सरदार पटेल का सार्वजनिक जीवन में प्रवेश

वल्लभभाई का सार्वजनिक जीवन में प्रवेश

'मौत के अनेक बहाने होते हैं और जीवन रक्षा के अनेक सहारे होते हैं।' उक्त पंक्ति मैंने अपनी मिडिल कक्षा की हिन्दी के पाठ्यक्रम में पढ़ी थी जो आज तक मेरे ज़ेहन में है, यही पंक्ति मुझे प्रेरित करती है और सरदार वल्लभभाई पटेल के जीवन पर यथार्थ और सटीक भी बैठती है। पटेल ने यह कभी सोचा नहीं था कि भारत के लिए उनको एक लम्बी एवं कठिन डगर पार करनी पड़ेगी और प्रारम्भिक जीवन, शिक्षा एवं व्यवसाय में इतने पारंगत व्यक्तित्व के धनी सब कुछ त्याग कर देशहित में अपने–आपको समर्पित करेंगे। चूँकि मैं समाज विज्ञान का विद्यार्थी हूँ और समाज विज्ञान के विविध पहलुओं को लेकर शोधकार्य भी करता पड़ता है। शोध में कहा जाता है कि दुनिया में कोई भी ऐसी घटना नहीं है जो बिना कारण के घटित होती हो और यही बात पटेल के सार्वजनिक जीवन में प्रवेश करने पर सही साबित होती है। हमने अध्ययन में पाया कि वकालत के समय तक पटेल देश या दुनिया से निकटता से जुड़े हुए नहीं थे और न ही महात्मा गाँधी के क्रियाकलापों एवं भाषणों में उनका विश्वास/आस्था थी, परन्तु वर्ष 1917 में अहमदाबाद में प्लेग एक महामारी के रूप में फैलता जा रहा था और लोगों की जीवनलीला ख़त्म होती चली जा रही थी। सरदार पटेल ने यह सब अपनी आँखों से देखा। और उस भयाभय की स्थिति से निकलने के लिए सोचने पर मजबूर हुए।

सरदार पटेल ने इस महामारी से बचने एवं लोगों की जान बचाने की दिशा में क़दम बढ़ाये और राहत कार्यों हेतु समितियों का गठन कर बिना कोई परवाह किये पूरी शिद्दत से जुट गये।

वल्लभभाई पटेल के बड़े भाई विट्ठलभाई पटेल बम्बई में वकालत करते थे परन्तु उनका अधिकतर समय सार्वजनिक कार्यों में लगा रहता था। ऐसी स्थिति में उनका ख़र्च चलाने की ज़िम्मेदारी वल्लभभाई पटेल ने अपने ऊपर ले ली थी। वल्लभभाई अक्सर कहा करते थे, "भारत को स्वतन्त्र करना हो तो किसी–न–किसी को सेवाकार्य में लगना ही चाहिए। हम दोनों भाइयों ने काम का बँटवारा कर लिया है। विट्ठलभाई देश सेवा करें, मैं पैसे कमाऊँ। वे पुण्य कमायें, मैं पाप कमाऊँ। परन्तु वे जो काम करेंगे उसमें मेरा भाग तो रहेगा ही।"[1] यहाँ सरदार वल्लभभाई प्रत्यक्ष रूप से तो नहीं परन्तु अप्रत्यक्ष रूप से सार्वजनिक सेवा में अपना योगदान देते रहे परन्तु भगवान को यह और अधिक समय तक मंज़ूर नहीं था और इनका प्रत्यक्ष भूमिका में प्रवेश होने लगा। सरदार पटेल ने प्रारम्भ में गाँधी के कार्यक्रमों, विचारों एवं क्रियाकलापों का उपहास किया, परन्तु 41 वर्ष की आयु में गाँधी जी से पहली मुलाक़ात हुई और वे उनसे प्रभावित हुए। सरदार पटेल के मन में देश की गुलामी को लेकर भी ऊहापोह की स्थिति थी, परन्तु वे एक ऐसा मार्ग, ऐसा सिद्धान्त, ऐसी दिशा की खोज में लगे हुए थे जिससे देश को गुलामी की ज़ंजीरों से स्वतन्त्र करवाया जा सके। इसी दौरान वल्लभभाई ने 'गुजरात सभा' नामक प्रतिष्ठित संगठन के सदस्य के रूप में सार्वजनिक जीवन में प्रवेश किया। गुजरात सभा का सदस्य बनने के लिए जो शर्त रखी गयी, उसे जानकर वल्लभभाई में उत्साह और नया जोश पैदा हुआ। उस समय गाँधी जी ने जो शर्त रखी उसका सारांश था–"गुजरात सभा प्रजा को सत्ताधारियों से भीख माँगने की सलाह न दे, परन्तु प्रजा को इस प्रकार शिक्षा दे कि उसमें सरकार से अपने उचित अधिकार प्राप्त करने की शक्ति पैदा हो।"[2] इसी समय गाँधी जी द्वारा एक आवेदन/प्रार्थना–पत्र तैयार किया गया जिसमें होमरूल लीग ने लाखों लोगों के हस्ताक्षर कराके लॉर्ड मॉन्टेग्यू को भिजवाया। यह सब देखकर वल्लभभाई पटेल अत्यन्त प्रभावित हुए और उनमें एक नयी ऊर्जा का संचार हुआ। अब उनकी गाँधी जी के प्रति दृष्टि व सोच बदलने लगी। वल्लभभाई को एक बात जो गाँधी जी ने कही कि प्रजा सरकार के पास भीख माँगने नहीं जाये अपितु प्रजा के नाते अपने अधिकार भोगने की शक्ति प्राप्त करे। इस बात में गाँधी जी की लोकतान्त्रिक विचारधारा दृष्टिगत होती है। "वल्लभभाई पटेल 14 मई 1917 को अहमदाबाद दरियापुर नगरपालिका वार्ड के श्रेष्ठ

सदस्य घोषित किये गये तथा स्वच्छता समिति के अध्यक्ष एवं गुजरात विधानसभा के सचिव के पद पर नियुक्त किये गये।"[3]

वर्ष 1920 में, अहमदाबाद म्युनिसिपल कमेटी के त्रिवर्षीय चुनाव सम्पन्न हुए जिसमें सरदार पटेल के प्रयासों से अधिकांश ऐसे सदस्य निर्वाचित हुए जो उनके नेतृत्व में विश्वास कर सकें और विकास कार्यों से समाज और राष्ट्र का हित साध सकें। वल्लभभाई 1921 में गुजरात की प्रान्तीय काँग्रेस समिति के पहले अध्यक्ष के रूप में एवं अहमदाबाद में 36वें काँग्रेस सत्र की स्वागत समिति के अध्यक्ष के रूप में नियुक्त हुए। वर्ष 1923 में, नागपुर ध्वज सत्याग्रह का नेतृत्व करते हुए पटेल ने सफलतापूर्वक संचालन किया। बोरसद में 'हादिया कर' के विरुद्ध विजय पायी। इस कर को रद्द किया गया एवं गाँधी जी ने उन्हें 'बोरसद का राजा' सम्बोधित कर सम्मानित किया।

वर्ष 1924 में पुनः चुनाव सम्पन्न हुए जिसमें कुल 60 सदस्यों का बोर्ड बनना था जिसमें से 12 सदस्य सरकार द्वारा मनोनीत किये जाते थे और बाक़ी 48 निर्वाचन द्वारा चुने जाते थे, परन्तु इन 48 स्थानों में से 10 स्थान मुस्लिमों के लिए आरक्षित थे। ऐसे में सरदार पटेल ने काँग्रेस की ओर से नेतृत्व करते हुए चुनाव लड़ा जिसके फलस्वरूप काँग्रेस के 48 में से 35 स्थानों पर अपने प्रत्याशियों ने जीत हासिल की। काँग्रेस का बहुमत होने से वल्लभभाई को बोर्ड का अध्यक्ष (चेयरमैन) चुना गया। वल्लभभाई ने 1927 में सराहनीय राहत कार्य करते हुए अभूतपूर्व खाद्य विपदा से गुजरात को बचाया। ब्रिटिश शासन ने भी इसकी सराहना की तथा राहत कार्य में उनकी सहायता करने के निमित्त एक करोड़ रुपये का प्रस्ताव रखा व यह राशि प्रदान की। वर्ष 1928 में अहमदाबाद नगरपालिका के अध्यक्ष के पद को त्यागकर अभूतपूर्व अहिंसक 'बारदोली किसान सत्याग्रह' के प्रधान सेनापति का प्रभार ग्रहण किया, इससे उन्हें अन्तरराष्ट्रीय पहचान मिली एवं 'सरदार' की उपाधि से पुकारे जाने लगे।

नगरपालिकाएँ अथवा अन्य स्वायत्तशाषी संस्थाएँ जनता के हित में कार्य करती रहें और ऐसा लोकतान्त्रिक तरीक़ा रखें जिसमें प्रत्येक नागरिक स्वयं आकर्षित होकर सहयोग करने के लिए आगे आयें, यह सरदार के अहमदाबाद नगरपालिका के अध्यक्ष के रूप में निर्वाह किये गये दायित्वों का सन्देश था। उन्होंने अध्यक्षता की प्रारम्भ की अवधि में ही 11 ऐसे सूत्रों का निर्माण किया था, जो उस समय स्वराज्य

प्राप्त करने की प्रथम सीढ़ी का कदम थे और आज स्वराज में वे ही सूत्र मार्गदर्शक हैं:

1. 'चूँकि स्थानीय स्वराज देश के बड़े स्वराज की प्रारम्भिक सीढ़ी है, इसलिए स्वराज की शिक्षा की दृष्टि से म्युनिसिपल प्रबन्ध का संचालन करना अत्यधिक महत्त्वपूर्ण है। यह प्रबन्ध शुद्ध और न्यायपूर्ण ढंग से, आम लोगों की सुख–सुविधा और ख़ुशहाली के लिए और किसी भी प्रकार की रियायत के बिना होशियारी से करना चाहिए।
2. म्युनिसिपल सदस्यों के लिए सबसे बड़ी योग्यता लोगों का विश्वास और निर्भयतापूर्वक लोकहित का प्रतिनिधित्व करने की शक्ति होनी चाहिए।
3. स्वराज का सिद्धान्त स्थापित करने के लिए म्युनिसिपैलिटी का शासन चलाने वाली समस्त समितियों में चुने हुए सदस्य ही आने चाहिए। सरकार द्वारा मनोनीत सदस्यों के लिए उसमें स्थान नहीं हो सकता।
4. म्युनिसिपल बोर्ड की स्वतन्त्रता के लिए सरकार का नियन्त्रण भरसक कम किया जाये।
5. शिक्षा के मामले में म्युनिसिपैलिटी की स्वतन्त्रता बढ़ायी जाये।
6. म्युनिसिपैलिटी के प्रत्येक कार्य में स्वदेशी की भावना को प्रोत्साहन दिया जाये।
7. सरकारी कर्मचारियों की व्यर्थ में बढ़ी हुई प्रतिष्ठा को उनके उचित स्थान पर ले आना और राष्ट्र के सच्चे प्रतिनिधियों की प्रतिष्ठा बढ़ाना। उदाहरणार्थ–गवर्नरों और दूसरे सरकारी अधिकारियों को मान–पत्र देने के स्थान पर या उनके सम्मान में समारोह या जलसे करने के बजाय लोकप्रिय नेताओं को ही वह सम्मान दिया जाये।
8. अहमदाबाद जैसे विकसित होते हुए शहर के लिए पानी, नालियों, रास्तों तथा रोशनी की सुविधा यथाशक्ति अधिक–से–अधिक वैज्ञानिक और आधुनिक ढंग से की जाये।
9. म्युनिसिपल पाठशालाओं की इमारत वैज्ञानिक दृष्टि से पूरी तरह सुविधाजनक बनायी जायें और बच्चों के लिए खेलकूद की व्यवस्था शहर में स्थान–स्थान पर की जाये।
10. म्युनिसिपैलिटी की समस्त कार्यवाही अपनी भाषा में की जाये अर्थात् कमेटियों के भाषण और प्रस्ताव स्वभाषा में किये जायें। (सामान्य

बोर्ड के ठहराव अंग्रेज़ी में करना सरकार की ओर से अनिवार्य था, तो भी 1925 में गुजराती में करने की स्वतन्त्रता प्राप्त की)

11. म्युनिसिपैलिटी के हरिजन नौकरों के लिए रहने के लिए अच्छे मकानों की सुविधा प्रदान करना।

सार रूप में कहा जा सकता है कि वल्लभभाई पटेल के जन्म, अध्ययन, वकालत, बैरिस्टरी, अध्ययन, वकील पेशा एवं सार्वजनिक जीवन में प्रवेश की सभी घटनाओं, उपलब्ध जानकारियों, तथ्यों एवं तार्किकता के आधार पर वे अभूतपूर्व प्रतिभा के धनी, अद्वितीय विशेषताओं एवं लक्षणों वाले व्यक्तित्व के स्वामी थे। असाधारण विचारशीलता, स्पष्टवादिता, वाक्पटुता, तर्कशीलता, होनहार, विनम्र, धैर्यशील, निर्णयशक्ति पारंगत, नेतृत्व क्षमता, त्याग एवं समर्पण की भावना से ओतप्रोत समन्वयक, न्याय, बन्धुता एवं राष्ट्र निर्माण के सभी लक्षण उनमें विद्यमान थे। उनका दृष्टिकोण एवं विचारशीलता अत्यन्त व्यापक थी। दूरदृष्टि एवं दूरगामी परिणामों के सधे हुए ज्ञाता थे, वे साथ ही उनमें दार्शनिकता कूट–कूट कर भरी हुई थी। वे प्रशासनिक, राजनीतिक, सामाजिक–आर्थिक, सांस्कृतिक–प्रौद्योगिक संस्कृति से बख़ूबी परिचित थे जिससे उनमें राजनीतिक एवं प्रशासनिक क्षमताएँ दृढ़ संकल्पित थीं। वल्लभभाई ने अपनी आयु एवं व्यवसाय या कहें कार्यक्षेत्र के प्रति कभी उदासीनता नहीं बरती बल्कि सदैव चौकन्ने, मुस्तैद और सजग रहे। उन्होंने प्रत्येक क्षेत्र में अपनी प्रतिभा का लोहा मनवाया। गाँधी जी के सम्पर्क में आने के बाद वल्लभभाई को जिस दिशा की तलाश थी वह मिली और सार्वजनिक जीवन में प्रवेश कर वे अदम्य साहस एवं नेतृत्व क्षमता के बल पर आगे बढ़ते चले गये। वे कभी पिछलग्गू नहीं रहे और बेबाक प्रतिक्रिया करते थे, उनमें निडरता, साहस एवं दृढ़ता की अमिट छाप थी।

सरदार पटेल का जन्म ऐसे समय में हुआ जब देश में अत्याचार, अनाचार, शोषण, अन्याय एवं तानाशाही का ब्रिटिश ताण्डव मचा हुआ था। ऐसी विपरीत परिस्थितियों में वे पले–बढ़े और देशभक्ति व त्याग की मिसाल उन्हें अपने पिताजी से मिली, जो एक राष्ट्रवादी में होनी चाहिए। गाँधी दर्शन को आधार बनाकर आगे बढ़ते हुए सार्वजनिक जीवन में प्रवेश करने के पश्चात् उन्होंने पीछे मुड़कर नहीं देखा। उनका पूरा जीवन राष्ट्र के लिए समर्पित रहा और उन्होंने बिना किसी प्रकार की चिन्ता किये देश की आज़ादी एवं अखण्ड भारत के निर्माण के लिए अपना सब कुछ

न्यौछावर कर दिया था। उनका जीवन संघर्षों से भरा पड़ा है। उनके जीवन के प्रसंग प्रेरणा प्रदान करते हैं और राष्ट्र निर्माण के लिए राष्ट्रभक्ति की अलख जगाते हैं।

सन्दर्भ

1. रावजी भाई म. पटेल (अनुवाद–सोमेश्वर पुरोहित) *हिन्द के सरदार*, नवजीवन प्रकाशन मन्दिर, अहमदाबाद, 2013, पृ. 32
2. उपर्युक्त, पृ. 33
3. सरदार वल्लभभाई पटेल राष्ट्रीय स्मृति सोसायटी, अहमदाबाद से प्राप्त।

अध्याय चार

सरदार पटेल की राष्ट्रीय आन्दोलन में भूमिका

"हम अक्सर या हमेशा भारतीय संस्कृति की बातें करते हैं, भारत की सभ्यता की कहानी रचते हैं, लेकिन हम कभी भी ग़रीबों को राहत, पड़ोसियों की मदद, असहायों का परोपकार और दलितों के प्रति दया नहीं दर्शाते हैं। हम नहीं जानते हैं कि ये हमारी सभ्यता की अनूठी विरासत हैं। ज़रा हम अपने आप से पूछें कि उन पुरानी ख़ासियतों में किसके दिल बसते हैं।"

–सरदार पटेल

महात्मा गाँधी के सिद्धान्तों एवं विचारधारा से प्रभावित होने के कारण वल्लभभाई पटेल के मन में देश के लिए कुछ कर गुज़रने की थी। वर्ष 1917 में खेड़ा ज़िले में अतिवृष्टि के कारण सभी फ़सलें नष्ट हो गयीं जिससे निर्धनों एवं पशुओं के खाने की समस्या उठ खड़ी हुई। किसानों के मन में एक प्रश्न बार–बार घूम रहा था कि ऐसी स्थिति में भूमि का लगान कहाँ से चुका पायेंगे? उस समय लगान के सम्बन्ध में क़ानून था– "हर वर्ष फत्रसल का अनुमान लगाया जाये और फसल छह आने से कम प्रतीत हो तो आधा लगान स्थगित कर दिया जाये और यदि चार आने से कम प्रतीत हो तो पूरा स्थगित किया जाये और पश्चात् का भी वर्ष ख़राब निकल जाये तो पूर्व वर्ष का स्थगित किया गया लगान माफ़ कर दिया जाये।"[1] इस दिशा में किसानों का लगान माफ़ करने के लिए सभी स्तरों पर प्रयास हुए, परन्तु 18 जनवरी 1918 को बम्बई सरकार ने एक वक्तव्य प्रकाशित किया जिसमें अहमदाबाद गुजरात सभा के मामले में हस्तक्षेप करने की वैधता पर सन्देह किया और कहा कि सभी की कार्यवाही विचारहीन एवं शरारतपूर्ण है। सरकार इस

धन–धान्य से पूर्ण और उपजाऊ ज़िले में लगान वसूली के स्वाभाविक कार्य में किसी प्रकार का हस्तक्षेप सहन नहीं करेगी।

वल्लभभाई पटेल एवं गाँधी जी के प्रयास सफल होते नहीं दिख रहे थे एवं सरकार से समझौते के कोई आसार नज़र नहीं आ रहे थे। ऐसी स्थिति में 22 मार्च 1918 को नाडियाद में गाँधी जी ने किसानों का आवाहन करते हुए कहा कि वे लगान नहीं भरें। उन्होंने अपने भाषण में कहा, "हम आज यहाँ सत्याग्रह की नींव रखकर उस पर मण्डप रचने की आशा लेकर एकत्रित हुए हैं। हमें सरकार को लगान नहीं देना है, बल्कि उससे जूझना है और इस संघर्ष में हमारे ऊपर जो भी कष्ट आयें उन्हें सहन करने के लिए तैयार रहना है।"[2] गाँधी जी ने किसानों को आगाह करते हुए कहा कि सरकार की ओर से नाना प्रकार की हरकतें/व्यवधान एवं परेशानियाँ उत्पन्न की जायेंगी और हम पर मुसीबतें बरसेंगी। यह भी सम्भव है कि सरकार दण्ड दे, घर और पशुओं को बेचकर लगान वसूली कर सकती है, यहाँ तक कि ज़मीनों को भी हमसे हथिया सकती है। परन्तु हम मुसीबतों को सहने के लिए तैयार हैं। इस प्रकार सत्याग्रह के लिए प्रतिज्ञा–पत्र तैयार किया गया और सभी किसान आन्दोलन में कूद पड़े। गाँधी जी की अनुपस्थिति में सारा काम वल्लभभाई ही देख रहे थे। अब सरकार के अधिकारियों ने जनता को सताना शुरू कर दिया था। सरकार ने लगान वसूल करने में शक्ति का प्रयोग करने के आदेश जारी कर दिये और लगान नहीं देने की स्थिति में खड़ी फ़सलों की कुर्की और ज़मीन ज़ब्त करने के आदेश दिये गये। लेकिन किसान सत्याग्रह पर डटे रहे। 4 अप्रैल 1918 को करमसद ग्राम में गाँधी जी ने भाषण देते हुए कहा, "यह वल्लभभाई की जन्मभूमि है। वल्लभभाई अभी संघर्ष की भट्ठी में हैं और उन्हें अभी भाँति–भाँति तपना है, फिर भी मुझे विश्वास है कि हमें अन्त में कुन्दन ही मिलेगा। आप इन्हें आशीर्वाद देकर विदा करें। आपने इन्हें लड्डुओं की दावत दी है, यह उचित है, किन्तु उसके बाद दक्षिणा भी तो देनी चाहिए और उनकी दक्षिणा यही हो सकती है कि आपको चाहे सरकार तालाब में डुबो दे अथवा आग में झोंक दे, किन्तु आप उसे लगान की एक पाई भी न दें।"[3] इसके बाद भी जनता को कमिश्नर प्रैट और सरकारी अधिकारियों ने डराने–धमकाने में कोई कसर नहीं छोड़ी। इसी को आगे बढ़ाते हुए 18 अप्रैल 1918 को रास गाँव में किसानों के बीच वल्लभभाई ने अपने सम्बोधन में कहा, "हमारी लड़ाई का मुख्य उद्देश्य

यह है कि जनता में अंग्रेज़ी शासन का भय निकाल दिया जाय। ...हमारी लड़ाई सत्य की लड़ाई है।"[4] इस सब को देखते हुए सरकार ने 25 अप्रैल 1918 को एक सरकारी प्रेस–विज्ञप्ति जारी कर अधिकारियों को आदेश दिया कि जो किसान लगान जमा करने की स्थिति में नहीं हैं, उन पर दबाव नहीं डाला जाये। इस पर गाँधी जी और पटेल ने एक ज्ञापन जारी कर 12 जून 1918 को सत्याग्रह वापिस ले लिया।

महात्मा गाँधी ने 1 अगस्त 1920 को असहयोग आन्दोलन का शुभारम्भ करते हुए वे सभी सम्मान एवं उपाधियाँ वायसराय को लौटा दिये जो उन्हें ब्रिटिश सरकार द्वारा दिये गये थे। असहयोग प्रस्ताव गाँधी जी द्वारा 4 सितम्बर से 8 सितम्बर 1920 तक काँग्रेस की कलकत्ता में आयोजित सभा में प्रस्तुत किया गया जिसमें, "सरकार द्वारा दिये गये ख़िताबों को लौटाना, सरकारी समारोहों से दूर रहना, सरकारी या सरकारी सहायता से चलते विद्यालयों से छात्रों को हटा लेना, राष्ट्रीय संस्थानों की स्थापना, अदालतों का बहिष्कार, धारासभा के चुनावों से दूर रहना, विदेशी वस्तुओं का बहिष्कार करते हुए खादी के प्रचार हेतु चरखे का प्रचार करने की सलाह दी गयी।"[5] वल्लभभाई पटेल ने असहयोग आन्दोलन का पूरा साथ दिया और वे इसे मूर्त रूप देने में सक्रिय हो गये। उन्होंने अहमदाबाद में विद्यार्थियों को सम्बोधित करते हुए अपने वक्तव्य में कहा कि, "असहयोग की राह अपनाये बिना अब हम स्वतन्त्र नहीं हो पायेंगे। पंजाब की घटना से आप सब अवगत होंगे ही। आप सब यह भी जानते होंगे कि पंजाब क्षेत्र के विद्यार्थियों को बेवजह परेशानियाँ उठानी पड़ी हैं। पुष्ट–मज़बूत छात्रों को देखते ही उन्हें हंटर से फटकारा गया है। कुछ छात्रों को बिना किसी पर्याप्त कारण के विद्यालय से निकाल दिया गया है। ऐसी राजनीति कार्यरत हो, उनकी निगरानी में चल रही शिक्षा से दूर रहने में ही आपका आत्म–सम्मान होगा।"

वर्ष 1919 में गाँधी जी ने 'रोलेट एक्ट' के विरोध में सत्याग्रह आरम्भ किया। इसमें एक ओर तो अपील के अधिकार के बिना विशेष अदालतों द्वारा एकान्त में मुक़दमा चलाने एवं किसी भी व्यक्ति को केवल सन्देह के आधार पर गिरफ़्तार करने का प्रावधान था। दूसरा, यदि किसी के पास आपत्ति जनक दस्तावेज़ पाये जाते हैं तो उसे दो साल के कारावास के दण्ड का प्रावधान किया गया। इसमें मानवाधिकारों का हनन साफ़ झलकता है और ब्रिटिश सरकार की नकारात्मक मंशा भी ज़ाहिर होती है। रोलेट एक्ट

के ख़िलाफ़ 6 अप्रैल 1919 को सत्याग्रह आरम्भ हुआ। आन्दोलन शपथ–पत्र पर सर्वप्रथम महात्मा गाँधी एवं सरदार पटेल ने हस्ताक्षर किये थे। रोलेट एक्ट के विरोध में गाँधी जी एवं सरदार पटेल को पूरे देश से समर्थन प्राप्त हुआ, इसके बावजूद ब्रिटिश सरकार ने कोई परवाह नहीं की और पास कर दिया। इस दौरान 13 अप्रैल 1919 को अमृतसर में आमसभा में जनरल डायर द्वारा निहत्थे एवं निरीह लोगों पर गोलियों की बौछार कर अमानुषिक कृत्य किया गया जिसमें बड़ी संख्या में मौतें हुईं एवं घायल हुए। ब्रिटिश सरकार के इस अन्यायपूर्ण कृत्य के लिए गाँधी जी ने असहयोग आन्दोलन की बात कही और इस आन्दोलन की शुरुआत के लिए गुजरात में बारदोली का चयन किया गया। गाँधी जी के इशारे पर वल्लभभाई ने असहयोग आन्दोलन की गतिविधियाँ प्रारम्भ कर दी थीं जिसमें सम्मेलन, जुलूस आदि आयोजित किये गये तथा किताबें बेचकर क़ानून तोड़ा गया। आन्दोलन के समय पटेल ने 'सत्याग्रह' नाम से एक पत्रिका का प्रकाशन किया जिसकी सरकार से कोई अनुमति नहीं ली गयी थी।

इस आन्दोलन के दौरान विदेशी वस्त्रों की होली जलाने, भविष्य में विदेशी वस्त्रों का त्याग करने एवं स्वदेशी अपनाने की प्रतिज्ञा की गयी। इसी दौरान चौरी–चौरा की भयंकर हिंसक घटना से गाँधी जी नाराज़ हो गये क्योंकि भीड़ ने थाने में आग लगा दी और 21 लोग जलकर राख हो गये थे। इससे असहमत होकर गाँधी जी ने आन्दोलन वापस ले लिया। कलकत्ता काँग्रेस अधिवेशन के दौरान गाँधी जी ने असहयोग प्रस्ताव में कहा था कि यदि सभी गतिविधियाँ एवं कार्यक्रम नियत, निर्धारित एवं नियोजित तरीक़े से शान्तिपूर्ण पूरा कर सकें तो एक साल में ही 'स्वराज' स्थापित किया जा सकता है। इस सन्दर्भ में लोगों में बड़ा जोश एवं उत्साह था और वल्लभभाई ने गुजरात की जनता में एक अलख जगा दी थी और उन्हें दिये गये लक्ष्यों को नियत समय में पूर्ण कर दृढ़ता का सन्देश दे दिया था।

1923 में गाँधी जी के जेल में एक वर्ष पूरा होने पर जबलपुर में सुन्दरलाल के नेतृत्व में एक विशाल जुलूस निकाला गया जिसमें लोग राष्ट्रीय झण्डे को लहराते हुए चले जा रहे थे। यह सब पुलिस को रास नहीं आया और सरकार के इशारे पर जुलूस पर लाठियाँ भाँजना शुरू कर दिया गया। जलियाँवाला बाग़ दिवस के उपलक्ष्य में नागपुर में एक विशाल जुलूस का आयोजन किया गया जिसमें जमनालाल बजाज के

नेतृत्व में राष्ट्रीय झण्डे के साथ नारे लगाते हुए आगे बढ़ते रहे। इस दौरान 'वन्देमातरम्' तथा 'इंकलाब ज़िन्दाबाद' के नारे लगाकर सरकार की नींदें उड़ा दीं। सरकार की दमनकारी नीतियों के चलते वल्लभभाई ने नागपुर के झण्डा सत्याग्रह की कमान अपने हाथों में ले ली। नागपुर में धारा 144 लगा दी गयी और राष्ट्रीय झण्डे के साथ जुलूस निकालने पर पाबन्दी लगा दी गयी। सरदार पटेल की दृढ़ता और तर्क ने सरकार को मजबूर कर दिया था और इस हेतु होम सेक्रेटरी स्वयं सरदार वल्लभभाई से मिले और राष्ट्रध्वज के साथ जुलूस निकालने और सत्याग्रही क़ैदियों को जेल से मुक्त करने की बात स्वीकार की और इसी के साथ नागपुर का झण्डा–सत्याग्रह समाप्त हुआ। इस सफलता पर पटेल ने घोषणा की, "राष्ट्रीय ध्वज का सम्मान अब सुरक्षित है। हमें सड़कों पर अहिंसक रूप से शोभायात्राएँ करने का हक़ एक बार फिर से प्राप्त हो गया है। मैं इसे सच, अहिंसा और तकलीफ़ों की सफलता मानता हूँ। भगवान की कृपा से मैं अब इस घड़ी और इन परिस्थितियों में नागपुर सत्याग्रह को सफलतापूर्वक समाप्त घोषित करता हूँ।"[6]

नवम्बर 1923 में गुजरात के बोरसद इलाक़े में रहने वाली जनता पर सरकार ने निराधार आरोप लगाना प्रारम्भ कर दिया कि यहाँ की जनता डाकुओं, चोरों, लुटेरों और ग़लत कार्यों में लिप्त लोगों को न केवल आश्रय देती है बल्कि पुलिस की भी मदद नहीं करती है। इस स्थिति से निपटने के नाम पर सरकार ने पुलिस बल की अतिरिक्त व्यवस्था कर दी जिसका ख़र्चा जनता से कर के रूप में वसूला जाना तय किया। ऐसे अन्यायपूर्ण सरकारी आदेश की शिकायत जनता ने वल्लभभाई पटेल को की और इस अन्यायपूर्ण आदेश के विरोध में बोरसद सत्याग्रह आरम्भ किया गया। सरकार द्वारा जनता के साथ क्रूर व्यवहार किया गया परन्तु वल्लभभाई के वक़्तव्य जनता में जोश एवं उत्साह प्रेरित करते रहे। उन्होंने कहा, "अपने अधिकारों की रक्षा के लिए अड़ जाओ। देश तुम्हारा है, तुम देश की आत्मा हो। सत्य की रक्षा के लिए प्राणों की बाज़ी लगा दो। अन्त में तुम्हारी विजय होगी।"[7] सरकार को जनता के मनोबल एवं पटेल की दृढ़ता के आगे घुटने टेकने पड़े और 7 जनवरी 1924 को अतिरिक्त पुलिस बल हटाकर, जनता पर लगाया गया 'कर' भी समाप्त करना पड़ा।

वर्ष 1927 में अहमदाबाद अतिवृष्टि के कारण परेशान था, परन्तु काठियावाड़ क्षेत्र के बारदोली तालुके में फ़सलों की पैदावार अच्छी हुई थी।

इसी दौरान सरकार ने बारदोली की जनता पर भू–राजस्व 30 प्रतिशत बढ़ा दिया था। इससे किसानों में रोष पैदा हो गया और उन्होंने लगान बढ़ोतरी का विरोध किया। इस अन्याय के विरुद्ध जनता ने सरकार के समक्ष शिकायत भी दर्ज करवायी परन्तु कोई ध्यान नहीं दिया गया। वल्लभभाई ने 6 फ़रवरी 1928 को एक पत्र बम्बई गवर्नर को लिखकर इस लगान बढ़ोतरी को अनुचित बताते हुए जाँच करवाने की बात लिखी जिस पर कोई सकारात्मक रुख़ नहीं दिखा और संघर्ष एवं आन्दोलन के सिवा कोई रास्ता नहीं बचा। पटेल ने आन्दोलन की विस्तृत एवं व्यापक रूपरेखा तैयार कर गाँव–गाँव तक सत्याग्रह को पहुँचाने का प्रबन्ध किया और इसी परिप्रेक्ष्य में दैनिक समाचार–पत्र *सत्याग्रह ख़बर* का प्रकाशन किया गया। आन्दोलन चलाने के लिए वित्त का प्रबन्ध चन्दे के माध्यम से किया गया। आन्दोलन के विरुद्ध सरकार के दमन–चक्र को देखते हुए वल्लभभाई ने ब्रिटिश सरकार की हालत पागल हाथी जैसी बतायी। सरकार ने जनता पर जुल्म ढहाने में कोई कसर नहीं छोड़ी, किसानों को हर प्रकार की प्रताड़ना एवं अत्याचार सहने पड़े। पटेल ने आन्दोलन का नेतृत्व करते हुए किसानों को धैर्य एवं हिम्मत से डटे रहने के लिए प्रोत्साहित किया। किसानों पर हो रहे अत्याचारों को देश के समाचार–पत्रों ने उठाया और पूरे देश में बारदोली के किसानों के प्रति सहानुभूति का माहौल बन गया। इस आन्दोलन में पुलिस ने गुण्डों से मिलकर अत्याचार एवं अनाचार करने में कोई कसर नहीं छोड़ी किन्तु जनता की दृढ़ता और विश्वास क़ाबिलेतारीफ़ रहा। लगान वसूल करने वालों में कार्यरत पटेलों और तलातियों से वल्लभभाई ने अपील की और अपील के जवाब में 90 में से 69 पटेलों और 35 तलातियों ने त्याग–पत्र दे दिया।

मुम्बई धारा सभा के सदस्य कन्हैयालाल माणिकलाल मुंशी ने गवर्नर को आन्दोलन की वास्तविक स्थिति से अवगत करवाने हेतु पत्र लिखा जिसे पढ़कर गर्वनर की आँखें खुलीं। उनको आभास हो गया था कि यदि इस आन्दोलन ने व्यापक रूप धारण कर लिया तो यह पूरे देश में फैल जायेगा जिसे सँभालना असम्भव होगा। तदुपरान्त गवर्नर ने वल्लभभाई को समझौता वार्ता के लिए आमन्त्रित किया। समझौता वार्ता में वल्लभभाई पटेल द्वारा रखी गयी सभी शर्तें मान ली गयीं और एक शानदार जीत के साथ आन्दोलन समाप्त कर दिया गया। बारदोली आन्दोलन ने दुनिया को बता दिया कि सत्याग्रह के अस्त्र के आगे सब विफल हो जाता है।

सत्य व अहिंसा के मार्ग पर चलकर निहत्थे किसानों/आन्दोलनकारियों ने शासकीय बर्बरता को कुचलने में सफलता प्राप्त की। इस सत्याग्रह ने देश को एक दिशा का आभास करवाया जिसकी गूँज दूर तक गयी। इससे जनता में आशा एवं विश्वास का संचार हुआ और भविष्य के निर्धारण का मार्ग प्रशस्त हुआ। इसी आन्दोलन ने वल्लभभाई को जननायक बना दिया और वह राष्ट्रीय नेता के रूप में उभरकर आये। इसी आन्दोलन ने वल्लभभाई को 'सरदार' की उपाधि हमेशा के लिए दिलायी।

बारदोली सत्याग्रह में वल्लभभाई के नेतृत्व की विशेषताओं ने ही इसकी सफलता की राह आसान बना दी थी। पहली विशेषता रही कि वल्लभभाई ने प्रजा में संगठन के चारों मुख्य साधनों–प्रेम, विश्वास, निर्भीकता और साहस को अपनी वाणी से प्रसारित किया और नैतिक बल के साथ संघर्ष करने की प्रेरणा देते हुए सत्य और असत्य में अन्तर को स्पष्ट करने की दृढ़ता को आगे बढ़ाया। सरदार पटेल कहते थे कि हमेशा किसान उपेक्षित रहा है, उसकी शासन–प्रशासन कोई नहीं सुनता है जबकि शासन का आधार किसान होता है। उसकी दूसरी विशेषता रही कि सत्याग्रह में किसानों के साथ अन्य वर्गों की सहभागिता। उन्होंने पटेलों, मुखियाओं तथा पटवारियों से सरकार की मदद किसी भी रूप से नहीं करने की अपील की और कहा, "साफ़ कह दें कि मेरे गाँव और तहसील की इज़्ज़त में मेरी इज़्ज़त है, तहसील की इज़्ज़त नहीं रही तो मुख़ियापन किस काम का।"[8] तीसरी विशेषता थी कि वल्लभभाई ने यह आह्वान किया कि स्त्रियों को भी पुरुषों के समान तैयार करें और इस लड़ाई के लिए उन्हें तैयार कर आगे बढ़ें। साथ ही, उन्होंने अपने भारतीय अधिकारियों के प्रति कोई द्वेष न रखने की प्रेरणा दी और उनके अन्दर की भावनाओं को बदलकर सकारात्मक दिशा में लाभ उठाया।

बारदोली सत्याग्रह आन्दोलन की सफलता ने न केवल वल्लभभाई को 'सरदार' का ताज पहनाया अपितु उनमें देश के भविष्य की सम्भावनाएँ भी जगा दीं। इसी क्रम में महादेव देसाई ने बारदोली समझौते का उल्लेख करते हुए इसे वल्लभभाई का तीसरा सफल आन्दोलन कहा है, "स्वराज के रास्ते पर चलते हुए उन्हें यह तीसरा मील का पत्थर रखने का सम्मान प्राप्त हुआ...बारदोली की विजय इसलिए ख़ास थी क्योंकि इसने सिर्फ़ पूरे देश ही नहीं अपितु सम्पूर्ण साम्राज्य का ध्यान अपनी ओर आकर्षित किया है। इस आन्दोलन से पूरे देश की सहानुभूति प्राप्त हो रही है।"[9]

महात्मा गाँधी ने वल्लभभाई को आन्दोलन की सफलता पर बधाई देते हुए कहा कि वल्लभभाई की दृढ़ता एवं सौम्यता के बिना यह समझौता कभी सम्भव नहीं हो पाता। मोतीलाल नेहरू ने इस सत्याग्रह को एक 'भव्य जीत' और पटेल को 'बेजोड़ जनरल' और किसानों को 'बारदोली की बालाक्लावा बटालियन' की उपाधि से नवाज़ा। श्रीनिवास शास्त्री ने जोहान्सबर्ग से गाँधी को एक पत्र में लिखा, "वल्लभभाई पटेल सबसे ऊँची पदवी पर पहुँच गये हैं और मैं सर झुकाकर श्रद्धापूर्वक उन्हें नमन करता हूँ।" लाला लाजपत राय ने अपने अख़बार *द पीपल* में छापा–"बारदोली विवाद का समझौता...सार्वजनिक उद्देश्य की एक उल्लेखनीय विजय है...यह सच और न्याय की नैतिक जीत है।" पं. मदन मोहन मालवीय ने पटेल को एक पत्र में लिखा, "सत्याग्रह की पहली जीत चम्पारन में हुई थी। दूसरी और उतनी ही महत्त्वपूर्ण विजय बारदोली की है।" मौलाना शौक़त अली और शुहेब कुरेशी ने 'अपने जांबाज़ भाइयों, उनके सरदार और सहकर्मियों' को बधाई का तार भेजा। सुभाष चन्द्र बोस ने बारदोली को 1930 में गाँधी द्वारा लड़ी जाने वाली उस बड़ी लड़ाई–डाण्डी मार्च का प्रारम्भ घोषित किया।[10] ब्रिटिश इतिहासकार जूडिथ ब्राउन के अनुसार, गाँधी के लिए बारदोली का मतलब था उनकी सार्वजनिक भूमिका का पुनर्मूल्यांकन, जिसने 1920 के दशक के शुरुआती हिस्से में भारत में सत्याग्रह की सम्भावना से जुड़ी हिंसा और पराजय से उत्पन्न हुई उनकी सभी शंकाओं को शान्त कर दिया...इस घटना ने अहिंसा और लोक संघर्ष की ताक़त में बसे उनके विश्वास को पुनः जीवित कर दिया।[11]

राष्ट्रीय आन्दोलन में सरदार पटेल का योगदान

महात्मा गाँधी, वल्लभभाई पटेल एवं अन्य अनेक साथियों ने मिलकर देश की जनता में राष्ट्रीयता, अखण्डता, एकता, स्वतन्त्रता, न्याय आदि मुद्दों के प्रति जनजागरण किया। इसी के फलस्वरूप दिसम्बर 1929 में लाहौर में काँग्रेस का अधिवेशन होना सुनिश्चित हुआ। इस अधिवेशन पर सभी देशवासियों की नज़र थी और विशेष महत्त्व था क्योंकि इसमें 'पूर्ण स्वराज' वाला प्रस्ताव प्रस्तुत होना था। इस अधिवेशन में 'पूर्ण स्वराज' के प्रस्ताव ने सोचने एवं विचार करने पर मजबूर कर दिया था कि इस महान कार्य के लिए अध्यक्ष भी ऐसा होना चाहिए जो इरादों का मज़बूत, सुदृढ़ एवं विवेकशील हो। इस अधिवेशन में अध्यक्ष पद का निर्वाचन होना था अतः

इस हेतु प्रान्तों से तीन नाम सामने आये थे जिनमें दस प्रान्तों ने महात्मा गाँधी, पाँच प्रान्तों ने वल्लभभाई पटेल और तीन प्रान्तों ने पं. जवाहरलाल नेहरू का नाम प्रस्तावित किया था। इस सब पर गाँधी जी ने चिन्तन–मनन कर अपने आपको अध्यक्ष पद से हटा लिया और वे जवाहरलाल नेहरू को अध्यक्ष पद पर लाना चाहते थे। इस बात का संकेत वल्लभभाई ने महसूस कर लिया था। चूँकि वल्लभभाई पटेल न तो किसी पद के लिए लालायित थे और न ही उन्हें किसी सम्मान का मोह था। वे तो निःस्वार्थ भाव से देश के प्रति समर्पित थे और 'पूर्ण स्वराज' पर पूरा ध्यान केन्द्रित किये हुए थे। अतः सरदार पटेल ने भी अध्यक्ष पद स्वीकार करने से मना कर दिया और जवाहरलाल नेहरू अध्यक्ष बने। इससे गाँधी जी के प्रति सरदार पटेल का सम्मान झलकता है। नेहरू की अध्यक्षता में अधिवेशन में पूर्ण स्वराज का प्रस्ताव रखा गया जो पूर्ण सहमति के साथ पारित कर दिया गया। जवाहरलाल नेहरू ने 31 दिसम्बर को रावी नदी के किनारे तिरंगा झण्डा फहराकर 'पूर्ण स्वराज' का उद्घोष कर दिया।

14–16 फ़रवरी 1930 को साबरमती में काँग्रेस कार्यसमिति ने सविनय अवज्ञा आन्दोलन प्रारम्भ करने के सम्पूर्ण अधिकार गाँधी जी को सौंप दिये थे। आन्दोलन की शुरुआत से पूर्व ही गाँधी जी ने वायसराय को 11 शर्तों का एक प्रस्ताव भेज दिया था, परन्तु कोई सन्तोषजनक उत्तर प्राप्त नहीं होने पर आन्दोलन के अलावा कोई दूसरा मार्ग नहीं था। सरदार पटेल के मस्तिष्क में देश की स्वतन्त्रता के अलावा कोई दूसरा लक्ष्य नहीं था। इसी परिप्रेक्ष्य में वल्लभभाई पटेल ने महात्मा गाँधी की दाण्डी यात्रा को सफल बनाने हेतु इससे पूर्व ही जनता में अलख जगा दी और जन–सहभागिता के माध्यम से अपने भाषणों का प्रभाव छोड़ते हुए राह आसान करते चले गये। सरदार पटेल के भाषणों ने जनता में नया जोश, उत्साह एवं आशाएँ भर दी थीं। 7 मार्च 1930 को सरदार पटेल के बोरसद तालुके के रास गाँव पहुँचने पर बड़ी संख्या में लोगों ने उनका स्वागत किया और उनका भाषण सुनने के लिए एकत्रित हो गये। सरकार ने उनके भाषण देने पर रोक लगा दी, परन्तु सरदार पटेल ने मानने से इनकार कर दिया और मजिस्ट्रेट के आदेश पर उन्हें बन्दी बना लिया गया। एक सत्याग्रही के रूप में पटेल ने न्यायालय में अपने बचाव में कोई पक्ष नहीं रखा और मजिस्ट्रेट ने उन्हें तीन माह की सज़ा एवं 500 रुपये जुर्माना लगाने की सज़ा सुनायी। केन्द्रीय असेम्बली में मदन मोहन मालवीय ने पटेल की

गिरफ़्तारी तथा सज़ा पर स्थगन का प्रस्ताव रखा परन्तु पारित नहीं हो सका। इसी प्रस्ताव पर मोहम्मद अली जिन्ना ने कहा, "माननीय गृहमन्त्री के कथनानुसार सरदार वल्लभ जी पटेल ने अपनी गिरफ़्तारी से पूर्व बहुत से भाषण दिये थे। मैं पूछता हूँ, क्या वे भाषण क़ानून विरुद्ध थे? सवाल तो यह है कि उन्होंने क़ानून की मर्यादाओं का उल्लंघन किया था या नहीं?"[12] जिन्ना का तर्क था, "अलबत्ता, विचार–स्वातन्त्र्य का दुरुपयोग हो सकता है। कई बार उसका दुरुपयोग हुआ भी है। परन्तु उससे भी ज़्यादा ख़तरनाक तो यह है कि सरकार विचारों को दबा देने का अधिकार धारण कर ले। मानव जाति के लम्बे इतिहास में सरकारों ने इस प्रकार की सत्ता का दुरुपयोग किया है। हमारे सामने विचार करने लायक सीधा मुद्दा यह है : क्या उपाय करने से राजतन्त्र को व्यवस्थित और बुद्धिमान बनाया जा सकता है–इस प्रकार की रुकावटों से या आज़ादी देने से?"[13]

वल्लभभाई पटेल तीन महीने, बीस दिन जेल में रहे और 26 जून 1930 को साबरमती जेल से रिहा हुए। सविनय अवज्ञा आन्दोलन में सक्रिय भागीदारी के चलते काँग्रेस के प्रमुख नेता गिरफ़्तार कर जेल में डाल दिये गये थे। ऐसी स्थिति में पूरे आन्दोलन की ज़िम्मेदारी सरदार पटेल पर आ गयी। साबरमती जेल में बिताये गये दिनों में पटेल ने डायरी लेखन का कार्य किया था जिसके अवलोकन से पता चलता है कि वे पूरी तरह से समर्पित थे और गुजरात और महात्मा गाँधी के प्रति उनकी अटूट निष्ठा थी। आन्दोलन में सक्रिय सहभागिता के चलते जवाहरलाल नेहरू को गिरफ़्तार कर लिया गया और काँग्रेस अध्यक्ष का कार्यभार मोतीलाल नेहरू पर आ गया, परन्तु 30 जून 1930 को मोतीलाल नेहरू को गिरफ़्तार कर लिया गया और काँग्रेस अध्यक्ष का कार्यभार सरदार पटेल के कन्धों पर आ गया था। अब सरकार भी हर प्रकार से अत्याचार, उत्पीड़न करने लगी, यहाँ तक कि काँग्रेस कार्यालय को बन्द कर सील कर दिया गया। इसी समय बम्बई के एक पत्रकार सम्मेलन में सरदार पटेल ने कहा, इंग्लैंड "मैं चाहता हूँ कि प्रत्येक प्रान्त, ज़िले व तहसील में हर एक स्त्री–पुरुष व बालक अनुभव करे कि काँग्रेस संगठन को ग़ैर–क़ानूनी घोषित करने पर तथा समस्त महत्त्वपूर्ण नेताओं को गिरफ़्तार करने पर राष्ट्रीय संघर्ष हेतु प्रत्येक काँग्रेस कार्यकर्ता स्वयं में काँग्रेस समिति बन जाये।"[14]

आन्दोलन के दौरान यह सब घटनाक्रम चलता रहा और एम.आर. जयकर एवं तेजबहादुर सप्रू समझौता कराने के लिए प्रयास कर रहे थे। इस

पर प्रतिक्रिया करते हुए सरदार पटेल ने कहा कि, "कोरी मध्यस्थता की बातें करने से लोगों के भुलावे में पड़ने और लड़ाई में शिथिलता आने का भय रहता है। समझौते का समय अभी बहुत दूर है और यदि हम गाफ़िल रहकर शिथिल हो जायेंगे तो वह और भी दूर चला जायेगा। इसलिए ऐसी मिथ्या बातों पर ज़रा भी ध्यान न देकर काँग्रेस का काम सबको अधिक ज़ोरों से जारी रखना चाहिए। कोई यह न भूले कि लड़ाई का जल्दी अन्त लाने का यही उपाय है।"[15] बम्बई में खानूभाई बाड़ी में एक जनसभा को सम्बोधित करते हुए सरदार ने छात्रों से कहा, "जबकि युवकों का हृदय सम्राट जवाहरलाल जेल में है तथा सैकड़ों माता–बहनों पर सत्याग्रह के समय अमानुषिक अत्याचार किया जा रहा है, तो तुम लोग गणित तथा इतिहास पढ़ने में व्यस्त हो।"[16] इन सब गतिविधियों को देखकर और सरदार पटेल की दृढ़ता, आत्मविश्वास एवं आमजन की आवाज़ से घबराकर सरकार ने पटेल को गिरफ़्तार कर यरवदा जेल में भेज दिया और बाद में पूना जेल में बन्द कर दिया। वर्ष 1930 के दौरान सरदार पटेल को तीन बार बन्दी बनाकर जेल भेजा गया। 31 जुलाई 1930 को लोकमान्य बाल गंगाधर तिलक की जयन्ती पर बम्बई में एक जुलूस निकाला गया जिसमें पटेल, मदन मोहन मालवीय, जयरामदास दौलतराम, शेरवानी आदि अनेक नेताओं ने भागीदारी की। परन्तु बोरीबन्दर स्टेशन के निकट पहुँचते ही जुलूस को अवैध घोषित कर दिया और सरदार पटेल को जेल भेज दिया गया। 5 नवम्बर 1930 को सरदार पटेल को जेल से छोड़ दिया गया।[17] जेल से रिहा होने के बाद पटेल ने ओजस्वी भाषण दिया और कहा, "इस वाणी पर कोई ताला नहीं लगा सकता। मैं जेल में बैठा होऊँगा तो भी वह आप तक पहुँच जायेगी और आपके हृदय में बैठ जायेगी।"[18] इस भाषण के लिए भी उन्हें गिरफ़्तार कर नौ माह का कारावास दिया गया।

12 नवम्बर 1930 को इंग्लैंड में प्रथम गोलमेज़ सम्मेलन में काँग्रेस ने भाग नहीं लिया। इस पर डॉ. राजेन्द्र प्रसाद ने कहा, "यह दूल्हे के बिना सम्पन्न होने वाला विवाह था।"[19] महात्मा गाँधी और वायसराय के बीच वार्तालाप के फलस्वरूप 5 मार्च 1931 को एक समझौता हुआ जो 'गाँधी–इर्विन समझौता' के नाम से जाना जाता है। जेल से छूटते ही पटेल फिर अपने मिशन पर चिन्तन और कार्ययोजना बनाने में लग गये और 8 मार्च 1931 को अहमदाबाद में एक सार्वजनिक सभा में कहा कि

यदि हमने द्वितीय गोलमेज़ सम्मेलन में अपनी माँगों की घोषणा की तो यह समझौता राष्ट्रहित में होगा।

31 मार्च 1931 को कराची में अखिल भारतीय काँग्रेस का 46वाँ वार्षिक अधिवेशन हुआ। सरदार पटेल काँग्रेस के अध्यक्ष निर्वाचित हुए।[20] अब सरदार पटेल केवल गुजरात तक सीमित न रहे अपितु पूरे राष्ट्र की धुरी बन गये। कराची अधिवेशन का विशेष महत्त्व था जिसमें, पहला–इस अधिवेशन से पूर्व (23 मार्च 1931) को भगतसिंह, राजगुरु तथा सुखदेव को फाँसी पर लटका दिया गया और उनके शवों को जला दिया गया। लाहौर में लाला लाजपतराय ने साइमन कमीशन के विरोध में हो रहे प्रदर्शन का नेतृत्व किया तो पुलिस ने उन्हें बेरहमी से लाठियों से पीटा जिसके कारण लालाजी की बाद में मृत्यु हो गयी। इस सबको देखकर भगतसिंह और उनके साथियों का ख़ून खौल उठा और लाला लाजपतराय पर लाठियाँ बरसाने वाले अंग्रेज़ पुलिस ऑफ़िसर सांडर्स को गोली से उड़ा दिया।

सरदार पटेल का अध्यक्षीय उद्‌बोधन

''दोस्तो! आपने मुझ किसान को उस उच्चतम आसन पर लाकर बैठा दिया है जिसे प्राप्त करने में किसी भी भारतीय को महान गर्व हो सकता है। मैं बख़ूबी जानता हूँ कि मुझे देश का सर्वप्रथम सेवक निर्वाचित करने में आपने मेरी स्वल्पमत सेवाओं पर इतना ध्यान नहीं दिया है जितना कि आपने उस आश्चर्यजनक त्याग को मद्देनज़र रखा है जो पिछले साल गुजरात ने किसान आन्दोलन में किया है। लोगों के दिलों में कुछ भी सन्देह रहा हो, लेकिन यह एक वास्तविक सत्य है कि सामूहिक अहिंसात्मक आन्दोलन मात्र कल्पना में विचरण करने वाले व्यक्ति का स्वप्न या साधारण–सी मानवी कल्पना–भर नहीं है। इसकी प्रामाणिकता अब सारे विश्व को ज़ाहिर हो चुकी है। यह उस मानव–जाति के लिए एक ठोस सत्य है जो हिंसा के भार से दबकर सत्य, श्रद्धा और आत्मविश्वास की प्राप्ति के लिए बुरी तरह कराह रही है।

''हमारे सामने 'हिन्दू–मुस्लिम ऐक्य' या साम्प्रदायिक एकता का सवाल है। इस सम्बन्ध में काँग्रेस की जो धारणा है, वह लाहौर अधिवेशन में स्पष्ट कर दी गयी थी। यहाँ मैं उस निर्णय को उद्धृत करता हूँ–''मोतीलाल नेहरू रिपोर्ट के पारित न होने को दृष्टि में रखते हुए साम्प्रदायिक मसलों में काँग्रेस की नीति को स्पष्ट करना अनावश्यक है। काँग्रेस इस बात

में विश्वास करती है कि स्वतन्त्र भारत में साम्प्रदायिक सवालों का हल एकमात्र राष्ट्रीय ढंग से ही हो सकता है। नेहरू रिपोर्ट में साम्प्रदायिक मसलों को हल करने के लिए जिन उपायों पर प्रकाश डाला गया है, उनसे ख़ासतौर से सिखों और आमतौर से मुसलमानों तथा अन्य अल्पसंख्यकों को विश्वास दिलाती है कि काँग्रेस भारत के किसी भी भावी विधान में तत्सम्बन्धी किसी भी हल को तब तक स्वीकार नहीं करेगी जब तक कि सभी दलों को उस पर सन्तोष न हो जाये। अतः काँग्रेस अब ऐसे किसी विधान में सम्मिलित होना नहीं चाहती, जिसमें भारत के तमाम अल्पसंख्यकों की साम्प्रदायिक समस्याओं का उनके सन्तोष के लायक हल न हो।'' (इससे स्पष्ट होता है कि सरदार वल्लभभाई पटेल का चिन्तन एवं विचारधारा अत्यन्त व्यापक, मौलिक, वस्तुनिष्ठतायुक्त, निरपेक्ष एवं पूर्वाग्रहरहित थी। वे धार्मिक या साम्प्रदायिक आधार पर किसी प्रकार के भेदभाव में विश्वास नहीं करते थे। आज अनेक प्रश्न खड़े किये जाते हैं और पटेल की विचारधारा को विभिन्न मत एवं विचारों के साथ जोड़कर देखा जाता है जो उनके संकुचित दृष्टिकोण का द्योतक है। अतः हमें राष्ट्रीय सन्दर्भ में उनके चिन्तन एवं विचारों को निरपेक्ष रूप से देखने की आवश्यकता है तभी हम सच्चे अर्थों में उनके चिन्तन के साथ न्याय कर पायेंगे।)

''एक हिन्दू की हैसियत से मैं अपने से पहले के अध्यक्ष के सिद्धान्त का अनुसरण करते हुए अल्पसंख्यकों को स्वदेशी फाउंटेन पेन और काग़ज़ देकर कहूँगा कि वह अपनी माँग लिख दें। मैं उन्हें स्वीकार कर लूँगा। मेरी नज़र में यह सबसे जल्दी का मार्ग होगा–लेकिन इसके लिए हिन्दुओं में अपार साहस की आवश्यकता है। सच्चाई तो यह है कि हम हृदय से मेल चाहते हैं न कि तैयार की हुई काग़ज़ की एकता, जो ज़रा–सी ठेस लग ज़ाने से नष्ट हो सकती है। ऐसी एकता तभी प्राप्त हो सकती है जब बहुसंख्यक मुक्त हाथों और हृदय से साहस का परिचय दें और अल्पसंख्यकों को दिल खोलकर वह सब देने को उद्धत हो जायें, जो वह चाहते हैं। यह सबसे बड़ी बुद्धिमानी का कार्य होगा। चाहे एकता इस प्रकार मिले या किसी अन्य तरीक़े से प्राप्त हो। लेकिन ज्यों–ज्यों दिन बीत रहे हैं, यह स्पष्ट होता चला जा रहा है कि जब तक एकता क़ायम न हो जाये, तब तक कितनी ही कॉन्फ्रेंस, कितनी ही सभाएँ या अधिवेशन क्यों न आयोजित किये जायें, सभी बेकार हैं। राउंड टेबल कॉन्फ्रेंस में हम

अंग्रेज़ सरकार के साथ समझौता कर सकते हैं और शायद हम समझौते से नरेशों के निकट भी पहुँच सकते हैं। लेकिन इनसे हम वास्तविक एकता प्राप्त नहीं कर सकते। सच्ची एकता तो हम ही आपस में बातचीत कर प्राप्त कर सकते हैं। हम इस चिर–अभिलाषित तथ्य को प्राप्त करने में कोई भी कोशिश बाक़ी नहीं रखना चाहते।'' (इस भाषण में सरदार पटेल अपनी व्यापक सोच, दूरदृष्टि, पैनी नज़र, राष्ट्रीय एकता, हृदय की विशालता एवं हिन्दू–मुस्लिम, सिख, ईसाई एकता की मिसाल वास्तविकता के धरातल पर उतारना चाहते हैं। वे किसी भी स्थिति में कागज़ के घोड़े नहीं दौड़ाना चाहते और हरसम्भव एकता को थोपी हुई अथवा अस्थायी नहीं वरन् मन, हृदय से जोड़कर स्थायी बनाना चाहते हैं। वे देश के वातावरण को सामंजस्य तथा सद्भावपूर्ण बनाने के लिए यथार्थता के साथ आगे बढ़ना चाहते हैं।)

''हम विदेशी कपड़े के बहिष्कार के कार्य में आशातीत आगे बढ़ चुके हैं। यह हमारा अधिकार भी है और कर्तव्य भी। यदि यह न होता तो करोड़ों भारतीय भूखों मर चुके होते। क्योंकि यदि सस्ता विदेशी कपड़ा भारत में खपता रहा तो चरखा उन्नति नहीं कर सकता। देहात के लोग जो फ़सल कट जाने के बाद बेकार हो जाते हैं वे चरखा से सूत बुनकर रोज़ी कमाते हैं। सबसे अच्छा प्रचार यही है कि हम स्वयं चरखा चलायें और खद्दर पहनें।'' (यहाँ सरदार पटेल देश को आज़ादी के लिए तैयार करते हुए नज़र आ रहे हैं, वे भारतीय जनता को ये सन्देश देना चाहते हैं कि भारतीय वस्तुओं को अपनाने से हम हर प्रकार से उन्नति की ओर अग्रसर हो सकते हैं तथा विदेशी का बहिष्कार कर उन्हें मुनाफ़े से रोका जा सकता है। हमें राष्ट्रीयता की सोच को आगे बढ़ाने के लिए स्वयं को आगे ले जाना होगा, ऐसा पटेल का मानना था।)

''अन्त में, आपसे अधिवेशन में उन कार्यवाहियों को प्रारम्भ करने के लिए कहना चाहता हूँ जिसके लिए मुझे अध्यक्षता करने के लिए कहा है। मतभेद होना स्वाभाविक है, लेकिन मुझे भरोसा है कि हम आपस में मिलकर अपनी कार्यवाहियों को उतना ही गौरवमय और प्रेरणात्मक बना देंगे जितनी हमारे लक्ष्य की प्राप्ति के लिए आवश्यक है। वन्देमातरम्!''[21]

द्वितीय गोलमेज़ सम्मेलन : गाँधी–पटेल की गिरफ़्तारी

द्वितीय गोलमेज़ सम्मेलन इंग्लैंड में होना प्रस्तावित था और भारतीयों

की ओर से गाँधी जी को इसमें भाग लेना था परन्तु देश में गाँधी–इर्विन समझौते के उल्लंघन के कारण गाँधी जी चिन्तित थे। "इस पर विचार करने के लिए 25 अगस्त 1931 को महात्मा गाँधी, जवाहरलाल नेहरू, सरदार वल्लभभाई पटेल और ख़ान अब्दुल गफ़्फ़ार खाँ का एक प्रतिनिधि मण्डल शिमला में वायसराय से मिला। वायसराय के सकारात्मक रुख़ और आश्वासनों के पश्चात् गाँधी जी गोलमेज़ सम्मेलन के लिए रवाना हुए।"[22] गाँधी जी के इंग्लैंड प्रस्थान करने पर देश में उनकी उपस्थिति में समझौते का खुलेआम उल्लंघन किया गया। इस सबको देखते हुए सरदार पटेल ने गाँधी जी को तार द्वारा एक सन्देश भेजा जिसमें उन्होंने लिखा था, "यहाँ की स्थिति अधिकाधिक नाज़ुक बनती जा रही है। सरकार का रवैया आम तौर पर बहुत ज़्यादा बिगड़ गया है। बंगाल की स्थिति और भी ख़राब होती जा रही है। सरहद प्रान्त में जुल्म बढ़ रहा है। संयुक्त प्रान्त में लगान बन्दी की लड़ाई जल्दी शुरू करना अनिवार्य जान पड़ता है। बारदोली की जाँच में कार्यवाही सन्तोषजनक ढंग से न होने के कारण और दूसरे कारणों से भी मालूम होता है कि उससे हट जाना पड़ेगा। आपका जल्दी आना वांछनीय है। यूरोप में अधिक दिन लगायेंगे तो यहाँ का काम बिगड़ेगा।"[23] सरकार द्वारा अत्याचार और जुल्म बढ़ने पर पन्द्रह दिन बाद फिर से सरदार पटेल ने गाँधी जी को तार से दूसरा सन्देश भेजा जिसमें उन्होंने लिखा, "हिजली और चटगाँव के मामलों में अभी तक कुछ नहीं हुआ। बिना किसी कारण के धरपकड़ जारी है। नज़रबन्दी की संख्या एक हज़ार तक पहुँच गयी है...लोगों में तीव्र रोष फैला हुआ है। युवक वर्ग में निराशा में प्राणों पर खेल जाने की वृत्ति पैदा हो गयी है।"[24]

सरदार पटेल द्वारा गाँधी जी को लिखे गये दोनों पत्रों की भाषा, तथ्यों एवं सूचनाओं से एक बात अवश्य प्रतीत होती है कि पटेल और गाँधी जी दोनों कितने प्रगाढ़ रूप से जुड़े हुए थे। ऐसा प्रतीत होता है मानो गाँधी जी की उपस्थिति मात्र से ही सरदार पटेल ही नहीं अपितु सभी साथियों के साथ–साथ भारतीय जनता भी उनसे ऊर्जा, जोश, उत्साह और प्रेरणा पाती हो। सरदार पटेल के पत्रों से पता चलता है कि उनमें गाँधी जी के प्रति अगाध प्रेम एवं अटूट विश्वास था, तभी तो उनकी अनुपस्थिति में वे भारतीय परिस्थितियों की प्रत्येक घटना से गाँधी जी को अवगत करवाते हैं और आगे कोई क़दम उठाने या रणनीति बनाने के लिए उनकी उपस्थिति को अनिवार्य समझते हैं और उनसे शीघ्र देश लौट आने का

आग्रह करते हैं। साथ ही, पटेल की निष्ठा, कर्तव्यपरायणता, राष्ट्रीयता, राष्ट्रहित, राष्ट्रसेवा की स्पष्ट झलक भी दिखायी पड़ती है।

यरवदा जेल में गाँधी जी एवं पटेल

महात्मा गाँधी जी के इंग्लैंड से लौटने पर सरदार पटेल और गाँधी जी को गिरफ़्तार कर लिया गया, कुछ नेता पहले ही गिरफ़्तार हो चुके थे। सरदार पटेल एवं गाँधी जी यरवदा जेल में सोलह महीने तक साथ रहे। पटेल जब–जब जेल गये उन्होंने अपने जीवन में अनेक संकल्प लिए, जिनमें सिगरेट छोड़ना, चाय छोड़ना आदि हैं। गाँधी जी द्वारा यरवदा जेल में पटेल के साथ बिताये गये दिनों के बारे में गाँधी जी ने लिखा, ''जेल में सरदार वल्लभभाई के साथ रहने का अवसर मिला, यह बड़े सौभाग्य की बात है। उनकी अद्वितीय शूरवीरता और ज्लतन्त देशभक्ति का तो मुझे पता था, परन्तु इन सोलह महीनों में उनके साथ जिस तरह से रहने का सौभाग्य मुझे मिला, उस तरह से मैं उनके साथ कभी नहीं रहा था। उन्होंने मुझ पर जो हार्दिक ममता और प्रेम बरसाया, उससे तो मुझे अपनी प्यारी माँ का स्मरण हो जाता था। मैं नहीं जानता था कि उनमें ऐसे माता के गुण भी होंगे। मुझे कुछ ही होता कि वे बिस्तर से उठ बैठते। मेरी सुविधा की ज़रा–सी बात की भी वे खुद चिन्ता रखते थे...जब भी हम राजनीतिक प्रश्नों पर चर्चा करते थे, तब उन्हें सरकार की कठिनाइयों का बराबर ख़याल रहता था। बारदोली और खेड़ा के किसानों की वे जैसी चिन्ता करते थे, उसे मैं कभी भूल नहीं सकूँगा।''[25] गाँधी जी के उक्त विचारों एवं कथन से स्पष्ट होता है कि सरदार पटेल और गाँधी जी के बीच गहरे रिश्ते थे और वे एक–दूसरे का अत्यन्त सम्मान करते थे। इससे पटेल की राष्ट्र के प्रति गहन सोच और मज़बूत इरादों का अहसास होता है। साथ ही, गाँधी जी ने माँ के स्नेह तुल्य प्यार करने की बात कही और हमारे देश में माँ का स्थान सर्वोपरि है अतः निस्सन्देह सरदार पटेल सर्वोपरि थे।

सरदार पटेल को (1932–34) ढाई साल की अवधि के दौरान 1933 में यरवदा जेल से नासिक जेल में भेज दिया गया था, जहाँ से वे 14 जुलाई 1934 को मुक्त हुए।[26] पटेल के जेल में बन्द रहते हुए उन पर आपदाओं का पहाड़ टूट पड़ा था जिसमें नवम्बर 1932 में उनकी माँ का देहान्त हो गया और अक्टूबर 1933 में बड़े भाई विट्ठल भाई पटेल

का देहान्त हो गया। इन घटनाओं ने सरदार को झकझोर कर रख दिया था। सरदार पटेल अपने बड़े भाई के दाह–संस्कार में इसलिए शामिल नहीं हो सके क्योंकि सरकार ने शर्तों के साथ छोड़ने का आदेश दिया था, परन्तु पटेल ने सशर्त छोड़ने को अस्वीकार कर दिया। इन तथ्यों से पता चलता है कि सरदार पटेल कितने मज़बूत–दृढ़ निश्चयी थे। देशहित में अपने दिल पर पत्थर रखकर पटेल ने अदम्य साहस एवं राष्ट्रभक्ति का परिचय दिया।

भारत शासन अधिनियम, 1935

ब्रिटिश पार्लियामेंट ने भारत के शासन विधान पर विचार करते हुए 30 जुलाई 1935 को दोनों सदनों द्वारा पास कर दिया। सम्राट जार्ज पंचम ने 2 अगस्त 1935 को अपनी स्वीकृति प्रदान करते हुए शाही मुहर लगा दी। इसको गवर्नमेंट ऑफ़ इंडिया एक्ट, 1935 (भारत शासन अधिनियम, 1935) कहा जाता है। इसके तहत भारतीय प्रान्तों को बहुत कुछ स्वतन्त्रता देकर केन्द्रीय शासन में प्रान्तों और देशी राज्यों का संघ बनाने का प्रस्ताव रखा गया था।[27] 1936 में वर्धा में काँग्रेस कार्यसमिति का प्रस्ताव पारित कर एक पार्लियामेंटरी बोर्ड का गठन किया गया जिसके अध्यक्ष सरदार वल्लभभाई पटेल, सचिव गोविन्द वल्लभ पन्त को बनाया गया तथा डॉ. राजेन्द्र प्रसाद व मौलाना अबुल कलाम आज़ाद को सदस्य बनाया गया। चुनावों को मद्देनज़र रखते हुए प्रत्याशियों के चयन के कुछ मानदण्ड निर्धारित किये गये जिसमें दो बातों का ध्यान रखा गया–1. उम्मीदवार की काँग्रेस के सिद्धान्तों तथा कार्यक्रम में निष्ठा हो; 2. उम्मीदवार का जनाधार होना चाहिए जिससे चुनाव में सफल होने की सम्भावना हो। फ़रवरी 1937 में हुए चुनाव के परिणाम काँग्रेस के लिए बहुत उत्साहजनक रहे। ग्यारह प्रान्तों में से 6 प्रान्तों (बम्बई, मद्रास, बिहार, मध्य प्रान्त, संयुक्त प्रान्त तथा उड़ीसा) में काँग्रेस को स्पष्ट बहुमत मिला। सीमा प्रान्त और असम में काँग्रेस सबसे बड़े दल के रूप में उभरकर आयी और बंगाल, पंजाब और सिन्ध में काँग्रेस अल्पमत में रही। सरदार पटेल का एक सन्देश जिसमें उन्होंने कहा, "हमारे काम की पहली मंज़िल पूरी हो गयी है। अब दूसरी मंज़िल पर हमें आगे बढ़ना है। उसमें हमें अपना सारा समय और शक्ति ख़र्च करनी पड़ेगी। चुनाव जीतने में जो निश्चय, बल और एकता दिखायी है वह धारा सभाओं के कार्यक्रमों–भले वे कुछ भी तय हों, अमल में लाने के दिन निकट ला

सकेंगे।''[28] काँग्रेस के मन्त्रिमण्डल स्वीकार करने के पश्चात् उनके काम पर निगरानी और नीति तथा पथ–प्रदर्शन हेतु एक केन्द्रीय संसदीय बोर्ड बनाया गया जिसमें सरदार पटेल, डॉ. राजेन्द्र प्रसाद और मौलाना अबुल कलाम आज़ाद सदस्य बनाये गये। सुप्रसिद्ध लेखक जॉन गुन्थर ने लिखा था, ''आज़ाद साहब काँग्रेस का दिमाग़ और आध्यात्मिक जागृति के प्रतीक हैं, डॉ. राजेन्द्र प्रसाद काँग्रेस का हृदय और पटेल साहब 'बँधी हुई मज़बूत मुट्ठी' के सदृश्य हैं।''[29]

सन् 1939 में, जब जर्मनी ने हिटलर के नेतृत्व में यूरोप के छोटे–छोटे देशों पर हमला करके उन पर अधिकार करना शुरू कर दिया तो पूरे विश्व में तीव्र प्रतिक्रिया हुई। ऐसी स्थिति में ब्रिटेन और उसके साथ मित्र देशों ने जर्मनी के विरुद्ध युद्ध की घोषणा कर दी और दूसरा विश्वयुद्ध प्रारम्भ हो गया। ऐसी स्थिति में ब्रिटेन को भारत की सहायता की आवश्यकता थी और 4 सितम्बर 1939 को जब भारत सरकार की ओर से जर्मनी के विरुद्ध युद्ध की घोषणा की गयी तब सरदार पटेल ने सरकार के इस रवैये पर नाराज़गी प्रकट की और कहा कि ऐसा करने से पूर्व सरकार को केन्द्रीय व्यवस्थापिका सभा की अनुमति लेनी चाहिए थी। सरदार पटेल ने कहा कि जब तक अंग्रेज़ हुकूमत भारत को पूर्ण स्वायत्तता देने का वचन नहीं देती, भारत युद्ध में भाग नहीं लेगा। इस बात पर महात्मा गाँधी जी सहमत नहीं थे और कहा कि इस संकट की घड़ी में भारत को बिना शर्त युद्ध में ब्रिटेन का साथ देना चाहिए। परन्तु वल्लभभाई पटेल ने कहा, ''युद्ध में साथ देने के लिए पूर्ण स्वायत्तता की माँग रखने से अहिंसा के सिद्धान्त का किसी भी तरह उल्लंघन नहीं होता।'' वे बापू के अनन्य अनुयायी थे। राजगोपालाचारी ने कभी कहा था, ''वे गाँधी जी के अन्धभक्त हैं; लेकिन पटेल उनके ऐसे विलक्षण भक्तों में से हैं, जिनके विशाल नेत्र हैं जिनसे वह सब कुछ स्पष्ट देखने की क्षमता रखते हैं। पर फ़िर भी वह कई बार वास्तविकता से आँखें मूँदकर गाँधी जी का अन्धानुकरण करते हैं।''

यहाँ यह स्पष्ट करना चाहूँगा कि सरदार पटेल पर यह आक्षेप लगाये जाते रहे हैं कि वे गाँधी जी के अनन्य भक्त हैं, अन्धभक्त हैं, वे गाँधी जी की किसी भी बात का विरोध नहीं करते हैं या कहें उनकी हाँ में हाँ मिलाते हैं, परन्तु द्वितीय विश्वयुद्ध के समय ब्रिटिश सरकार के निर्णय के साथ गाँधी जी की सहमति होने पर भी सरदार पटेल ने वह साहस और दृढ़ता दिखायी जिसने देश की आज़ादी की राह आसान बना दी।

सरदार पटेल विश्वयुद्ध में भारत के शामिल होने के पक्ष में तो थे, परन्तु साथ ही वे अंग्रेज़ों से भारत की स्वतन्त्रता की वचनबद्धता चाहते थे और यह कार्य उन्होंने गाँधी जी के विचारों से असहमत होते हुए भी किया। इसमें कोई दो राय नहीं है कि पटेल गाँधी जी के अनन्य भक्त थे, परन्तु अन्धभक्त नहीं थे। चूँकि सरदार पटेल एक दार्शनिक की भाँति सोचते थे, विचार करते थे तथा तर्क के साथ अपनी बात दूरदृष्टि के साथ रखते थे जिसका अर्थ लोग ग़लत या नकारात्मक लेकर इस प्रकार के आक्षेप लगाते थे जो पूरी तरह निराधार रहे। सरदार पटेल ने अनेक मौक़ों पर गाँधी जी के विचारों से असहमति प्रकट की जो इस बात का द्योतक है कि वे गाँधी जी के अन्धभक्त नहीं थे।

9 जुलाई 1940 को पूना में काँग्रेस कार्यसमिति ने दो शर्तों के आधार पर ब्रिटिश सरकार को सहयोग देने का आश्वासन दिया। पहली शर्त, युद्ध की समाप्ति के बाद भारत के पूर्ण स्वतन्त्रता के अधिकार की घोषणा तथा दूसरी यह कि तत्काल केन्द्र में एक ऐसी राष्ट्रीय सरकार गठित की जाये जिसे केन्द्रीय विधानसभा के सभी निर्वाचित वर्गों का विश्वास प्राप्त हो तथा जिसके साथ प्रान्तों की उत्तरदायी सरकारें सहयोग कर सकें। इस प्रस्ताव के पक्ष में 91 एवं विरोध में 63 मत पड़े। सरदार पटेल ने प्रस्ताव का समर्थन किया था।[30]

दिनोदिन भयानक होती हुई युद्ध की विभीषिका ने ब्रिटिश सरकार को सोचने पर बाध्य कर दिया था और ब्रिटिश सरकार ने परिवर्तित विकट परिस्थितियों को देखते हुए 4 दिसम्बर 1941 को जवाहरलाल नेहरू और काँग्रेस अध्यक्ष अबुल कलाम आज़ाद को जेल से मुक्त कर दिया। ब्रिटिश सरकार ने अन्तरराष्ट्रीय दबाव में आकर एक सदस्यीय क्रिप्स मिशन 23 मार्च 1942 को भारत भेजा जिसके बारे में सरदार पटेल ने कहा था, "क्रिप्स मिशन तो एक खोटा सिक्का था, जिसे बनाने वाले ने अच्छी दृष्टि से नहीं बनाया था। उसके अन्दर अप्रामाणिकता एवं विश्वासघात छिपा था। जाते–जाते क्रिप्स स्वयं ही अपने वायदे से बदल गये तथा सारा दोष काँग्रेस के मत्थे मढ़ गये। उस मिशन की योजना सारे अमरीका का लोकमत बदलने के लिए ही बनायी गयी थी। यह योजना पूर्णरूपेण अस्वीकार हो गयी।"[31]

27 अप्रैल 1942 से 1 मई 1942 तक इलाहाबाद में अखिल भारतीय काँग्रेस महासमिति की बैठक सम्पन्न हुई। यहाँ जो प्रस्ताव पास हुआ उसमें प्रमुख बातें थीं–[32]

1. भारत से ब्रिटिश सरकार के पूर्णतया बाहर जाने की माँग।
2. ब्रिटिश साम्राज्यवाद के कारण भारत एक युद्ध क्षेत्र बन गया है।
3. अपने देश की स्वाधीनता के लिए हमें किसी विदेशी ताक़त से मदद नहीं लेनी है।
4. यदि जापान भारत पर आक्रमण करे, तो वह अहिंसा से प्रतिकार करे।
5. भारत का किसी भी देश के प्रति कोई शत्रुभाव नहीं है अर्थात् किसी से कोई लड़ाई–झगड़ा नहीं है।

7 अगस्त 1942 को बम्बई में काँग्रेस महासमिति की बैठक बुलायी गयी और 8 अगस्त 1942 को प्रचण्ड बहुमत से यह प्रस्ताव पास कर दिया गया तथा महात्मा गाँधी ने जयघोष किया–'भारतमाता की जय!' 'अंग्रेज़ो भारत छोड़ो!' से बौखलाकर सरकार ने 9 अगस्त को सरदार पटेल सहित अन्य प्रमुख नेताओं को गिरफ़्तार कर लिया।

सन्दर्भ

1. नरहरि पारिख, *सरदार वल्लभभाई, भाग–1*, नवजीवन प्रकाशन मन्दिर, अहमदाबाद 1950, पृ. 81
2. प्रो. एस.एम. चाँद व डॉ. *इक़बाल फ़ातिमा, सरदार वल्लभभाई पटेल : जीवन और विचार*, पंचशील प्रकाशन, जयपुर, 2010, पृ. 38
3. *सम्पूर्ण गाँधी वाड़्.मय, खण्ड*–14, पृ. 290
4. प्रो. चाँद व फ़ातिमा, पूर्वोक्त, पृ. 38
5. हिम्मतभाई मेहता, *चक्रवर्ती संन्यासी सरदार पटेल*, प्रकाशन संस्थान, नयी दिल्ली, 2010, पृ. 82
6. नरहरि पारिख, पूर्वोक्त, पृ. 206
7. भगवती प्रसाद निदारिया, *लौहपुरुष सरदार वल्लभभाई पटेल*, कीन बुक्स, दिल्ली, 2014, पृ. 32
8. नरहरि पारिख, *सरदार पटेल के भाषण*, उत्तमचन्द दीपचन्द (सम्पादित), पृ. 141
9. महादेव देसाई, *द स्टोरी ऑफ़ बारदोली...*, आकार बुक्स, दिल्ली।
10. बी.कृष्ण, *सरदार वल्लभभाई पटेल*, इंडस सोर्स बुक्स, मुम्बई, 2014, पृ. 43–44
11. जुडिथ एम. ब्राउन, *मॉडर्न इंडिया*, ओयूप ऑक्सफोर्ड, 1994, पृ. 259
12. नरहरि पारिख, *सरदार वल्लभभाई, भाग–2*, नवजीवन प्रकाशन मन्दिर, अहमदाबाद, 1956, पृ. 16–17
13. उपर्युक्त।
14. नरहरि पारिख, पूर्वोक्त, पृ. 16–17

15. डॉ. एन.सी. मेहरोत्रा व डॉ. रंजना कपूर, *सरदार वल्लभभाई पटेल : व्यक्ति एवं विचार*, आत्माराम एण्ड संस, दिल्ली, 2012, पृ. 62
16. प्रो. एस.एम. चाँद व इक़बाल फ़ातिमा, पूर्वोक्त, पृ.85
17. मेहरोत्रा एवं कपूर, पूर्वोक्त, पृ. 63
18. नरहरि पारिख, पूर्वोक्त, पृ. 42
19. डॉ. राजेन्द्र प्रसाद, *एट दी फीट ऑफ़ महात्मा गाँधी*, एशिया पब्लिशिंग हाउस, दिल्ली, 1962, पृ. 215
20. मेहरोत्रा एवं कपूर, पूर्वोक्त, पृ. 64
21. दीनानाथ व्यास, *सरदार वल्लभभाई पटेल*, पृ. 196
22. मेहरोत्रा एवं कपूर, पूर्वोक्त, पृ. 66–67
23. नरहरि पारिख, पूर्वोक्त, पृ. 95
24. उपर्युक्त, पृ. 95–96
25. नरहरि पारिख, पूर्वोक्त, पृ. 159
26. मेहरोत्रा एवं कपूर, पूर्वोक्त, पृ. 68–69
27. प्रेमलाल सिंह, डॉ. सुधासिंह, *अखण्ड भारत के निर्माता : सरदार पटेल*, आकाशदीप पब्लिकेशंस, नयी दिल्ली, 2012, पृ. 47
28. चाँद एवं फ़ातिमा, पूर्वोक्त, पृ. 92
29. उपर्युक्त, पृ. 94
30. *द इंडियन एनुअल रजिस्टर*, 1940, भाग–2, पृ. 10–11
31. प्रेमलाल सिंह व सुधासिंह, पूर्वोक्त, पृ. 53
32. उपर्युक्त, पृ. 53

अध्याय पाँच

भारत विभाजन एवं स्वाधीनता आन्दोलन में सरदार पटेल की भूमिका

'अंग्रेज़ो भारत छोड़ो' के प्रस्ताव के साथ ही सरदार पटेल ने अपने आपको पूरी तरह तैयार कर लिया था। गाँधी जी के इस प्रस्ताव पर सरदार पटेल ने जनता का आह्वान करते हुए कहा, ''यदि आप सहयोग नहीं करते हैं तो अगली पीढ़ियाँ आप पर दोषारोपण करेंगी। ...अपने मन में भय मत रखिए...कार्यक्रम मत माँगिए...कोई टैक्स नहीं, अभियान या सविनय अवज्ञा अथवा कोई दूसरी लड़ाई, जिसे सरकारी तन्त्र को तोड़ने के लिए प्रत्यक्ष या अप्रत्यक्ष रूप से प्रारम्भ किया गया था, उसे काँग्रेस द्वारा पुनः प्रारम्भ किया जायेगा। रेलवे कर्मचारी गाड़ियों को चलाना बन्द कर देंगे, पोस्टल कर्मचारी अपने काम छोड़ देंगे, स्कूलों और कॉलेजों को बन्द कर दिया जायेगा और सम्पूर्ण सरकारी तन्त्र को काम करने नहीं दिया जायेगा। ...यदि आप सभी इस संघर्ष में सक्रिय रूप से भाग लें तो यह संघर्ष चार दिनों में समाप्त हो जायेगा और अंग्रेज़ों को भारत छोड़ना पड़ेगा। हम चाहते हैं कि पुलिस सहित सभी सरकारी कर्मचारी भी अपने काम छोड़ दें और इस आन्दोलन में भाग लें, क्योंकि यह भारत को मुक्त कराने के लिए एक बड़ा अभियान है।''[1] सरदार पटेल की ऐसी विचारधारा, दृढ़ता, राष्ट्रीयता ने सभी को प्रोत्साहित किया और स्वाधीनता के लिए जन–जन को जाग्रत किया। ऐसे समय में जब पूरे देश में 'अंग्रेज़ों भारत छोड़ो' का नारा गूँज रहा था जिन्ना ने कहा, ''यह अंग्रेज़ो को 'ब्लैकमेलिंग' और उन पर ज़ोर–ज़बरदस्ती करके एक ऐसी सरकार के लिए स्वीकृति प्रदान करने एवं सत्ता उस सरकार को हस्तान्तरित करने को मजबूर करना है, जो कि हिन्दू राज स्थापित करेगी।''[2] मोहम्मद अली जिन्ना की ऐसी प्रतिक्रिया

और संकीर्ण विचारधारा किसी भी प्रकार से तर्कसंगत नहीं थी बल्कि वे अंग्रेज़ों के नीति–नियोजन में उनकी मदद करने जैसी थी। सरदार वल्लभभाई ने मुसलमानों को आश्वस्त करते हुए कहा, "मुसलमानों को यह समझना चाहिए कि यह लड़ाई हिन्दू राज स्थापित करने के लिए नहीं है, बल्कि गुलामी की बेड़ियों को तोड़ने के लिए है।" सरदार पटेल ने एक संवाददाता सम्मेलन में कहा, "देश में गृहयुद्ध या अराजकता फैलने पर भी आन्दोलन रोका नहीं जायेगा।" उन्होंने गुलामी की अपेक्षा अराजकता को श्रेयस्कर समझा और आशा की कि अराजकता से एक स्वतन्त्र भारत का उदय होगा।

सरदार वल्लभभाई पटेल लगभग तीन वर्ष का कारावास काटने के बाद 15 जून 1945 को रिहा हुए। वायसराय ने 25 जून 1945 को शिमला में सभी राजनीतिक दलों के 21 नेताओं की बैठक बुलायी। पटेल शिमला अवश्य गये थे लेकिन उन्होंने सम्मेलन/बैठक में भाग नहीं लिया। शिमला में सम्मेलन चार दिन चला। इसमें मुख्य समस्या हिन्दू–मुसलमानों के प्रतिनिधित्व की थी। भारत में मुसलमानों की जनसंख्या तुलनात्मक काफ़ी कम थी फिर भी वायसराय ने यह प्रस्ताव रखा कि कार्यकारिणी में दोनों सम्प्रदायों को बराबर का प्रतिनिधित्व दिया जाये। प्रतिनिधित्व का सिद्धान्त जनसंख्या होता है, इसके बावजूद काँग्रेस यह प्रस्ताव स्वीकार करने को सहमत हो गयी। विवाद फिर भी बना रहा। अब जो बात उभर कर आयी वह थी कि मुहम्मद अली जिन्ना अपनी पार्टी मुस्लिम लीग को ही देश के सारे प्रतिनिधियों का नुमाइन्दा मानते थे। वे इस पर भी राज़ी नहीं हुए कि लीग से बाहर के किसी मुसलमान को भी प्रतिनिधि बनाया जाये।

कई राजनीतिक इतिहासकारों का मानना है कि जिन्ना सम्प्रदायवादी नहीं थे। उनके जैसा प्रखर बुद्धिजीवी ऐसे संकीर्ण विचारों वाला हो ही नहीं सकता। कट्टरपन्थ और साम्प्रदायिकता उनकी राजनीतिक मजबूरी थी। मुसलमानों में अधिकतर लोग साम्प्रदायिक विचार रखते थे। उनकी भावनाओं को उकसाकर जिन्ना भारत से अलग पाकिस्तान बनाने और उसका क़ायदे–आज़म बनने की अपनी महत्त्वाकांक्षा पूरी करना चाहते थे।[3] सरदार पटेल ने दो समुदायों के बीच आपसी झगड़ा खड़ा करने के इरादे से मुसलमानों के लिए अलग चुनाव क्षेत्र दिये जाने के कारण सरकार की आलोचना की, "आज लीग यह प्रचार करता फिर रहा है कि काँग्रेस में हिन्दुओं का प्रभुत्व है। मुस्लिम लीग पाकिस्तान के लिए चिल्ला रहा है।

किसी को यह नहीं बताया गया कि पाकिस्तान क्या है। वह चाँद के लिए रो रहा है। सच्चाई यह है कि गुलामों के पास न तो पाकिस्तान है और न हिन्दुस्तान।" इसलिए उन्होंने हिन्दू और मुसलमान दोनों को प्रेरित किया कि अपने सम्मिलित प्रयास से वे पहले देश को स्वतन्त्र करायें और अंग्रेज़ों के जाने के बाद भारत के भाग्य का निर्णय करें। मुसलमानों को गुमराह करने के लिए जिन्ना की बँटवारे की माँग की पटेल ने आलोचना की।[4]

ब्रिटिश प्रधानमन्त्री श्री क्लीमेंट एटली का मज़दूर दल 1945 के सामान्य चुनावों में भारी बहुमत से जीतकर ब्रिटेन में सत्तारूढ़ हुआ था। उन्होंने अपने दल को वचन दे दिया कि मेरी सरकार 'तात्कालिक' घटना के रूप में भारत को पूर्ण स्वाधीनता देने की नीति अपनायेगी। भारतीय समस्या के समाधान की आवश्यकतानुसार सितम्बर 1945 को राजनीतिक पार्टियों को आपसी शक्तियों के मूल्यांकन हेतु उन्होंने केन्द्रीय और प्रान्तीय विधानसभाओं के चुनावों की घोषणा कर दी। चुनावों में सामान्य सीटों पर काँग्रेस की भारी विजय हुई जबकि मुस्लिम सीटों पर लीग को बड़ा बहुमत प्राप्त हुआ।

ब्रिटिश सरकार ने अन्तिम समझौते के लिए एक कैबिनेट मिशन 24 मार्च 1946 को भारत भेजा जिसमें सम्मिलित थे–भारत मन्त्री लॉर्ड पेथिक लॉरेन्स, स्टेफोर्ड क्रिप्स एवं ए.बी. एलेक्ज़ेंडर। इसके पश्चात् 10 अप्रैल 1946 को मो. जिन्ना ने नयी चुनी हुई विधानसभाओं के मुस्लिम लीग सदस्यों की एक बैठक बुलायी जिसमें एक प्रस्ताव पास हुआ और पाकिस्तान की माँग को दोहराया गया। इस बैठक में दो संविधान सभाओं की माँग की गयी–एक पाकिस्तान के लिए और दूसरी हिन्दुस्तान के लिए। कैबिनेट मिशन 16 मई 1946 को अपनी घोषणा के साथ सामने आये। मुस्लिम लीग का पाकिस्तान के अलग राज्य का दावा स्पष्ट रूप से अस्वीकार कर दिया गया, परन्तु इसमें निकट भविष्य में पाकिस्तान को जन्म देने के बीज मौजूद थे। कैबिनेट मिशन के बुनियादी निर्णय निम्नानुसार थे[5]–

1. भारत का एक संघ होना चाहिए, जिसमें ब्रिटिश भारत और देशी राज्य दोनों का समावेश होगा और जिसके अधीन निम्न विषय रहेंगे–विदेशी मामले, प्रतिरक्षा तथा संचार व्यवस्था तथा जो उन कार्यों के संचालन के लिए धन एकत्र करने की आवश्यक सत्ताएँ होंगी।
2. इस संघ की एक कार्यकारिणी सभा और एक विधानसभा होगी, जिसमें ब्रिटिश भारत के तथा देशी राज्यों के प्रतिनिधि होंगे। ऐसे किसी

प्रश्न के समाधान के लिए जो विधानसभा में कोई बड़ा महत्त्वपूर्ण साम्प्रदायिक मुद्दा खड़ा करे, दो बड़ी क़ौमों में से प्रत्येक के उपस्थित सदस्यों के बहुमत की भी आवश्यकता रहेगी।

3. संघीय विषयों के सिवाय अन्य विषय तथा अवशिष्ट सत्ताएँ प्रान्तों के हाथ में रहेंगी।
4. केन्द्रीय संघ के अधीनस्थ विषयों तथा सत्ताओं को छोड़कर अन्य सब सत्ताएँ और विषय देशी राज्यों के हाथ में रहेंगे।
5. प्रान्तों को समूह बनाने की स्वतन्त्रता रहेगी जिनकी अपनी कार्यकारिणी सभाएँ तथा विधानसभाएँ होंगी; और प्रत्येक समूह सर्वमान्य प्रान्तीय विषयों के सम्बन्ध में निश्चय करेगा।
6. केन्द्र तथा प्रान्तों के संविधान में ऐसी व्यवस्था होनी चाहिए जिसके द्वारा कोई भी प्रान्त अपनी विधानसभा के बहुसंख्यक मतों के बल पर 10 वर्ष की प्रारम्भिक अवधि समाप्त होने पर संविधान के नियमों पर पुनर्विचार की माँग प्रस्तुत कर सके; और उसके पश्चात् प्रति 10 वर्ष के अन्तराल से ऐसी माँग प्रस्तुत कर सके।

वल्लभभाई पटेल ने जिन्ना के 'द्विराष्ट्र सिद्धान्त' को अर्थहीन बताया। एक ही देश में दो राष्ट्रों के विचार को हास्यास्पद बताते हुए पटेल ने कहा कि इसका अर्थ यह होगा कि पिता एक राष्ट्र का होगा और उसके बच्चे दूसरे राष्ट्र के होंगे। ऐसे में भारत की एकता को बनाये रखने के लिए कैबिनेट मिशन ने भारतीय राष्ट्र संघ का प्रस्ताव रखा, जिसमें ब्रिटिश भारत और रियासतें भी शामिल होंगी। प्रान्तों के समूहीकरण के सम्बन्ध में सरदार पटेल काँग्रेस के साथ पूर्णतया सहमत थे। उनका मानना था कि सिद्धान्त की दृष्टि से कैबिनेट मिशन किसी प्रान्त को उसकी इच्छा के विपरीत किसी समूह में शरीक़ होने के लिए मजबूर नहीं कर सकता। सरदार पटेल ने अपने विचार व्यक्त करते हुए कहा, "मैं नहीं मानता कि इस समय इन बातों को छेड़ना बुद्धिमानी होगी। हमें ये प्रस्ताव अन्य दृष्टियों से सन्तोषप्रद लगें और अन्तरिम व्यवस्था हमें सन्तुष्ट करने वाली हो जाये; तो इन प्रस्तावों को स्वीकार करने में ही समझदारी होगी।"[6] इन सबको देखते हैं, और मूल्यांकन करते हैं तो एक संकेत मिलता है कि सरदार पटेल हर हालात में पूरी स्वाधीनता की कल्पना को साकार होते हुए देखना चाहते हैं। इनकी प्राथमिकता अन्तरिम सरकार की रचनाओं तथा संविधान की रचना के आरम्भ को देते हैं, इसमें वे किसी प्रकार का

कोई व्यवधान या अनावश्यक देरी करने के पक्ष में नहीं थे, हालाँकि वे हर पहलू एवं घटना पर बारीक़ी से नज़र रखते हुए बुद्धिमत्तापूर्ण ढंग से फूँक–फूँक कर क़दम बढ़ा रहे थे।

मुस्लिम लीग ने 6 जून 1946 को कैबिनेट मिशन की योजना स्वीकार कर ली और संघ से प्रान्तों अथवा समूहों के सम्बन्ध–विच्छेद की गुंजाइश तथा अधिकार को ध्यान में रखकर जो लीग के मतानुसार कैबिनेट मिशन की योजना में निहित था, यह घोषणा की कि वह संविधान–सभा में सम्मिलित होने को तैयार है। लीग का ज़ोर भारत के विभाजन पर, पाकिस्तान पर और संघ से प्रान्तों या समूहों के सम्बन्ध–विच्छेद था, परन्तु ऐसा लगता है कि सरदार के मन में इसके बावजूद यह आशा थी कि योजना ने पाकिस्तान का विचार ख़त्म कर दिया है और संविधान–सभा को कार्य करने का हर मौक़ा दिया जायेगा। इसके पश्चात् आगे के घटनाक्रम में जिन्ना ने मुस्लिम लीग की अन्तरिम सरकार में सम्मिलित होने की स्वीकृति वापिस ले ली। लीग की वर्किंग कमेटी ने कहा कि वह 'सीधी कार्यवाही' की योजना तैयार करें; और मुसलमानों का आहवान किया कि वे 16 अगस्त 1946 का दिन 'सीधी कार्यवाही दिवस' के रूप में मनायें। इसके पश्चात् 22 जुलाई 1946 को वायसराय लॉर्ड वेवेल ने पुनः नेहरू और जिन्ना को लिखा कि वायसराय की कार्यकारिणी सभा का पुनश्चर्या प्रस्ताव है–6 सदस्य कांग्रेस नामांकित करे, 5 सदस्य मुस्लिम लीग तथा अल्पमतों के तीन सदस्यों का नामांकन वायसराय करें। इस पर अगले ही दिन कहा कि अन्तरिम सरकार की रचना के लिए कार्य की स्वतन्त्रता के आधार की मेरी माँग पूरी न होने से मैं इस प्रस्ताव में अपना सहयोग नहीं दे सकता। 29 जुलाई 1946 को मुस्लिम लीग ने कहा कि वह कैबिनेट मिशन की योजना को अब स्वीकार नहीं करते। अन्त में वायसराय और भारत के मन्त्री के बीच जो सहमति हुई वह थी–1. जवाहरलाल नेहरू के समक्ष अन्तरिम सरकार बनाने का प्रस्ताव रखा जाये। 2. यह समझ लिया जाय कि मुस्लिम लीग इस सरकार में सम्मिलित नहीं होगी। वायसराय को यह निर्णय करने की छूट दी जाये कि लीग के लिए निर्धारित की गयी पाँच बैठकें भरी जायें या ख़ाली रखी जायें।[7]

इसके बाद भी नेहरू ने जिन्ना से मिलकर विचार–विमर्श किया और उन्हें अन्तरिम सरकार में सम्मिलित करने के प्रयास किये और कहा कि

मुस्लिम लीग की पाँच बैठकों पर वे मुसलमान लिए जायेंगे जो वह नामजद करेंगे। परन्तु जिन्ना ने पूरी तरह से मना कर दिया। अन्त में, नेहरू ने अपने साथियों के साथ केन्द्र में पदग्रहण किया। घटनाक्रमों के उत्तरोत्तर ही जिन्ना ने वायसराय को पत्र लिखा, "...मुसलमानों तथा अन्य कौमों के हित की दृष्टि से केन्द्रीय सरकार के शासन का सम्पूर्ण क्षेत्र काँग्रेस के हाथ में छोड़ देना घातक होगा। इसके सिवाय आप अपनी सरकार में ऐसे मुसलमानों के रखने के लिए मजबूर किये जा सकते हैं, जिन्हें मुस्लिम हिन्दुस्तान का आदर और विश्वास प्राप्त नहीं है।..."[8] उक्त घटनाक्रम के पश्चात् मुस्लिम लीग ने कहा कि हमने गवर्नर जनरल की कार्यकारिणी सभा के लिए पाँच सदस्य नामजद करने का फ़ैसला कर लिया है। इसी आधार पर वायसराय तथा नेहरू जी ने जिन्ना द्वारा नामजद 5 नामों को स्वीकार कर लिया। सरदार पटेल चाहते थे कि लीग को दीर्घकालीन योजना स्वीकार करनी चाहिए तथा संविधान सभा में सम्मिलित होने का विश्वास दिलाना चाहिए। इसी ग़लती में पाकिस्तान के बीज पनप रहे थे जिसे अन्त में काँग्रेस को मंज़ूर करना पड़ा, जो पटेल की दूरदृष्टि एवं पारखी नज़र में निहित था। लीग ने वायसराय तथा जवाहरलाल नेहरू को मौखिक आश्वासन स्वीकार करने की छल–कपटपूर्ण बातों में फँसा दिया, जिससे बाद में जिन्ना मुकर गये। इसके पश्चात् 23 अक्टूबर 1946 में वायसराय ने नेहरू को लिखा, "मैंने मि. जिन्ना को स्पष्ट बता दिया है कि अन्तरिम सरकार में मुस्लिम लीग तभी प्रवेश कर सकती है जब वह मिशन की 16 मई 1946 की योजना को स्वीकार करे। इसलिए उन्हें इस बात को स्वीकार करने के लिए जल्दी ही अपनी कौंसिल की मीटिंग बुलानी चाहिए। जैसा मैं आपसे कह चुका हूँ मि. जिन्ना ने मुझे यह विश्वास दिलाया है कि मुस्लिम लीग सहयोग करने के इरादे से ही अन्तरिम सरकार तथा संविधान सभा में आयेगी।"[9]

सरदार वल्लभभाई हर हालात में जिन्ना को मनाने के पक्ष में थे क्योंकि वे चाहते थे कि भारत की एकता–अखण्डता बनी रहे और देश को स्वतन्त्रता दिलाकर एक नयी शुरुआत हो। मुस्लिम लीग के भय को निष्प्रभावी करने के लिए सरदार पटेल ने जिन्ना को कैबिनेट मिशन के प्रस्तावों एवं अन्य सभी समस्याओं का समाधान ढूँढ़ने के उद्देश्य से एक संयुक्त विचार–विमर्श एवं स्पष्ट बातचीत के लिए आमन्त्रित किया। उन्हें चेतावनी देते हुए सरदार पटेल ने टिप्पणी की, "इस रास्ते को छोड़िए।

प्रेम से बहुत कुछ किया जा सकता है, किन्तु अपने हाथों में पिस्टल थामकर कुछ नहीं हो सकता। आप अपना उद्देश्य धमकाकर नहीं प्राप्त कर सकते।" सरदार ने लीग से अपील की, "तो आइए और दोनों भाइयों की तरह साथ बैठिए तथा एक समझौते पर पहुँचिए अथवा हम अपने मतभेदों को मध्यस्थ निर्णय के लिए प्रस्तुत करें। और पंच फ़ैसले को स्वीकार करें। आइए, हम मिलकर इस दस्तावेज़ के व्यवधानों को दूर करें। हमारे साथ बैठिए और मिलकर स्वाधीनता लीजिए।"[10] सरदार पटेल की उक्त टिप्पणी एवं सलाह न केवल जिन्ना व लीग के लिए लाभप्रद थी अपितु राष्ट्र और स्वाधीनता के लिए भी उतनी ही महत्त्वपूर्ण थी। पटेल की टिप्पणी से स्पष्ट है कि उन्होंने राष्ट्रीय एकता एवं अखण्डता को बनाये रखने के हरसम्भव प्रयास किये और सरदार पटेल पर लीग विरोधी या मुस्लिम विरोधी होने के आक्षेप निराधार साबित होते हैं। निस्सन्देह पटेल किसी धर्म, जाति, क्षेत्र आदि से उठकर एक मनुष्य थे जो तर्काधारित निर्णय में विश्वास करते थे।

प्रधानमन्त्री एटली द्वारा 20 फ़रवरी 1947 को यह घोषित करते हुए गतिरोध तोड़ा गया कि ब्रिटिश सरकार जून 1947 से पहले भारत छोड़ने का इरादा रखती है। लॉर्ड माउंटबेटन को नया वायसराय नियुक्त किया गया, जो सत्ता के हस्तान्तरण के लिए आवश्यक क़दम उठायेंगे। अब यह स्पष्ट हो चुका था कि दो राजनीतिक पार्टियों के नेताओं के बीच कोई समझौता स्वीकार्य नहीं होगा, इसलिए भारत का विभाजन अनिवार्य हो गया है। महात्मा गाँधी ने 20 जुलाई 1947 को *हरिजन* में लिखा, "अंग्रेज़ों ने हस्तक्षेप करके चालाकी कर दी है और एक समुदाय को दूसरे समुदाय के विरुद्ध उकसाने की अपनी नीति के अनुसार ब्रिटेन भारत को दो सुसंगठित नेताओं के बीच एक अखाड़े के रूप में छोड़ रहा है।"[11] निहित स्वार्थों के कारण फैलायी गयी सामान्य धारणा के विरुद्ध सरदार पटेल का हिन्दू–मुस्लिम एकता में अटल विश्वास था। 15 जनवरी 1947 को अपने भाषणों में से एक में उन्होंने ज़ोर देकर कहा था, "यदि हम वास्तविक स्वराज्य चाहते हैं, तो हिन्दुओं और मुसलमानों को एक होना होगा। क़िन्तु पिछले वर्ष के कार्यकाल में उनके अनुभव से यह स्पष्ट हुआ कि मुस्लिम लीग के साथ रहकर कुछ भी रचनात्मक कर पाना असम्भव था।"[12]

भारत के विदेश सचिव के.पी.एस. मेनन ने लिखा है, "जब ब्रिटिश भारत छोड़कर गये तो विभाजित भारत की अखण्डता को भी ख़तरा था।

लगभग 562 राजसी राज्यों को हवा में लटकता छोड़ दिया गया था। उन्हें भारत या पाकिस्तान के साथ जुड़ने या फिर अलग रहने का विकल्प मौजूद था...ऐसा लग रहा था जैसे भारत टूटकर बिखर जायेगा, लेकिन लौहपुरुष सरदार वल्लभभाई पटेल ने राजकुमारों से दृढ़तापूर्वक निपटकर इस ख़तरे को टाल दिया।"[13] गाँधी जी को भारत की अखण्डता, उसकी स्वतन्त्रता से ज़्यादा प्यारी थी। परन्तु पटेल में बसे यथार्थवाद को यह बिल्कुल मंज़ूर नहीं था, उन्हें भारत की अखण्डता से ज़्यादा विभाजन पसन्द था। इसमें पटेल की गहरी समझ, दूरदृष्टि एवं चिन्तन का पहलू छिपा है। इसके पीछे फ़ैसला लेने के दो कारण थे, पहला–काँग्रेस ने अहिंसा की क़सम खायी थी इसलिए उनके लिए विभाजन का विरोध करना सम्भव नहीं था। दूसरा–यदि विभाजन को स्वीकार नहीं किया गया तो शहरों एवं कुछ गाँवों में तो दंगे होंगे ही इसके अलावा सैन्य दल और पुलिस दल भी साम्प्रदायिक मतभेद से दूर नहीं रह पायेंगे। यदि कोई क़दम शीघ्र नहीं उठाया गया तो इतनी क़रीब आयी स्वतन्त्रता की सम्भावना ख़त्म हो जायेगी, और आने वाले कई वर्षों तक हम इस स्थिति में नहीं पहुँच पायेंगे।

माउंटबेटन को यह अहसास था कि पटेल पार्टी के बॉस होने के साथ–साथ 'मन्त्रिमण्डल का सबसे मज़बूत स्तम्भ थे', जो भारत की ओर से पूरा काम करने का सामर्थ्य रखते थे। उन्हें बिना किसी रुकावट के शीघ्र हस्तान्तरण के लिए पटेल के सहयोग की भी ज़रूरत थी। इसलिए उन्होंने पटेल के साथ समझौता किया–सामयिक लेन–देन जिसमें माउंटबेटन के तीन फ़ायदे थे–पहला, भारत राष्ट्रमण्डल का सदस्य बनने को तैयार हो जाता जिसके बिना मज़दूर दल की सरकार के लॉर्ड्स सदन में भारत स्वतन्त्रता विधान को मंज़ूरी दिलाने के लिए चर्चिल का समर्थन नहीं मिलता। दूसरा, क़ाँग्रेस पार्टी औपचारिक रूप से पाकिस्तान के निर्माण को स्वीकार करेगी। तीसरा, भारत और पाकिस्तान के बीच में 15 अगस्त से पहले देयादेय का फ़ैसला हो जाना चाहिए ताकि इस तिथि पर परस्पर हस्तान्तरण हो सके। पटेल ने समय रहते तीनों आश्वासनों को पूरा किया। सरदार वल्लभभाई पटेल ने विभाजन समिति में एक उत्कृष्ट भूमिका निभायी। वे केवल मामले के महत्त्वपूर्ण मुद्दे पर ही ध्यान देते थे लेकिन इसके बावजूद उन्हें मसले की विस्तृत जानकारी रहती थी। उन्होंने भारत के हरेक हित के लिए डटकर लड़ाई की, और उन्हें पाकिस्तान के हित को सदिच्छा एवं उदारता से स्वीकारने में भी कोई आपत्ति नहीं थी।

उन्होंने सबको यह अहसास दिलाया कि जितनी जल्दी वे किसी समझौते पर पहुँचेंगे उतनी जल्दी ही भारत और पाकिस्तान में अपने–अपने क्षेत्रों की सत्ता हस्तान्तरित होगी। लीग या कहें पाकिस्तान के पक्षधर, पटेल के प्रस्तावों और उनके दृष्टिकोण से काफ़ी प्रभावित थे–नमनशील और उदार विभाजन समिति की निर्णायक बैठक में पाकिस्तानी प्रतिनिधि अब्दुरराव निश्तार ने उनकी राजनीतिकता की सराहना की और उनके सकारात्मक प्रस्तावों की प्रशंसा करते हुए यह कहा कि पाकिस्तान के मन्त्री सदा उन्हें एक बड़ा भाई मानते हुए उनसे प्रोत्साहन लेंगे। माउंटबेटन ने भी पटेल की जमकर प्रशंसा की। उनका कहना था, "इतिहास में हस्तान्तरण और विभाजन, अधिराज्य अवस्था एवं भारतीय राजकुमारों के साथ सम्बन्धों जैसे तीन अहम मुद्दों को लेकर पटेल का नाम सुनहरे अक्षरों में लिखा जायेगा, इन मामलों से उनकी राजनीतिकता उल्लेखनीय है।"[14]

सार

भारत के राष्ट्रीय आन्दोलनों में सरदार वल्लभभाई पटेल की भूमिका निस्सन्देह क़ाबिलेतारीफ़ रही है जिसको शब्दों में बाँधना दुष्कर कार्य है। सरदार ने एक सफल एवं प्रतिष्ठित क़ानूनी पेशा छोड़कर राष्ट्रहित में अपने आपको पूरी तरह झोंक दिया था। राष्ट्रीय आन्दोलनों में भूमिका से पूर्व ही सरदार पटेल ने गुजरात की जनता के लिए अनेक आन्दोलन एवं लड़ाइयाँ लड़ीं जिनमें प्रमुख हैं–खेड़ा सत्याग्रह, असहयोग आन्दोलन, रोलेट एक्ट सत्याग्रह, झण्डा सत्याग्रह, बोरसद आन्दोलन, बारदोली सत्याग्रह आदि। इन आन्दोलनों ने सरदार पटेल को देश की स्थिति की रग–रग से वाक़िफ़ करवा दिया था और पूरे देश में पटेल को एक आशा की किरण के रूप में देखा जाने लगा था क्योंकि जिस त्याग, समर्पण, सेवा, निःस्वार्थता, राष्ट्रीयता, अहिंसात्मकता, दृढ़ता, साहस, विश्वास एवं अनुशासन में रहकर वे आगे बढ़ रहे थे, वह सबको चौंकाने वाला था। पटेल को गाँधी जी के विचारों ने इतना प्रभावित किया कि वे उनके अनुयायी बन गये थे और गाँधी जी ने उन्हें 'लेफ़्टिनेंट', 'सरदार की उपाधि' तक प्रदान कर दी थी, यह सब उनकी कार्यकुशलता का ही परिणाम था। दिसम्बर 1929 में लाहौर अधिवेशन में गाँधी जी की भावनानुसार ही काँग्रेस अध्यक्ष पद स्वीकार करने से मना कर दिया था। इसी अधिवेशन में 'पूर्ण स्वराज' का उद्घोष हो चुका था। 1930 में सविनय अवज्ञा आन्दोलन, दाण्डी यात्रा

के लिए सरदार पटेल ने पूरा प्रबन्धन किया और देश में जन–जागृति का कार्य किया। सरदार पटेल की जेल यात्राएँ हुईं, देश में जनता को अत्याचार, उत्पीड़न एवं ब्रिटिश सरकार की यातनाएँ झेलनी पड़ीं परन्तु पटेल ने ऐसी पृष्ठभूमि तैयार की थी कि देश का प्रत्येक नागरिक उनके इशारे पर मर–मिटने को तैयार था। सरदार पटेल को कराची अधिवेशन में काँग्रेस का अध्यक्ष बनाया गया और देश में एक नयी ऊर्जा का संचार हुआ। सरदार पटेल पर आन्तरिक एवं ब्रिटिश सरकार ने अनेक आरोप एवं आक्षेप लगाने का प्रयास किया, परन्तु पटेल की देशभक्ति पर किसी को कोई शक नहीं था और समय–समय पर पटेल ने ब्रिटिश सरकार की 'फूट डालो–राज करो' की नीति पर प्रहार किया।

ब्रिटिश सरकार ने हिन्दू–मुस्लिम एकता को तोड़ने के भी भरसक प्रयास किये, परन्तु इन संकीर्णतापूर्ण चालों को सरदार पटेल ने पहले ही भाँप लिया था और देश की एकता एवं अखण्डता को बनाये रखने का पूरा प्रयास किया। काँग्रेस में भी फूट डालने के प्रयास होते रहे परन्तु पटेल की दूरदृष्टि ने उनके मंसूबों को साकार नहीं होने दिया। सरदार पटेल का कुछ नेताओं के साथ मतभेद होना बताते हैं परन्तु उपलब्ध तथ्य, सूचनाएँ एवं तर्क यह स्पष्ट करते हैं कि उनके बीच वैचारिक मतभेद हो सकते हैं, परन्तु मनभेद नहीं थे।

सरदार पटेल की व्यापक सोच, विवेकशीलता, दृढ़ता एवं तर्कशक्ति ने राष्ट्रीय आन्दोलनों को एक नयी सोच दी और उस सोच ने एक ऐसा मार्ग प्रशस्त किया कि ब्रिटिश सरकार को पूर्ण स्वराज के लिए मजबूर कर दिया। हालाँकि ब्रिटिश सरकार ने हरसम्भव धोखा, झूठ, चालबाज़ी का सहारा लेकर दिग्भ्रमित करने का प्रयास किया, परन्तु सरदार पटेल के फ़ौलादी जज़्बे के सामने सब नेस्तनाबूद होकर रह गये।

उपर्युक्त विश्लेषण से स्पष्ट है कि सरदार वल्लभभाई पटेल की भूमिका न केवल किसी एक पहलू या मुद्दे पर आधारित थी अपितु देशहित एवं भविष्यगत सम्भावनाओं को ध्यान में रखकर निर्णय लेने में भी उतनी ही सावधानी बरती गयी। भारत के विभाजन को रोकने की दिशा में भी सरदार पटेल ने हरसम्भव प्रयास किये, परन्तु हठधर्मिता ने उनके मंसूबों को पूरा नहीं होने दिया, लेकिन इसके बावजूद जिस सूझबूझ के साथ विभाजन का रास्ता अपनाया वह उनकी गहरी समझ एवं दूरदृष्टि का परिणाम था। उनकी सोच में दार्शनिकता का समावेश था अतः वे किसी

प्रकार की कोई गुंजाइश नहीं छोड़ना चाहते थे और हर हाल में अंग्रेज़ों की गुलामी से छुटकारा पाना चाहते थे। सरदार पटेल निरपेक्ष, प्रतिबद्ध एवं राष्ट्रीय भावना से ओतप्रोत थे और वे निष्पक्ष होकर निर्णय लेते थे जिसे विभाजन पर बल देने वाले तथा पाकिस्तान बनाने के पक्षवालों ने स्वीकार किया था और साथ ही अंग्रेज़ शासकों ने भी पटेल की प्रशंसा करने का कोई मौक़ा नहीं गँवाया था। अतः राष्ट्रीय आन्दोलनों में सरदार पटेल की भूमिका सकारात्मक एवं अद्वितीय रही और उन्होंने राष्ट्रहित में सर्वोपरि भूमिका का निर्वहन करते हुए त्याग और निःस्वार्थता की मिसाल क़ायम की।

सन्दर्भ

1. यह 26 जुलाई, 1942 को अहमदाबाद स्थानीय परिषद् द्वारा आयोजित एक जनसभा में दिये गये भाषण का अंश है।
2. ए.बी. हडसन (सं.), *द ग्रेट डिवाइड (ब्रिटेन–इंडिया–पाकिस्तान)*, ऑक्सफ़ोर्ड सिटी प्रेस, कराची, पृ. 106
3. सुशील कपूर, *लौहपुरुष सरदार वल्लभभाई पटेल*, विद्या विहार, नयी दिल्ली, 2013, पृ. 94–95
4. डॉ. प्रभा चोपड़ा (सं.), *भारत विभाजन*, प्रभात प्रकाशन, दिल्ली, 2010, पृ. 36
5. बी.शंकर (सं.), *सरदार पटेल, चुना हुआ पत्र–व्यवहार 1945–1950, खण्ड–1*, नवजीवन प्रकाशन मन्दिर, अहमदाबाद, 2011, पृ. 93–94
6. उपर्युक्त, पृ. 96–97
7. उपर्युक्त, पृ. 101–103
8. उपर्युक्त, पृ. 104
9. उपर्युक्त, पृ. 105
10. डॉ. प्रभा चोपड़ा (सं.), पूर्वोक्त, पृ. 44–45
11. उपर्युक्त, पृ. 50
12. सरदार वल्लभभाई पटेल द्वारा 5 जनवरी 1947 को दिये गये भाषण के अंश।
13. ए.के. मजूमदार, *ऐडवेंट ऑफ़ इंडियन इंडिपेंडेंस*, पृ. 410
14. बी. कृष्ण, पूर्वोक्त, पृ. 86–89

अध्याय छह

सरदार पटेल का प्रशासनिक योगदान

''जो भी हमने पाया, वह स्वराज बिल्कुल भी नहीं है, बल्कि विदेशी शासन से मुक्ति है। हमारी जनता को अभी आन्तरिक स्वराज पाना है, जातिभेद को ख़त्म करना है, छुआछूत मिटाना है, भूखे–नंगों की तक़दीर सुधारनी है और सबको मिलाकर एक परिवार क़ायम करना है–संक्षेप में, ज़िन्दगी का एक नया रास्ता तय करना है और अपने दिलों और ख़यालों में तब्दीलियाँ भी लानी हैं।''

–सरदार पटेल

सरदार पटेल ने अपनी गहन विचार शक्ति और सेवा की भावना से स्थानीय स्वशासन प्रशासन को आगे बढ़ाया। उनके अन्दर राष्ट्रप्रेम, साहस और संगठनात्मक योग्यता कूट–कूट कर भरी हुई थी जिसने देश की उन्नति में महान योगदान किया। उनके जीवन में तीन प्रकार के गुण यथा–राजद्रोही, राजनीतिक और एक प्रशासक मिलते हैं। डॉ. एस. राधाकृष्णन ने कहा था, "सरदार पटेल एक महान साहसी राज़द्रोही, एक बुद्धिमान राजनीतिज्ञ और एक अनुकरणीय प्रशासक थे।" वी.वी. गिरि के अनुसार, "उनकी राजनीतिक चतुराई, दृढ़ राष्ट्रभक्ति और उत्कृष्ट युक्ति ने उन्हें संसार का एक महान राजनीतिज्ञ बना दिया।" सही समय पर सही निर्णय लेना और उद्देश्यों को पूर्ण करने हेतु सही व्यक्ति को सहायक बनाने की प्रवीणता ने उनकी मार्ग की बाधाओं को आसान बना दिया। वी.वी. गिरि ने टिप्पणी करते हुए कहा था, "सरदार पटेल में बिस्मार्क जैसी संगठनात्मक योग्यता, कौटिल्य जैसी दक्ष राजनीतिज्ञता और अब्राहम लिंकन जैसी धर्मनिष्ठता राष्ट्रीय एकता के लिए विद्यमान थी।"[1] सरदार पटेल में महान गुण था कि वे सभी मुद्दों को आम आदमी के नज़रिये से देखते थे।

टी.एन. चतुर्वेदी ने अपने पेपर 'सरदार पटेल एडमिनिस्ट्रेटिव विज़न : सम रिफ़्लेक्शंस' में कहा है कि सरदार पटेल का प्रशासनिक दृष्टिकोण परिस्थितियों एवं आवश्यकताओं को ध्यान में रखकर कार्य करने पर आधारित था और वे भविष्य के समाज और देश निर्माण को सुदृढ़ बनाना चाहते थे। स्वाधीनता प्राप्ति के बाद वे केवल प्रशासनिक आवश्यकताओं और धरोहर के ही संरक्षक नहीं थे अपितु प्रशासनिक प्रभावशीलता के भी संरक्षक थे।[2]

सरदार पटेल का प्रशासनिक योगदान

एक इतिहासकार ने उनके आन्तरिक प्रशासन के दायरे का उल्लेख करते हुए लिखा—भारत के आन्तरिक मामलों में सरदार पटेल वास्तव में सर्वोपरि थे। आन्तरिक सत्ता के सारे सूत्रों पर पटेल का नियन्त्रण था क्योंकि वे न केवल गृह विभाग की ज़िम्मेदारी सँभालते थे, बल्कि सूचना तथा प्रसारण विभाग भी उनके पास था। इसके साथ, काँग्रेस संगठन में भी पटेल का प्रमुख स्थान था। ये दो महत्त्वपूर्ण उत्तरदायित्व सँभालने के कारण विभाजन के बाद की अनिश्चितता, अव्यवस्था और अराजकता की गड़बड़ी से देश को बाहर निकालकर भारत के व्यवस्थित, संगठित और सुरक्षित राज्य के वे सच्चे निर्माता कहे जाते हैं।

उक्त कथन में पटेल की प्रशासनिक एवं नेतृत्व क्षमता की स्पष्ट झलक दिखायी पड़ती है। देश के विभाजन से प्रशासन की अनेक समस्याएँ उठ खड़ी हुईं क्योंकि साम्राज्यवाद के स्थान पर लोकतान्त्रिक शासन की स्थापना हुई। अब देश में प्रशासन के माध्यम से ही क़ानून—व्यवस्था को बनाना और लोककल्याणकारी राज्य की अवधारणा को साकार बनाना राष्ट्रीय सरकार का मुख्य ध्येय था। इस हेतु पटेल ने कुछ क़दम उठाये जो निम्नानुसार हैं[3]—

नयी सेवाओं में शीघ्र नियुक्तियाँ

सरदार पटेल ने सेवा के दो स्तरों के प्रावधान का सुझाव दिया जिनमें पहला—पूर्व में इंडियन सिविल सर्विस (आईसीएस) के स्थान पर इंडियन एडमिनिस्ट्रेटिव सर्विस (आईएएस) और दूसरा इंडियन पुलिस के स्थान पर इंडियन पुलिस सर्विस (आईपीएस) था। इन सेवाओं की भर्ती, सेवा की शर्तें तथा अनुशासनात्मक कार्यवाही का नियमन लोक सेवा आयोग और

केन्द्रीय सरकार द्वारा किया जाता था। सरदार पटेल के प्रयासों से ही ये सेवाएँ आज तक हमारे देश में बनी हुई हैं। इसलिए उन्हें अखिल भारतीय सेवाओं का जनक कहा जाता है।

सरदार पटेल ने रिक्त पदों पर अनुभवी एवं उम्रदराज़ व्यक्तियों के लिए खुली भर्ती की प्रक्रिया को अपनाया। इसमें आयु सीमा का किसी प्रकार का कोई बन्धन नहीं था। यह समय की आवश्यकता, अनुभव की महत्ता एवं नवीन परिस्थितियों की माँग थी। सरदार पटेल ने नयी अखिल भारतीय सेवाओं के माध्यम से राज्यों, पुलिस बलों और केन्द्रीय सचिवालय सेवाओं के पुनर्गठन को एक दिशा दी तथा प्रशासन ने अच्छे तरीक़े से कठिन परिस्थितियों में कार्य किया। सामुदायिक शान्ति को बनाये रखा, पुनर्वास की समस्या एवं सामान्य चुनाव को शान्तिपूर्ण तरीक़े से पूर्ण किया। ये सरदार पटेल ही थे जिन्हें सिविल सेवाओं का सिद्ध पुरुष माना जाता था।

प्रशासन के मुख्य तत्त्व पर यथार्थ में सरकार का सम्पूर्ण कार्य निर्भर करता है–शक्ति की समस्या पर, इसके उचित, अभ्यस्त, समय पर उपयोग और ग़लत उपयोग पर। वास्तव में शक्ति (पॉवर), प्रबन्ध करने वाले की व्यक्तिगत सम्पत्ति नहीं होती और न ही उसका मनचाहा उपयोग किया जा सकता है बल्कि इसे नियम और क़ानून के साथ प्रयोग में लाया जाना चाहिए। प्रशासन और सरकार के मामलों में शक्ति का उपयोग, संविधान और क़ानूनों के तहत किया जाना ज़रूरी है। सरदार पटेल ने राज्य की शक्ति का प्रभावी उपयोग किया और ग़लत दिशा में नहीं जाने दिया। सरदार पटेल सरकार एवं काँग्रेस संगठन में रहे परन्तु कभी भी शक्ति के प्रयोग पर लड़खड़ाये नहीं और अपने निर्णयों पर दृढ़ रहे।

प्रो. एल.पी. सिंह ने अपनी पुस्तक 'सरदार पटेल एंड द इंडियन एडमिनिस्ट्रेशन' 1987 में सरदार पटेल को स्वतन्त्र भारत का महान राजनीतिज्ञ–प्रशासक बताया है और उन्हें अशोक महान एवं अकबर के समकालीन माना है।[4] सरदार पटेल ने देश को एकता की डोर में बाँधने का कार्य किया और देश की लोकतान्त्रिक संवैधानिक संरचना निर्माण में मुख्य भूमिका का निर्वहन किया। यह भारत का सौभाग्य था कि आधुि.क इतिहास की सबसे कठिन घड़ी में सरदार में कुशल राजनीतिज्ञ की क्षमता, चतुराई एवं व्यावहारिक प्रशासनिक क्षमता का समावेश था,

जिसके बिना भारतीय प्रशासन अपूर्ण था एवं राष्ट्रीय आवश्यकता के अनुसार सन्तुलन बना पाना सम्भव नहीं हो पाता।

सरदार पटेल सदैव भविष्य को ध्यान में रखते हुए सोचते थे और पहले क़दम उन्होंने दो अखिल भारतीय सेवाओं की स्थापना के लिए उठाये जिनमें भारतीय प्रशासनिक सेवा (आईएएस) तथा भारतीय पुलिस सेवा (आइपीपए) को पूर्व इंडियन सिविल सर्विस (आइसीएस) तथा इंडियन पुलिस (आईपी) के स्थान पर लाया गया। मुस्लिम लीग का मानना था कि यदि भारतीय एकता को बनाये रख़ना है तो इसके लिए केन्द्रीय शासन को कमज़ोर रखना आवश्यक होगा और यदि विभाजन होता है तो इस प्रकार की सेवाएँ उत्पन्न ही नहीं हो पायेंगी। सरदार पटेल ने सभी मामलों एवं हालातों का गहन अध्ययन एवं मनन किया और इस निष्कर्ष पर पहुँचे कि विभाजन को रोका जाना सम्भव नहीं है। ऐसे हालात में देश की एकता को बनाये रखने, प्रशासनिक संरचना को सुदृढ़ करने और प्रभावशीलता एवं समानता स्थापित करने के लिए नयी सेवाओं के माध्यम से विद्यमान रिक्त स्थान की पूर्ति करना नितान्त आवश्यक होगा।

सरदार पटेल में भारतीय इतिहास की गहरी समझ थी। वे निश्चयी थे कि अखिल भारतीय सेवाएँ सामान्य क़ानून और व्यवस्था, प्रशासन केन्द्र में दृढ़ संवैधानिक सत्ता को जोड़ने के हिसाब से बहुमूल्य हैं, जो संविधान के संघवाद के लिए आवश्यक है। संविधान के निर्माण में सरदार पटेल की अहम भूमिका रही। वे ऐतिहासिक सांस्कृतिक घटकों और दुर्लभकारी प्रभावों से भली प्रकार सचेत थे। उनका काँग्रेस संगठन से जुड़ने और प्रान्तीय मन्त्री के रूप में अनुभव ने पकड़ मज़बूत बना दी। इसके अलावा सरदार पटेल ये मानते थे कि स्वतन्त्र भारत के लिए प्रशासनिक मशीनरी का सुदृढ़ निर्माण, भारी दबाव को सहने की क्षमता, प्रशासन में अनुशासन को बनाये रखने तथा समाज में शान्ति और व्यवस्था को बनाये रखने के लिए परमावश्यक था। सरदार पटेल ने स्वतन्त्र भारत में चुनौतियों एवं समस्याओं से पार पाने के लिए जिन दो सेवाओं आईएएस एवं आईएएस का निर्माण किया उनमें भारतीय लोगों की सेवा, बिना ल़ड़खड़ाये राष्ट्र की भक्ति, भारतीय शासन की क़ानून व्यवस्था एवं नीतियों को क्रियान्वित करने की समर्पण भावना एवं धर्मनिष्ठा विद्यमान थी। वे भारतीय संस्कृति एवं सामाजिक परिस्थितियों से भली प्रकार परिचित थे। ये ही वो आधारभूत विचार थे जिन पर (आईएएस) प्रशिक्षण संस्थान का ख़ाका खींचा गया

और बाद में लोक प्रशासन अकादमी के रूप में विकसित किया गया। प्रो. एल.पी. सिंह ने अपनी पुस्तक में सरदार पटेल को उनके संविधान के विधि निर्माण में एवं मौलिक अधिकारों में किये गये योगदान के लिए सदैव याद करने की आवश्यकता पर बल दिया। स्वतन्त्रता के चार वर्ष पश्चात् आलोचनात्मक रूप से कहा गया कि (आईपीएस) और (आईपीएस) का पुराना ढाँचा ही चल रहा है और प्रशासनिक ढाँचे को जाँचा–परखा नहीं गया है।

प्रशासनिक तत्त्व

एकता और एकीकरण–किसी भी समस्या का हल है–एकता। सरदार पटेल ने, जब अंग्रेज़ देश में साम्प्रदायिकता के आधार पर देश को कमज़ोर कर रहे थे तब अंग्रेज़ों की चाल का पर्दाफ़ाश करते हुए कहा था, "हमारी इस कमज़ोरी का लाभ उठाकर ही अंग्रेज़ों ने भारत पर क़ब्ज़ा किया है और इसी कमज़ोरी को जीवित रखकर वे हमारी गर्दनों पर अपने शैतानी पंजे जमाये रखना चाहते हैं। हमें शर्म से डूबकर मर जाना चाहिए कि हममें इतना भी विवेक नहीं है कि शत्रु हमारी गर्दनें पकड़कर हमें लड़ाता रहे और हम लड़ते रहें, हम पलटकर शत्रु की गर्दन क्यों नहीं पकड़ लेते।"

14 मई 1928 को बारदोली सत्याग्रह के दौरान किसानों को सम्बोधित करते हुए देश की एकता के लिए सरदार पटेल ने कहा था, "थोड़े से लोगों की लापरवाही से बेड़ा ग़र्क़ (सब कुछ ख़राब) हो सकता है लेकिन जहाज़ को सही–सलामत बन्दरगाह तक लाने के लिए उस पर सवार सभी लोगों के पूरे सहयोग की ज़रूरत होती है।" सरदार पटेल के उक्त दोनों कथनों में संगठन की शक्ति अर्थात् एकता पर बल दिया गया है और आज़ादी की मंज़िल तक पहुँचने के लिए सभी लोगों के सहयोग पर ज़ोर दिया है। देश की आज़ादी के समय भारत में 565 रियासतें थीं। सरदार पटेल की अद्भुत क्षमता, दक्षता, सूझबूझ, कूटनीति और आत्मीय शैली ने छह सप्ताह के अन्दर 565 में से 562 रियासतों को विलय के लिए तैयार कर लिया। देश के एकीकरण में सरदार पटेल द्वारा किया गया कार्य उनकी बहुमुखी प्रतिभा को दर्शाता है।

जनता और प्रशासन के बीच सम्बन्ध–सरदार वल्लभभाई पटेल सदैव जनता और प्रशासकों के मध्य मधुर एवं मज़बूत सम्बन्ध चाहते थे। पटेल ने कार्मिकों को सलाह दी कि वे मानवीय सम्बन्धों को विशेष

महत्त्व दें और देश निर्माण में अपना सर्वोत्तम योगदान करें। पटेल के अनुसार वही शासक अच्छा होता है जिसे जनता उसके लिए मान्यता प्रदान करती है। इससे स्पष्ट है कि पटेल जनता की भलाई में ही देश की भलाई मानते थे।

प्रशासनिक प्रतिबद्धता–सरदार पटेल प्रतिबद्ध नौकरशाही के समर्थक थे। उनके अनुसार प्रशासकों को किसी दलीय भावना से कार्य नहीं करना चाहिए। प्रशासकों को सरकार के कार्यों को उत्तरदायित्व के साथ क्रियान्वित कर लोककल्याणकारी अवधारणा में सहयोग देना चाहिए। साथ ही प्रशासनिक कार्यों में राजनीतिज्ञों को भी हस्तक्षेप नहीं करना चाहिए। प्रशासकों को सरकारी नीतियों एवं निर्णयों को ईमानदारी से लागू करना चाहिए।

प्रशासन में अनुशासन की महत्ता–सरदार वल्लभभाई पटेल ने प्रशासन में अनुशासन को विशेष महत्ता प्रदान की। पटेल स्वयं अनुशासनात्मक प्रवृत्ति के थे और वे स्वयं अनुशासन में रहने के साथ–साथ दूसरों से भी अनुशासन की अपेक्षा करते थे। पटेल ने अनुशासनहीनता को कभी माफ नहीं किया चाहे उसके लिए उन्हें कठोर से कठोर निर्णय ही क्यों न लेने पड़े।

सरदार पटेल केवल प्रशासनिक या रक्षा कर्मचारियों में अनुशासन तक ही सीमित नहीं रहे अपितु शासक एवं लोकतान्त्रिक नेतृत्व को भी इसमें सम्मिलित किया। वे किसी भी प्रकार के दबाव या प्रशासन में अनुचित हस्तक्षेप के विरोधी थे। देश की एकता, अखण्डता एवं सुदृढ़ता के लिए वे अनुशासन को अपरिहार्य मानते थे।

सही कार्य के लिए सही व्यक्ति का चयन–सरदार पटेल प्रशासनिक कार्यों के सफल क्रियान्वयन एवं लोककल्याणकारी कार्यों को दिशा देने के लिए सही व्यक्ति के चयन को अहम मानते थे। वांछित कार्य के प्रति चयनित व्यक्ति में रुचि, निष्ठा एवं त्याग की भावना होनी चाहिए तभी वास्तविक सफलता को हासिल किया जा सकता है। सरदार पटेल ने श्री वी.पी. मेनन को अपना सचिव चुना और पटेल के विश्वास के कारण मेनन विभिन्न मामलों, नीति, निर्णयों में महत्त्वपूर्ण सलाह भी देते रहे। पटेल एवं मेनन दोनों में विश्वास की भावना ने देशहित में कार्य किया।

श्री एस.के. पाटिल ने सरदार के बारे में कहा है, "सरदार की प्रशासक के रूप में कुशलता के पीछे सबसे महत्त्वपूर्ण कारण उनके द्वारा सही सेवा

के लिए सही व्यक्ति चुनना था तथा चुनाव के बाद उसे अपने विश्वास में लेना था। वह अपने सहायकों को पिता के स्तर से प्यार करते थे और प्रत्येक दशा में उन्हें खड़ा करते थे और उनके सहायक विश्वास और गहरी भक्ति के साथ सेवा की ओर मोड़ते थे। सरदार पटेल देश की अखण्डता को सर्वोपरि मानते थे और इस हेतु कुशल प्रशासन को आवश्यक समझते थे। देश में स्थायित्व एवं शान्ति स्थापित करने के लिए पटेल ने पूरे देश में एक समान अखिल भारतीय सेवाओं को नये स्वरूप में प्रारम्भ किया जिससे विविधता में एकता बनी रहे और देश का प्रशासन सकुशल चलता रहे।''

प्रत्यायोजन—सरदार पटेल सत्ता के केन्द्रीकरण से दूर तथा सत्ता के प्रत्यायोजन में विश्वास रखने वाले व्यक्ति थे। उनका मानना था कि शासन एवं प्रशासन को सुदृढ़ता प्रदान करने के लिए आवश्यक है कि सत्ता का उचित एवं सन्तुलित विभाजन अपने अधीनस्थों के मध्य किया जाना चाहिए। आपसी विश्वास एवं सम्बन्ध की घनिष्ठता पर पटेल ने ज़ोर दिया। वे प्रशासकों को अहंम की भावना त्यागने एवं सेवा भावना की सलाह देते रहे। उन्होंने प्रशासनिक सेवाओं में कार्यरत कार्मिक तन्त्र को सलाह दी कि वे खुले मस्तिष्क से निडर होकर कार्य करें और राजनीतिक नेतृत्व के भय से निर्भय होकर कार्य करें।

वर्तमान परिप्रेक्ष्य में सरदार पटेल के दृष्टिकोण पर नज़र डालने के लिए श्री शान्ताकुमार द्वारा कहे गये शब्दों पर दृष्टि डालनी होगी, ''प्रशासन के सम्बन्ध में भी उनका व्यावहारिक, कठोर और अनुशासनमय दृष्टिकोण था। आज प्रशासन लचीला हो गया। प्रशासन शासनविहीन होता जा रहा है, कारण है—ऊपर की पकड़ ढीली होती जा रही है। ऊपर अनुकरणीय आदर्श व्यवहार रहा ही नहीं। आवश्यकता इस बात की है कि सारा प्रशासन—तन्त्र चुस्त करने के लिए ऊपर से प्रारम्भ किया जाये। अनुशासन दक्षता को कठोरता से लागू किया जाये। ऊपर के लोगों का जीवन अनुकरणीय भी हो और वे नीचे वालों की ग़लत कार्यवाही पर उचित कार्यवाही भी कर सकें। पर ईमानदारी लाने के लिए ऊपर के लोगों का ईमानदार होना ज़रूरी है। अनुशासन स्थापित करने के लिए अनुशासित नेता चाहिए। पटेल के जीवन का सबसे बड़ा सन्देश यही है कि जो भी करना चाहते हो, वह पहले स्वयं बनकर दिखाने का संकल्प करो।''

सरदार पटेल : एक राजनीतिज्ञ के रूप में

सरदार पटेल एक महान व्यक्तित्व वाले व्यक्ति तथा सक्षम एवं कुशल प्रशासक के साथ–साथ साहसी, निडर एवं अनुकरणीय उदाहरण पेश करने वाले अनुशासनप्रिय राजनीतिज्ञ भी थे। वे प्रशासन में राजनीतिक हस्तक्षेप को ग़लत मानते थे और उनकी दृढ़ नेतृत्व एवं निर्णय शैली ने सभी को प्रभावित किया। श्री चन्द्रकान्त भट्टाचार्य ने पी.डी. सग्गी द्वारा सम्पादित पुस्तक 'ए नेशनल होमेज : एंड वर्क ऑफ़ सरदार वल्लभभाई पटेल' 1953 में लिखा है, "चाणक्य, चन्द्रगुप्त का प्रधानमन्त्री, जो मौर्य साम्राज्य का वास्तविक निर्माता एवं स्थापनाकर्ता था, उस समय के इतिहास का वह शायद एक ऐसा अकेला व्यक्तित्व था, जिसने सरदार पटेल के समान उपलब्धियाँ हासिल कीं।" इस कथन के भाव में सरदार पटेल वास्तविक एवं सच्चे अर्थों में राष्ट्र निर्माता थे।

वल्लभभाई पटेल को क्षेत्र के स्त्री–पुरुष देवता की तरह मानते थे। सरकार की दमनकारी नीति का विरोध करते हुए अपने एक भाषण में पटेल ने कहा है, "आज तो सरकार जंगल में घूमने वाले उस पागल हाथी की तरह मदोन्मत्त हो गयी है, जो अपनी चपेट में आने वाले हर किसी को कुचल डालता है। पागल हाथी अपने मद में यह गुरूर करने लगता है कि उसने शेर–चीतों तक को मारकर भगा दिया है तो फिर उसके सामने मच्छरों की क्या गिनती। परन्तु एक भी मच्छर यदि हाथी के कान में घुस जाये तो विशालकाय और शक्तिशाली हाथी भी ज़मीन पर गिरकर तड़पने लगता है।'' सरदार पटेल की ये ओजस्वी भाषा उनकी नेतृत्व क्षमता को भली प्रकार दर्शाती है।

सरदार पटेल का राजनीतिक जीवन 1924 में नगरपालिका के चुनावों में चुनाव लड़ने से प्रारम्भ हुआ जिसमें उनकी पार्टी को 48 में से 35 सीटों पर विजय प्राप्त हुई। सरदार पटेल ने इसके अध्यक्ष की ज़िम्मेदारी स्वयं सँभाली और लोकहित के अनेक कार्य किये। सरदार पटेल नगरपालिका इंजीनियर और उसके विभाग को नगरपालिका प्रशासन का सबसे महत्त्वपूर्ण अंग समझते थे। वे अधीनस्थ कर्मचारियों से अपने बराबर जैसा व्यवहार करते और प्रत्येक व्यक्ति में कार्य की इच्छा एवं उत्साह का संचार करने का प्रयास करते थे। 4 फ़रवरी 1928 को सरदार पटेल बारदोली आन्दोलन, जिसमें आठ गाँवों के किसानों का सम्मेलन आयोजित किया गया था, की अध्यक्षता की, मार्च, 1931 में भारतीय राष्ट्रीय काँग्रेस के कराची अधिवेशन

में काँग्रेस के अध्यक्ष निर्वाचित हुए। सरदार पटेल ने खेड़ा, बारदोली एवं भारत छोड़ो आन्दोलनों में बढ़–चढ़ कर भाग लिया और अपने कार्यों से देश के निर्माण में महान योगदान दिया।

सरदार पटेल ने अल्पसंख्यकों की दो माँगों को स्वविवेक एवं चतुराई से सँभाला जिनमें पहला था, मन्त्रिमण्डल में सीटों का आरक्षण और दूसरा सरकारी सेवाओं में निश्चित प्रतिशत का आरक्षण। सरदार पटेल ने संविधान में क़ानूनी व्यवस्था की कठिनाइयों को इंगित करते हुए इस समस्या को सुलझाया। पटेल ने राष्ट्रपति के चुनाव में आ रही अड़चनों और राष्ट्रपति पद को राष्ट्रीय दर्जा दिलाने में बड़ी दक्षता दिखायी। देशी राज्यों का विलय एक अभूतपूर्व घटना थी जिसका श्रेय सरदार पटेल को जाता है। सरदार पटेल ने देश के उपप्रधानमन्त्री, गृहमन्त्री और सूचना एवं प्रसारण मन्त्री रहते हुए देश की अनेक बड़ी एवं गम्भीर समस्याओं का समाधान बड़ी बुद्धिमत्ता से किया।

गृहमन्त्री के रूप में सरदार पटेल

सरदार पटेल, 1946 की अन्तरिम सरकार में देश के गृहमन्त्री बने और अन्तिम साँस तक इस पद पर रहे। 'हिन्द के सरदार' नामक पुस्तक में श्री रावजीभाई ने कहा है, "देश में स्वराज की स्थापना होने पर, अपने ठोस अनुभवाधार पर भारत के गृहमन्त्री और आन्तरिक विषयों के मन्त्री के नाते सरदार साहब ने अखण्ड भारत का भव्य और सुन्दर भवन खड़ा किया।" श्री रावजीभाई के उक्त कथन में सरदार पटेल को भारत निर्माता के रूप में दर्शाने का प्रयास किया गया है। उनके गृहमन्त्री काल में देश का प्रशासन नये स्वरूप में आया और प्रशासन के माध्यम से देश को एक नयी दिशा मिली। देश की एकता, अखण्डता को बनाये रखने, क़ानून और व्यवस्था को सुचारु चलाने, सद्भाव एवं सौहार्द बनाने और देशी राज्यों के विलीनीकरण में सरदार पटेल का योगदान अविस्मरणीय है।

सरदार वल्लभभाई पटेल की सुशासन अवधारणा

पटेल ने अपनी कार्य अवधि में देश के प्रशासन एवं शासन को किन घटकों एवं तत्त्वों का समावेश कर 'सुशासन' स्थापित कर नयी दिशा प्रदान की, इस हेतु सर्वप्रथम वर्तमान में 'सुशासन' के आधार तत्त्वों को जानने की आवश्यकता है। विश्व बैंक, अन्तरराष्ट्रीय संस्थानों एवं लोक

प्रशासन के क्षेत्र में हो रहे विकास के आधार पर सुशासन के प्रमुख तत्त्व निम्नलिखित हैं–

उत्तरदायित्व–मानव विकास प्रतिवेदन 2002 में कहा गया है कि लोकतान्त्रिक संस्थाएँ और पद्धतियाँ विकसित की जानी चाहिए, जिनमें विभिन्न विषय सम्मिलित हों, सत्य के लिए प्रतिस्पर्धा या भागीदारी हो, जन–समुदाय या लोगों की सहभागिता हो और सत्ताधारी या प्राधिकृत वर्ग का उत्तरदायित्व हो। शासन और प्रशासन में द्विभाजन को भी देखा जाये तो दोनों ही स्थानों पर कार्यों का विभाजन भी है और स्पष्ट वर्गीकरण भी, परन्तु ये दोनों एक–दूसरे के पूरक भी हैं और निकटता के साथ सम्बन्धित हैं। अतः शासन और प्रशासन को अपने–अपने क्षेत्रों, कर्तव्यों, दायित्वों का निर्वहन करते हुए जनहित में राष्ट्र का विकास करना चाहिए। यदि इस विकास या अपने कर्तव्य निर्वहन में कमी रहती है तो उसका उत्तरदायित्व लेने में भी किसी प्रकार का संकोच या उदासीनता नहीं बरतनी चाहिए।

सरदार पटेल प्रत्येक मुद्दे पर साथियों एवं अधिकारियों से चर्चा करते थे और सब कुछ खुला रखते थे। इस सम्बन्ध में वल्लभभाई पटेल के कार्यों को विकास, कर्तव्यनिष्ठता, जनहित एवं राष्ट्र निर्माण की दृष्टि से देखते हैं तो वे प्रत्येक जगह अपनी अपेक्षाओं से आगे ही दिखायी पड़ते हैं। उनमें किसी भी स्थिति में अपने कर्तव्यों, कार्यों के प्रति उदासीनता का कोई स्थान नहीं था। वे निडरता, निर्भीकता एवं सुदृढ़ता के साथ आगे आते और उत्तरदायित्व लेने में निस्संकोच बने रहते थे। अतः हम कह सकते हैं कि शासन और प्रशासन में 'सुशासन' की स्थापना में वल्लभभाई पटेल ने एक सजग प्रहरी की भूमिका का निर्वहन किया और एक ऐसे भारत का निर्माण किया जिसकी लोग कल्पना भी नहीं कर सकते थे।

पारदर्शिता–परम्परागत गोपनीयता आधारित प्रशासनिक संस्कृति से सूचना, खुलेपन और पारदर्शी कार्य संस्कृति की आवश्यकता पर सुशासन बल देता है। वुडरो विल्सन ने कहा था, ''मेरा विश्वास है कि सरकार को पूरी तरह बाहर (अर्थात् खुली) होना चाहिए, न कि अन्दर (अर्थात् गोपनीय)। मैं अपनी ओर से यह मानता हूँ कि कोई जगह ऐसी नहीं होनी चाहिए जहाँ वह सब कुछ किया जा सके जिसके बारे में कोई कुछ नहीं जानता हो।''[5] भारत में सूचना का अधिकार अधिनियम–2005 इसी दिशा में उठाया गया एक क़दम है। शासन और प्रशासन में पारदर्शिता लाने के लिए भारत में SMART(S–Simple, M–Moral, A–Accountable,

R–Responsive, T–Transparent) अर्थात् सरल, नैतिक, जवाबदेह, उत्तरदायी एवं पारदर्शी सरकार की संकल्पना को साकार रूप दिये जाने के प्रयास किये जा रहे हैं।

वल्लभभाई पटेल स्पष्टवादी थे। वे झूठा विश्वास दिलाने वाली बातों को सिरे से ही नकार देते थे और वे स्वयं स्पष्टवादी थे तथा दूसरों से भी स्पष्ट व्यवहार चाहते थे। वे एक खुली किताब की तरह थे। एक भाषण के दौरान पटेल ने कहा था, "मैं साफ़ बोलने में विश्वास करता हूँ और लघु सामग्री क्या है, मैं नहीं जानता। वे उस व्यक्ति से घृणा भी करते थे, जो स्पष्ट न हो तथा शंका की परिधि में हो।"[6]

सहभागिता–सम्पूर्ण विकास और सशक्तीकरण के लिए जनता की भागीदारी अत्यन्त आवश्यक है। शासन और प्रशासन में जन–सहभागिता जनता के आत्मविश्वास, आत्मसम्मान एवं अपनेपन की प्रवृत्ति को बढ़ाती है। वल्लभभाई पटेल सदैव आशावादी रहे और उनमें लोगों को पहचानने की अद्भुत शक्ति थी तथा वे विरोधी को भी अपना बना लेने में महारथी थे। वे अपने कार्यों में स्पष्टता एवं पारदर्शिता रखकर बिना किसी भेदभाव के सहभागिता करके मन जीत लेते थे।

वचनबद्धता, निश्चितता–सरकार कोई भी नीति, कार्यक्रम या कार्य करे तो वह निर्विवाद रूप से लक्ष्यों एवं उद्देश्यों को मद्देनज़र रखते हुए प्रतिबद्ध होकर कार्य करे, साथ ही कार्यों एवं नीतियों में ढुलमुल रवैया नहीं हो और दृढ़ता एवं निश्चितता के साथ उनका क्रियान्वयन किया जाना चाहिए। पटेल सदैव वादे के पक्के, अपने निर्णयों के प्रति सकारात्मक एवं सुदृढ़ रहते हुए आत्मविश्वास से भरे हुए थे क्योंकि उनके मन में न लोभ था, न लालच, न स्वार्थ और न ही किसी प्रकार का कोई मोह। उनमें था तो केवल जुनून और राष्ट्र निर्माण के प्रति त्याग व समर्पण।

विधि का शासन–सरकार को अपनी शक्तियों का प्रयोग क़ानून के अनुसार ही करना चाहिए; उसे व्यवस्था को, कार्यपालिका और उसकी प्रशासकीय शक्तियों को, पर्यवेक्षित व अन्वेषित करने का संवैधानिक अधिकार होना चाहिए। सरदार पटेल विधि के ज्ञाता थे और पेशे से वकील और साथ ही इंग्लैंड से बैरिस्टर की डिग्री हासिल की थी। वे यह भली प्रकार समझते थे कि शासन–प्रशासन व्यवस्था को बेहतर बनाने के लिए 'विधि का शासन' अत्यन्त आवश्यक है।

संवेदनशीलता–सरदार पटेल का मानना था कि शासन व्यवस्था

एवं प्रशासनिक तन्त्र जन–समुदाय के हितों को ध्यान में रखकर कार्य करे तो पूरा वातावरण बेहतर बनेगा और कार्यों में शीघ्रता आयेगी। सरदार पटेल को संवेदनशीलता के सन्दर्भ में देखते हैं तो वे अत्यन्त संवेदनशील और समय, आवश्यकता और परिस्थितियों को ध्यान में रखते हुए सक्रिय रहकर क्रिया–प्रतिक्रिया करते थे। देश की स्वतन्त्रता एवं उसके पश्चात् राष्ट्र के निर्माण में वे पूरी तरह सजग प्रहरी नज़र आये तभी तो देश की 562 रियासतों का एकीकरण करने में सफल रहे।

दक्षता एवं प्रभावशीलता–सुशासन के अन्तर्गत दक्षता, क्षमता एवं उसकी प्रभावशीलता का निकटस्थ सम्बन्ध है। जब सरकार और सरकारी तन्त्र अपने कार्यों में दक्ष होंगे तभी उनमें क्षमताएँ बढ़ेंगी और इन दोनों से प्रभावशीलता परिणामस्वरूप प्राप्त होगी। वल्लभभाई पटेल जिस कार्य को भी हाथ में लेते पूरी लगन से मन लगाकर कार्य करते और उसमें निपुणता प्राप्त कर अपनी क्षमताओं को बढ़ाते जिसके परिणामस्वरूप उन्होंने बचपन, युवावस्था एवं प्रौढ़ावस्था में राष्ट्रहित में वे सभी कार्य किये, जिन्हें वे आवश्यक समझते थे। भारत में सिविल सर्विसेज़ आज भी उन्हीं के निर्णयों की देन है।

समदृष्टि–सरकार बिना किसी भेदभाव के नीति, नियम एवं क़ानूनों का निर्माण करे और उसे सबके लिए एक जैसा लागू करे तभी देश को एकता की डोर में बाँधा जा सकता है, अन्यथा शान्ति व्यवस्था, क़ानून व्यवस्था चुनौती बनकर रह जाती है। सरदार पटेल सभी को एक दृष्टि से देखते थे, उनके मन में किसी प्रकार का भेदभाव या पाप नहीं था तभी तो इतने कठिन एवं चुनौतीपूर्ण कार्यों को वे आसानी से सरल बनाते हुए आगे बढ़ते रहे।

सामंजस्य या मतैक्य–लोकतान्त्रिक शासन व्यवस्था में यह आवश्यक है कि देश को प्रगति के पथ पर ले जाने के लिए केन्द्रीय, राज्य एवं स्थानीय स्तर पर सामंजस्य बनाया जाये। यहाँ सभी वर्गों, समुदायों एवं समाजों के बीच एक ऐसी व्यवस्था मुहैया करवायी जानी चाहिए जिससे लोकहित की साधना पूर्ण हो सके। वल्लभभाई पटेल ने अपने समकालीनों, ब्रिटिश सत्ता, आन्दोलनों एवं कार्यों को इस प्रकार समन्वयात्मक बनाया कि बिना किसी व्यवधान के अपने लक्ष्यों एवं उद्देश्यों की ओर आगे बढ़ते चले गये। अभिशासन एक अत्यन्त विस्तृत अवधारणा है जो प्रत्येक स्तर पर संचालित होती है, जैसे घरेलू स्तर पर, गाँव, नगरपालिका, राज्य, राष्ट्र या

वैश्विक स्तर पर। संयुक्त राष्ट्र ने सुशासन को सहस्राब्दिक विकास लक्ष्यों का एक अत्यावश्यक घटक माना है, क्योंकि 'सुशासन' ग़रीबी, असमानता एवं मानव जाति की अन्य अनेक ख़ामियों के ख़िलाफ़ संघर्ष के लिए एक आधारभूमि की रचना करता है।[7]

सरदार पटेल का सुशासन मॉडल

सर्वप्रथम जब सुशासन की बात पटेल के सन्दर्भ में करते हैं तो एक बात उभरकर आती है कि उनको 'सरदार' की उपाधि दी गयी, इसी में सुशासन का अर्थ समाया हुआ है। यदि इसे और स्पष्ट करते हैं तो इस प्रकार किया जाना ज़्यादा सही होगा–'सरदार से असरदार' अर्थात् सरदार पटेल में ऐसी विलक्षण प्रतिभाएँ, ऐसे संस्कार, संस्कृति एवं विशेषताएँ समाहित थीं जो पूरी व्यवस्था के लिए ही 'असरदार' (अर्थात् प्रभावशाली) साबित हो रही थीं। उनकी इन्हीं विशेषताओं, क्षमताओं एवं कार्यों के आधार पर एक मॉडल का निर्माण किया गया है, जिसे वल्लभभाई पटेल का सुशासन मॉडल कहा जा सकता है जो निम्नानुसार है[8]–

सु	सुनिश्चितता, सुस्पष्टता, सुदूरवर्ती, सुप्रभावी, सुदृढ़ता
शा	शान, शीघ्रता, शान्ति
स	सरलता, सजगता, समग्रता, समानता, समावेशी, समदृष्टि, संवेदनशील, सराहनीय, सत्यता, सशक्तीकरण, समर्पण, सहभागिता
न	नूतन, नवोन्मष, नैतिकता, नवीनता, निःस्वार्थता, निर्णयन, निर्भीकता

सरदार पटेल के उक्त सुशासन मॉडल में उस समय से लेकर वर्तमान में भी ये प्रमुख लक्षण/घटक या तत्त्व विद्यमान हैं। सरकार और प्रशासनिक तन्त्र को पारदर्शी, उत्तरदायी, संवेदनशील, दक्ष, प्रभावशील बनाने के लिए नीति, नियमों, क़ानून आदि में सुस्पष्टता, सुनिश्चितता, दूरदृष्टि का होना नितान्त आवश्यक है। इसी प्रकार सुशासन की स्थापना से सहजता, सरलता, शीघ्रता, शान और शान्ति का वातावरण बनता है जो विकास की ओर अग्रसर करता है। इस मॉडल में समदृष्टि, समानता, समग्रता, सजगता, सत्यता, सशक्तीकरण, समर्पण, समानता, सत्यता एवं समावेशी ऐसे घटक हैं जिसमें सुशासन समाया हुआ है। इस मॉडल के माध्यम से समझा जा सकता है कि शासन–प्रशासन में नवीन तकनीकों,

नवोन्मेषी सिद्धान्तों को सम्मिलित करते हुए आगे बढ़ा जाये और साथ ही निर्णयों में स्पष्टता, दृढ़ता, ईमानदारी, निर्भीकता का पुट हो जिससे नैतिकता को साथ लेकर आगे बढ़ा जा सके। पटेल मॉडल में वे सभी घटक/तत्त्व समावेशित हैं जिनसे सुशासन को वास्तविकता के धरातल पर क्रियान्वित कर लक्ष्यों एवं उद्देश्यों को निहित समयावधि में प्राप्त किया जा सकता है।[9]

सरदार पटेल : एक राजनीतिक प्रशासक

पटेल एक बेजोड़ प्रशासक थे। आईसीएस के एक प्रतिष्ठित ब्रिटिश सदस्य फिलिप मेसन ने उनके बारे में कहा है, "वे एक ऐसे स्वाभाविक प्रशासक हैं जिन्हें अनुभव की कोई आवश्यकता नहीं। उन्हें हरेक चीज़ का सहज अन्तर्दर्शी एवं ज्यों–का–त्यों ज्ञान था।"[10] भारत में आज़ादी मिलने के बाद के परिदृश्य में सरदार पटेल सबसे महान राजनीतिक प्रशासक के रूप में द्रष्टव्य होते हैं जिसने एक सुदृढ़ भारतीय राजनय व्यवस्था हमारे सामने रखी। देश को पटेल के रूप में एक गृहमन्त्री और उप–प्रधानमन्त्री मिला, वह भी ऐसे समय में जब हमारे देश को अपने पैरों पर खड़े होने की ज़रूरत थी। सरदार को विरासत में हिंसा और ख़ून–ख़राबा मिला, जो विभाजन से देश में उत्पन्न था।

महात्मा गाँधी ने दृढ़तापूर्वक विभाजन का विरोध किया। उन्होंने कहा कि देश का विभाजन उनकी लाश पर ही सम्भव है। उनके दो अनन्य अनुयायी सरदार पटेल और पं. नेहरू ने आज़ादी की क़ीमत के रूप में विभाजन को झेला। गाँधी जी ने अनचाहे ही सही, स्थितियों के समक्ष अपने को समर्पित किया। हालाँकि उनका यह स्वप्न रहा कि कभी ये दोनों देश बिछुड़े हुए भाई की तरह एक होंगे और गले मिलेंगे। सरदार पटेल कटु वास्तविकतावादी थे, इसलिए उनको तनिक भी उम्मीद नहीं थी। लेकिन इसका मतलब यह भी नहीं था कि ये दोनों देश मिल ही नहीं सकते थे। सरदार को यह उम्मीद अवश्य थी कि ये दोनों देश भाई की तरह बँटवारा करके अमन–चैन से रहेंगे। किन्तु उनका यह स्वप्न आज भी अधूरा है।

सरदार ने विभाजन को अंगीकार करने के सन्दर्भ में तर्क भी प्रस्तुत किये। पहला तो यह कि देश की आज़ादी जो काफ़ी मुश्किल से मिली है, को स्थगित नहीं किया जा सकता है। एम.ए. जिन्ना, जिन्होंने मुस्लिम लीग की हिमायत की थी, ने हिंसा के बल पर ही सही, विभाजन की माँग पेश

की। उनका एक ही सिद्धान्त रहा कि मुस्लिम और हिन्दू दो अलग–अलग क़ौम हैं, इसलिए दो अलग–अलग राष्ट्र होने ही चाहिए, ताकि दोनों का वजूद कायम रहे। परन्तु मौलाना अबुल कलाम आज़ाद एक ऐसे शख़्स रहे जिन्होंने मुस्लिमों के समक्ष एक आदर्श नेता के रूप में अपने को प्रस्तुत किया, जिन्होंने भारत की एकता के लिए अपने को समर्पित किया। लेकिन फिर भी मुस्लिमों में एक बड़ी जनसंख्या एम.ए. जिन्ना की ही हिमायती रही। चूँकि ब्रिटिश सरकार ने ऐलान किया था कि बिना जिन्ना के साथ सहमति के आज़ादी की अनुमति दी नहीं जा सकती है, इसलिए इन हालातों में विभाजन एक़दम अपरिहार्य हो गया था। सरदार ने यहाँ पर यह अनुभव किया कि अगर विभाजन के फ़ॉर्मूले से विरोध छिन्न–भिन्न किया जा सकता है तो यह भारत के लिए अच्छा नहीं होगा। वैसे भी विभाजन के अपरिहार्य हो जाने से विरोध का कोई रास्ता नहीं सूझता था। अगर अंग्रेज़ों के द्वारा सुझाये गये जिन्ना फ़ॉर्मूले का कोई विकल्प तलाश भी लिया जाता है तो केन्द्र निहायत ही कमज़ोर और रोगग्रस्त होगा। पुराने मसले सामने आयेंगे और नारकीय स्थिति बनेगी। इसलिए सरदार के मुताबिक़ भी द्विराष्ट्र की उत्पत्ति भारत और पाकिस्तान के रूप में एक बेहतर विकल्प था। इसमें कोई शक नहीं कि भारत ने अपने दो प्रमुख महत्त्वपूर्ण–पूर्वी एवं पश्चिम क्षेत्र खो दिये, लेकिन शेष भू–भाग अभी भी विस्तृत था। अभी भी सम्भावनाएँ शेष रहीं कि भारत एक सशक्त राष्ट्र बन सकता था। अगर ऐसा हुआ, तो पाकिस्तान भी चाहे–अनचाहे भारत को ही समर्थन करेगा। वैसे भी अब राजनीतिक हस्तान्तरण और ब्रिटिश शासकों की विदाई बहुत ही ज़रूरी हो चुकी थी, क्योंकि विकास के बेशुमार सपने हमारे भारतीय नेताओं की आँखों में पल रहे थे।[11]

एक सशक्त राष्ट्र की पहली शर्त यह रही कि विभिन्न राज्यों का विलय एवं एकीकरण हो। ब्रिटिश शासकों ने भारत को 565 राज्यों या सूबों में बाँटकर छोड़ा था। ये सूबे छोटे भी थे और बड़े भी थे। ब्रिटिश शासन के ख़ात्मे से इन राज्यों पर किसी का नियन्त्रण भी नहीं रहा। अब ये राज्य स्वतन्त्र एवं मुक्त हो गये। इनके ऊपर निर्भर करता था कि ये या तो भारतीय संघ को स्वीकार करें या पाकिस्तान में शामिल हो जायें। इसके अलावा तीसरा विकल्प यह था कि वे स्वतन्त्र राज्य के रूप में अस्तित्वमान हों। इनका स्वतन्त्र रूप से अस्तित्वमान होना भी ख़तरे से ख़ाली नहीं था क्योंकि इनमें कई तरह की संकीर्णताएँ एवं ऐतिहासिक

पूर्वाग्रह विद्यमान होते और ये पूरी राजनय व्यवस्था को छिन्न–भिन्न कर देते। इसलिए इन छोटे–बड़े राज्यों के लिए हितकर और अनिवार्य भी यही था कि सारे राज्य भारतीय संघ में शामिल हो जायें और भारत की सम्प्रभुता स्वीकार करें। लेकिन अब यह प्रश्न उठता है कि ये निर्णय कैसे लें या ये निर्णय कौन ले–शासक या राज्य की जनता। शासकों के लिए इतना आसान नहीं था कि वे निर्णय का अधिकार राज्य की जनता को सौंपें। इससे राज्य की व्यवस्था बिगड़ सकती थी। इन राज्यों को बहलाया–फुसलाया भी नहीं जा सकता था कि वे भारत सरकार की सम्प्रभुता को स्वीकार करें क्योंकि इससे भी अन्तर्द्वन्द्व या जटिलता की स्थिति बन सकती थी। इसे अत्यन्त चतुराई, चुस्ती एवं प्रशासनिक दक्षता के साथ ही किया जा सकता था। राज्यों के मन्त्री के तौर पर सरदार के ऊपर ये सारी ज़िम्मेदारी आ गयी कि वे इस कठिन एवं दुरूह कार्य को अंजाम दें। अपने सचिव वी.पी. मेनन के साथ वे इस कार्य में सफल हो गये। जूनागढ़, हैदराबाद और कश्मीर को छोड़कर सारे राज्यों ने भारत सरकार की सम्प्रभुता को स्वीकार किया और संघ में शामिल हो गये। इसके अलावा इन राज्यों के शासकों ने अपने राज्य के विदेश सम्बन्ध, रक्षा और संचार का दायित्व केन्द्र सरकार को सौंप दिया। राज्यों के विलय का सारा श्रेय अकेले सरदार पटेल को जाता है कि उन्होंने बिना किसी कडुवाहट के सारे राज्यों को विलय के लिए राज़ी कर लिया। सरदार ने यह कार्य बख़ूबी ईमानदारी, अधिकार और दयाभाव दिखाते हुए किया। उन्होंने इन शासकों को अत्यन्त सम्मान एवं श्रद्धा अर्पित की जिन्होंने राज़ी–खुशी अपने सारे शासनाधिकार केन्द्र को सौंप दिये। इसके बदले में केन्द्र ने एक भारी–भरकम राशि प्रिवीपर्सेस के रूप में इन शाही परिवारों के अनुरक्षण के लिए तय की। कुछेक शासक या नवाब ऐसे भी रहे जिनको राजप्रमुख के रूप में नियुक्त किया गया। उदाहरण के लिए, जयपुर एवं मैसूर के नवाबों को राजप्रमुख के रूप में नियुक्त किया गया, इन्हें गवर्नर या राज्यपाल के बराबर दर्जा दिया गया। जूनागढ़ के मुस्लिम शासक भारतीय संघ में शामिल होने के इच्छुक नहीं थे क्योंकि उनका झुकाव पाकिस्तान की तरफ़ था। इस मामले में वहाँ के लोगों ने रुचि ली और पूरे मामले को अपने हाथ में ले लिया। उन्होंने शासकों के ख़िलाफ़ बग़ावत की और शासक पाकिस्तान भाग गये। इसके बाद जहाँ तक हैदराबाद का सम्बन्ध है, यहाँ के निज़ाम

को सर वाल्टर मोकटन ने सलाह दी कि मामले को लटकाये रहें और हिन्दुओं को आतंकित करें। सारे तरीक़े फेल हो जाने के बाद उन्होंने पुलिस कार्यवाही की। कुछ लोगों को लगा कि निज़ाम अपने मंसूबे में कामयाब हो जायेंगे और चारों तरफ़ ख़ून–ख़राबा होगा, लेकिन ऐसा कुछ भी नहीं हुआ। सरदार के नेतृत्व में केन्द्र ने कार्रवाई की और एक हफ्ते के भीतर शानदार सफलता मिली।[12] राज्यों के भारतीय संघ में शामिल होने की प्रक्रिया एक बड़ी सफलता थी। यह एक तरह का राजनीतिक विलय था। सरदार पटेल को भारत का बिस्मार्क कहा गया। लेकिन बिस्मार्क की अपेक्षा सरदार का कार्य बृहद् एवं विस्तृत रहा।

केवल कश्मीर का ही मामला लटक गया। नेहरू ने मामले को स्वयं सुलझाने की कोशिश की, लेकिन यह मामला और उलझ गया। पाकिस्तान ने अपने गुर्गे कई बार भेजे और हिंसा एवं रक्तपात का सहारा लिया। गुर्गे कश्मीर की सीमा पर आये लेकिन सरदार के अथक प्रयासों से वहाँ के शासकों ने कश्मीर का भारत में विलय कर लिया। भारतीय वायु सेना ने अपनी टुकड़ी श्रीनगर हवाई अड्डे पर उतारी। इनकी बहादुरी को हम सलाम करते हैं कि भारतीय जाँबाज़ों ने घुसपैठियों को खदेड़ा और कश्मीर को बचा लिया। भारत ने पाकिस्तान के ख़िलाफ़ संयुक्त राष्ट्र संघ में शिकायत की। यहीं से कश्मीर की अन्तहीन दुखद कहानी की शुरुआत होती है। इसके अलावा नेहरू ने सदाशयता दिखाते हुए कश्मीर में जनमत संग्रह कराने की कोशिश की लेकिन नेहरू का यह दाँव उलटा पड़ गया क्योंकि असली जनमत संग्रह तो तभी हो सकता है, जब घुसपैठिये बाहर हो जायें। कश्मीर आज भी गले में हड्डी की तरह फँसा हुआ है, लेकिन इसको सुधारना सरदार की भूमिका से परे था।

सरदार भारत की आज़ादी को अपने जीवन का एकमात्र मिशन मानते थे। भले ही आज़ादी टुकड़ों में नसीब हुई और शरणार्थियों की समस्या अलग से पैदा हुई। इस समस्या के हल का सीधा सम्बन्ध देश की सुरक्षा से था। पटेल के सामने गम्भीर चुनौतियाँ खड़ी थीं क्योंकि उस समय के राजनेताओं के पास पहले से प्रशासन का कोई अनुभव नहीं था। इनके पास प्रशासन के नाम पर केवल एक सेना थी और इसके अलावा लोकसेवकों की फ़ौज हुआ करती थी ताकि वे प्रशासन की चुनौतियों से निपट सकें। भारतीय सेना और भारतीय प्रशासनिक सेवा की अहमियत को सरदार से बेहतर किसी ने नहीं समझा।

बहुत सारे ऐसे भी राजनेता रहे जिनको प्रशासनिक सेवा के बारे में कई तरह की उलझनें रहीं। कुछेक लोग ऐसा भी भ्रम पाले रहे कि ये लोकसेवक विदेशी शासकों के हाथों के खिलौने हैं। सरदार पटेल ने इस पूर्वाग्रह भरे दृष्टिकोण को नकारा। संविधान सभा के भाषण में पटेल ने स्पष्ट रूप से कहा, ''जहाँ तक देशभक्ति एवं कर्तव्यपरायणता का सवाल है, ये लोकसेवक हमसे किसी मामले में कम नहीं हैं। ये भी तो हमारी तरह हमेशा काम में लगे रहते हैं। इनको भी तो हमारी ही तरह विभाजन का दंश झेलना पड़ा।'' पटेल सिविल सेवा को संरक्षित करना चाहते थे और इसीलिए संविधान के माध्यम से इन्होंने सिविल सेवा को अनुच्छेद 311 के अन्तर्गत सुरक्षित भी किया। उन्होंने स्पष्ट रूप से संकेत दिया कि यदि सिविल सेवा के सारे कर्मियों को बदला गया तो वह काँग्रेस पार्टी और राजनीति से अलग हो जायेंगे। स्वतन्त्रता के बाद आईसीएस (इंडियन सिविल सर्विस) का नाम बदलकर आईएएस (भारतीय प्रशासनिक सेवा) कर दिया गया। इसके अलावा जितने भी कर्मी थे, उनको इनकी सेवा अवधि और प्रवृत्तियों को देखते हुए या तो घर भेज दिया गया या सेवा जारी रखी गयी या फिर जो पाकिस्तान जाना चाहते थे उनको पाकिस्तान भेज दिया गया। इस क़दम से जो भी रिक्तियाँ उत्पन्न हुईं उनको पुनः भर दिया गया। उन्होंने इनके लिए नयी नियमावली और नया संविधान रचने का प्रस्ताव प्रधानमन्त्री पं. नेहरू के समक्ष पेश किया जिस पर नेहरू तुरन्त सहमत हो गये। इन दोनों सिविल सेवाओं को संविधान में स्थान दिया गया। पटेल यही चाहते थे कि लोकसेवक निष्ठा एवं वस्तुनिष्ठता के साथ कार्य करें। उन्होंने उम्मीद की कि ये अपनी रचनात्मक सलाहें स्वतन्त्र एवं निष्पक्ष रूप से बिना किसी भेदभाव के मन्त्रियों के समक्ष प्रस्तुत करें और बदले में उनसे किसी भी तरह के प्रत्युत्तर की उम्मीद न करें। यह मन्त्रियों के विवेक के ऊपर होगा कि या तो वे इन्हें अनुमोदित करें या फिर अस्वीकृत कर दें। पटेल के अनुसार मन्त्रियों और लोकसेवकों के मध्य सम्बन्ध वैध एवं स्वाभाविक हैं। दुर्भाग्य यह रहा कि आज के राजनीतिज्ञ पटेल के द्वारा स्थापित नियमों एवं परम्परा को पूरी तरह भुला बैठे हैं जिससे इस लोक सेवा में भी जंग लग चुकी है। यह निश्चित रूप से देश के भविष्य के लिए नुक़सानदेह है।

सरदार ने रेखांकित किया कि सेना की भूमिका स्वतन्त्र होनी चाहिए। उन्होंने सेना के द्वारा निभायी जा रही भूमिका की सराहना की, भले ही

सेना ब्रिटिश शासकों के इशारे पर काम करती हो लेकिन इनकी निष्ठा परम विशुद्ध है। सेना की जो भी भूमिका स्वातन्त्र्योत्तर भारत में होगी, वह निश्चल एवं गौरवान्वित होगी इसलिए कि ब्रिटिश शासकों के चले जाने से नेतृत्व में जो रिक्तता होगी, उसको भरना भी पड़ेगा। वे कभी यह नहीं चाहते थे कि सेना में जातिवाद, गुट यानी जाट रेजीमेंट या सिख रेजीमेंट बने। वे कहते थे कि सारे सैनिक भारतीय हैं। लेकिन आज भी हम देखते हैं कि सेना में सिख रेजीमेंट, जाट रेजीमेंट या डोगरा रेजीमेंट कार्यशील और सक्रिय हैं। वे नहीं चाहते थे कि सेना सुरक्षा के आन्तरिक मामले में किसी भी तरह की दखलअन्दाज़ी करे क्योंकि सेना के द्वारा ज़खीरे आम आदमी तक पहुँच सकते थे और हिंसा का बोलबाला होने से इनकार नहीं किया जा सकता था। यहाँ भी हमने सरदार पटेल की भावनाओं के साथ खेला और सेना मन्दिरों तक में कूच करने लगी। स्थिति अनियन्त्रित होने पर हमारे पास सेना के अलावा कोई विकल्प ही नहीं था।

सरदार पटेल के पास आन्तरिक सुरक्षा से सम्बन्धित विविध दृष्टिकोण एवं अन्तर्दृष्टि थी। आन्तरिक सुरक्षा पूरी तरह सामाजिक सौहार्द, शान्ति और समरसता पर टिकी होती है। उन्होंने हर समुदाय के लोगों से अपील की कि वे एक साथ शान्ति और भाईचारे के साथ रहें। मुस्लिमों के बारे में उन्होंने कहा कि यदि उनका प्रेम और उनकी निष्ठा पाकिस्तान के साथ है, तो वे वहाँ जाने के लिए आज़ाद हैं। लेकिन यदि उनको भारत में रहना है तो उनकी निष्ठा पूर्ण रूप से भारतीय गणराज्य के प्रति होनी चाहिए। सरदार के ऊपर मुस्लिम विरोधी होने का लांछन भी लगा, लेकिन हर तरह के आरोप पूर्ण रूप से निराधार रहे। महात्मा गाँधी की शहादत के बाद उन्होंने आरएसएस (राष्ट्रीय स्वयंसेवक संघ) पर प्रतिबन्ध लगाने का कड़ा क़दम उठाया। उनके राष्ट्रीय स्वयं सेवक संघ प्रमुख गोलवलक़र से पत्राचार इस तथ्य के प्रमाण हैं और इससे यही परिलक्षित होता है कि उन्हें आरएसएस जैसे विशाल संगठन से भी नाराज़गी जताने में कोई गुरेज़ नहीं था। वह पूर्ण रूप से मुक्त वातावरण में और विशुद्ध लोकतान्त्रिक तरीक़े से भारतीय संविधान के अनुसार कार्य करना चाहते थे।

सरदार पटेल सीटों में आरक्षण के सर्वथा विरुद्ध थे इसलिए कि उन्हें भय था कि समाज कई वर्गों में विभाजित हो जायेगा जो राष्ट्रीय एकता और अखण्डता के लिए ख़तरनाक होगा। उन्होंने अल्पसंख्यक समुदायों से अपील की कि वे आरक्षण की इच्छा न करें। इस पर ईसाई नेताओं

ने सहमति व्यक्त की लेकिन मुस्लिम लीग ने सख़्त ऐतराज़ जताया। इस पर सरदार ने स्पष्ट कहा कि उन्हें विभाजन से पूर्व के हिन्दुस्तान की मानसिकता से उबरने की ज़रूरत है। अगर ऐसा नहीं हुआ तो उनकी जगह सीधे पाकिस्तान में होनी चाहिए, न कि हिन्दुस्तान में। आरक्षण के मसले पर बस एक ही रज़ामन्दी हुई कि अनुसूचित जातियों के लिए आरक्षण का प्रावधान कर दिया गया। उस समय छुआछूत का भाव चरम पर था और संविधान में एक लक्ष्य निर्धारित किया गया कि यदि इनको आरक्षण दे दिया गया तो फिर छुआछूत विलुप्त हो जायेगी। सरदार पटेल, बी.आर. अम्बेड़कर और अन्य नेताओं की प्रत्याशा आज भी धरी–की–धरी रह गयी।

पटेल भारत में उठापटक की नीति एवं प्रवृत्ति के प्रति पहले से ही सजग थे क्योंकि यही नीति भारत के विभाजन की एकमात्र वजह बनी। उन्होंने शिद्दत के साथ महसूस किया कि ऐसी प्रवृत्तियों को ख़त्म करने की ज़रूरत है। यह तभी हो सकता है जब जाति, प्रान्त, भाषा एवं प्रजाति का कोई भी भेदभाव न पनपे। वे कभी भी प्रान्तीय भाषा एवं संस्कृति को बढ़ावा देने के पक्ष में नहीं थे। लेकिन भाषा के आधार पर भारत के नक़्शों का निर्माण करके उनका ही पुरज़ोर विरोध किया गया। नेहरू भी भाषा के आधार पर राज्यों के निर्माण के पक्ष में नहीं थे। लेकिन वे भी पोट्टीश्रीमालु की शहादत के सामने झुक गये और आन्ध्र प्रदेश अस्तित्व में आ गया। इसके बाद भाषा पर आधारित राज्यों के निर्माण का सिलसिला बढ़ता ही गया। तेलंगाना और विदर्भ में जिस तरह के विध्वंस हुए, उससे साफ़ ज़ाहिर होता है कि भाषा के अतिरिक्त कुछ और भी वजहें रहीं, जिनसे या जिनकी वजह से इस तरह के राज्यों का निर्माण हुआ।

सरदार ने बाह्य सुरक्षा के सम्बन्ध में दूरगामी नीतियों को अपनाया। उन्होंने कभी भी चीन में भारत के राजदूत के विचारों से इत्तफ़ाक़ नहीं जताया और न ही उन्होंने भारत के विदेश मन्त्री के द्वारा चीन के लिए सुरक्षा परिषद् में सीट के प्रस्ताव के प्रति सहमति जतायी। उनको पहले से ही चीन की नीतियों के प्रति आशंका रही जो भारतीय हितों के सख़्त ख़िलाफ़ थीं। उन्होंने निर्भयतापूर्वक एक पत्र प्रधानमन्त्री नेहरू को लिखा जिसमें चीन की तरफ़ से भारत पर मँडरा रहे ख़तरे के लिए आगाह किया गया था। उनकी शुभचिन्ताओं को दरकिनार किया गया और भारत को सन् 1962 में चीन से लोहा लेना पड़ा। भारत इसके लिए तैयार नहीं था और उसको घुटने टेकने पड़े। नेहरू इस सदमे को झेल नहीं पाये और

उनकी आँखें सदा के लिए बन्द हो गयीं। पटेल हमेशा नार्थ–ईस्ट की समस्याओं के लिए भी चिन्तित रहते थे। ये वे क्षेत्र थे जिनके लोगों को आज तक उपेक्षित किया गया और वे राष्ट्र की मुख्यधारा में शामिल नहीं हो पाये थे। इसलिए इन क्षेत्रों में राष्ट्र विरोधी गतिविधिय और अवांछित घुसपैठ हो जाया करती थी और बाह्य आक्रमण बहुत ही सुगमता से हो सकता था। भूटान हमेशा से कमज़ोर राष्ट्र रहा है और नेपाल भी भारत का मित्र राष्ट्र रहा, इसलिए ख़तरे की कोई भी गुंजाइश नहीं दिखती है। हालाँकि सरदार को ख़तरे का अन्देशा पहले से ही था और इसीलिए उन्होंने यह भी महसूस किया कि नार्थ–ईस्ट को बेचैन रहने देना ठीक नहीं है। मेघालय, नागालैंड और मिज़ोरम तो पहले ही स्वतन्त्र राज्य के रूप में भारतीय गणतन्त्र के अन्तर्गत घोषित हो चुके थे।

नेहरू की तरह उन्होंने भी अनुभव किया कि देश को औद्योगीकरण की दिशा में बड़े क़दम उठाने की ज़रूरत है। इसमें किसी भी तरह की बाधा नहीं आने देनी चाहिए। हड़ताल पर न जायें, यदि श्रमिकों को किसी भी तरह की समस्या है तो उनको पंचायत या मध्यस्थता का सहारा लेना चाहिए। सरदार के ऊपर पूँजीपतियों के समर्थक होने का आरोप लगा लेकिन भविष्य की सम्भावनाओं को देखते हुए उनका विचार अत्युत्तम रहा।

पटेल और नेहरू ने एक साथ आज़ादी की लड़ाइयाँ लड़ीं लेकिन उनके सरकार में आने के बाद उनके बीच मतभेद गहराने लगे। सरदार पटेल को लगता था कि नेहरू जो भी निर्णय लेते हैं, उनमें उनसे सलाह नहीं ली जाती थी। नेहरू ने भी गृहसचिव एच.वी.आर. अयंगर को बिना पटेल को सूचित किये अजमेर भेज दिया। कुछ ऐसे भी मामले सतह पर आये जिनमें पटेल की सलाहों की आवश्यकता भी नहीं समझी गयी। पटेल ने न चाहते हुए भी यह समझा कि प्रधानमन्त्री जी कैबिनेट मन्त्रालय के लिए स्थापित प्रतिमानों के अनुरूप कार्य नहीं कर रहे हैं। स्पष्ट रूप से नेहरू जी का यह क़दम अब यह प्रदर्शित करने लगा कि कैबिनेट की सरकार नहीं है, अपितु यह प्रधानमन्त्री की सरकार है। इस तरह की प्रवृत्तियाँ परवान चढ़ने लगीं।[13]

इस तरह के ख़तरे से सरदार ने महात्मा गाँधी को चेताया और नेहरू के ख़िलाफ़ परिवेदना व्यक्त की। नेहरू ने सरदार को कहा कि अब उन्हें आराम करना चाहिए। इसके बाद महात्मा गाँधी की हत्या हो गयी। फिर भी सरदार ने महात्मा गाँधी की इच्छा का सम्मान करते हुए

साथ–साथ काम करते रहने और साथ ना छोड़ने की सोची। इस तरह की क़ाबिलियत से भरपूर सरदार का व्यक्तित्व रहा जिन्होंने अल्पकाल में ही संयुक्त भारत की रूपरेखा खींच दी और काल के कपाल पर अमिट निशान छोड़ दिये। इनके कार्य सदा–सदा के लिए भावी राजनयिकों और राजनीतिज्ञों के मार्ग को आलोकित करते रहेंगे।

सरदार पटेल की प्रशासनिक दृष्टि

सरदार वल्लभभाई पटेल भारतीय राष्ट्रीय आन्दोलन के इतिहास में एक अग्रणी पुरोधा रहे हैं। यह उनके अद्‌भुत व्यक्तित्व का ही कमाल रहा कि उन्होंने कई तरह के बहुपक्षीय योगदान किये। यह न केवल आज़ादी के समय बल्कि आज़ादी के बाद भी जारी रहा। यदि हम उनके प्रशासकीय या शासनात्मक योगदान के बारे में विचार करें, तो बरबस उनकी शख़्सियत हमारे ज़ेहन में घूम जाती है। हम उनके इर्द–गिर्द ताक़तों, उनके जीवन–दर्शन एवं उनके सांगठनिक एवं सार्वजनिक जीवन जीने की क्षमता का आकलन करने लग जाते हैं। उनका अनुभव बेशुमार और शानदार रहा कि उन्होंने विरोधी शक्तियों के मंसूबों को साकार नहीं होने दिया और विभिन्न तरीक़ों से शासन–प्रशासन की रूपरेखा भी रची। यदि हम सितम्बर 1946 से उनकी अवसान तिथि दिसम्बर 1950 तक के उनके सतत् महत्त्वपूर्ण योगदान को महज़ एक सफल प्रशासक और राजनेता के रूप में चिह्नित करें तो बेमानी होगा।

सरदार पटेल वास्तव में वास्तविकता के धरातल पर रहे और यथार्थ को आत्मसात करते रहे। इसकी झलक उनके सिद्धान्तों में दिखती है। वे इस तरह के व्यक्ति नहीं थे कि बन्द कमरे में बैठकर मधुर वचन बोलते हुए सांगठनिक सुधार के लिए प्रस्ताव पेश करें। उनकी प्रशासनिक दृष्टि वास्तव में स्थितियों और परिस्थितियों पर निर्भर करती थी और वे वाक़ई में भावी समाज और देश का निर्माण करना जानते थे। उनके पास राजनीतिक, सामाज़िक एवं आर्थिक यथार्थ की एक समझ थी और वे सम्भावनाओं के रास्ते तलाशना और उन पर चलना जानते थे। उनका संघर्ष सतत और गम्भीरता से परिपूर्ण था जिसमें व्यावहारिक जीवन की हक़ीक़तें शामिल रहीं और काफ़ी संघर्षपूर्ण माहौल आसपास विद्यमान रहा, लेकिन किसी भी उपलब्धि को ख़ाली जाने देना, उनकी आदत में नहीं था। वे सोचने से पहले कर गुज़रते थे। उनके मन में किसी भी तरह का भय नहीं था

और उनका मन–मस्तिष्क पूरी तरह से तैयार रहता था। उन्होंने कभी पीछे मुड़कर नहीं देखा। अगर एक बार किसी रास्ते पर चले तो चलते गये। उनके पास एक गहरी दृष्टि या तीसरी दृष्टि भी थी जिससे वो अफ़सरशाही या कार्य–व्यवस्था की किसी भी तह तक जाकर सत्यता का ज्ञापन एवं सत्यापन कर लेते थे। वे अपने विचारों को किसी भी व्यवस्था या निकाय के अनुरूप ढाल लेते थे। व्यावहारिक पक्ष में उन्होंने प्रशासन की बारीक़ी से समीक्षा की थी। पटेल एक सामाजिक एवं राजनीतिक कार्यकर्ता रहे जिनकी पृष्ठभूमि में क़ानून रचता और बसता था। ये अपना ध्यान हमेशा बुनियादी धरातल पर रखते थे लेकिन उनका दिल आम लोगों के लिए बेचैन रहा। वे इतने अधिक भावुक और संवेदनशील रहे कि वे लोगों के लिए आमतौर पर प्रशासनिक और क़ानूनी कठिनाइयों से वाक़िफ़ हो जाया करते थे और इन्हीं स्वाभाविक एवं प्राकृतिक गुणों की वजह से उन्होंने विदेशी गुलामी से मुक्ति दिलायी। उनका विशाल एवं विस्तृत मस्तिष्क, दिल से परोपकारिता की प्रवृत्ति, पर्यावरण की प्राकृतिक एवं स्वाभाविक समझदारी एवं जनमानस के प्रति संवेदनशीलता ही उनकी शानदार उपलब्धियों के पीछे प्रमुख कारणों में से रही, जिन्होंने उन्हें राजनीतिज्ञ और प्रशासन के क्षेत्र में प्रतिष्ठित एवं समृद्ध किया। सीधे–सपाट, सामान्य लेकिन फिर भी चतुर व्यक्ति के रूप में सरदार के पास सारे विषयों की समझ रही जो सीधे–सीधे जनहित से जुड़े होते थे। इसी सम्बन्ध में एम. चलपति राव ने लिखा, "वे शक्ति प्रदर्शित करते थे या उनका सीधा मतलब शक्ति से था। यानी सरदार का पर्याय शक्ति ही था। जो कुछ भी उन्होंने कहा और किया, उससे यह पता चलता है कि वह आगस्टन परम्परा की एक शख़्सियत रहे और इसी के बदौलत उन्होंने जनता के दिलों पर राज किया।"[14] प्रशासन के सम्बन्ध में दूसरा व्यावहारिक पहलू भी है जिसकी कसौटी व्यावहारिक मानदण्ड है। ये दोनों ही पक्ष एक–दूसरे पर अन्योन्याश्रित हैं। प्रशासन एक विषय के रूप में लगातार सुधारात्मकता के प्रति केन्द्रित है और व्यवहार में इसकी परिशुद्धि इसका नैतिक दायित्व है। स्पष्ट रूप से पटेल संगठन की व्यावहारिक शुद्धता के प्रति चिन्तित हैं, इसके पीछे उनका सीमित दृष्टिकोण कदापि नहीं, वरन् नेपथ्य में वे समाज को संगठित रूप से सत्यप्रिय, ईमानदार एवं शुद्ध देखना चाहते थे। उनके चिन्तन की समग्रता को हम दूसरे शब्दों में सुशासन भी कह सकते हैं। ये सारी चीज़ें इसी बात की तरफ़ इंगित

करती हैं कि प्रशासन के अन्तर्गत अनुशासन एक विषयवस्तु के रूप में स्वीकार्य हो सकती है और इसकी प्रविष्टि हमारे पाठ्यक्रम में स्वीकार्य होनी चाहिए। लोक–प्रशासन के विद्यार्थियों के मध्य एक स्वीकार शक्ति बनती जा रही है कि प्रशासन और राजनीति को अलग–अलग करके नहीं देखना चाहिए, बल्कि ये आपस में जुड़े हैं। इनका परस्पर अन्तःक्रियात्मक स्वरूप है। प्रशासन का राजनीतिक एवं संवैधानिक स्वरूप वास्तव में प्रशासनिक प्रभावोत्पादकता एवं जनता में प्रशासन के प्रति विश्वसनीयता के लिए पूरी तरह से सान्दर्भिक है। संविधान सभा की कुछ जटिल समस्याओं के निस्तारण में उनकी भूमिका अविस्मरणीय एवं अकल्पनीय है। संविधान में प्रदत्त जो भी नियम, अनुच्छेद या दस्तावेज़ हैं, उन सभी में उनके अद्भुत व्यक्तित्व की एक झलक नज़र आती है। पटेल परम्परागत ढंग से कभी भी प्रशासक नहीं रहे और न ही उसमें उनका विश्वास ही था। आज़ादी की लड़ाई की विभिन्न अवस्थाओं, विभिन्न प्रकृति, विभिन्न प्रवृत्तियों और परिवेश से गुज़रते हुए उनका व्यक्तित्व स्वतः ही प्रशासक और राजनीतिज्ञ के रूप में निखरता चला गया। एक तरीक़े से कहा जाये तो स्वतन्त्रता के बाद देश में जो भी निहित प्रशासनिक आवश्यकता रही, उसका निपटारा उन्होंने अभिभावकत्व के दृष्टिकोण के साथ किया। वास्तव में, उनका समस्त प्रयास राष्ट्र निर्माण के प्रति केन्द्रित था। उनका समस्त प्रशासनिक कला–कौशल उनकी अभिव्यक्ति में परिलक्षित होता था, जिसका पल्लवन एवं पुष्पन स्वतन्त्रता के दौरान ही हुआ।[15]

सरदार की क़ानून में प्रवीणता, न्यायिक सम्प्रभुता और न्यायालय में क़ानून की प्रैक्टिस ने भी उनकी विचारधारा पर अपना प्रभाव छोड़ा। सरदार के व्यक्तित्व में क़ानून के अध्ययन का योगदान यह रहा कि उनके विचारों में गम्भीरता और गहनता का समावेश हो गया। इससे उनमें ऑफ़िस के कामकाज, पुलिस और प्रशासन के साथ कामकाज और समाज के प्रति पूरी मनोवैज्ञानिक समझ विकसित हो गयी। इस तरह उन्हें प्रशासनिक जटिलताओं और लोगों की व्यथाओं की पूरी जानकारी स्पष्ट हो गयी। प्रशासन के सन्दर्भ में उनकी समझ बहुत गहरी, विशद् और पैनी रही। पटेल बिना विचार या निरीक्षण के गाँधी जी के समक्ष किसी भी वाद को प्रस्तुत नहीं करते थे। महात्मा गाँधी से एक बार आश्वस्त, विश्वस्त हो जाने के बाद, वह एक अनुशासित सिपाही के रूप में लगे रहे। गाँधी जी के साथ साहचर्य का, उनके दृष्टिकोण पर अमिट प्रभाव पड़ा और यही प्रभाव

उनकी कार्यप्रणाली में भी झलकता था। डॉ. राजेन्द्र प्रसाद ने भी कहा, "महात्मा गाँधी की तरह, वह भी हर समस्या की गहराई में जाते और जब तक वह भौतिक सत्यापन नहीं कर लेते, उनको सन्तोष ही नहीं होता था। वह इस तरह के व्यक्ति कदापि नहीं थे कि समस्या के निदान के सन्दर्भ में औपचारिकता तक ही सीमित रहें। उन्हें अपने आप पर और जनता पर भी अटूट विश्वास था और उनके लिए किसी भी हद तक जोख़िम लेने के लिए तैयार थे। उनकी यह मान्यता थी कि अगर हम सही रहे तो किसी भी तरह का जोख़िम या ख़तरा कुछ बिगाड़ नहीं सकता है। मितभाषी व्यक्तित्व के धनी सरदार अपने निर्णय पर अमल करना या लागू करना भी जानते थे।"[16]

सरदार पटेल एक बार पार्लियामेंट्री सब–कमेटी के चेयरमैन बने। उनको प्रान्तीय विधानसभा में चुनाव कराने के लिए उम्मीदवारों का चयन करना था। इसके अलावा सारे विधानसभा प्रान्तों के चुनाव संचालन का दायित्व, कार्यक्रम नियोजन, अनुशासन एवं सारे सदस्यों के मूल्यांकन का दायित्व भी उनका था। इस दौरान उन्होंने न केवल दलगत राजनीति का उन्मूलन किया, बल्कि प्रशासनिक खींचतान, राजनीतिक तनाव एवं दबाव, लोगों की प्रतिक्रियाएँ एवं प्रशासन के दायित्वों का भी सफलतापूर्वक निर्वहन किया। सरदार में कूटनीतिक प्रतिभा रही एवं संसदीय मामलों को निपटाने की क्षमता भी रही। उस समय अक्सर राज्यपाल और सरकारी तन्त्र में तनातनी रहती थी। यह समस्या प्रायः तब चर्चा में रहती थी जब वरिष्ठ अधिकारी को राज्यपाल बनाया जाता था। सरदार पटेल ने इन सारी समस्याओं का सरलता से समाधान किया। ग़ज़ब की अन्तर्दृष्टि सरदार में रही, जो उस समय दिखती थी जब वे मुख्यमन्त्रियों, राजनीतिज्ञों और सामन्तों से विचार–विमर्श कर रहे होते थे। इसी तरह की समस्या एक बार काठियावाड़ राज्य में भी दिखी, जब सरदार को अपनी प्रतिभा दिखाने का मौक़ा मिला। उस समय गाँधी जी राजकोट में अनशन कर रहे थे। वहाँ राज्य की जनता और सरदार में ठनी थी, जिसे सरदार ने अपनी वाक्पटुता और चातुर्य से हल कर दिया।

अन्तरिम सरकार में पटेल की अग्रणी भूमिका के बारे में वी.पी. मेनन लिखते हैं, "जब उन्होंने सन् 1946 में गृह मन्त्रालय का कार्यभार सँभाला, उस समय उन्हें प्रान्तीय मन्त्री तक का भी अनुभव नहीं था, फिर भी उनमें प्रशासनिक क्षमता की एक से बढ़कर एक ख़ूबियाँ दिखीं। वे न केवल अपने अधिकार का प्रयोग करना और व्यक्तियों से व्यवहार करना भी जानते

थे। वे पूरी समस्या पर तर्क एवं विमर्श करते थे। इसके बाद नतीजे पर पहुँचते थे, जो भी फ़ैसला होता था, वह अन्तिम रहता था। किसी भी तरह की तब्दीली की कोई भी गुंजाइश नहीं रहती थी। वे जिसको भी कार्य सौंपते थे, उसी पर छोड़ देते थे। हर व्यक्ति उनके द्वारा प्रदत्त कार्य को ईमानदारी और तल्लीनता से अंजाम देता था क्योंकि जवाबदेही केवल उसी की बनती थी।'' यह एक छोटा–सा नमूना रहा, जिसमें सरदार के विशाल व्यक्तित्व की एक छोटी–सी झलक मिलती है कि वे एक उम्दा प्रशासक रहे, इसमें कोई शक नहीं है।[17]

राज्यों का विलय वास्तव में पटेल के जीवन का एक शानदार सोपान रहा, जिसने हमारे इतिहास को भी गौरवान्वित किया। अब इसके राजनीतिक और मनोवैज्ञानिक विमर्श एवं इसके विवरण में जाने की ज़रूरत नहीं है क्योंकि इस घटना ने देश की तक़दीर और तस्वीर बदल दी। वी.पी. मेनन लिखते हैं, ''सरदार ने जिस तरह से शासकों और नवाबों से वार्ता की और उन्हें राज़ी किया, यह उनकी नीति और नीयत में ईमानदारी को दर्शाता है। नवाबों और शासकों ने उन्हें एक नयी राजनीतिक ताक़त के रूप में पहचाना और एक ऐसे शख़्स के रूप में स्वीकार किया जिसने एक नयी, ताज़ी लेकिन ईमानदार पहल की।'' इसके अतिरिक्त उनकी विशिष्ट नम्रता उनकी उपाधि 'आयरन मैन ऑफ़ इंडिया' के सर्वथा विपरीत थी जिसने एक ऐसा परिवेश उत्पन्न किया कि सारे लोग उनकी सलाह के मुरीद हो गये। यह उनका राजनय एवं चातुर्य रहा जिसने विनाशलीला एवं विघटन को नेस्तनाबूद किया। जूनागढ़ का उलझनों से भरपूर मसला सरदार के द्वारा ही हल किया गया। केवल कश्मीर और हैदराबाद के ही मसले थे, जिनके लिए सरदार को क़तई दोष नहीं दिया जा सकता है। उस समय के हालात और परिवेश पर जनरल जे.एन. चौधरी कहते हैं, ''उन्होंने कभी भी कार्याविधि का समय बार–बार नहीं पूछा और सारी चीज़ें टीम के सामने रख दीं। इससे टीम में ज़बरदस्त आत्मविश्वास बढ़ा। जब कार्य समाप्त हो जाता था तो वे टेलीग्राम पर 'वेल डन' का सन्देश भेजते थे। यह मधुर सन्देश हम लोगों के लिए कई उपहारों के बराबर था।'' जनरल चौधरी ने अपनी अनुभूतियों को समेटते हुए कहा, ''भक्ति या आस्था के रास्ते भी दोतरफ़ा हुआ करते हैं जो सीधे नीचे की सीढ़ियों से नीचे उतर जाते हैं।'' वास्तव में यह कहावत प्रशासनिक दक्षता एवं प्रभावोत्पादकता के सन्दर्भ में सटीक बैठती है। प्रशासन के दक्ष समालोचकों का आज भी

यह कहना है कि अगर सरदार के ऊपर सारी चीज़ें छोड़ दी गयी होतीं तो आज कश्मीर समस्या का अस्तित्व ही नहीं होता।[18]

सरदार महज़ राज्यों के विलय से ही सन्तुष्ट नहीं थे। उन्हें सामन्तवादी प्रवृत्तियों का पता था, इसलिए वे संस्थाओं और संघटनों के लोकतन्त्रीकरण एवं आधुनिकीकरण के समर्थक थे। प्रशासन को व्यापक प्रतिस्पर्धात्मक एवं जनमैत्री से परिपूर्ण बनाने के लिए उन्होंने 'इंस्टीट्यूशन ऑफ़ एडवाइज़र्स' प्रस्तुत किया। उनकी सधी और सजग आँखें हमेशा राज्यों के विषय एवं राज्यों के विकास के लिए चौकन्नी रहती थीं। विशेषतः नवाबों के राज्यों के विषय में वे सदैव चौकस रहते थे। उनका सबसे सतत सम्पर्क इस विषय में सान्दर्भिक एवं स्तुत्य है। दूसरे शब्दों में कहा जाये तो उन्होंने समस्त लोकप्रिय संस्थाओं को प्रशिक्षण एवं निर्देशन दिया। इससे उन संस्थाओं की सारी बाधाएँ निर्मूल साबित हुईं, जो आगामी भविष्य में विकास की सम्भावनाएँ तलाश रही थीं। संस्थाओं के विकास की सम्भावनाएँ प्राकृतिक रूप से सहज स्वाभाविक थीं क्योंकि आगामी दिनों में लोकतन्त्र का गुरुतर दायित्व इन संस्थाओं के सिर पर आने वाला था।

सरदार ने संविधान निर्माण की प्रक्रिया में अपना अतुलनीय और परम योगदान दिया, जिसकी सराहना अन्य विभूतियों–वी. शिवाराव, बी. आर. अम्बेडकर और फ्रेंक एंटोनी द्वारा की गयी। सरदार ने अल्पसंख्यक एवं मूल अधिकार की सलाहकार समिति के अध्यक्ष के तौर पर समुदाय में विश्वास और प्रेरणा की भावना का संचार किया और मुस्लिमों के लिए अलग प्रतिनिधित्व के मसले को बख़ूबी निपटाने की कोशिश की। वे अनुसूचित जातियों एवं जनजातियों की समस्याओं और दयनीय दशा से भली–भाँति परिचित थे और इसलिए इनकी सुरक्षा के कई उपाय सुझाये। जिनमें ऐतिहासिक विषमता को निपटाने के लिए एक सही दिशा में क़दम था। उन्होंने विशेष रूप से सामाजिक सौहार्द की भावना को विकसित करने पर बल दिया। फ्रेंक एंटोनी ने उन्हें अल्पसंख्यकों का सच्चा दोस्त कहा जिनसे उनकी भलाई और उनके प्रति सच्ची समझदारी विकसित होना सम्भव हो पायी। देश की एकता और अखण्डता से उन्होंने कोई समझौता नहीं किया। वे हमेशा देश के पुनः संगठन के ख़िलाफ़ रहे। उनकी निष्ठा और उनके अन्तस को देखते हुए उन्हें उस समिति का चेयरमैन चुना गया जिसको संविधान के आधारभूत तत्त्वों का निर्धारण करना था। यहाँ उन्होंने नेहरू जी के साथ तालमेल और सामंजस्य स्थापित किया, जो इस समिति के

सर्वेसर्वा रहे। सरदार ने संघ की सेवाओं को स्थायी रूप से सुचारु रखने के लिए सुरक्षा के मानक सुझाये। यह कहने में कोई गुरेज़ नहीं कि उस समय जितनी भी संवैधानिक परिस्थितियाँ एवं मुद्दे रहे उनमें यत्र–तत्र परेशानियाँ और दुश्वारियाँ रहीं। वास्तव में, हमें उनके धैर्यशील मस्तिष्क के साथ तर्क–वितर्क और व्यक्तित्व में प्रौढ़ता को धन्यवाद करना चाहिए कि उनके अथक प्रयास से न्यायपालिका एक अलग सर्वोपरि एवं सर्वोच्च संस्था के रूप में प्रतिष्ठित हो गयी जिससे लोकतन्त्र का भविष्य सुरक्षित एवं संरक्षित हो गया, जिसको राजनीति का संक्रमण या किसी भी तरह का वैधानिक हस्तक्षेप प्रभावित नहीं कर सकता था।

सरदार की राजनीतिक शुचिता और वाणी में स्पष्ट ओज का ही कमाल था कि आज भी वे हमारे बीच स्तुत्य, स्मरणीय एवं वन्दनीय हैं। इसके अतिरिक्त दृढ़ निश्चय, तीव्र एवं प्रखर आकलन, विश्लेषण की क्षमता, स्थितियों की नज़ाकत की सटीक पहचान और निर्णय क्षमता आदि उनके व्यक्तित्व में तब प्रस्फुटित हुए, जब वे सत्तासीन हो गये। सरकार में आते ही उन्होंने अपने आसपास कर्मठ व्यक्तियों की फ़ौज खड़ी की और अफ़सरशाही को अपने अधीनस्थ किया। वक़्त की क्रूरता एवं कठिन परिस्थितियों ने उन्हें वास्तविकतावादी करार दिया और उन्होंने भारी दिल से विभाजन के दंश को झेला। उनकी सबसे बड़ी सफलता यही थी कि उन्होंने अत्यन्त प्रतिकूल हो चुके वातावरण में पंगु क़ानून को न केवल दुरुस्त किया, बल्कि सुशासन स्थापित किया तथा उनकी भूमिका 'पार्टीशन काउंसिल' और 'ज्वाइंट डिफ़ेंस काउंसिल' में सराहनीय रही। इसमें उन्होंने जिस तरह के फ़ैसले लिए, वे अत्यन्त शीघ्रतापूर्ण और निर्लिप्त भाव से लिए गये, उन्होंने समाज और प्रशासन के हर स्तर को अत्यन्त प्रभावित किया। इस कार्य ने समाज को बेख़ौफ़ जीने का हौसला दिया। इससे एक फ़ायदा भी हुआ कि विभाजन जैसा अशुभ कार्य जल्दी से निपट गया। लेकिन फिर भी हमारा भारत फ़िरकापरस्त ताक़तों का शिकार होता रहा और इसी आड़ में राष्ट्र विरोधी तत्त्वों को पोषण मिलता रहा। यह संक्रमण आज़ादी पाने के साथ ही शुरू हो गया। वी. शंकर ने अपने संस्मरण में सरदार पटेल की कई घटनाओं का ज़िक्र जिनके सम्बन्ध में उनके निर्णय की सराहना की गयी, जिसकी वजह से हिन्दुस्तान आज भी सुरक्षित है। हमें लगता है कि भगवान ने उनको राष्ट्र शुभचिन्ता, साम्प्रदायिक समरसता और धर्मनिरपेक्ष राज्य क़ायम करने के लिए ही रचा था। प्यारेलाल ने सही कहा कि वे

इतने महान थे कि किसी के प्रति उनमें विरोध का भाव ही नहीं रहा। डॉ. रफ़ीक़ सकारिया ने अपने भाषण 'सरदार पटेल और भारतीय मुसलमान' में अत्यन्त तार्किक ढंग से कई ऐसे मुद्दे तराशे जिनसे एक बार लगा कि सरदार पटेल मुस्लिम विरोधी रहे। यह सर्वविदित है कि नेहरू को एक बार सरदार पटेल से निवेदन करना पड़ा कि वे पश्चिम बंगाल के लोगों को आश्वस्त करें और नेहरू लियाकत अली समझौते के बारे में समझायें। सरदार पटेल ने जनवरी 1948 में एक जनसभा को सम्बोधित करते हुए कहा कि यदि सरकार अपना विश्वास जनता से नहीं प्राप्त करती है तो उसे एक दिन भी सरकार में बने रहने का अधिकार नहीं है।

सरदार पटेल पर इस तरह के लांछन तर्कहीन एवं दुष्प्रचार करने वाले हैं, क्योंकि ये सब बेमानी है। उन्हें प्रतिक्रियावादी, नवाबों के मित्र, उद्योगपति और भूस्वामी भी कहा गया। यहाँ पर प्यारेलाल स्पष्टतः कहते हैं, "उन्हें नारों और किसी भी तरह के वाद से नफ़रत थी। उन्होंने इसका विरोध किया। एक़दम अपने दिग्दर्शक गाँधी जी की तरह उन्होंने व्यक्ति और व्यवस्था के बीच एक रेखा खींची। वे भेड़चाल के एक़दम विरुद्ध थे। आज़ादी मिलने के बाद भी उन्होंने अपना ध्यान देश की उत्पादकता, सम्पत्ति के सृजन एवं सम्पत्ति के समान वितरण पर विशेष रूप से केन्द्रित किया, क्योंकि सच्चे अर्थों में आज़ादी का मतलब तभी है जब सभी लोग एक समान हों। इसके अलावा यह भी सर्वविदित था कि यह काल संक्रमण का तो था ही," इसके अतिरिक्त आर्थिक कठिनाइयाँ भी थीं। जब उनसे पूछा गया कि क्या आपके लिए समाजवाद वांछनीय है तो उन्होंने उत्तर दिया, "गाँधी जी के आश्रम में पहला सिद्धान्त यही है कि सम्पत्ति पर किसी का व्यक्तिगत अधिकार नहीं है। क्या यह समाजवाद नहीं है? यही व्यावहारिक समाजवाद है।" शायद वे सामाजिक चेतना के पक्षधर अधिक रहे, इसलिए इस तथ्य से इनकार भी नहीं किया जा सकता है कि किसी भी राज्य का एकमात्र लक्ष्य समाजवाद है और यह विकास की एक प्रक्रिया है, जो बदस्तूर जारी थी, है, और रहेगी। सरदार पटेल सामाजिक परिवर्तन इस तरह का कभी नहीं चाहते थे कि केवल संस्थाओं का ही विकास हो, इसलिए उन पर किसी भी तरह के पक्षपात का आरोप लगाना सरासर बेमानी है। वे इस तरह के किसी भी सैद्धान्तिक सूत्रपात के ख़िलाफ़ थे जो सर्वरोग औषधि के दावे करती हो क्योंकि व्यावहारिक रूप से यह सम्भव नहीं था। उनका दृष्टिकोण पूर्ण व्यावहारिक एवं गवेषणात्मक था।

श्री गिरिजाशंकर वाजपेयी के भाषण के अंश में उद्‌गार इस प्रकार रहे, "हमें एक ऐसा प्रशासक मिला कि जिसके सम्मान में हम जितने सारे लोग एकत्र हुए हैं, किसी में भी इतना सामर्थ्य नहीं है कि उनके व्यक्तित्व को अपनी भाषा में पिरो सके। इतिहास में ऐसे उदाहरण बहुत ही कम होंगे, जिसने आज़ादी की लड़ाई स्थिरता के लिए लड़ी हो, जो स्वस्थ समाज की पहली शर्त है। सरदार पटेल ने कभी भी हिंसक परिवर्तन के लिए कार्य नहीं किया। वे चाहते थे कि कोई भी तरक्क़ी विकास के साथ होनी चाहिए और यही उनका मक़सद भी था। हालाँकि सन् 1947 में जब सत्ता का परिवर्तन हुआ, सरकारी मशीनरी और प्रशासन को सुरक्षित करना पड़ा। स्वतन्त्र भारत के गृहमन्त्री होते हुए पटेल ने दोहरा कार्य किया। यह काम आसान नहीं था क्योंकि देश अभी भी विभाजन के दंश से नहीं उबर पाया था। हमारे देश की नियति त्रिशंकु जैसी थी, क्योंकि करोड़ों लोगों ने अपना स्थान परिवर्तन होशोहवास खोकर मजबूरी में पलायन के द्वारा किया था। इन तमाम जुल्मों सितम को लाखों ऐसे लोगों ने भी बर्दाश्त किया जिन्हें यह देश भी नहीं जानता है।"[19]

यह सरदार की महानता रही कि उन्होंने हर एक देशवासी की भक्ति को नमन किया और उसे अहमियत दी। कहा गया है कि विश्वास से ही विश्वास पैदा होता है और अविश्वास कुछ पैदा नहीं करता है और न ही कुछ जोड़ता है। यह विशुद्ध रूप से आत्मघाती होता है। सरकार और प्रशासन के रिश्ते में यही सूत्र पूरी व्यवस्था या निकाय को संचालित करता है। मन्त्रियों और सचिवों के बीच रिश्ते और प्रशासन का राजनीतिक नियन्त्रण वास्तव में मनोवैज्ञानिक और राजनीतिक जटिलता से जुड़ा मसला है। एच.वी.आर. अयंगर ने गृहसचिव के रूप में कार्य किया और वे नेहरू जी के भी सचिव रहे। उन्होंने भी सरदार के बारे में बहुत कुछ लिखा है कि सरदार के साथ रहने से बहुत कुछ सीखने को मिला। एक राजनीतिक दिशा भी मिली। एक बार संविधान सभा में सरदार पटेल ने कहा, "आजकल मेरे सचिव ऐसे भी नोट लिखते हैं, जो मेरे विरुद्ध होते हैं। मैंने यह आज़ादी उनको दी है। अगर तुम डर के मारे ईमानदार दृष्टिकोण या विचार नहीं देते हो कि तुम्हारे मन्त्री नाराज़ हो जायेंगे, तो बेहतर होगा कि यह काम छोड़कर चले जाओ। मैं दूसरा सचिव खोज लूँगा।" इसमें पटेल की राजनीतिक समझ एवं प्रशासनिक दृष्टि साफ़ झलकती है।

सभी लोगों को यही पता है कि सरदार के पास अदम्य इच्छाशक्ति

थी और वे अपनी प्रतिष्ठा के साथ किसी तरह के समझौते नहीं करते थे। उनका दृष्टिकोण सम्भावनाओं और साधनों से भरा था। स्वतन्त्रता के निहितार्थ को समझाने के लिए और प्रशासनिक समस्याओं से निपटने के लिए उन्होंने नेहरू से बढ़कर कार्य किये। चाहे वे प्रतिभा खोज हों, संविधान निर्माण के विषय हों, कूटनीति की जटिलता हो या लोगों और कार्यों का विस्तृत संजाल हो, पटेल ने अद्वितीय प्रतिभा का प्रदर्शन निःस्वार्थ भाव से किया।

यहाँ पर लॉर्ड माउंटबेटन के आकलन का भी ज़िक्र करना उचित होगा जिनके साथ पटेल के मतभेद कोई छिपी बात नहीं थी–"मैंने सरदार को पहली बार तब जाना जब मैं मार्च 1947 में भारत गया। मुझे सावधान किया गया कि मेरी एक निहायत ज़िद्दी और अटल संकल्पशक्ति वाले शख़्स से मुलाक़ात होगी जिसके साथ समझौते का तो सवाल ही नहीं। लेकिन उस शख़्स से मिलने के बाद मैं इस नतीजे पर पहुँचा कि इसके पास एक मुलायम और सहानुभूति से भरा दिल भी है और प्यारा आदमी भी है, इसमें कोई शक नहीं है।" पटेल एक ऐसे शख़्स रहे जिस पर भरोसा किया जा सकता था और वे पल–भर में आशा और विश्वास का संचार कर सकते थे। वे जानते थे कि राजनीति और जीवन सम्भावनाओं की कला है। एक ऐसा व्यक्ति जो सिद्धान्तों और समग्रता से भरापूरा हो, उसने किसी भी ताक़त के सामने समझौता नहीं किया जो राष्ट्र विरुद्ध हो।

वे अचानक परिवर्तन (अर्थात् उत्परिवर्तन) पसन्द नहीं करते थे। इसीलिए उनके दिग्दर्शक गाँधी जी ने भी विश्वास जताया कि क्रमिक एवं सतत परिवर्तन ही स्थायी और लाभकारी हैं। लेकिन पटेल हमेशा वैज्ञानिक अन्वेषणों और अनुसन्धानों के हिमायती रहे क्योंकि वे नयी आज़ादी प्राप्त कर रहे लोगों के आशा और विश्वास पर खरे उतरना चाहते थे। उनकी पूरी मंशा थी कि संसाधनों का पोषण किया जाये। जहाँ तक उनकी क्रमिक विकास के सम्बन्ध में अवधारणा का सवाल है, वो बिल्कुल प्रकृति के तद्नुरूप थी। इसलिए यह मानना कि इन सभी विचारों या अवधारणाओं में उनका स्व भी था, तर्कसंगत और सही नहीं है।

जब हम सरदार के प्रशासन के लिए योगदान पर एक दृष्टि डालते हैं तो ऐसा लगता है कि उन्होंने प्रशासन को लोकतन्त्रीकृत करने के लिए मुख्यतः कार्य किया। सरदार ने अप्रत्यक्ष रूप से प्रशासन के लिए वैचारिक स्तर पर कार्य किया। अब प्रश्न यह उठता है कि ऐसी कौन–सी कसौटियाँ

रहीं जिसके आधार पर प्रशासन लोकतन्त्रीकृत समझा जाये। सबसे पहले तो प्रशासन इस बात पर अधिक केन्द्रित होना चाहिए कि ज़्यादा–से–ज़्यादा लोग इससे जुड़ें। प्रशासन किसी व्यक्ति, परिवार या समुदाय विशेष के इर्द–गिर्द नहीं घूमना चाहिए। इसे हर हाल में प्रत्येक व्यक्ति के साथ उचित रूप से न्यायप्रियता के साथ और बिना किसी भेदभाव के पेश आना चाहिए। इसके कर्मचारी बिना किसी भेदभाव के नियुक्त होने चाहिए और वे विस्तृत सामाजिक–आर्थिक स्तर की पृष्ठभूमि से जुड़े होने चाहिए। प्रशासन के लोकतन्त्रीकृत होने के पीछे की कसौटी की दूसरी शर्त यह है कि इसे जनता से पृथक् नहीं होना चाहिए। इसे नम्र, संवेदनशील और ज़िम्मेदार होना चाहिए जिससे ये जनता की अपेक्षाओं और उम्मीदों पर खरा उतर सके। प्रशासन के लोकतन्त्रीकृत होने के पीछे की कसौटी की तीसरी शर्त यह है कि प्रशासन केवल प्रशासनिक अधिकारियों के द्वारा ही नियन्त्रित नहीं होना चाहिए बल्कि इसका नियन्त्रण करने वालों के साथ कुछ अन्य ज़िम्मेदार व्यक्तियों के भी दृष्टिकोण या उनकी वैचारिकता भी जुड़ी होनी चाहिए और प्रशासन को राजनीतिक विचारों से भी प्रभावित नहीं होना चाहिए।

सरदार ने जो भी संवैधानिक ढाँचा उपलब्ध कराया और जिस तरह से उन्होंने समस्याओं के शमन के लिए कार्य किया, और इसके अलावा जिस तरह से उन्होंने परम्पराओं और संस्कृति की नींव डाली, उससे लोकतन्त्र की जड़ें एवं कार्यशीलता मज़बूत हुई। सरदार जिस तरह का माहौल प्रस्तुत करना चाहते थे उससे यही संकेत मिलता है कि उनके आदर्श एवं विचार एक लोकतन्त्रीकृत समाज की स्थापना के प्रति समर्पित रहे। उनका सपना था कि ऐसा प्रशासन विकसित हो जिसकी आस्था लोकतन्त्र में हो।

अब यदि हम उनके व्यक्तित्व के सार–संक्षेपण का प्रयास करते हैं तो प्रथमतः हमें उनमें यह गुण दिखायी दे जाता है कि उनमें शीघ्र विश्लेषण करने की क्षमता रही। यह एक ऐसी प्रवृत्ति थी कि वे तुरन्त स्थितियों को भाँप लेते थे और सारे तथ्यों और आँकड़ों को कण्ठस्थ कर लेते थे। दूसरी प्रवृत्ति उनमें यह रही कि वे समय के पाबन्द थे और उन्हें पता होता था कि कब और किस तरह से क़दम उठाने हैं। इसके अतिरिक्त उनमें सोचने की अपार क्षमता थी कि वे समस्याओं पर गहनता से सोचते थे, उनमें विवेक की प्रवृत्ति क़ार्यशील रहती थी कि

कब और किस तरह से तथ्यों का विश्लेषण करना है और दूध का दूध और पानी का पानी करना है। वे लोगों को सटीक ढंग से पहचानते थे और वे बेहतर ढंग से ज़िम्मेदारी उठाना जानते थे और उसे निपटाना भी जानते थे ताकि लोगों में आशा और विश्वास का संचरण हो और वे हर तरह के समर्थन, सहयोग एवं संरक्षण मुहैया कराने के लिए सतत तत्पर रहते थे। बैकुंठ, एल. मेहता ने कहा, "केवल अपने अध्ययनशीलता, ज्ञान एवं अन्तर्दृष्टि के बेहतर रसायन की वजह से पटेल राजनीतिज्ञ एवं प्रशासक के रूप में स्थापित एवं प्रतिष्ठित हुए और उनकी दृष्टि व्यापक एवं विकसित होती गयी। शायद ही किसी व्यक्ति में ये सारी विशेषताएँ मिल पाती हों।"

सरदार पटेल में प्रशासनिक क्षमता का गुण उनका समस्याओं के साथ निकटता के सम्बन्ध से निखरा हुआ था। वे समस्याओं का गहन चिन्तन–मनन करके सभी वैकल्पिक उपायों पर दृष्टि डालकर श्रेष्ठ विकल्प का चयन बड़ी निर्भीकता एवं दृढ़ता से करते थे। पटेल अपने अधीनस्थों के प्रति उदार दृष्टिकोण, उनमें विश्वास एवं उनके साथ निकटता का भाव रखते थे। उनका मानना था कि प्रशासनिक कार्यों में राजनीतिक हस्तक्षेप नहीं होना चाहिए और प्रशासकों एवं प्रबन्धकों को सरदार के प्रति प्रतिबद्धता का परिचय देते हुए नीतियों एवं क़ानूनों का क्रियान्वयन करना चाहिए। वे चुनौतियों को दृढ़ता से स्वीकार करने में विश्वास रखते थे।

सरदार पटेल हस्तक्षेप रहित प्रशासन के पक्षधर थे, जिसमें अधिकारियों से पूर्ण नीतिगत लाभ लिया जा सके और प्रशासक दृढ़ता के साथ सार्वजनिक कर्तव्य निभा सकें। वे देशहित को सर्वोच्च रखकर देखना चाहते थे, ऐसा उनके नेतृत्व का चरित्र था। इस प्रकार वे नेपोलियन की भाँति राष्ट्रहित की सर्वोच्चता तो चाहते थे, परन्तु बिना किसी ग़लत परम्परा की नींव डाले। वे लोकतान्त्रिक पद्धति से कार्य करने वाले राष्ट्रवादी थे। वास्तव में सरदार पटेल एक कर्मठ, कर्तव्यनिष्ठ एवं सच्चे देशभक्त थे जिन्होंने अपना सारा जीवन देश सेवा में लगा दिया। वर्तमान सन्दर्भ में भी वे उतने ही प्रासंगिक हैं जितने अपने समय में थे। हम आज यदि उनके बताये हुए रास्तों पर चलें और उनके आदर्शों, गुणों का अनुसरण करें तो देश को उन्नति के शिखर तक ले जा सकते हैं।

भारतीय लोक सेवा के निर्माता सरदार पटेल

ब्रिटिश औपनिवेशिक शासन की अन्तिम घड़ी का कयास तभी लगाया जाने लगा, जब भारत में सन् 1946 में पं. जवाहरलाल नेहरू के नेतृत्व में अन्तरिम सरकार ने कार्यभार सँभाला। सरदार पटेल ने गृह मन्त्रालय, सूचना प्रसारण और राज्यों के एकीकरण या विलय का प्रभार सँभाला। गृहमन्त्री के रूप में पटेल क़ानून व्यवस्था को दुरुस्त करने में लगे थे और भारत एक कठिन दौर से गुज़र रहा था। मुस्लिम लीग अपनी ज़िद पर अड़ा था और साम्प्रदायिकता धीरे–धीरे अपने पैर पसार रही थी। इन परिस्थितियों में सरदार ने देश की क़ानून व्यवस्था को सुदृढ़ किया। आज़ादी से पहले सिविल सर्विस राष्ट्रवादी नेतृत्व के लिए अभिशाप के समान थी। सरदार भी सिविल सर्विस से काफ़ी रंजिश रखते थे। सन् 1931 में भारतीय राष्ट्रीय काँग्रेस के अध्यक्ष के रूप में उन्होंने सिविल सर्विस में आने वाले भारी–भरकम ख़र्चे का विरोध किया। संविधान सभा में भी उन्होंने सिविल सर्विस के स्वरूप एवं तौर–तरीक़ों का भारी विरोध किया। लेकिन आज़ादी के बाद, सरदार पटेल ने अपने दृष्टिकोण पर विचार किया और फिर सिविल सर्विस उन्हें अच्छी लगने लगी। उन्होंने सिविल सर्विस को लोक सेवा और एक अमूल्य संस्था के रूप में देखा। सन् 1949 में उन्होंने संविधान सभा में कहा, "मैं आपको आश्वासन देना चाहता हूँ कि मैंने इन सिविल सर्वेंट्स के साथ काफ़ी मुश्किल भरे दिनों में काम किया। मैं अत्यन्त ज़िम्मेदारी के साथ बोल रहा हूँ और मैं यह स्वीकार करता हूँ कि देशभक्ति, निष्ठा, ज़िम्मेदारी के मामले में, या फिर योग्यता के मामले में इनका कोई सानी नहीं है। ये हमारे ही तरह अच्छे हैं। मैं इस सदन में प्रामाणिक रूप से कहना चाहता हूँ कि दो से तीन वर्ष के दौरान यदि इन लोगों ने निष्ठा के साथ कार्य नहीं किया होता तो आज संघ का ये स्वरूप नहीं होता।"[20]

सरदार पटेल ने स्वतन्त्र भारत में सुशासन को निश्चित करने के लिए सिविल सर्वेंट्स को अपना भागीदार माना। उन्होंने खुले रूप से आह्वान किया कि वे निर्भय होकर और व्यावसायिक रूप से मन्त्रियों से सम्बन्धों का निर्वहन करें। उन्होंने मन्त्रियों को भी आगाह किया कि वे चापलूस सिविल सर्वेंट्स से सावधान रहें उनकी सलाहों को सावधानी से सुनें एवं अमल में लायें। सरदार ने हरसम्भव, हर क़ीमत पर संविधान की रक्षा की

और सिविल सर्विस में पारदर्शिता का भरोसा दिलाया। इस तरह सरदार विशुद्ध रूप से सच्चे हिमायती रहे और उनको निस्सन्देह भारतीय या संघ लोक सेवाओं का निर्माता कहा जा सकता है। प्रधानमन्त्री जवाहरलाल नेहरू के नेतृत्व में अन्तरिम सरकार ने सन् 1946 में कार्यभार सँभाला, उस समय सरदार पटेल ने लोक सेवा यानी सिविल सर्विसेज़ को पुनः प्रतिष्ठित करने में एक अहम भूमिका निभायी। पटेल हमेशा कुछ–न–कुछ करने के लिए लालायित रहते थे। वे भारतीय संविधान में अनुच्छेद 312 की प्रविष्टि कराने में हरसम्भव सफल रहे। यह अनुच्छेद ऑल इंडिया सर्विस को संवैधानिक दर्जा दिलाने से सम्बन्धित था। अनुच्छेद 312 पर उल्लेखनीय है कि इसके आधार पर सभा में बैठे हुए सदस्यों ने निम्न बिन्दुओं पर सहमति व्यक्त की–

1. सभा में उपस्थित सदस्यों में से दो तिहाई के बहुमत के आधार पर यह फ़ैसला किया गया कि यह राष्ट्रहित में आवश्यक है कि संसद क़ानून के तद्नुरूप संघ और राज्यों के लिए एक या एक से अधिक ऑल इंडिया सर्विसेज़ का सृजन करे, जो कि अनुच्छेद 312 के अध्यायों के अनुसार कार्मिकों के चयन, प्रशिक्षण एवं नियमन की व्यवस्था करेगा।
2. ये सेवाएँ संविधान के अनुसार इंडियन एडमिनिस्ट्रेटिव सर्विसेज़ के नाम से जानी जायेंगी और ये सेवाएँ पॉर्लियामेंट के अन्तर्गत विचारणीय एवं सृजित होंगी।

सन्दर्भ

1. जनक सिंह मीना, *सरदार वल्लभभाई पटेल का प्रशासनिक योगदान*, लोक प्रशासन, भारतीय लोक प्रशासन संस्थान, नयी दिल्ली, वर्ष 4, अंक 1, जनवरी–जून, 2012, पृ. 1–12
2. पी.एल. संजीव रेड्डी एवं एस.एन. मिश्र, *सरदार वल्लभभाई पटेल : द नेशन बिल्डर*, (टी. एन. चतुर्वेदी–*सरदार पटेल्स एडमिनिस्ट्रेटिव विज़न : सम रिफ़्लेक्शंस*) आईआईपीए, नयी दिल्ली, 2004, पृ. 57–74
3. जनक सिंह मीना, पूर्वोक्त।
4. एल.पी. सिंह, *सरदार पटेल एंड द इंडियन एडमिनिस्ट्रेशन*, उप्पल पब्लिशिंग हाउस, नयी दिल्ली, 1987, पृ. 1
5. सुनील गुप्ता एवं कमल कुमार सिंह, *सुशासन*, नेशनल बुक ट्रस्ट, नयी दिल्ली, 2001, पृ. 15

6. रवीन्द्र कुमार, *सरदार वल्लभभाई पटेल के सामाजिक व राजनीतिक विचार*, मित्तल पब्लिकेशंस, नयी दिल्ली, 1991, पृ. 10
7. वर्ल्ड बैंक ग्लोबल मॉनिटरिंग रिपोर्ट, 2006
8. जनक सिंह मीना, *लोक प्रशासन अर्द्धवार्षिक शोध पत्रिका*, भारतीय लोक प्रशासन संस्थान, नयी दिल्ली, वर्ष 9, अंक–2, जुलाई–दिसम्बर, 2017, पृ.248–253
9. उपर्युक्त।
10. बी. कृष्ण, *सरदार वल्लभभाई पटेल*, इंडस बुक्स, मुम्बई, 2014, पृ. 71
11. पी.एल. संजीव रेड्डी एवं एस.एन. मिश्र, *सरदार वल्लभ भाई पटेल : द नेशन बिल्डर* (सं.), (पी. आर. दुभाषी–*सरदार पटेल एडमिनिस्ट्रेटर पार एक्सलैंस*), इंडियन इंस्टीट्यूट ऑफ़ पब्लिक एडमिनिस्ट्रेशन, नयी दिल्ली, 2004, पृ. 95–102
12. उपर्युक्त, पृ. 95–102
13. उपर्युक्त, पृ. 95–102
14. पी.एल. संजीव रेड्डी एवं एस.एन. मिश्र, पूर्वोक्त, पृ. 59
15. टी. एन. चतुर्वेदी, *सरदार पटेल्स एडमिनिस्ट्रेटिव विजन : सम रिफ़्लेक्शंस*, आईआईपीए, नयी दिल्ली, 2004, पृ. 57–74
16. उपर्युक्त, पृ. 61–62
17. उपर्युक्त, पृ. 57–74
18. उपर्युक्त, पृ. 65–66
19. उपर्युक्त, पृ. 68
20. एस.आर. माहेश्वरी, *सरदार वल्लभभाई पटेल : द ऑथर ऑफ़ ऑल इंडिया सर्विस*, आईआईपीए, नयी दिल्ली, 2004, पृ. 252

अध्याय सात

सरदार पटेल : महात्मा गाँधी, जवाहरलाल नेहरू

सरदार पटेल : महात्मा गाँधी, जवाहरलाल नेहरू के साथ सम्बन्ध

सरदार वल्लभभाई पटेल के व्यक्तित्व, कार्यशैली एवं उनकी विशेषताओं का उल्लेख पूर्व के अध्यायों में कर चुके हैं। सामाजिक विज्ञान के अन्तर्गत ऐतिहासिक अध्ययन पद्धति पूर्व में घटित घटनाओं, तथ्यों एवं सूचनाओं का क्रमबद्धता एवं तर्कसंगतता के साथ अध्ययन कर सिद्धान्त निर्माण में सहायक होती है, जिससे भविष्यवाणी करने में मदद मिलती है। दूसरी ओर अध्ययन की तुलनात्मक अध्ययन पद्धति से वैज्ञानिकता आधारित तथ्य और सूचनाओं के माध्यम से नवीन ज्ञान का संचार होता है और सिद्धान्त निर्माण की दिशा में मदद मिलती है। उक्त दोनों अध्ययन पद्धतियाँ सरदार पटेल के सन्दर्भ में भी सटीक बैठती हैं। प्रथमतः सरदार पटेल के बचपन, युवावस्था तथा वृद्धावस्था तक के जीवन, व्यक्तित्व, व्यवहार, कार्यशैली, समकालीन व्यक्तित्व, मित्र, सहकर्मी, काल एवं परिस्थितियों के माध्यम से ऐतिहासिक अध्ययन पद्धति का सहारा लेकर उनके सम्बन्धों का विश्लेषण किया जा सकता है। द्वितीय प्रकार में हम सरदार पटेल के विचारों, विशेषताओं, व्यवहार, सिद्धान्त आदि की दूसरे व्यक्तियों के साथ तुलना करके विश्लेषण कर सकते हैं, अतः यह तुलनात्मक अध्ययन पद्धति है। सर्वप्रथम हम यहाँ यह जानने का प्रयास करते हैं कि सरदार पटेल के समकालीन व्यक्ति कौन रहे हैं? सरदार के समकालीनों की वैसे तो एक लम्बी सूची है या यों कहें कि उनके समकालीनों की सूची तैयार करना आसान नहीं है, परन्तु यहाँ प्रमुख समकालीन व्यक्तियों का उल्लेख किया जा रहा है जिनमें हैं—एम.एस. अणे—काँग्रेस के नेता, अनुग्रह नारायण सिंह—बिहार के भूतपूर्व वित्तमन्त्री, शेख़ मोहम्मद अब्दुल्ला—कश्मीर घाटी के नेता, राजकुमारी अमृतकौर—नेहरू मन्त्रिमण्डल

में स्वास्थ्य मन्त्री, एन. गोपालस्वामी अयंगर–नेहरू मन्त्रिमण्डल के मन्त्री, अली यावर जंग–निज़ाम के शासन में हैदराबाद के एक मन्त्री, सर क्लॉड आचिन लेक–1941 में भारत के प्रधान सेनापति, मौलाना अबुल कलाम आज़ाद–1939–46 कॉंग्रेस अध्यक्ष, डॉ. बी.आर. अम्बेडकर–नेहरू मन्त्रिमण्डल में विधि मन्त्री, ए.वी. एलेक्ज़ेंडर–कैबिनेट मिशन 1946 के सदस्य, के. एम. करिअप्पा–1949–53 भारतीय सेना के प्रधान सेनापति, सर स्टेफोर्ड क्रिप्स–कैबिनेट मिशन 1946 के सदस्य, अब्दुल गफ़्फ़ार ख़ान–सीमाप्रान्त के गाँधी, लियाकत अली ख़ान–विभाजन के बाद पाकिस्तान के प्रधानमन्त्री, इन्दिरा गाँधी–भारत की भूतपूर्व प्रधानमन्त्री, वी.वी. गिरि–भारत के पूर्व राष्ट्रपति, जयप्रकाश नारायण–समाजवादी पार्टी के संस्थापक, ज़ाकिर हुसैन–शिक्षा शास्त्री एवं भारत के पूर्व राष्ट्रपति, मोहम्मद अली जिन्ना–विभाजन के बाद पाकिस्तान के प्रथम गवर्नर जनरल, पुरुषोत्तमदास टण्डन–1950 में कॉंग्रेस अध्यक्ष, मोरारजी देसाई–कॉंग्रेसी नेता, गुलज़ारीलाल नन्दा–बम्बई प्रान्त के मन्त्री (1946–50), सरोजिनी नायडू–उत्तर प्रदेश की भूतपूर्व राज्यपाल, के.सी. नियोगी–नेहरू मन्त्रिमण्डल के मन्त्री, जवाहरलाल नेहरू–भारत के प्रथम प्रधानमन्त्री, मणिबेन पटेल–सरदार पटेल की पुत्री, गोविन्दवल्लभ पन्त–उत्तर प्रदेश कॉंग्रेस नेता, सुभाषचन्द्र बोस (नेताजी)–आज़ाद हिन्द सरकार तथा फ़ौज के मुखिया, गोकुलभाई भट्ट–राजस्थान कॉंग्रेसी नेता, विनोबा भावे–गाँधीवादी नेता, लॉर्ड माउंटबेटन–भारत के वायसराय तथा गवर्नर जनरल, जी.वी. मावलंकर–कॉंग्रेसी नेता, के.एम. मुंशी–नेहरू मन्त्रिमण्डल में मन्त्री, श्यामाप्रसाद मुखर्जी–हिन्दू महासभा के नेता, वी.के. कृष्ण मेनन–नेहरू के घनिष्ठ मित्र, वी.पी. मेनन–सरदार पटेल के सचिव, डॉ. राजेन्द्र प्रसाद–गाँधी, नेहरू तथा सरदार के घनिष्ठ सहयोगी, भारतीय गणतन्त्र के प्रथम राष्ट्रपति, लालबहादुर शास्त्री–भारत के भूतपूर्व प्रधानमन्त्री, हीरालाल शास्त्री–1949 में राजस्थान के मुख्यमन्त्री आदि।

उपर्युक्त वर्णित सूची में उल्लिखित व्यक्तियों के व्यक्तित्व, चिन्तन, दर्शन, कार्यों एवं विचारधारा के आधार पर अध्ययन की ऐतिहासिक एवं तुलनात्मक अध्ययन पद्धतियों का उपयोग कर सरदार पटेल के सम्बन्धों का विश्लेषण कर सकते हैं। प्रमुख तथ्यों, सूचनाओं एवं विचारों से उनके बीच के सम्बन्धों को रेखांकित करने का प्रयास किया गया है, जिसमें सरदार पटेल के सम्बन्धों को गाँधी एवं नेहरू के साथ विश्लेषित कर रहे हैं।

सरदार पटेल और महात्मा गाँधी के सम्बन्ध

भारत के इतिहास में तीन व्यक्तियों–महात्मा गाँधी, वल्लभभाई पटेल एवं जवाहरलाल नेहरू का ऐसा समावेश था जिन्होंने राष्ट्र निर्माण के लिए सब कुछ न्यौछावर किया। देश के तीनों ही कर्णधारों ने भारत की स्वतन्त्रता और फिर उसका पुनर्निर्माण करने में अपनी महती भूमिका निर्वहन की। महात्मा गाँधी का दर्शन मानवता के लिए ऐसा मार्ग था जिसका अनुसरण कर कठिन से कठिन कार्य सरल रूप में परिणत हो जाता था। महात्मा गाँधी के व्यक्तित्व में सफल राजनीतिक कला एवं नेतृत्व क्षमता थी जिसने पूरे देश में अमिट छाप छोड़ी। वल्लभभाई पटेल पर गाँधी के सम्पर्क में आने पर उनके दर्शन से प्रभावित होकर उनके सिद्धान्तों को अपने जीवन में उतारते गये। गाँधी ने सत्य, अहिंसा के मार्ग से जिस सत्याग्रह का पथ प्रशस्त किया उसको व्यवहार में लाने और पूरे देश में उसके आधार पर जनता को एकता की डोर में बाँधने का असली कार्य सरदार पटेल ने ही किया।

इसमें कोई दो राय नहीं कि सरदार पटेल और महात्मा गाँधी के बीच सम्बन्ध निकटस्थ रहे ऐसा उनके लेखन, विचारों, भाषणों एवं पत्र व्यवहारों में मिलता है। पटेल स्वयं भी मानते थे, "गाँधी जी से मिलने से बहुत पूर्व मेरी राजनीति के प्रति रुचि थी पर उस समय भारत का कोई राजनीतिक दल मुझे आकर्षित नहीं कर सका। हाँ, आरामकुर्सी पर राजनीति बघारने वाले कई नेता मौजूद थे और बंगाल तथा महाराष्ट्र में अराजकता फैलाने वाले भी काफ़ी क्रियाशील थे। तभी गाँधी का मंच पर आगमन हुआ और उनमें मुझे वह नेता दिखायी पड़ा जिसका अनुयायी बना जा सकता था।"[1] पटेल और गाँधी के बारे में पट्टाभि सीतारमैया ने लिखा है, "जिस दिन से वल्लभभाई ने गाँधीवादी उपासना पद्धति, ज़िन्दगी के गाँधीवादी रीति–रिवाज और गाँधी जी के सिद्धान्त अपनाये, तब से एक ऐसे भक्त प्रमाणित हुए, जिन्होंने कभी गाँधी जी के फ़ैसले और राय में सन्देह नहीं किया।"[2] सरदार पटेल ने महात्मा गाँधी जी को स्वीकारा तो यह सोच–समझकर कि स्वतन्त्रता पाने के लिए गाँधी जी के मार्गदर्शन में काम करना उनका कर्तव्य है क्योंकि शान्ति और अहिंसा के मार्ग से स्वराज सिद्ध करने का रामबाण उपाय गाँधी जी ही जानते हैं।

"1918 के बाद से गाँधी जी के प्रति पूर्ण आस्था दर्शाते हुए कहा कि–मैंने अपने ऊपर ताला लगाकर चाबी महात्मा गाँधी को सौंप दी है।

यद्यपि आवश्यक नहीं कि हर बात में विचार उनसे पूरी तरह मिलते हों, लेकिन अन्त में उनका फ़ैसला मान लेते थे। गाँधी जी को स्वीकारा तो पूरा स्वीकारा, वोटिंग के समय देखते रहते थे कि गाँधी जी का हाथ किधर उठ रहा है। गाँधी जी ने जिधर हाथ उठाया, उधर ही अपना हाथ उठाते।"[3] एस.के. पाटिल ने गाँधी जी और वल्लभभाई के पारस्परिक सम्बन्धों के बारे में लिखा है, "जब से सरदार ने गाँधी जी का नेतृत्व स्वीकार किया, तब से वे हमेशा गाँधी जी की इच्छा के प्रमुख प्रवर्तक रहे। यह दोनों समान व्यक्ति एक विचित्र युग्म हैं–गाँधी जी और सरदार जितने एक–दूसरे से अभिन्न हैं, उतने ही परस्पर एक–दूसरे के भक्त। साधारणतया पहला व्यक्ति सोचता है और दूसरा अपनी अपूर्व प्रयोजनात्मक एकता के साथ उसे कार्यान्वित करता है।"[4] महात्मा गाँधी ने पटेल के साथ जेल में बिताये गये दिनों को याद करते हुए 8 मई 1933 को लिखा, "मेरे जीवन के महानतम सुखों में से एक था कि मुझे सरदार के साथ जेल में रहने का अवसर प्राप्त हुआ। मैं उनके अजेय साहस तथा देश के लिए अद्वितीय प्रेम के बारे में जानता था, लेकिन उनके साथ 16 महीने का लम्बा समय बिताने का सौभाग्य पहले कभी मुझे प्राप्त नहीं हुआ था। उनके अनुराग और प्रेम से मैं इतना अभिभूत हो गया कि मुझे अपनी प्रिय माँ का स्मरण हो आया। मैंने कभी कल्पना भी नहीं की थी कि उनमें मातृवत् स्नेह जैसे गुण मौजूद हैं।"[5] इसमें पटेल और गाँधी के आत्मीय सम्बन्ध, विश्वास, सम्मान स्पष्ट झलकता है।

सरदार पटेल मानवतावादी थे लेकिन एक सीमा तक, यदि देश की अखण्डता को कोई व्यक्ति हानि पहुँचाये या किसी व्यक्ति से किसी समुदाय को हानि होती हो तो सरदार एक सीमा के बाद उस व्यक्ति से दृढ़ता से पेश आते थे। ऐसा भी नहीं है कि सरदार पटेल आँखें मूँदकर बिना सोच–विचार किये हुए गाँधी जी की सभी बातों पर सहमति व्यक्त करते थे। 1940 के आसपास पटेल और गाँधी के बीच कुछ मतभेद भी देखने को मिले–द्वितीय विश्वयुद्ध में ब्रिटिश शासन भारतीय जनसहयोग चाहता था और गाँधी जी इसके पक्ष में थे परन्तु सरदार पटेल इसके विरोध में थे और उन्होंने गाँधी जी को लिखा, "मैं आपकी आज्ञा या सूचना के अनुसार चलने को तैयार हूँ, परन्तु आप यह कहें कि इस विषय में मुझे अपनी मान्यता के अनुसार आचरण करना चाहिए तो मैं यह मानता हूँ कि युद्ध पूरा होने के बाद भारत को पूर्ण स्वतन्त्रता देने की शर्त पर

अंग्रेज़ सरकार की सहायता करने में मेरे किसी व्रत का भंग नहीं होता।"[6] दूसरा उदाहरण, कश्मीर पर पाकिस्तान के आक्रमण के बाद भारत सरकार द्वारा पाकिस्तान को 55 करोड़ रुपये की रकम देने पर गाँधी जी और पटेल के बीच मतभेद थे जिस पर 15 फ़रवरी 1948 को सरदार ने कहा, "मैंने इस बात पर बल दिया कि पाकिस्तान के साथ सारे समझौते एक साथ तय करके सभी मामले सुलझाये जायें। मैं इस बात पर कभी सहमत नहीं हो सकता था कि–लाभ सब उनको मिलें किन्तु घाटा हमारे सिर लादा जाये। पटेल का अधिक विरोध इस कारण भी था कि पाकिस्तान इस रुपये का प्रयोग भारत के विरुद्ध कश्मीर में करेगा। लेकिन गाँधी जी ने उसके विरुद्ध सत्याग्रह कर दिया जिसके परिणामस्वरूप देश में गम्भीरता पैदा हो गयी, अतः सरकार ने वह रुपया देने का निर्णय किया। सरदार ने दिल से कभी इस कार्य की सहमति नहीं दी।"[7]

23 नवम्बर 1921 को गृह विभाग (विशेष) एफ संख्या 554 / 1921–22 बम्बई पुरातन से प्राप्त जानकारी के आधार पर सरदार पटेल ने गाँधी जी के सत्याग्रह स्थगित करने के क़दम का विरोध किया जो इस प्रकार है– गाँधी जी ने प्रस्ताव किया कि सविनय अवज्ञा स्थगित किया जाना चाहिए। वल्लभभाई पटेल, एन.सी. केलकर, कोंडा वेंकटापैया और वी.जे. पटेल स्थगन के विरुद्ध थे और उनका कहना था कि गाँधी जी को कार्य समिति की सलाह लिए बिना सविनय अवज्ञा को स्थगित करने की घोषणा समाचार–पत्रों द्वारा करने का अधिकार नहीं था।...[8]

19 जुलाई 1940 को गुजरात प्रान्तीय समिति के समक्ष अहिंसा के प्रश्न पर पटेल ने अपनी मनःस्थिति का वर्णन करते हुए कहा था, "मौजूदा परिस्थिति में अहिंसा का सम्पूर्ण प्रयोग करना काँग्रेस के लिए सम्भव नहीं। हमारी शक्ति के अन्दाज़ के बारे में गाँधी जी और हमारे बीच मतभेद हैं। समाज पर अत्याचार करने वालों के साथ आवश्यक हिंसा का इस्तेमाल किये बिना काम चल सकता है, मेरी बुद्धि के बाहर है। वल्लभभाई पटेल की गाँधी जी के प्रति वास्तविक श्रद्धा थी लेकिन यह उसी प्रकार थी जिस प्रकार एक व्यावहारिक और यथार्थवादी मनुष्य की एक आदर्शवादी के प्रति होती है। हम कह सकते हैं कि गाँधी और पटेल के सम्बन्ध गुरु–शिष्य की तरह अवश्य थे, परन्तु अन्धानुकरण प्रवृत्ति नहीं थी। पटेल ने गाँधी जी के सत्य, अहिंसा सत्याग्रह में पूर्ण विश्वास किया लेकिन गाँधी महात्मा थे और पटेल भारत के सरदार, अतः जहाँ तक सम्भव होता

पटेल महात्मा जी के सिद्धान्तों का पालन करते अन्यथा स्वयं निर्णय लेते और कहते कि गाँधी जी पूर्णतया सिद्धान्तवान हैं और उसी के अनुसार वे व्यवहार करते थे। अतः सार रूप में कहा जा सकता है कि गाँधी जी और पटेल के बीच मतभेद हो सकते हैं, परन्तु मनभेद कभी नहीं रहे।

वल्लभभाई पटेल और जवाहरलाल नेहरू के बीच सम्बन्ध

सरदार पटेल और नेहरू की प्रकृति में असमानता थी, एक ओर पटेल एक साधारण किसान परिवार से ग्रामीण परिवेश में पले–बढ़े हुए, वहीं नेहरू को पारिवारिक विरासत का धनी कहा जा सकता है। व्यक्ति अपनी प्रकृति का अनुसरण करके ही कार्य कर सकता है। ऐसा प्रतीत होता है पटेल और नेहरू दोनों के लिए मार्गदर्शी महात्मा गाँधी ही थे और जो कुछ सामंजस्य या वैचारिकता का आदान–प्रदान रहता उसमें उनकी महत्त्वपूर्ण भूमिका रहती थी, क्योंकि महात्मा गाँधी समय की नज़ाकत को पहले ही भाँप लेते थे। सरदार पटेल भी ऐसा कोई कार्य नहीं करते थे जिससे गाँधी जी को ठेस पहुँचे, परन्तु जब मामला राष्ट्रहित का होता या भविष्य की सम्भावनाओं को देखते हुए मत भिन्न होता तो वे गाँधी जी को इससे सचेत करते थे और आवश्यकता होने पर विरोध भी जताते थे। पटेल और नेहरू दोनों को ही आधुनिक भारत का निर्माता माना जाता है और दोनों में अनेक समानताओं के होते हुए भी वैचारिक भिन्नता थी। दोनों में ही राष्ट्र भक्ति, नेतृत्व क्षमता, आदर्शों के प्रति आस्था थी। डॉ. बी.के. केसकर ने कहा था, "नेहरू और पटेल दो विरोधी तत्त्वों का एक ऐसा मिश्रण थे, जो एक–दूसरे के पूरक थे।"[9] नेहरू की विचारधारा साम्यवाद से प्रभावित थी जबकि पटेल ने किसी भी विचारधारा को अपने पर हावी नहीं होने दिया। इन विपरीत स्वभावों से जुड़ी दोनों धुरियों को महात्मा गाँधी ने एक साथ बाँधे रखने का कार्य किया था। हालाँकि सरदार पटेल और नेहरू दोनों का सपना एक मज़बूत भारत का निर्माण करना था, परन्तु पटेल वास्तविक एवं व्यावहारिक दृष्टिकोण से समस्या पर विचार करते थे और प्रत्येक समस्या के भविष्य के परिणामों का अन्दाज़ा लगा लेते थे। उदाहरण के तौर पर, जूनागढ़ और हैदराबाद के मामले में पटेल ने नेहरू की इच्छा के विरुद्ध जाकर कार्यवाही की और भारत में मिला लिया। कश्मीर के मामले में नेहरू अपनी अन्तरराष्ट्रीय नीति के कारण बिना पटेल से विचार–विमर्श किये समस्या को संयुक्त राष्ट्र संघ में ले गये जिसके पटेल सख़्त

विरोधी रहे और समस्या आज तक बनी हुई है। इसी प्रकार चीन की मित्रता पर भी पटेल ने कभी विश्वास नहीं किया बल्कि सम्भावित ख़तरों की ओर पहले ही इशारा कर दिया था। नेहरू ने 1 अगस्त 1947 को सरदार पटेल को एक पत्र लिखा जिसमें उन्होंने लिखा कि मैं आपको मन्त्रिमण्डल में सम्मिलित होने का निमन्त्रण देने के लिए लिख रहा हूँ। इस पत्र का कोई महत्त्व नहीं है, क्योंकि आप तो मन्त्रिमण्डल के सुदृढ़ स्तम्भ हैं। इसी के उत्तर में पटेल ने नेहरू को लिखा कि एक अगस्त के पत्र के लिए धन्यवाद। एक–दूसरे के प्रति हमारा जो अनुराग व प्रेम रहा है तथा 30 वर्ष की हमारी जो अखण्ड मित्रता है, उसे देखते हुए औपचारिकता के लिए कोई स्थान नहीं रह जाता। आशा है कि मेरी सेवाएँ बाक़ी के जीवन के लिए आपके अधीन रहेंगी। आपको इस ध्येय की सिद्धि के लिए मेरी सम्पूर्ण वफ़ादारी और निष्ठा प्राप्त होगी, जिसके लिए आपके जैसा त्याग और बलिदान भारत के अन्य किसी ने नहीं किया है। आपने अपने पत्र में मेरे लिए जो भावनाएँ व्यक्त की हैं, उसके लिए मैं आपका कृतज्ञ हूँ।

सरदार पटेल वचन के पक्के तथा सहयोग से काम करने वाले व्यक्ति थे जबकि जवाहरलाल नेहरू महत्त्वाकांक्षी अधिक थे, लेकिन महत्त्वाकांक्षी होते हुए भी पटेल की योग्यता पर पूर्ण विश्वासी थे। गाँधी जी की मृत्यु के उपरान्त 3 फ़रवरी 1948 को पं. नेहरू ने पटेल को लिखा, "बापू की अन्तिम अभिलाषा यह थी हम दोनों ने अब तक जिस तरह कन्धे से कन्धा मिलाकर काम किया है, उसी तरह आगे भी करते रहें। हमारे मतभेदों में से भी हमारे बीच महत्त्व के विषयों में जो मतैक्य है, वह स्पष्ट रूप से सामने आ चुका है और उसी में से एक–दूसरे के प्रति हमारा आदर भाव भी प्रकट हुआ है।"[10]

सार रूप से कहा जा सकता है कि पटेल और नेहरू के बीच सम्बन्ध मिश्रित रहे, परन्तु उनके विचारों में एकता, सौहार्द के साथ मतभेद भी थे। पटेल ने कभी मतभेदों को छुपाया नहीं अपितु खुलकर नेहरू जी के सामने रखा। कभी मनमुटाव रखा नहीं क्योंकि उनके मन में किसी प्रकार का दुराव या वैमनस्य नहीं रहा। इससे स्पष्ट है कि दोनों के सम्बन्ध मैत्रीपूर्ण रहे। मतभेद तो रहे, परन्तु कभी मनभेद नहीं होने दिये।

सन्दर्भ

1. शरद सिंह, *सरदार वल्लभभाई पटेल*, सामयिक प्रकाशन, नयी दिल्ली, 2016, पृ. 189–190
2. पट्टाभि सीतारमैया, *सचमुच एक सरदार, पटेल* अभिनन्दन ग्रन्थ, पृ. 9
3. साक्षात्कार माननीय मोरारजी देसाई भूतपूर्व प्रधानमन्त्री, बम्बई, 12 अगस्त 1985
4. शरद सिंह, पूर्वोक्त, पृ. 190
5. पी.एन. चोपड़ा, व प्रभा चोपड़ा (सं.), *सरदार पटेल, गाँधी, नेहरू एवं सुभाष*, प्रभात प्रकाशन, दिल्ली, 2006, पृ. 131
6. रवीन्द्र कुमार, *सरदार वल्लभभाई पटेल के सामाजिक व राजनीतिक विचार*, मित्तल पब्लिकेशंस, नयी दिल्ली, 1991, पृ. 169
7. उपर्युक्त, पृ 169
8. पी.एन. चोपड़ा व प्रभा चोपड़ा, पूर्वोक्त, पृ. 155
9. शरद सिंह, पूर्वोक्त, पृ. 202
10. रवीन्द्र कुमार, पूर्वोक्त, पृ. 173

अध्याय आठ

भारत का एकीकरण-1

देशी रियासतों का एकीकरण

सामान्य अर्थ में देखा जाये तो एकीकरण का तात्पर्य 'एकता' से है और राष्ट्रीय एकता का अभिप्राय विविधता को समाप्त करना नहीं, बल्कि इस विविधता में एकरूपता लाने से है अर्थात् राष्ट्रीय एकीकरण का तात्पर्य 'विविधता में एकता' से है। राष्ट्र निर्माण का आशय, 'नागरिकों की निष्ठा, राष्ट्र के प्रति निर्मित करना है'।[1] अर्थात् नागरिक सर्वप्रथम स्वयं को भारतीय समझें, उसके पश्चात् वह अपनी भाषा एवं संस्कृति का सम्मान करें।

2 सितम्बर 1946 को जवाहर लाल नेहरू के नेतृत्व में अन्तरिम सरकार बनी जिसमें सरदार पटेल ने देश के गृहमन्त्री पद की शपथ ली तथा यह विभाग उनकी मृत्युपर्यन्त उनके हाथों में रहा। इस पद पर रहते हुए उन्होंने देशी रियासतों के एकीकरण का महत्त्वपूर्ण कार्य किया। देशी रियासतों के एकीकरण का कार्य 'रियासती विभाग' का था, जिसकी स्थापना 5 जुलाई 1947 को हुई थी, जो कि गृह मन्त्रालय का ही विभाग था। उस समय 'रियासती विभाग' के सचिव वी. पी. मेनन थे।[2] जिनके साथ मिलकर पटेल ने देशी रियासतों के एकीकरण का महत्त्वपूर्ण कार्य किया था।

ब्रिटिश शासन में भारत में रियासतें (प्रिंस्ली स्टेट्स) नाममात्र के स्वायत्त राज्य थे। इन्हें भारत में कई नामों से जाना जाता था, जिनमें हैं–रियासत, रजवाड़े, देशी रियासत इत्यादि। ये रियासतें भारतीय शासकों द्वारा अवश्य शासित थीं, परन्तु उससे ज़्यादा ब्रिटिश शासकों का नियन्त्रण था। ब्रिटिश ईस्ट इंडिया कम्पनी भारत में व्यापार के उद्देश्य से आयी और यहाँ की राजनीतिक व्यवस्था (राज्य व्यवस्था) को देखकर अपनी कूटनीतिक सैनिक शक्ति के सहारे देश में शासन सत्ता स्थापित कर ली। 1857 की क्रान्ति के पश्चात् भारत में 562 रियासतें थीं जिनके अन्तर्गत

46 प्रतिशत भूमि थी।[3] भारत में रियासतों की संख्या के बारे में अभी तक कोई एक राय नहीं बन पायी है और इनकी संख्या 548, 549, 550, 551, 552, 553, 554, 555, 556, 560, 561, 562, 563, 564, 565, 566, 568, 584 देखने को मिलती है। यहाँ इस बात की ओर विशेष ध्यान दिया जा रहा है और तथ्यों एवं साक्ष्यों के साथ तर्कपूर्णता के साथ इसके समाधान के प्रयास किये जा रहे हैं। इनकी संख्या निर्धारण के साथ इन रियासतों के एकीकरण में सरदार वल्लभभाई पटेल की भूमिका को दृष्टिपटल पर लाने का प्रयास किया जा रहा है।

Princely State

स्वतन्त्रता प्राप्ति के समय देशी रियासतों की समस्या का स्थायी हल एक महत्त्वपूर्ण एवं गम्भीर चुनौती थी। यहाँ पर रियासतों के एकीकरण से सम्बन्धित उपलब्ध तथ्यों एवं सूचनाओं का उल्लेख किया जा रहा है जिसमें इनकी संख्या भिन्न–भिन्न है। ब्रिटिश भारत में न केवल गवर्नरों के अधीन

प्रान्त थे, वरन् छोटी–बड़ी 565 रियासतें थीं।[4] सम्पूर्ण राष्ट्र का अवैज्ञानिक आधार पर छोटे–बड़े खण्डों में विभक्त रहना आर्थिक एवं सामाजिक प्रगति में बाधक था। राजनीतिक शक्ति के मामले में एक रियासत दूसरी रियासत से क्षेत्रफल, जनसंख्या आदि में भिन्न थी। स्वतन्त्रता पश्चात् भारतीय एकता के प्रतीक प्रखर देशभक्त जो ब्रिटिश राज के अन्त के बाद 562 रियासतों को जोड़ने के लिए प्रतिबद्ध थे।[5] ''सरदार पटेल का नाम भारत की तत्कालीन 562 रियासतों के भारत में विलीनीकरण के कारण बहुत ही सम्मान से लिया जाता है।''[6] ''1947 में जब हिन्दुस्तान आज़ाद हुआ तब यहाँ 565 रियासतें थीं।''[7] ''जिस समय ब्रिटिश भारत छोड़ रहे थे, उस समय यहाँ के 562 रजवाड़ों में से सिर्फ़ तीन को छोड़कर सभी ने भारत में विलय का फ़ैसला किया, ये तीन रजवाड़े थे–कश्मीर, जूनागढ़ और हैदराबाद।''[8] देश की 562 छोटी–बड़ी रियासतों को भारत में मिलाने का काम सरदार पटेल के ही प्रयासों से सम्भव हो पाया।[9]

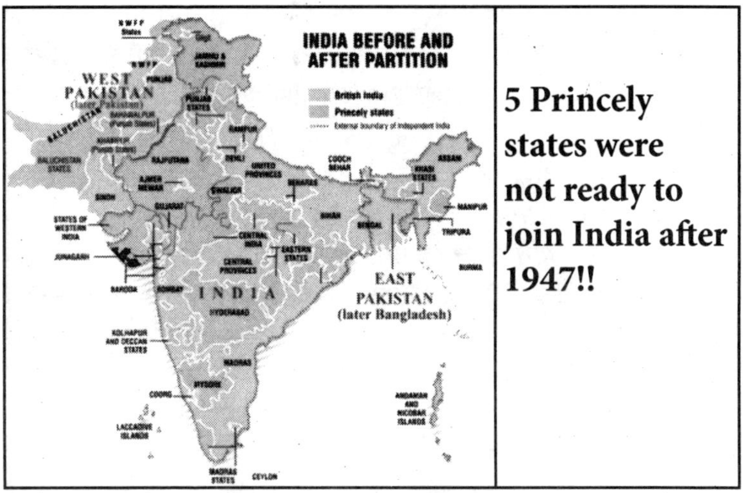

देश की आज़ादी के समय भारत में 565 रियासतें थीं। सरदार पटेल की अद्भुत क्षमता एवं दक्षता, कूटनीति और आत्मीय शैली ने छह सप्ताह के अन्दर 565 में से 561 रियासतों को विलय के लिए तैयार कर लिया।[10] अंग्रेज़ों के राज में भारत दो भागों में विभाजित था–ब्रिटिश भारत और देशी रियासतें। इन देशी रियासतों की संख्या बटलर कमेटी 1929 के अनुसार 562 थी।[11] देशी राज्य संख्या में 500 से ऊपर थे। उनमें सबसे

बड़ा राज्य हैदराबाद था, जिसका क्षेत्रफल 82,000 वर्गमील से अधिक था और छोटे से छोटा राज्य केवल कुछ एकड़ों का ही था।[12] स्वतन्त्रता के समय 566 भारतीय रियासतों में से 12 रियासतें पाकिस्तानी क्षेत्रों से घिरी हुई थीं इसलिए उन्हें पाकिस्तान में सम्मिलित किया गया। शेष 554 रियासतें भारत में रह गयीं। इनमें से जूनागढ़ (सौराष्ट्र), भोपाल, हैदराबाद और जम्मू–कश्मीर को छोड़कर 550 रियासतों ने सरदार पटेल के प्रयत्नों से 15 अगस्त 1947 से पहले ही भारतीय संघ में मिलने की सहमति दे दी।[13] सरदार पटेल ने 550 से भी अधिक रियासतों एवं जागीरों का मसला इतने कुशल तरीके से सुलझाया कि उनके घोर आलोचक भी दंग रह गये।[14] भारत को स्वतन्त्रता तो मिली, किन्तु क्षत–विक्षत रूप में, देश का विभाजन 562 देशी रियासतों के साथ, जिन्हें अंग्रेज़ों की कूटनीति के कारण भारतीय संघ में विलय होने, न होने का अधिकार दे दिया गया था, ऐसी प्रतिकूल व अनिश्चित परिस्थिति को समाप्त कर राष्ट्र को अखण्डता और स्थायित्व देने का महती कार्य सरदार पटेल ने ही पूरा किया।[15] संघों में मिलाये जाने वाले राज्यों की संख्या 275, समीपवर्ती प्रान्तों में मिला दिये जाने वाले राज्यों की संख्या 216 रही तथा केन्द्र के अधिकार में रखे गये राज्यों की संख्या 61 रही।[16] कुल राज्यों की संख्या 552 एवं क्षेत्रफल 3,87,893 वर्गमील था।[17]

उपायसायकांगस्पृक्संख्यानि किल भारते।
राज्यानि कोटिनवकप्रजान्यापुः स्वतन्त्रताम्।।

उस समय 554 रियासतें जिनकी जनसंख्या नौ करोड़ थी, केन्द्रीय शासन से मुक्त हो गयी थीं।[18] जब अंग्रेज़ों ने हमारे देश को आज़ाद किया तो देश की रियासतों को भी स्वतन्त्र कर दिया कि वे चाहें तो पाकिस्तान के साथ रहें या भारत के साथ। देश–भर में उस समय कुल मिलाकर 584 रियासतें थीं।[19] अपने पद पर रहते हुए जो महत्त्वपूर्ण कार्य पटेल ने किये, उनमें से एक रियासतों का एकीकरण भी है। अंग्रेज़ भारत छोड़ते समय लगभग 600 रियासतों को स्वतन्त्र छोड़ गये।[20] 15 अगस्त 1947 को भारत की 42 करोड़ जनता में से 3/5 भाग की जनता को स्वतन्त्रता प्राप्त हुई, परन्तु देश के 565 छोटे–बड़े देशी राज्यों में बसने वाली 2/5 भाग की जनता की स्थिति में कोई परिवर्तन नहीं हुआ।[21] सरदार वल्लभभाई पटेल, जो इतिहास के सुनहरे पृष्ठों में 'लौहपुरुष' के नाम से भी अंकित हैं, संगठित भारत के निर्माता और 'एक राष्ट्र एक राज्य' की

आधुनिक परिभाषा के अनुकूल हिन्दुस्तान को लगभग 554 असमान तथा बिखरे हुए देशी राज्यों के संघ में विलीनीकरण द्वारा, विशालतम पैमाने पर खड़ा करने वाले नायक के रूप में भी आम और ख़ास द्वारा जाने जाते हैं।[22] सरदार पटेल ने लौह पुरुष के रूप में कार्य देशी राज्यों के विलीनीकरण के सम्बन्ध में सम्पन्न किया। उनकी तुलना जर्मनी के बिस्मार्क से की जाती है बल्कि उनका यह कार्य बिस्मार्क से भी बड़ा था क्योंकि बिस्मार्क ने जर्मनी में 20–25 राज्यों का ही एकीकरण किया था जबकि सरदार पटेल ने भारत में 562 देशी राज्यों का विलीनीकरण करके और 'अखण्ड भारत का निर्माण' करके पूरे विश्व में एक मिसाल क़ायम कर दी, जिसका उदाहरण दुनिया में अन्य कहीं नहीं है।[23]

सरदार पटेल ने भारत की 562 छोटी–बड़ी रियासतों को स्वतन्त्र भारत में शामिल होने के लिए राज़ी किया था।[24] सरदार पटेल ने आज़ादी के बाद क़रीब 500 रजवाड़ों की समस्या को बड़ी योग्यता से सुलझाया और भारत की एकता को भंग न होने दिया।[25] सर्वाधिक कठिन समस्या 565 रियासतों की थी।[26] जिस समय देश आज़ाद हुआ भारत में 565 रियासतें थीं।[27] इसी समय वे (सरदार पटेल) 500 से ऊपर छुटपुट रियासतों को एक संविधान के अन्तर्गत लाने में सफल हुए। इतिहास में शायद ही कोई ऐसी मिसाल मिले, जब किसी राजनीतिज्ञ या राष्ट्र–निर्माता को सत्तर वर्ष का होने पर अपने जीवन के आख़िरी तीन–चार वर्षों में इतनी बड़ी सफलताएँ मिली हों।[28] स्वतन्त्रता के बाद देश की 600 से अधिक छोटी–बड़ी रियासतों को मिलाकर भारत को एकता के सूत्र में बाँधने का महत्त्वपूर्ण और ऐतिहासिक कार्य किया।[29]

सन् 1947 में जब भारत स्वाधीन हुआ तब भारत में लगभग 565 रियासतें थीं।[30] सरदार पटेल ने दूरदर्शिता से पहले तो इनमें से कुछ रियासतों का संघ बनाया, कुछ को प्रान्तों से जोड़ा और शेष को भारत सरकार के प्रभुत्वं में ले लिया।[31] सरदार ने जूनागढ़ सहित 552 देशी राज्यों के राजाओं के मनों को जीतकर एकीकरण कर दिया। इन राज्यों का क्षेत्रफल 3,87,793 वर्ग किलोमीटर तथा जनसंख्या 60,782 हज़ार थी।[32] उन्होंने (सरदार पटेल) 554 देशी रियासतों का एकीकरण किया।[33] इस सूचना का अमल होने पर अखण्ड भारत का निर्माण होता। वल्लभभाई ने जिस तरह से औदार्यपूर्ण राजकीय दृष्टि अपनायी, उसके फलस्वरूप इस समस्या का हल निकल बन पाया।[34] ''पण सरदारजी 563 तुकडयांत

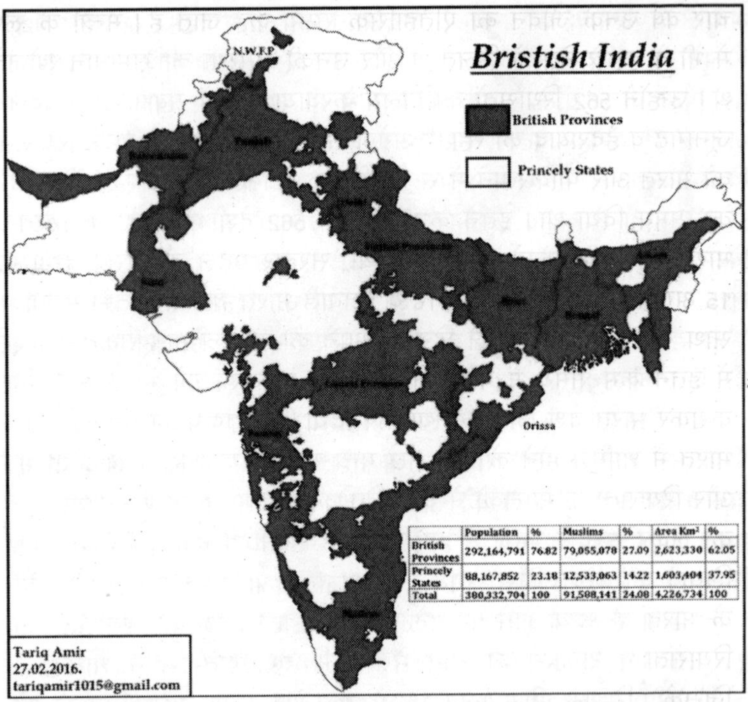

	Population	%	Muslims	%	Area Km²	%
British Provinces	292,164,791	76.82	79,055,078	27.09	2,623,330	62.05
Princely States	88,167,852	23.18	12,533,063	14.22	1,603,404	37.95
Total	380,332,704	100	91,588,141	24.08	4,226,734	100

खण्डित होऊ पाहाणान्या भारताना एक संघ बनविले (अर्थात् सरदार पटेल ने टुकड़ों में खण्डित 563 भागों को मिलाकर भारत संघ बनाया)।''[35] इससे पहले कि हम भारत के गृहमन्त्री के रूप में उनकी भूमिका और राष्ट्र निर्माण की प्रक्रिया में उनके योगदान का विश्लेषण करें, उन्होंने विशेष रूप से 562 बड़ी और छोटी रियासतों को समेकित किया जिसमें 86 मिलियन लोग सम्मिलित थे जो ग़रीबी और दासता में रहते थे।[36] जब ब्रिटिश भारत छोड़कर गये तो विभाजित भारत की अखण्डता को भी ख़तरा था। लगभग 565 राजसी राज्यों को हवा में लटकता छोड़ दिया गया था।[37] सन् 1947 में जब हिन्दुस्तान आज़ाद हुआ तब यहाँ 565 रियासतें थीं। इनमें से अधिकांश रियासतों ने ब्रिटिश सरकार से लोक सेवा प्रदान करने एवं कर (टैक्स) वसूलने का ठेका ले लिया था। कुल 565 में से केवल 21 रियासतों में ही सरकार थी और मैसूर, हैदराबाद तथा कश्मीर नाम की सिर्फ़ 3 रियासतें ही क्षेत्रफल में बड़ी थीं।[38]

सरदार पटेल ने चार वर्ष तक गृहमन्त्री के रूप में कार्य किया। यह

चार वर्ष उनके जीवन का ऐतिहासिक समय कहे जाते हैं। मन्त्री के रूप में भी वे हर व्यक्ति से मिलते थे और उनकी समस्या का समाधान खोजते थे। उन्होंने 562 रियासतों का विलय करवाया जिसमें सबसे कठिन विलय जूनागढ़ व हैदराबाद का रहा।[39] अंग्रेज़ सरकार ने बँटवारे से पहले रियासतों को भारत और पाकिस्तान में से किसी एक में मिलने के लिए चालीस दिन का समय दिया था। इतने कम समय में 562 देशी रजवाड़ों को स्वतन्त्र भारत की तरफ़ करने की चुनौती थी, सरदार पटेल के पास। दरअसल 15 अगस्त 1947 से पहले अगर ये रजवाड़े भारत या पाकिस्तान किसी के साथ नहीं जुड़ते तो अगले दिन से अपने को स्वतन्त्र मान सकते थे। ऐसे में इतने कम समय में पटेल ने इन सभी रजवाड़ों को भारत में शामिल कराकर भारत देश को एक नया रूप दिया। सरदार पटेल ने रियासतों के भारत में शामिल होने के लिए मूल मन्त्र यह बनाया था कि सभी रजवाड़ों और रियासतों के मालिकों में देशभक्ति की भावना जगाना। इसी मूल मन्त्र को लेकर सरदार पटेल ने हर रियासत को भारत में मिलाने का संकल्प लिया। कई रियासतों ने महज़ सरदार पटेल की मुलाक़ात के बाद ख़ुद के भारत के साथ आने का ऐलान कर दिया था। सरदार पटेल ने सभी रियासतों के राजाओं को एक भारत के लिए आगे आने के लिए समझाया जिसके परिणामस्वरूप कुछ को छोड़कर शेष सभी रजवाड़ों ने भारत में विलय का प्रस्ताव स्वीकार कर लिया।[40] वर्ष 1947 में स्वतन्त्र होने के बाद भारत 565 स्वतन्त्र रियासतों में बँटा हुआ था। माउंटबेटन ने जो प्रस्ताव भारत की आज़ादी को लेकर जवाहरलाल नेहरू के सामने रखा था, उसमें यह प्रावधान था कि भारत के 565 रजवाड़े भारत या पाकिस्तान में से किसी एक में अपनी रियासत के विलय को चुनेंगे। इसमें एक प्रावधान यह भी था कि दोनों के साथ न जाकर ये रियासतें अपने को स्वतन्त्र भी रख सकेंगी। सरदार वल्लभभाई पटेल ने चतुराई से भारत के हिस्से में आये रजवाड़ों से एक–एक करके विलय–पत्र पर हस्ताक्षर करा लिए।[41] आज़ादी प्राप्ति के दौरान भारत में क़रीब 662 देशी रियासतें थी। सरदार पटेल तब अन्तरिम सरकार में उप–प्रधानमन्त्री के साथ देश के गृहमन्त्री भी थे। जूनागढ़, हैदराबाद, कश्मीर को छोड़कर 562 रियासतों ने स्वेच्छा से भारतीय परिसंघ में शामिल होने की स्वीकृति दी थी।[42]

स्वतन्त्रता के समय 'भारत' के अन्तर्गत तीन तरह के क्षेत्र थे– (1) ब्रिटिश भारत के क्षेत्र लन्दन के इंडिया ऑफ़िस तथा भारत के गवर्नर

जनरल के सीधे नियन्त्रण में थे; (2) देशी राज्य; (3) फ्रांस और पुर्तगाल के औपनिवेशिक क्षेत्र (चन्दननगर, पाण्डिचेरी, गोवा आदि)। इस तरह कुल मिलाकर भारतवर्ष में 662 रियासतें थीं, जिनमें से 565 रजवाड़े ब्रिटिश शासन के अन्तर्गत थे। 565 रजवाड़ों में से 562 रियासतों ने स्वेच्छा से भारतीय परिसंघ में शामिल होने की स्वीकृति दी थी। जूनागढ़, हैदराबाद, त्रावणकोर और कश्मीर को छोड़कर बाक़ी रियासतों ने पाकिस्तान के साथ जाने की स्वीकृति दी थी।[43] भारत सरकार के एक सर्वे के अनुसार 1947 में 562 देशी रियासतें थी, हालाँकि एक अन्य सर्वे में 600 से अधिक की पहचान की गयी। इसमें 327 एस्टेट्स (Estate), 127 और 108 राज्य, राजाओं के एक समूह के निर्वाचित प्रतिनिधि थे।[44]

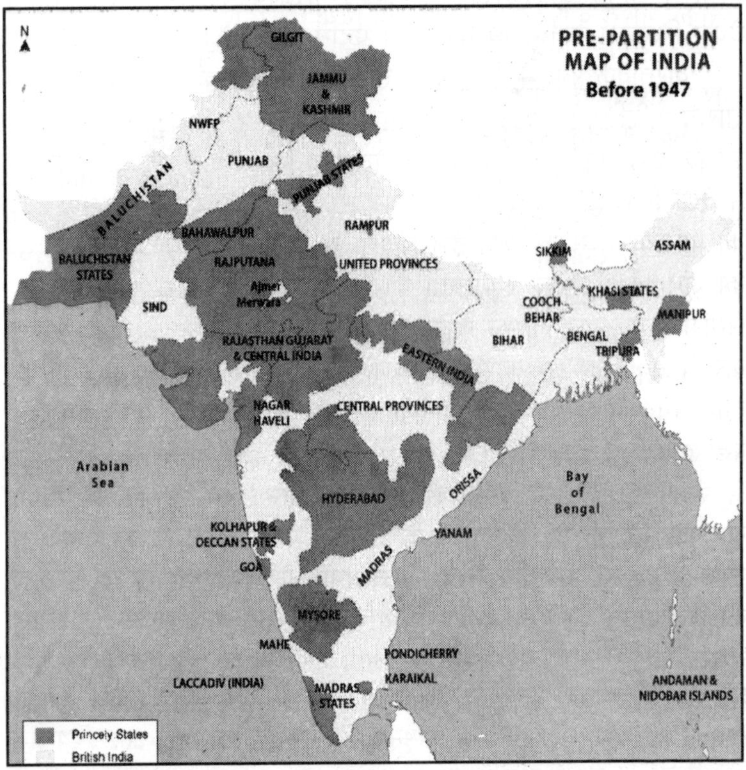

उपर्युक्तानुसार हमारा विभिन्न स्रोतों से प्राप्त तथ्यों एवं सूचनाओं के संग्रहण से किसी एक निष्कर्ष पर पहुँचना अत्यन्त दुष्कर कार्य है, परन्तु

तार्किकता, उपलब्ध साक्ष्यों एवं सरकारी स्रोतों से प्राप्त तथ्यों एवं सूचनाओं के आधार पर भारत में देशी रियासतों के एकीकरण में सरदार वल्लभभाई पटेल की भूमिका पर सन्देह नहीं कर सकते। अतः देश के एकीकरण में उनकी महती भूमिका रही है। साथ ही यह भी स्पष्ट होता है कि भारत में रजवाड़ों, ठिकानों एवं रियासतों की संख्या में भिन्नता देखने को मिलती है, परन्तु प्राथमिक एवं द्वितीयक स्रोतों से प्राप्त तथ्यों एवं सूचनाओं के आधार पर कहा जा सकता है कि भारत में सरदार पटेल ने 562 रियासतों का एकीकरण कर राष्ट्र का निर्माण किया था जो एक अद्वितीय कार्य था। उन्होंने देश को एकता की डोर में पिरोने एवं राष्ट्रीयता एवं अखण्डता की दिशा में अमिट छाप छोड़ी जो वर्तमान परिप्रेक्ष्य में प्रेरणा एवं प्रोत्साहन देकर निःस्वार्थ कर्तव्यबोध की ऊर्जा प्रदान करता है।

वास्तविक रूप में देखा जाये तो भारतीय संघ की स्थापना 'भारतीय शासन अधिनियम–1935' के अनुसार होनी थी, परन्तु देशी रियासतों के शासक उस समय भारतीय संघ में विलय के लिए तैयार नहीं थे।[45] वास्तव में देशी रियासतों की समस्या 20 फ़रवरी 1947 को ब्रिटेन के प्रधानमन्त्री की पार्लियामेंट में की गयी इस घोषणा से ज़्यादा बढ़ गयी थी कि भारत को जून 1948 से पूर्व स्वतन्त्रता दे दी जायेगी तथा इसके साथ ही देशी रियासतों के साथ जो भी सन्धियाँ हुई हैं, वे सभी समाप्त हो जायेंगी।[46] वास्तव में ब्रिटिश सरकार की इच्छा भारत के टुकड़े–टुकड़े करना था, ताकि निकट भविष्य में भारत एक अखण्ड राज्य रहकर कभी भी कोई बड़ी ताक़त न बन सके।

अपनी इसी घटिया विचारधारा के कारण ब्रिटिश प्रधानमन्त्री ने जानबूझकर यह घोषणा की कि देशी रियासतें भी भारत की स्वतन्त्रता के साथ ही स्वतन्त्र हो जायेंगी। इसके साथ ही देशी रियासतों को तीन प्रकार की छूट प्रदान की गयी थी, प्रथम, वे भारतीय संघ में सम्मिलित हो जायें, दूसरी, पाकिस्तान में सम्मिलित हो जायें तथा तृतीय वे स्वयं को स्वतन्त्र रियासत घोषित कर दें। ऐसी स्थिति में यदि रियासतें अपनी स्वतन्त्रता की घोषणा कर देती हैं, तो भारत के टुकड़े–टुकड़े हो जायेंगे।[47] अगर वास्तव में ऐसा हुआ होता तो भारत की ऐसी खण्डित स्थिति राष्ट्रीय नेताओं और देशी रियासतों की एकता के लिए ख़तरा सिद्ध हो सकती थी।

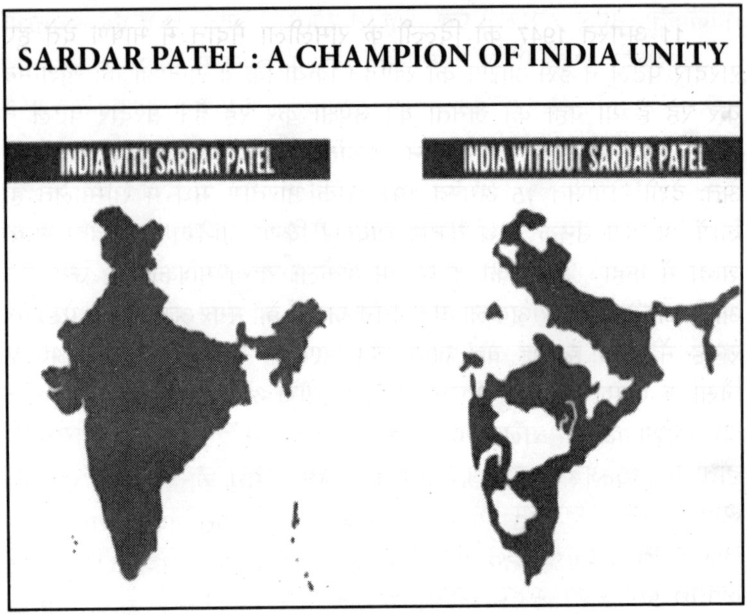

यह समय सरदार पटेल तथा पूरे भारत के लिए ख़तरे की घण्टी था, क्योंकि आज दो रियासतों ने स्वतन्त्रता की घोषणा की है, तो आने वाले समय में अन्य रियासतें भी ऐसा कर सकती हैं।[48] सरदार पटेल ने इस आने वाले ख़तरे को पूर्व में ही भाँप लिया था और समस्या के समाधान के लिए सतर्क हो गये थे।

वी.पी. मेनन व सरदार पटेल का मानना था कि देशी रियासतों को तत्काल प्रभाव से भारतीय संघ में सम्मिलित नहीं किया गया तो वे माला के मोतियों की तरह छिटक जायेंगी और फिर उन्हें एक माला में गूँथ पाना सम्भव नहीं होगा, जिसके परिणामस्वरूप भारत की स्वतन्त्रता तथा एकता ख़तरे में पड़ सकती है।[49] सरदार पटेल ने 13 जून 1947 को लॉर्ड माउंटबेटन की शीर्ष नेताओं के साथ बुलायी गयी बैठक में देशी रियासतों के भारतीय संघ में सम्मिलित नहीं होने का विरोध करने का निर्णय लिया, जिसका जवाहरलाल नेहरू ने भी पूर्णतः समर्थन किया। परन्तु मोहम्मद अली जिन्ना इसके विरोध में थे।[50] क्योंकि जिन्ना चाहते थे कि कुछ रियासतें पाकिस्तान में सम्मिलित हो जायें, परन्तु सरदार पटेल की सतर्कता तथा जवाहरलाल नेहरू के सहयोग के कारण ऐसा सम्भव नहीं हो सका।

11 अगस्त 1947 को दिल्ली के रामलीला मैदान में भाषण देते हुए सरदार पटेल ने इस आरोप का खण्डन किया कि वे राजाओं की ख़ुशामद कर रहे हैं या वहाँ की जनता की उपेक्षा कर रहे हैं। सरदार पटेल ने स्पष्ट शब्दों में कहा, ''चार दिन पश्चात् विदेशी सरकार चली जायेगी, अतः देशी रियासतें 15 अगस्त 1947 तक भारतीय संघ में सम्मिलित हो जायें, अन्यथा उनके साथ कठोर व्यवहार किया जायेगा।'' उन्होंने स्पष्ट शब्दों में कहा, ''आज की दुनिया में अकेला रहना मुश्किल है, जब तेज़ आँधी आती है, तब अकेला पेड़ गिर जाता है, मगर जो दूसरे पेड़ों के समूह में होता है, वह बच जाता है। आप भी रामचन्द्रजी और अशोक जैसों के वंशज हैं, परन्तु आजकल आप अंग्रेज़ अधिकारियों के छोटे–छोटे चपरासियों को भी सलाम करते हैं। आपको अभी भी यह विश्वास नहीं होता कि 15 अगस्त को अंग्रेज़ चले जायेंगे, परन्तु जब चले जायेंगे और आपको जब स्वतन्त्रता की हवा लगेगी, तब आपके हृदय पट खुलेंगे।[51] उस समय सरदार पटेल ने लोगों को भय से मुक्ति तथा यथार्थता से अवगत कराने का प्रयास किया था।

भारतीय संघ में एकीकरण की प्रक्रिया

उड़ीसा तथा छत्तीसगढ़ का विलय

सर्वप्रथम समस्या उड़ीसा तथा छत्तीसगढ़ रियासतों में उत्पन्न हुई थी। उस समय उड़ीसा राज्य में कुल 26 रियासतें थीं, जिनमें सबसे बड़ी रियासत मयूर भंजन थी जिसका क्षेत्रफल लगभग–4000 वर्गमील तथा जनसंख्या क़रीब 10 लाख थी तथा सबसे छोटी रियासत तिगीरिया थी, जिसका क्षेत्रफल 46 वर्गमील एवं जनसंख्या क़रीब 20 हज़ार थी। वहीं छत्तीसगढ़ राज्य में 15 रियासतें थीं, जिनमें सबसे बड़ी रियासत बस्तर तथा सबसे छोटी रियासत शक्ति थी।[52]

नीलगिरि के लोगों में आपसी विद्रोह की भावना के कारण वहाँ की स्थिति ज़्यादा गम्भीर हो गयी थी क्योंकि राज्यों में प्रजामण्डलों ने उत्तरदायित्वपूर्ण शासन के लिए हिंसा का रास्ता अपना लिया था। अक्टूबर 1947 में आदिवासियों ने विद्रोह कर दिया तथा किसानों की ज़मीन एवं अन्न भण्डारों पर क़ब्ज़ा करने लगे। अतः वहाँ प्रजामण्डलों ने ग्रामों पर क़ब्ज़ा कर समान्तर सरकार का गठन कर दिया। तत्पश्चात् राज्य के मुख्यमन्त्री हरे कृष्ण मेहताब ने सरदार पटेल को उड़ीसा की

रियासतों की प्रशासनिक कठिनाइयों, क़ानूनी व्यवस्था की स्थिति से परिचित करवाया था। तब सरदार पटेल ने बिहार सरकार की मदद से बालासोर के कलेक्टर को आदेश दिया कि वह नीलगिरि राज्य पर अधिकार स्थापित कर ले।[53] इस प्रकार सरदार पटेल ने अपनी चतुराई, बुद्धिमत्ता तथा संयम से 14 नवम्बर 1947 को नीलगिरि को भारतीय संघ में सम्मिलित किया।

उधर उड़ीसा में सरकार हीराकुण्ड बाँध के लिए किसानों की ज़मीन पर क़ब्ज़ा कर रही थी जबकि दूसरी तरफ़ पटना के राजा किसानों को सरकार के ख़िलाफ़ आन्दोलन के लिए प्रेरित कर रहे थे। उन्हीं दिनों जनता को जब पता चला कि बस्तर के शासक वहाँ की खनिज सम्पदा को हैदराबाद निज़ाम के पास गिरवी रख रहे हैं, तो सरकार द्वारा बस्तर के राजा को दिल्ली बुलाकर उन्हें ऐसा नहीं करने की चेतावनी दी गयी। उड़ीसा के मुख्यमन्त्री श्री हरे कृष्ण मेहताब से इन राज्यों के विरुद्ध शिकायतें आने पर सरदार पटेल ने यह महसूस किया कि इन राज्यों के छोटे होने के कारण ये प्रशासन के ख़र्च का भार उठाने में सक्षम नहीं हैं तथा प्रजा के सहयोग के बिना क़ानून व्यवस्था बनाये रखना सम्भव नहीं है। ऐसी स्थिति में भारत को इन राज्यों का शासन अपने हाथों में ले लेना चाहिए तथा शासकों को गुज़ारा भत्ता 1 लाख की वार्षिक आय पर 15 प्रतिशत अगले चार लाख की आय पर 10 प्रतिशत तथा 5 लाख से अधिक आय पर साढ़े सात प्रतिशत देना तय किया गया।[54]

13 अगस्त 1947 को सरदार पटेल, वी. पी. मेनन के साथ कटक गये। 14 दिसम्बर 1947 को सरदार पटेल ने छोटे–बड़े राजाओं के साथ बैठक करके रियासतों के विलय–पत्रों पर हस्ताक्षर करवाये। 15 अगस्त 1947 को पटेल नागपुर पहुँचे और छत्तीसगढ़ के राजाओं से भेंट कर उन्हें भारतीय संघ में विलय के लिए प्रेरित किया। अन्ततः सभी राजा अपनी सहमति द्वारा अपने–अपने राज्यों को भारतीय संघ में विलय करने का निर्णय लेते हैं और मध्य प्रान्त में विलीन हो जाते हैं।[55] इस सम्पूर्ण विलय के पश्चात् उड़ीसा राज्य में सम्मिलित रियासतों का क्षेत्रफल लगभग 18 हज़ार वर्गमील तथा 3,02,500 जनसंख्या होती है, जबकि मध्य प्रान्त में मिलायी गयी रियासतों का क्षेत्रफल 38,000 वर्गमील तथा 4,05,000 जनसंख्या थी।[56] यह सब कार्य सम्पन्न कर सरदार पटेल 16 दिसम्बर 1947 को दिल्ली वापिस लौट आये थे।

उसी दिन मेनन ने इन सम्पूर्ण घटनाओं का विवरण महात्मा गाँधी

तथा नेहरू के सामने रखते हुए कहा कि सरदार पटेल ने तो सौदा बड़े सस्ते में निपटा लिया, इसके बाद पटेल के इस अभूतपूर्व साहसिक कार्य को मन्त्रिमण्डल ने भी स्वीकार कर लिया। इस विलय की कुछ नरेशों द्वारा आलोचना भी की गयी तथा 7 जनवरी 1948 को लॉर्ड माउंटबेटन से अपनी भेंट के समय उन्होंने यह प्रश्न भी उठाया, परन्तु माउंटबेटन ने सरदार पटेल के निर्णय और कार्यवाही को उचित बताया।[57] यह सब कार्य सरदार पटेल की चतुराई, बुद्धिमत्ता, प्रशासनिक क्षमता तथा राजनीतिक कुटिलता का ही परिणाम था।

सौराष्ट्र संघ का एकीकरण

सौराष्ट्र राज्य में उस समय दो सौ से अधिक छोटे–बड़े राज्य व तालुके थे, जिनमें से काठियावाड़ में 14 सलामी रियासतें, 17 गैर–सलामी रियासतें तथा 119 अन्य छोटी रियासतें थीं, जिनका कुल क्षेत्रफल 22,000 वर्गमील तथा कुल जनसंख्या 35 से 40 लाख के मध्य थी।[58] प्रशासनिक दृष्टि से तो कई रियासतों का क्षेत्रफल विभिन्न स्थानों पर विस्तृत था। जैसे कि नवानगर, गोंडल तथा जूनागढ़ का क्षेत्रफल क्रमशः 9, 18 तथा 24 स्थानों पर विस्तृत था। काठियावाड़ का मानचित्र 860 विभिन्न अधिकार क्षेत्रों में विभाजित था।[59] वहाँ की विभिन्नता ही वहाँ की सबसे बड़ी समस्या बनी, जिसके कारण वहाँ की जनता ने आन्दोलन शुरू कर दिया।

अन्त में यह निर्णय लिया गया कि काठियावाड़ के राज्यों का एक संघ बनाया जाये तथा दो लाख की जनता के एक प्रतिनिधि के आधार पर उसके लिए एक संविधान परिषद् का भी निर्वाचन होना था। जनवरी 1948 में सौराष्ट्र संघ के इन राज्यों का संघ बनाने की योजना को अन्तिम रूप दिया गया।[60] इस राज्य संघ में पाँच सदस्यों का एक सभापति मण्डल बनाया गया, जिसमें से राजप्रमुख तथा उपराजप्रमुख का निर्वाचन करना था। नवानगर तथा भावनगर के राजाओं को इस सभापति मण्डल में स्थान दिया गया तथा शेष तीन स्थान राजाओं द्वारा निर्वाचित करने के लिए छोड़ दिये गये। 13 जनवरी 1948 को इस राज्य संघ के निर्माण के सन्धि–पत्र पर सभी राजाओं ने हस्ताक्षर कर उसका नाम 'सौराष्ट्र राज्य संघ' रखा।[61] ये सभी कार्य तथा निर्णय गृह मन्त्रालय के अधीन सरदार पटेल के सुझावों तथा गृह विभाग के सचिव वी. पी. मेनन के सहयोग द्वारा ही सम्पन्न किये गये थे। सरदार पटेल ने शपथ समारोह के भाषण

में कहा–गाँधी जी का सपना था कि काठियावाड़ को एक किया जाये और मुझे प्रसन्नता है कि आज गाँधी जी का सपना साकार हुआ है।[62] इस सम्पूर्ण विलय प्रक्रिया को गाँधी जी को समर्पित करते हुए सरदार पटेल ने गृह मन्त्रालय तथा उनके सहयोगी वी. पी. मेनन का आभार प्रकट किया था।

राजस्थान संघ का विलय

राजस्थान में 19 रियासतें (सलामी) और 3 ठिकाने कुशलगढ़ (बांसवाड़ा) जिसके शासक राव हरेन्द्र सिंह, लावा (जयपुर) जिसके शासक बंस प्रदीप सिंह तथा दांता (टोंक) (ग़ैर–सलामी) जिसके शासक राव राजेन्द्र सिंह थे। इन सभी रियासतों का भारतीय संघ में विलय सरदार पटेल (गृहमन्त्री) की देखरेख में 7 चरणों में पूर्ण हुआ था जो कि सन् 1948 से प्रारम्भ होकर 1 नवम्बर 1956 तक पूर्ण हुआ था।[63] 30 मार्च 1949 को राजस्थान के एकीकरण के चतुर्थ चरण में जयपुर, जोधपुर, बीकानेर, जैसलमेर रियासतों को 'संयुक्त राजस्थान संघ' में मिलाकर 'बृहद् राजस्थान' का निर्माण किया गया था। सरदार वल्लभभाई पटेल बृहद् राजस्थान के उद्घाटनकर्ता थे।[64] उसी के उपलक्ष्य में प्रतिवर्ष 30 मार्च को 'राजस्थान स्थापना दिवस' के रूप में मनाया जाता है।

भारतीय संघ में विलय के समय राजस्थान में 19 रियासतें थीं–

1. भरतपुर, 2. अलवर, 3. मेवाड़, 4. मारवाड़, 5. बीकानेर, 6. जयपुर, 7. कोटा, 8. बूँदी, 9. जैसलमेर, 10. करौली, 11. धौलपुर, 12. सिरोही, 13. किशनगढ़, 14. झालावाड़, 15. टोंक, 16. शाहपुरा, 17. प्रतापगढ़, 18. बांसवाड़ा, 19. डूंगरपुर।

राजस्थान संघ का एकीकरण

प्रथम चरण–(मत्स्य संघ)–राजस्थान के एकीकरण के प्रथम चरण में 4 रियासतों अलवर, भरतपुर, धौलपुर, करौली तथा एक ठिकाना नीमराना को मिलाकर मत्स्य संघ की स्थापना 18 मार्च 1948 को की गयी थी। उस समय मत्स्य संघ का कुल क्षेत्रफल 12,000 वर्ग किलोमीटर, जनसंख्या 18,37,994 तथा वार्षिक आय 184 लाख रुपये थी।[65] मत्स्य संघ का नामकरण कन्हैयालाल माणिकलाल मुंशी के सुझाव पर किया गया था।

द्वितीय चरण–(पूर्वी राजस्थान/राजस्थान संघ)–25 मार्च 1948 को राजस्थान के एकीकरण के द्वितीय चरण में 9 रियासतें कोटा, बूँदी,

झालावाड़, टोंक, शाहपुरा, किशनगढ़, प्रतापगढ़, बांसवाड़ा, डूँगरपुर व एक ठिकाने कुशलगढ़ आदि को मिलाकर 'राजस्थान संघ' (पूर्वी राजस्थान) का निर्माण किया गया तथा कोटा को 'राजस्थान संघ' की राजधानी बनाया गया था। भीमसिंह (कोटा नरेश) को राजस्थान संघ का राजप्रमुख व बहादुर सिंह (बूँदी शासक) को उपराजप्रमुख बनाया गया।[66] राजस्थान संघ का क्षेत्रफल 16,807 वर्ग किलोमीटर, जनसंख्या 23,50,000 तथा वार्षिक आय 2 करोड़ रुपये थी।

तृतीय चरण–(संयुक्त राजस्थान संघ)–राजस्थान के एकीकरण के तृतीय चरण में 1 अप्रैल 1948 को उदयपुर (मेवाड़) का 'राजस्थान संघ' में विलीनीकरण करके 'संयुक्त राजस्थान संघ' का निर्माण किया गया। उदयपुर को संयुक्त राजस्थान की राजधानी बनाया गया। भूपालसिंह को संयुक्त राजस्थान संघ का राजप्रमुख बनाया गया। माणिक्य लाल वर्मा संयुक्त राजस्थान के प्रधानमन्त्री बने तथा जवाहरलाल नेहरू संयुक्त राजस्थान संघ के उद्घाटनकर्ता थे।[67] उस समय संयुक्त राजस्थान संघ का क्षेत्रफल 29,777 वर्गमील, जनसंख्या 42,60,918 तथा वार्षिक आय 316 लाख रुपये थी।

चतुर्थ चरण–(बृहद् राजस्थान)–राजस्थान के एकीकरण के चतुर्थ चरण में 'संयुक्त राजस्थान संघ' में चार रियासतें जयपुर, जोधपुर, बीकानेर, जैसलमेर तथा 1 ठिकाना लावा को मिलाकर 30 मार्च 1949 को 'बृहद् राजस्थान' का निर्माण किया गया था। अतः बृहद् राजस्थान में कुल 14 रियासतों एवं 2 ठिकानों को मिलाया गया था। जयपुर को बृहद् राजस्थान की राजधानी तथा सवाई मानसिंह (जयपुर महाराज) को बृहद् राजस्थान का राजप्रमुख तथा भूपालसिंह (उदयपुर महाराणा) को बृहद् राजस्थान का महाराज प्रमुख बनाया गया था। हीरालाल शास्त्री बृहद् राजस्थान के मुख्यमन्त्री बने तथा सरदार वल्लभभाई पटेल बृहद् राजस्थान के उद्घाटनकर्त्ता थे।[68]

पंचम चरण–(संयुक्त बृहत्तर राजस्थान)–15 मई 1949 को राजस्थान के एकीकरण के पंचम् चरण में बृहद् राजस्थान में मत्स्य संघ का विलय कर 'संयुक्त बृहत्तर राजस्थान' का निर्माण किया गया तथा जयपुर को 'संयुक्त बृहत्तर राजस्थान' की राजधानी बनाया गया। सवाई मानसिंह को संयुक्त बृहदत्तर राजस्थान का राजप्रमुख तथा भूपालसिंह (उदयपुर महाराणा) को संयुक्त बृहदत्तर राजस्थान का महाराज प्रमुख बनाया गया

था। हीरालाल शास्त्री संयुक्त बृहदत्तर राजस्थान के प्रधानमन्त्री बने।[69] भारत सरकार ने शंकर राव देव समिति की सिफ़ारिश पर मत्स्य संघ को बृहद् राजस्थान में मिलाया था।

षष्ठम चरण–(राजस्थान संघ)–26 जनवरी 1950 को राजस्थान के एकीकरण के षष्ठम चरण में सिरोही ज़िले के कुछ भाग को 'संयुक्त बृहद् राजस्थान' में विलय कर तथा देलवाड़ा व आबू क्षेत्र के कुछ भाग बम्बई प्रान्त को देकर 'राजस्थान संघ' का निर्माण किया गया। जयपुर को 'राजस्थान संघ' की राजधानी बनाया गया। सवाई मानसिंह को 'राजस्थान संघ' का राजप्रमुख तथा भूपालसिंह को राजस्थान संघ का महाराज प्रमुख बनाया गया था।[70] 26 जनवरी 1950 को ही राजस्थान को 'बी' श्रेणी का राज्य बनाया गया था।

सप्तम चरण (आधुनिक राजस्थान)–1 नवम्बर 1956 को राजस्थान के एकीकरण के सप्तम चरण में राजस्थान अपने वर्तमान स्वरूप में आया तथा राजस्थान के एकीकरण की प्रक्रिया पूर्ण हुई जिसमें मेरवाड़ा, अजमेर व मध्य प्रदेश के मंदसौर ज़िले की भानपुर तहसील के सुनेल गाँव तथा आबू को सिरोही में सम्मिलित कर व कोटा का विलय कर वर्तमान राजस्थान का निर्माण किया गया था। जयपुर को राजस्थान की राजधानी बनाया गया था। सवाई मानसिंह राजस्थान के प्रथम राजप्रमुख बने थे। हीरालाल शास्त्री को राजस्थान का प्रथम मुख्यमन्त्री नियुक्त किया गया था।[71] 1956 के बाद राजप्रमुख के स्थान पर राज्यपाल का पद बनाया गया तथा राजस्थान का प्रथम राज्यपाल गुरुमुख निहालसिंह को बनाया गया। राजस्थान के एकीकरण के समय जुलाई 1956 को कुल ज़िलों की संख्या 26 थी जो वर्तमान में 33 है। राजस्थान के एकीकरण में कुल 8 वर्ष, 7 माह तथा 14 दिन का समय लगा था।

पटियाला तथा पूर्वी पंजाबी रियासतों के संघ पेप्सू का विलय

पेप्सू संघ का क्षेत्रफल लगभग 10,009 वर्गमील तथा वहाँ की कुल जनसंख्या 34,24,060 के लगभग थी। इस संघ के अन्तर्गत पटियाला, जींद, नभा, फ़रीदकोट, मलेरकोटला और कपूरथला के अलावा दो ग़ैर–सलामी रियासतें (कलसिया व नालगढ़) भी सम्मिलित थीं।[72] उन दिनों में सरदार पटेल दिल के दौरे के कारण देहरादून में ही स्वास्थ्य–लाभ ले रहे थे। उसी समय पंजाब के देशी राज्यों तथा हिमाचल प्रदेश को पंजाब में मिलाने के लिए सिखों का ज़बरदस्त आन्दोलन चला था।

सरदार पटेल वहाँ ठहरे हुए थे तो वे वहाँ के सिखों के दाँव–पेंचों से अच्छी तरह वाक़िफ़ थे। उन्होंने गृह सचिव वी. पी. मेनन के साथ वार्तालाप कर यह निश्चय किया कि पूर्वी पंजाब तथा हिमाचल प्रदेश को छेड़छाड़ किये बग़ैर ही पटियाला सहित पंजाब के सभी राज्य का एक संघ बनायेंगे और उस संघ का नाम 'पटियाला तथा पूर्वी पंजाब राज्य संघ' रखा जायेगा। 5 मई 1948 को इस संघ को क़ानूनी मान्यता प्रदान करते हुए सरदार पटेल ने इस विजय–पत्र पर हस्ताक्षर किये थे।[73]

विन्ध्य प्रदेश का विलय

भारतीय संघ में ज़्यादातर रियासतों के विलय के पश्चात् सरदार पटेल ने निर्णय किया कि भारत के शेष राज्यों के स्वतन्त्र अस्तित्व को शीघ्रातिशीघ्र समाप्त किया जाये तथा बुन्देलखण्ड व बघेलखण्ड राज्यों को भारतीय संघ में विलय करने का प्रस्ताव भी रखा था। मार्च 1948 में बुन्देलखण्ड तथा बघेलखण्ड के सभी राजाओं ने अपनी सहमति प्रदान करते हुए विलय–पत्रों पर हस्ताक्षर किये तथा एक नये राज्य संघ 'विन्ध्य प्रदेश' का निर्माण किया गया।[74] 2 अप्रैल 1948 को नये राज्य 'विन्ध्य प्रदेश' का उद्‌घाटन ख़ान एवं विद्युत मन्त्री एन. वी. गॉडलिक द्वारा किया गया, जिसका कुल क्षेत्रफल 24,598 वर्गमील तथा कुल जनसंख्या 3,56,900 थी।[75] 1 जनवरी, 1950 को इस नवीन राज्य 'विन्ध्य प्रदेश' का सम्पूर्ण शासन केन्द्र सरकार ने अपने अधिकार क्षेत्र में ले लिया।[76] इस नवीन राज्य 'विन्ध्य प्रदेश' के निर्माण में सरदार पटेल का महत्त्वपूर्ण योगदान रहा है जिसे भुला पाना असम्भव होगा।

मध्य भारत का विलीनीकरण

मध्य भारत की 25 रियासतों में ग्वालियर तथा इन्दौर दोनों रियासतों के राजाओं में आपसी मतभेद थे, जिसको मद्देनज़र रखते हुए पहले दो नये संघों के निर्माण का प्रस्ताव रखा गया था। परन्तु सरदार पटेल जानते थे कि दो संघों के निर्माण से ग्वालियर तथा इन्दौर के मध्य आपसी संघर्ष हमेशा चलता रहेगा और दोनों संघों का विकास नहीं हो पायेगा। अतः सरदार पटेल के समझाने पर 'मध्य भारत' के निर्माण की सहमति को वहाँ के राजाओं ने स्वीकार कर लिया। 28 मई 1948 को इस नवीन 'मध्य भारत' का उद्‌घाटन जवाहरलाल नेहरू द्वारा किया गया था। इस नवीन 'मध्य

भारत' में छोटी–बड़ी कुल 25 रियासतों को सम्मिलित किया गया, जिनका क्षेत्रफल 47,000 वर्गमील तथा कुल जनसंख्या लगभग 70,00,000 थी।[77]

त्रावणकोर-कोचीन संघ का विलय

त्रावणकोर–कोचीन संघ का कुल क्षेत्रफल 9,155 वर्गमील था जबकि इस क्षेत्र की कुल जनसंख्या 75,00,000 के लगभग थी।[78] त्रावणकोर तथा कोचीन दोनों ही रियासतें शिक्षा, प्रगतिशील प्रशासन तथा उद्योगों के लिए प्रसिद्ध थीं। त्रावणकोर के राजा पर अपने दीवान सी. पी. रामास्वामी अय्यर का प्रभाव था। 9 मई 1947 ई. को त्रावणकोर के दीवान सी. पी. रामास्वामी अय्यर ने यह घोषणा की, "भारत में ब्रिटिश सत्ता की समाप्ति के साथ ही त्रावणकोर भी एक स्वतन्त्र राज्य बनेगा।"[79]

दीवान की इस घोषणा के साथ ही भारत सरकार की समस्याएँ और बढ़ गयीं। तत्पचात् सरदार पटेल ने त्रावणकोर के राजा के साथ मन्त्रणा कर उनके समक्ष भारतीय संघ में सम्मिलित होने का प्रस्ताव रखा, जिसके परिणामस्वरूप त्रावणकोर के राजा ने भी सरदार पटेल के इस प्रस्ताव को सम्मानपूर्वक स्वीकारते हुए भारतीय संघ में विलय की अपनी सहमति प्रदान की। 1 जुलाई 1949 को त्रावणकोर–कोचीन संघ को भारतीय संघ में मिलाया गया, जिसका उद्घाटन वी. पी. मेनन द्वारा किया गया था।[80] क्योंकि उस समय सरदार पटेल अस्वस्थ थे।

त्रावणकोर–कोचीन के भारतीय संघ में विलय के पश्चात् सरदार पटेल ने अपने प्रेरणापूर्ण सन्देश में कहा कि आज इस सुखद अवसर पर सम्पूर्ण भारत को गर्व है क्योंकि रियासतों के एकीकरण की नीति का यह अन्तिम चरण है जिसका श्रीगणेश अठारह माह पूर्व प्रारम्भ हुआ था। 19 मई, 1950 को इस संघ के मुख्यमन्त्री टी. के. नारायण पिल्लै के साथ सरदार पटेल ने कुमारी अन्तरीप जाकर कन्याकुमारी मन्दिर के दर्शन किये थे।[81] त्रावणकोर–कोचीन का भारतीय संघ में विलय के पश्चात् देशी रियासतों के एकीकरण का वह कार्य भी सम्पूर्ण हो गया था जिसकी कुछ समय पूर्व कल्पना करना भी सम्भव नहीं था। परन्तु यह सम्पूर्ण कार्य सिर्फ़ और सिर्फ़ सरदार पटेल की बुद्धिमत्ता, कर्तव्यनिष्ठता तथा राजनीतिक कुटिलता का ही परिणाम था।

सन्दर्भ

1. राजेश मिश्रा, *राजनीति विज्ञान : एक समग्र अध्ययन*, गोल्डन पीकॉक पब्लिकेशन, नयी दिल्ली, 2016, पृ. 407
2. प्रेमलाल सिंह एवं सुधा सिंह, *अखण्ड भारत के निर्माता, सरदार पटेल*, आकाशदीप पब्लिकेशन, नयी दिल्ली, 2012, पृ. 80
3. मुक्त ज्ञानकोश विकिपीडिया, *ब्रिटिश भारत में रियासतें*, 2017
4. वी.पी. मेनन, *दि स्टोरी ऑफ़ दि इंटीग्रेशन ऑफ़ दि इंडियन स्टेट्स*, ओरिएंट लांगमैन, कलकत्ता, 1956, पृ. 177
5. मृत्युंजय दीक्षित, *आधुनिक भारत के निर्माता : लौहपुरुष सरदार पटेल*, 31 अक्टूबर, 2015
6. राकेश कुमार आर्य, *भारतीय रियासतों का एकीकरण और पटेल*, 25 अगस्त, 2012
7. डॉ. राधेश्याम द्विवेदी, *भारत में देशी रियासतें और उनका इतिहास*, 18 अगस्त, 2016
8. रेहान फ़ज़ल, *कैसे बना हैदराबाद भारत का हिस्सा*, 31 जुलाई, 2013
9. *ऐसा क्या किया पटेल ने*, *दैनिक भास्कर*, 28 अक्टूबर, 2015
10. डॉ. जनक सिंह मीना, *सरदार वल्लभभाई पटेल का प्रशासनिक योगदान*, लोक प्रशासन अर्धवार्षिक शोध पत्रिका, वर्ष 4, अंक 1, जनवरी–जून 2012, पृ. 06
11. डॉ. जी.पी. नेमा, डॉ. राकेश जैन एवं डॉ. हरिश्चन्द्र शर्मा, *भारत में राज्यों की राजनीति*, कॉलेज बुक डिपो, जयपुर, पृ. 38
12. वी. शंकर, *सरदार पटेल चुना हुआ पत्र व्यवहार 1945–1950, खण्ड–1*, 1976, पृ. 546
13. डॉ. मोहनलाल गुप्ता, *सरदार वल्लभभाई पटेल*, अरिहंत प्रकाशन, जोधपुर, 2015, पृ. 144
14. आई.जे. पटेल, *आधुनिक भारत के निर्माता सरदार वल्लभभाई पटेल*, प्रकाशन विभाग, सूचना एवं प्रसारण मन्त्रालय, भारत सरकार, दिल्ली, 2005, पृ. 1
15. गिरिराज शरण, *मैं पटेल बोल रहा हूँ*, प्रभात प्रकाशन, नयी दिल्ली, 2012, पृ. 08
16. मीना अग्रवाल, *सरदार पटेल*, डायमंड बुक्स, नयी दिल्ली, 2014, पृ. 155–158
17. शिवप्रसाद भारद्वाज, *लौहपुरुषावदानम्*, देहरादून, 1990, पृ 410
18. प्रो. एस.एम. चाँद, डॉ. इक़बाल फ़ातिमा, *सरदार वल्लभभाई पटेल : जीवन और विचार*, पंचशील प्रकाशन, जयपुर, 2010, पृ. 155
19. कमल शुक्ल, *लौह पुरुष सरदार पटेल*, अनिल प्रकाशन, दिल्ली, 2009, पृ. 11
20. मोहम्मद फरीश मंसूरी, *लौहपुरुष सरदार वल्लभभाई पटेल*, ओमेगा पब्लिकेशंस, नयी दिल्ली, 2013, पृ. 132
21. रावजीभाई मणिभाई पटेल, *हिन्द के सरदार*, नवजीवन प्रकाशन मन्दिर, अहमदाबाद, 2013, पृ. 211
22. रवीन्द्र कुमार, *सरदार पटेल के प्रमुख निर्णय*, कल्पाज पब्लिकेशंस, दिल्ली, 2014, पृ. 11

23. प्रेमलाल सिंह, डॉ. सुधा सिंह, पूर्वोक्त, पृ. 111
24. मनीष कुमार, *लौहपुरुष सरदार वल्लभभाई पटेल*, प्रीति प्रकाशन, दिल्ली, 2011, पृ. 07
25. पी.डी. टण्डन, *भारत के कर्णधार*, साहित्य भवन प्रा.लि. इलाहाबाद, 1992, पृ. 28
26. गुणवन्त शाह, *द पीयरलेस सरदार*, नवजीवन पब्लिशिंग हाउस, अहमदाबाद, 2013, पृ. 16
27. एम.पी. कमल, *सरदार वल्लभभाई पटेल*, राजा पॉकेट बुक्स, दिल्ली, 2008, पृ. 80
28. विष्णु प्रभाकर, *सरदार वल्लभभाई पटेल*, नेशनल बुक ट्रस्ट इंडिया, दिल्ली, 2012, पृ. 55
29. डॉ. प्रभा चोपड़ा, *सरदार पटेल : भारत का विभाजन*, प्रभात प्रकाशन, दिल्ली, 2010 (सरदार पटेल के परिचय में कवर पृष्ठ पर)
30. हिम्मतभाई मेहता, *चक्रवर्ती संन्यासी सरदार पटेल*, प्रकाशन संस्थान, नयी दिल्ली, 2014, पृ. 329
31. भगवती प्रसाद निदारिया, *लौहपुरुष सरदार वल्लभभाई पटेल*, कीन बुक्स, दिल्ली, 2014, पृ. 67
32. बाबूभाई जशभाई पटेल, *संगठित भारत के निर्माता : सरदार वल्लभभाई पटेल*, नवजीवन प्रकाशन, अहमदाबाद।
33. रवीन्द्र कुमार, *सरदार वल्लभभाई पटेल के सामाजिक व राजनीतिक विचार*, मित्तल पब्लिकेशंस, नयी दिल्ली, 1991, पृ. 128
34. सरदार वल्लभभाई पटेल पर माहिती विभाग, गुजरात राज्य द्वारा प्रकाशित, 1994, पृ. 18
35. नीरूभाई देसाई, *वल्लभभईच्याजीवनाचे पैलू*, 'साधना', सरदार पटेल विशेषांक, 1992, पृ. 33
36. पी.एल. संजीव रेड्डी एवं एस.एन. मिश्र, *सरदार वल्लभभाई पटेल द नेशन बिल्डर*, (के.एल.कमल–सरदार पटेल–द आर्किटेक्चर ऑफ़ मॉडर्न इंडिया) आईआईपीए, नयी दिल्ली, 2004, पृ. 128
37. बी.कृष्ण, *सरदार वल्लभभाई पटेल*, इंडस सोर्स बुक्स, मुम्बई, 2014, पृ. 79
38. मुक्त ज्ञानकोश विकिपीडिया, *ब्रिटिश भारत में रियासतें*, 2017
39. मृत्युंजय दीक्षित, पूर्वोक्त, 31 अक्टूबर, 2015
40. *चालीस दिन में किया विलय, रियासतों का विलय, दैनिक भास्कर*, 28 अक्टूबर, 2015
41. शिरीष त्रिपाठी, *ये है स्वतन्त्रता के बाद भारतीय राज्यों के विलय की कहानी*, 9 फ़रवरी, 2016 (TOPYAPS.com)
42. https//hi.wikipedia.org/wiki/ *भारत का राजनीतिक एकीकरण*, 17 अप्रैल, 2017
43. अनिरुद्ध जोशी, *'शतायु' भारत विभाजन से जुड़ी दस बातें* Web Duni, 17 अप्रैल, 2017
44. *डॉमिनियन ऑफ़ इंडिया* (ब्रिटिश एम्पायर), 2017
45. राज राजू, *सरदार वल्लभभाई पटेल : अखण्ड भारत के निर्माता*, तुलसी साहित्य पब्लिकेशन, मेरठ, 2014, पृ. 168
46. कपूर सुशील, *लौह पुरुष सरदार वल्लभभाई पटेल*, ओशन बुक्स प्रा. लि., नयी दिल्ली, 2013, पृ. 101

47. उपर्युक्त, पृ. 101
48. उपर्युक्त, पृ. 101
49. उपर्युक्त, पृ. 101
50. उपर्युक्त, पृ. 101
51. नरहरि पारिख, पूर्वोक्त, पृ. 616
52. एन.सी. मेहरोत्रा एवं रंजना कपूर, *सरदार वल्लभभाई पटेल : व्यक्ति एवं विचार*, आत्माराम एंड सन्स, कश्मीरी गेट, दिल्ली, 2012, पृ. 161
53. प्रेमलाल सिंह एवं सुधा सिंह, पूर्वोक्त, पृ. 83
54. उपर्युक्त, पृ. 83–84
55. उपर्युक्त, पृ. 83–84
56. एन. सी. मेहरोत्रा एवं रंजना कपूर, पूर्वोक्त, पृ. 162
57. उपर्युक्त, पृ. 162
58. उपर्युक्त, पृ. 163
59. मेनन वी. पी., पूर्वोक्त, पृ. 176
60. भगवती प्रसाद निदारिया, पूर्वोक्त, पृ. 65
61. प्रेमलाल सिंह एवं सुधा सिंह, पूर्वोक्त, पृ. 85
62. उपर्युक्त, पृ. 85
63. उपर्युक्त, पृ. 85
64. राज राजू, पूर्वोक्त, पृ. 170
65. डॉ. आर. एन. चौधरी एंड जी. एल. पुरोहित, पूर्वोक्त, पृ. 284–286
66. डॉ. हुकम चन्द जैन एवं डॉ. नारायणलाल माली, *राजस्थान का इतिहास, कला, संस्कृति, साहित्य, परम्परा एवं विरासत*, राजस्थान हिन्दी ग्रन्थ अकादमी प्रकाशन, जयपुर, 2017, पृ. 194–195
67. उपर्युक्त, पृ. 196–197
68. प्रेमलाल सिंह एवं सुधा सिंह, पूर्वोक्त, पृ. 90
69. भगवती प्रसाद निदारिया, पूर्वोक्त, पृ. 67
70. प्रेमलाल सिंह एवं सुधा सिंह, पूर्वोक्त, पृ. 90
71. डॉ. हुकम चन्द जैन एवं डॉ. नारायणलाल माली, पूर्वोक्त, पृ. 201
72. एन. सी. मेहरोत्रा एवं रंजना कपूर, पूर्वोक्त, पृ. 163
73. उपर्युक्त, पृ. 165
74. प्रेमलाल सिंह एवं सुधा सिंह, पूर्वोक्त, पृ. 90
75. एन. सी. मेहरोत्रा एवं रंजना कपूर, पूर्वोक्त, पृ. 165
76. प्रेमलाल सिंह एवं सुधा सिंह, पूर्वोक्त, पृ. 90
77. भगवती प्रसाद निदारिया, पूर्वोक्त, पृ. 67
78. उपर्युक्त, पृ. 66
79. राज राजू, पूर्वोक्त, पृ. 174
80. एन. सी. मेहरोत्रा एवं रंजना कपूर, पूर्वोक्त, पृ. 166
81. उपर्युक्त, पृ. 166

अध्याय नौ
भारत का एकीकरण-2

जूनागढ़ रियासत

1941 की जनगणना के अनुसार जूनागढ़ रियासत की जनसंख्या 6,70,719 थी, जिसमें 80 प्रतिशत जनता हिन्दू थी।[1] जूनागढ़ में हिन्दुओं और जैनियों के अनेक धर्मस्थल थे। उनकी स्थलीय सीमा कहीं भी पाकिस्तान की सीमा से स्पर्श नहीं करती थी, परन्तु जूनागढ़ का नवाब एक साम्प्रदायिक प्रवृत्ति का व्यक्ति था, उसने भारतीय संघ में मिलने का आश्वासन देने के बावजूद भी पाकिस्तान के साथ मिलने का निर्णय किया।[2]

सरदार पटेल ने वी. पी. मेनन को 19 सितम्बर 1947 ई. को जूनागढ़ के नवाब व दीवान से समस्या के समाधान के लिए शान्तिवार्ता के लिए जूनागढ़ भेजा था। परन्तु नवाब व दीवान ने उनकी वार्ता पर कोई मनन नहीं किया।[3] अन्त में काफ़ी विचार–विमर्श के बाद सरदार पटेल ने 24 सितम्बर 1947 को आदेश दिया कि काठियावाड़ में शान्ति एवं व्यवस्था बनाये रखने के लिए भारतीय सेना की एक टुकड़ी जूनागढ़ की सीमा पर तैनात कर दी जायेगी, परन्तु वह जूनागढ़ की सीमा के अन्दर प्रवेश नहीं करेगी।

25 सितम्बर 1947 को जूनागढ़ और काठियावाड़ के कुछ हिस्सों के लोगों ने बम्बई में एक सभा का आयोजन किया और जूनागढ़ के लिए एक छह सदस्यीय अस्थायी सरकार का गठन किया जिसका प्रधानमन्त्री रामलदास गाँधी को बनाया गया था।[4] काठियावाड़ की अनेक रियासतों ने इस अस्थायी सरकार को मान्यता प्रदान की। 28 सितम्बर 1947 को इस अस्थायी सरकार ने अपना मुख्यालय बम्बई से बदलकर राजकोट में स्थापित कर लिया था।[5] जबकि दूसरी तरफ़ पाकिस्तान ने जूनागढ़ के बाबरियावाढ़ में सेना भेजकर हस्तक्षेप करने का प्रयास किया और वहाँ के

51 गाँवों के मलगिरासियों को पाकिस्तान में मिलने के लिए बाध्य किया गया तथा भारतीय संघ में सम्मिलित हो चुके मंगरोल के शेख़ को भी बाध्य किया गया कि तार द्वारा भारत सरकार को यह सूचना दे कि उन्होंने संघ से समझौता तोड़ दिया है। जूनागढ़ के दीवान ने तार द्वारा भारत सरकार को सूचना दी कि बाबरियावाढ़ तथा मंगरोल जूनागढ़ के भाग हैं और उनका भारत संघ में प्रवेश अवैधानिक था, परन्तु दीवान ने बाबरियावाढ़ से अपनी सेनाओं को वापिस बुलाने से मना कर दिया था। सरदार पटेल ने जूनागढ़ तथा बाबरियावाढ़ में सेना भेजने तथा उसे वापिस नहीं करने की कार्यवाही को आक्रमण की संज्ञा देते हुए उसके विरुद्ध शक्ति का प्रयोग करने की सलाह दी। 27 सितम्बर 1949 को एक बैठक में, जिसमें लॉर्ड माउंटबेटन, नेहरू, मोहनलाल सक्सेना व एन. गोपालस्वामी आयंगर आदि उपस्थित थे, इस विषय पर विशेष ज़ोर दिया था।[6] सरदार पटेल ने लॉर्ड माउंटबेटन के इस सुझाव का विरोध किया कि इस मामले को 'संयुक्त राष्ट्र संघ' में विचारार्थ भेजा जाये।

2 नवम्बर 1947 को अस्थायी सरकार ने नवाबगढ़ नगर को भी अपने अधिकार में ले लिया। 7 नवम्बर 1947 को शाहनवाज़ ख़ाँ भुट्टो ने भारत सरकार को पत्र लिखकर यह अनुरोध किया कि वह जूनागढ़ का शासन अपने नियन्त्रण में ले तथा शाहनवाज़ ख़ाँ भी अवसर पाकर कराँची भाग गया। 9 नवम्बर 1947 को भारत सरकार की ओर से दो अधिकारियों जिनमें ब्रिगेडियर गुरुदयाल सिंह तथा एन.एम. बुच ने जूनागढ़ के शासन को अपने नियन्त्रण में लिया था। 13 नवम्बर 1947 को सरदार पटेल जूनागढ़ पहुँचे तथा उन्होंने एक विशाल आम सभा का आयोजन कर जूनागढ़ की जनता के समक्ष एक वक्तव्य दिया और जूनागढ़ की जनता से पूछा कि–

''क्या जूनागढ़ भारत संघ में शामिल होना स्वीकार करता है? उसके उत्तर में हज़ारों हाथ भारत के पक्ष में उठे।''[7]

20 फ़रवरी 1948 को जूनागढ़ में विधिवत जनमत संग्रह हुआ, जिसमें कुल पंजीकृत 2,01,457 मतदाताओं में से भारत के पक्ष में 1,19,719 मत तथा पाकिस्तान के पक्ष में 91 मत पड़े थे। इसी प्रकार दूसरी तरफ़ मंगरोल मानवदार, पाटवा (बड़ा व छोटा), सरदारगढ़ तथा बाबरियावाढ़ में जनमत संग्रह में भारत के पक्ष में 31,395 मत तथा पाकिस्तान के पक्ष में केवल 29 मत पड़े और अन्त में 20 फ़रवरी 1949 को जूनागढ़ रियासत का सौराष्ट्र संघ में विलय हो गया।[8]

हैदराबाद की विषमता

हैदराबाद की स्थिति बिल्कुल भिन्न थी। यहाँ का निज़ाम एक मुस्लिम शासक था और इस क्षेत्र में 85% हिन्दू बहुल जनसंख्या थी। निज़ाम ने पटेल की सभा को यथासम्भव नज़रअन्दाज़ किया। उसने भारत सरकार के किसी भी प्रतिनिधि से बात करने की ज़रूरत नहीं समझी। 8 अगस्त 1947 को उस नवाब ने वायसराय को पत्र लिखा कि वो अपने राज्य को भारत या पाकिस्तान किसी में भी विलय नहीं करना चाहते हैं और वे हैदराबाद राज्य की भारत के संघ के साथ सन्धि चाहते हैं। बाद में वार्ताओं और समझौतों का दौर चला। इसके बाद वे 'आर्टिकल्स ऑफ़ एसोसिएशन' पर हस्ताक्षर करना चाहते थे। तत्पश्चात् सरदार ने अपने राजनीतिक कौशल का प्रयोग करते हुए निज़ाम से कहा कि वे इसका फ़ैसला जनता पर छोड़ दें और जनमत संग्रह करा लिया जाये। लेकिन निज़ाम अपनी ज़िद पर अड़े रहे। वे अपनी सम्प्रभुता पर किसी तरह की आँच नहीं आने देना चाहते थे। सरदार पटेल ने निज़ाम के आमन्त्रण या आग्रह को ठुकरा दिया। इसके बाद निज़ाम ने पाकिस्तान से सम्पर्क किया। सरदार को पहले से ही निज़ाम की नीयत पर शक था।[9]

दिसम्बर 1947 से हैदराबाद ने भारत के साथ शर्तों एवं सहमति की अवहेलना करना शुरू कर दिया और कराची में एक जनसम्पर्क अधिकारी नियुक्त किया। हैदराबाद के निज़ाम ने अपने राजकारों के साथ प्रशासनिक मदद के द्वारा हिन्दुओं पर कई तरह के अत्याचार किये और मद्रास, बॉम्बे और सेंट्रल प्रॉविंसेज़ (केन्द्रीय प्रक्षेत्र) की सीमा पर तबाही मचायी। पटेल ने न केवल इन राजकारों का विरोध किया, बल्कि उन्होंने हैदराबाद में एक ज़िम्मेदार सरकार की आवश्यकता महसूस की। उन्होंने यह भी स्पष्ट किया कि भारत की धरती पर या भारत के दिल पर पाकिस्तान का द्वीप नहीं बनने दिया जायेगा। मार्च 1948 में जब निज़ाम के प्रतिनिधियों ने अधिग्रहण की शर्तों को माने बिना एक सन्तोषप्रद समझौते पर पहुँचने की कोशिश की, तो पटेल ने आग्रह किया कि भारत अधिग्रहण से कम किसी भी शर्त पर सहमत नहीं होगा। 16 अप्रैल को पटेल ने निज़ाम को स्पष्ट किया कि भारत हैदराबाद से किसी भी तरह की सहानुभूति नहीं रखता है और इस स्थिति में तो हैदराबाद की आज़ादी का प्रश्न ही नहीं उठता। उन्होंने निज़ाम से यह भी कहा कि हिंसा के होने की पूरी ज़िम्मेदारी निज़ाम की ही होगी। पटेल को नेहरू का पूर्ण समर्थन प्राप्त था।

माउंटबेटन भी हैदराबाद की समस्या के प्रति चिन्तित रहे। लेकिन निज़ामों के हठी स्वभाव को देखकर इसके शान्तिपूर्ण समाधान की आशा नहीं थी। इसकी रिपोर्ट हैदराबाद में इंडिया के एजेंट जनरल के.एम. मुंशी ने प्रस्तुत की। मई 1948 के उत्तरार्द्ध में निज़ाम के प्रवक्ता लइक अली ने एक बार फिर 'इंस्ट्रूमेंट ऑफ़ एसोसिएशन' पर हस्ताक्षर करने की इच्छा व्यक्त की। उन्होंने यह भरोसा दिया कि हैदराबाद में एक ज़िम्मेदार सरकार कार्यभार सँभालेगी। इस पर सरदार पटेल को गहरी निराशा हुई क्योंकि हैदराबाद के राजकार हिंसा पर आमादा थे और निज़ाम के सलाहकार अपनी ज़िद मनवाने पर तुले हुए थे। उन्होंने यह निष्कर्ष निकाला कि अब यह समय आ गया है कि हैदराबाद के निज़ाम को स्पष्ट संकेत दिये जायें कि भारत की केन्द्र सरकार अब समझौता करने की स्थिति में नहीं है। उन्हें यह लगा कि अब विलम्ब घातक होगा और भारत सरकार पसोपेश में पड़ सकती है। उन्होंने अपने विचार पं. नेहरू और माउंटबेटन को एक पत्र में लिखकर प्रकट किये। पटेल की बातें सत्य साबित हुईं जब हैदराबाद के प्रतिनिधि ने माउंटबेटन को 14 जून 1948 को अपनी शर्तें बतायीं जिसके आधार पर हैदराबाद भारतीय भू–भाग में शामिल हो सकता था। ये माँगें इस प्रकार रहीं[10]–

1. भारत सरकार कभी भी हैदराबाद सरकार से नियम क़ानून बनाने के लिए नहीं कहेगी।
2. हैदराबाद को यह अनुमति मिले कि वे अपने 8,000 राजकारों को 20,000 सेना के जवानों के अलावा भी सैनिकों की तरह रखे।
3. राजकार संगठन को एक अवधि के बाद प्रतिबन्ध से मुक्त कर दिया जाये।
4. भारत की सुरक्षा पर प्रश्नचिह्न या आन्तरिक गड़बड़ी की स्थिति में ही आपात्काल की घोषणा की जायें।
5. हैदराबाद को आर्थिक और वित्तीय स्वतन्त्रता मिले।

भारत सरकार की कैबिनेट इन सारी शर्तों पर सहमत होने के लिए तैयार हो गयी, लेकिन निज़ाम और उनके सलाहकारों ने कोई जवाब नहीं दिया। उन्होंने स्थिति को और अधिक जटिल कर दिया। इस तरह शान्ति की सारी सम्भावनाएँ छिन्न–भिन्न हो गयीं। 21 जून 1948 को माउंटबटन की जगह पर भारत के प्रथम भारतीय गवर्नर जनरल के रूप में चक्रवर्ती सी. राजगोपालाचारी ने शपथ ली। अब निज़ामों ने यह सोचा

कि भारत कश्मीर में अशान्तिपूर्ण स्थिति की वजह से कोई क़दम उठाने की स्थिति में नहीं है। ब्रिटिश सरकार और ब्रिटिश प्रेस के भारतीय विरुद्ध दृष्टिकोण ने निज़ामों के हौसले को बुलन्द किया कि वे मनमानी और ग़ैर–समझौतावादी दृष्टिकोण पर क़ायम रहें। इसी तरह, राजकारों और कम्युनिस्टों के मध्य भी एक समझौता क़ायम हो गया। इसके बाद हैदराबाद में काँग्रेस पार्टी पर प्रतिबन्ध भी लगाया गया और इसके अन्तर्गत 10,000 काँग्रेसियों को जेल भेज दिया गया। इसके अतिरिक्त भारत की सीमा पर भी राजकारों ने ट्रेनों पर हमले करने शुरू कर दिये। इन सारी घटनाओं की वजह से भारत सरकार की नाकामी और सुस्ती भी ज़ाहिर होने लगी।

अगस्त 1948 के अन्तिम चरण में निज़ाम हैदराबाद के विषय को संयुक्त राष्ट्र संघ के सामने प्रस्तुत करने की तैयारी कर रहे थे। इसी बीच पटेल ने भारत सरकार की कैबिनेट को भरोसे में लिया और तुरन्त पुलिस कार्रवाई करने की आवश्यकता महसूस की क्योंकि भारत के हैदराबाद से रिश्ते पूरी तरह से घरेलू मामले की श्रेणी में आते थे। 13 सितम्बर 1948 को भारतीय सेना की टुकड़ी को हैदराबाद कूच करने का आदेश दिया और इसकी कमान मेजर जनरल जे.एन. चौधरी को सौंपी गयी। 17 सितम्बर 1948 को हैदराबाद की सेना ने आत्मसमर्पण कर दिया। 23 सितम्बर 1948 को निज़ाम ने अधिग्रहण प्रपत्र पर हस्ताक्षर कर दिये और संयुक्त राष्ट्र सुरक्षा परिषद् से अपना केस वापस ले लिया। पुलिस की कार्रवाई की रूपरेखा सरदार पटेल ने तैयार की थी। यह उनके जीवनकाल का सबसे शानदार प्रदर्शन रहा, जो आज भी एक उदाहरण है।

कश्मीर का विषय

कश्मीर का मामला इससे भी अलग था। यहाँ का शासक हिन्दू था और यहाँ की जनसंख्या मुस्लिमों की थी। यहाँ की पूरी सियासत नेशनल काँग्रेस नाम की एक राजनीतिक पार्टी के हाथों में थी जिनका नेतृत्व शेख़ अब्दुल्ला कर रहे थे। कश्मीर के शासक महाराजा हरीसिंह ने स्वतन्त्र रहने का फ़ैसला किया और उन्होंने भारत या पाकिस्तान में से किसी से भी हाथ नहीं मिलाया, क्योंकि कश्मीर में विभिन्न धर्मों और संस्कृतियों के अनुयायी थे। जम्मू में हिन्दुओं की संख्या सर्वाधिक थी लेकिन श्रीनगर घाटी और कश्मीर में मुस्लिमों की संख्या सर्वाधिक थी। लद्दाख में

सर्वाधिक संख्या में बौद्ध अनुयायी थे। महाराजा हरीसिंह दुर्भाग्यवश ढुलमुल रवैये के थे जो सबसे बेहतर सोचते थे लेकिन कर कुछ नहीं पाते थे। कश्मीर पर पाकिस्तान समर्थित कबायलियों ने 22 अक्टूबर 1947 को आक्रमण कर दिया और 24 अक्टूबर 1947 को महाराजा ने थक–हार कर भारत सरकार से मदद की अपील की। लॉर्ड माउंटबेटन ने यहीं पर सलाह दी कि भारतीय राज्य में तभी प्रवेश कर सकते हैं जब वहाँ के राजा भारत सरकार के अधिग्रहण प्रपत्र पर हस्ताक्षर कर दें और यह अधिग्रहण अभी अस्थायी शर्तों के अनुसार होगा तथा इसका अन्तिम फ़ैसला पूरी तरह से यहाँ की जनता या जनमत संग्रह पर निर्भर करता है। भारतीय कैबिनेट ने इनकी सलाहों को मान लिया। राजा के अधिग्रहण प्रपत्र पर हस्ताक्षर करते ही, भारतीय सेना की टुकड़ियाँ वायुमार्ग से श्रीनगर और अन्य क्षेत्रों में भेज दी गयीं ताकि घुसपैठियों को बाहर किया जा सके। अपनी हार का अन्देशा पाते ही, पाकिस्तान की सरकार ने भारत की सरकार से लाहौर में वार्ता का प्रस्ताव पेश किया। नेहरू और माउंटबेटन वार्ता करना चाहते थे, लेकिन सरदार पटेल ने इस वार्ता का विरोध किया। पाकिस्तान ने अपना पक्ष रखा कि कश्मीर का भारत में विलय पूरी तरह से हिंसा और कुटिलता पर आधारित है, इसलिए इस प्रस्ताव को हम ख़ारिज करते हैं, इसी बीच महाराजा ने शेख़ अब्दुल्ला को प्रधानमन्त्री के रूप में घोषित किया। नेहरू ने एक रेडियो प्रसारण सन्देश में कहा कि वे कश्मीर में क़ानून का राज्य स्थापित हो जाने के बाद संयुक्त राष्ट्र संघ के नेतृत्व में जनमत संग्रह कराये जाने के लिए तैयार हैं। अगले दिन सरदार पटेल ने रक्षामन्त्री बलदेव सिंह के साथ जाकर कश्मीर का दौरा किया और कश्मीर के मन्त्रियों और कश्मीर में भारतीय सेनाओं के कमांडर्स के साथ मौजूदा स्थिति पर चर्चा की। उन्होंने यह महसूस किया कि कश्मीर घाटी में सख़्त सैनिक कार्रवाई की आवश्यकता है। लॉर्ड माउंटबेटन ने एक समझौतापरक समाधान के लिए आग्रह किया और गाँधी और नेहरू पर दबाव डाला कि यूएनओ की मध्यस्थता स्वीकार कर ली जाये। अन्ततोगत्वा नेहरू ने माउंटबेटन की बात मान ली। 31 दिसम्बर 1947 को भारत ने कश्मीर मुद्दे को संयुक्त राष्ट्र के समक्ष रखा। इस प्रकार यह मुद्दा सरदार पटेल के हाथ से बाहर चला गया और कश्मीर की स्थिति बिगड़ती चली गयी।[11]

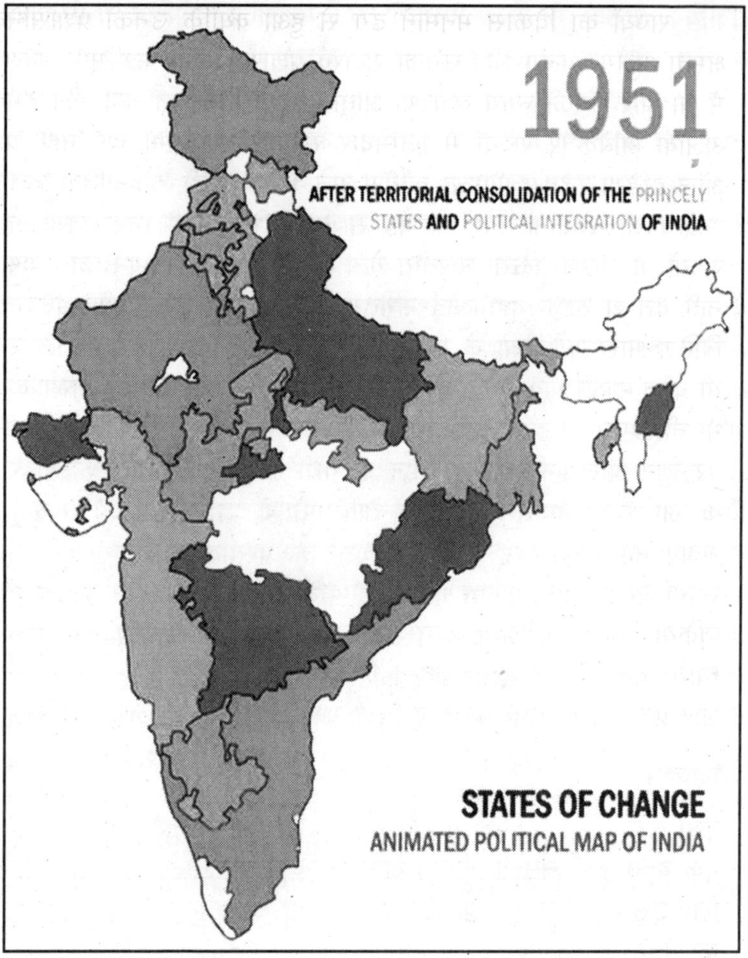

प्रशासनिक एकीकरण

राज्यों के विलय या एकीकरण की प्रक्रिया पूरी होने के बाद सरदार ने अपने सहभागियों के साथ ब्यूरोक्रेसी की तरफ़ ध्यान दिया। 554 राज्यों में से हैदराबाद और मैसूर को छोड़कर, 216 राज्यों को प्रान्तों में बदल दिया गया। 310 राज्यों को छह संघों में विभाजित किया गया। 21 पंजाबी पहाड़ी राज्यों को मिलाकर हिमाचल प्रदेश बनाया गया। पाँच राज्यों में चीफ़ कमिश्नर के कार्यालय स्थापित किये गये।[12]

राज्यों का विकास मनमाने ढंग से हुआ क्योंकि उनकी प्रशासनिक क्षमता अलग–अलग थी। उनका राजस्व प्रशासन अभी प्रारम्भिक अवस्था में था और उनकी न्याय व्यवस्था आधुनिक एवं विकसित नहीं थी। इसके अलावा अधिकतर राज्यों में ज़िम्मेदार सरकार का नामोनिशाँ नहीं था। ऑल इंडिया स्टेट्स पीपुल्स काँग्रेस सन् 1927 से ही राजनीतिक रूप में सक्रिय थी, लेकिन राज्यों में यह सार्थक भूमिका नहीं निभा पायी। इन राज्यों के शासक किसी भारतीय नेता को अपने क्षेत्र में आने की अनुमति नहीं देते थे ताकि वहाँ कोई संगठन न बन पाये। इसके ठीक विपरीत, ब्रिटिश भारतीय प्रक्षेत्रों के पास पूर्ण स्वायत्तता थी और राजनीतिक जड़ें भी बहुत गहरी थीं। राज्यों के विलय सम्बन्धी एकीकरण या विलय की जो भी नीति बनी उसमें राज्यों के मध्य असमानता और जनता की सुविधाओं पर विशेष ध्यान दिया गया। इन राज्यों में नौकरशाही को दुरुस्त करने के लिए विशेष प्रयास किये जायें ताकि पर्याप्त प्रशासनिक एवं सामाजिक सेवाएँ मुहैया करायी जा सकें। फिर भी बिना किसी विशेष परेशानी के राज्यों के विलय, एकीकरण और नौकरशाही को दुरुस्त करने की सारी प्रक्रिया पूर्ण हुई। वित्तीय व्यवस्थाओं को भी पुनः संगठित किया गया और न्याय व्यवस्था को चुस्त–दुरुस्त किया गया। एक नयी क़ानून व्यवस्था और प्रशासन को ठोस आकार दिया गया।

निष्कर्ष

ऐसा लगता है कि राज्यों के विलय एवं शक्ति के हस्तान्तरण से वाक़ई में एक बहुत बड़ी समस्या सामने आयी लेकिन फिर भी स्वतन्त्रता प्राप्ति के लिए इस तरह की समस्याओं का पैदा होना स्वाभाविक था। सरदार पटेल की नेतृत्व शक्ति एवं उनकी हिम्मत ने भारत में विघटनकारी शक्तियों को हतोत्साहित किया। इसका काफ़ी सारा श्रेय उन शासकों को भी जाता है कि उन्होंने समझा कि यदि उन्होंने पूर्ण सहयोग नहीं किया तो उनके लिए और भी बड़ी परेशानियाँ खड़ी हो सकती हैं। पटेल के राज्यों के विलय कराने के तौर–तरीक़ों को देखा जाये तो उन्होंने जागीरदारों के सामने आत्मसमर्पण नहीं किया, वरन् उनके सामने वास्तविकता का आईना दिखाया। उन्होंने एक बुद्धिमान अभिभावक के रूप में हम सभी का दिग्दर्शन किया और मन्त्रियों को यथासम्भव सहयोग किया।

सन्दर्भ

1. एन.सी. मेहरोत्रा एवं रंजना कपूर, *सरदार वल्लभभाई पटेल : व्यक्ति एवं विचार*, आत्माराम एंड सन्स, कश्मीरी गेट, दिल्ली, 2012, पृ. 152
2. डॉ. रवीन्द्र कुमार, *सरदार वल्लभभाई पटेल के सामाजिक व राजनीतिक विचार*, मित्तल पब्लिकेशंस, नयी दिल्ली, 1991, पृ. 139
3. एन. सी. मेहरोत्रा एवं रंजना कपूर, पूर्वोक्त, पृ. 152
4. राज राजू, *सरदार वल्लभभाई पटेल : अखण्ड भारत के निर्माता*, तुलसी साहित्य पब्लिकेशन, मेरठ, 2014, पृ. 175
5. एन. सी. मेहरोत्रा एंड रंजना कपूर, पूर्वोक्त, पृ. 153
6. वी.पी. मेनन, *दि स्टोरी ऑफ़ दि इंटीग्रेशन ऑफ दि इंडियन स्टेट्स*, ओरियंट लांगमैन, कलकत्ता, 1956, पृ. 138
7. राज राजू, पूर्वोक्त, पृ. 174
8. प्रो. एस.एम. चाँद, डॉ. इकबाल फ़ातिमा, *सरदार वल्लभ भाई पटेल : जीवन और विचार*, पंचशील प्रकाशन, जयपुर, 2010, पृ. 162
9. अशोक मुखोपाध्याय, *सरदार वल्लभभाई पटेल द नेशन बिल्डर*, (सं. पी. एल. संजीव रेड्डी, एस. एन. मिश्र), आईआईपीए, नयी दिल्ली, 2004, पृ. 188–189
10. उपर्युक्त, पृ. 190
11. उपर्युक्त, पृ. 191
12. उपर्युक्त, पृ. 192

(नोट : इस अध्याय में सरदार वल्लभभाई पटेल राष्ट्रीय स्मृति सोसायटी, अहमदाबाद से प्राप्त तथ्य एवं सूचनाएँ समाहित करते हुए लेखक ने सरदार पटेल पर दिखायी जाने वाली वीडियो के अंशों का समावेश किया है।)

अध्याय दस

सरदार पटेल का राष्ट्रवाद एवं राष्ट्र निर्माण

सरदार वल्लभभाई पटेल के संस्कार भारतीयता से परिपूर्ण एवं त्याग, समर्पण, सेवा, दृढ़ता से भरपूर थे। राष्ट्र का अस्तित्व एवं उन्नति राष्ट्र में निवास करने वाले लोगों की उसके प्रति भावनाओं पर निर्भर करता है। सरदार पटेल ने 18वीं एवं 19वीं सदियों की परिस्थितियों को न केवल देखा वरन् अनुभव भी किया। राष्ट्रीयता देश के इतिहास, वर्तमान और भविष्य पर चिन्तन–मनन करने और विपरीत परिस्थितियों, एक जैसे उद्देश्य, लक्ष्य, विचारधारा रखने वाले व्यक्तियों को नज़दीक लाकर एकता में बाँधने का कार्य करती है और यही कार्य सरदार पटेल, महात्मा गाँधी, पं. जवाहरलाल नेहरू एवं अन्य समकालीनों के बीच हुआ। राष्ट्र को परिभाषित करते हुए हम कह सकते हैं कि–एक ऐसे जन समूह के रूप में जो कि भौगोलिक सीमाओं में फैला हुआ, एक निश्चित देश में रहता हो, समान परम्परा, समान हितों तथा समान भावनाओं से बँधा हो और जिसमें एकता के सूत्र में बाँधने की उत्सुकता तथा समान राजनीतिक महत्त्वाकांक्षाएँ विद्यमान हों, राष्ट्र कहलाता है। ब्रिटिश औपनिवेशिक काल में भारत एक विस्तृत और व्यापक भौगोलिक क्षेत्र की सीमाओं में फैला हुआ था जिसमें परम्परा, हित एवं भावनाओं में एकरूपता थी।

मानव इतिहास में समय–समय पर राष्ट्रीयता के सम्बन्ध में अलग–अलग दृष्टिकोण से विचार व्यक्त किये गये हैं। स्वधर्म, स्वभाषा, स्वादेशाभिमान तथा पूर्व इतिहास का स्मरण राष्ट्रीयता की धारणा के मुख्य आधार हैं। समान हित राष्ट्रीयता का मुख्य तत्त्व है। राष्ट्रीयता के विकास के लिए लोक शिक्षा, स्वाभिमान, स्वार्थत्याग की भावना आदि आवश्यक है। राष्ट्रीयता का सामान्य अर्थ है राष्ट्र के प्रति लगाव। राष्ट्रीयता देश

के सभी नागरिकों में 'हम और हमारा' का दृष्टिकोण उत्पन्न कर एकता के सूत्र में बाँधने का काम करती है।[1] किसी भी देश में विभिन्न क्षेत्रों में अनेक भाषा, जाति, धर्म, वर्ग, संस्कृति के लोग रहते हैं, लेकिन अनेक विभिन्नताओं के होते हुए भी उस देश के नागरिक राष्ट्रहित की भावना से जुड़े होते हैं और उनके लिए राष्ट्र सर्वोपरि होता है। यह बात भारत के सन्दर्भ में और भी अधिक सटीक बैठती है, क्योंकि विशाल भारत में अनेक भाषा, बोलियाँ, जाति, वर्ग, धर्म, परम्परा, रीति–रिवाज, संस्कृति, वेशभूषा, खान–पान की विविधताओं के साथ प्राकृतिक विविधताओं को समेटे हुए भी राष्ट्रीयता, एकता एवं अखण्डता परिलक्षित होती है।

ब्रुवेकर ने राष्ट्रीयता को परिभाषित किया है–"राष्ट्रीयता साधारण रूप से देशप्रेम की अपेक्षा देशभक्ति के अधिक व्यापक क्षेत्र की ओर संकेत करती है। राष्ट्रीयता में स्थान सम्बन्ध के अलावा प्रजाति, भाषा, इतिहास, संस्कृति और परम्पराओं के भी सम्बन्ध आ जाते हैं।" अर्थात् राष्ट्रीयता किसी भी राष्ट्र के व्यक्तियों के मध्य एकता की भावना होती है, इसमें देशप्रेम, देशभक्ति एवं देश के प्रति समर्पण की भावना निहित होती है और राष्ट्रहित की भावना के आगे वैयक्तिक व सामूहिक हितों के त्याग की प्रवृत्ति पायी जाती है, यही राष्ट्रीयता कहलाती है।

राष्ट्रीयता की उक्त परिभाषाएँ सरदार वल्लभभाई पटेल के जीवन पर चरितार्थ होती हैं, क्योंकि उन्होंने त्याग, सेवा–भावना, निर्णयशीलता, नेतृत्व, निःस्वार्थता, कर्तव्यनिष्ठता, एकता और अखण्डता की मिसाल क़ायम की और सदैव राष्ट्रहित को सर्वोपरि समझा। राष्ट्रीयता के उदाहरणों से सरदार पटेल का पूरा जीवन भरा पड़ा है जैसे, दिसम्बर 1929 में काँग्रेस का अधिवेशन लाहौर में होने वाला था, इसमें काँग्रेस अध्यक्ष पद का चुनाव होना था। अधिवेशन के अध्यक्ष पद के लिए प्रान्तों से तीन नाम आये थे, जिसमें 10 प्रान्तों ने गाँधी जी, 5 प्रान्तों ने सरदार पटेल और 3 प्रान्तों से जवाहरलाल नेहरू के नाम को प्रस्तावित किया था। गाँधी जी नेहरू को अध्यक्ष बनाने के पक्ष में थे, इसलिए अपना नाम वापस ले लिया, अब सरदार पटेल ने स्थिति को भाँप कर गाँधी जी की इच्छा को पहचानकर अध्यक्ष पद स्वीकार करने से मना कर दिया और इस प्रकार नेहरू जी के अध्यक्ष बनने का मार्ग प्रशस्त हो गया। स्वतन्त्र भारत में भी उन्होंने कोई राजनीतिक महत्त्वाकांक्षा प्रदर्शित न कर पं. नेहरू को प्रधानमन्त्री व स्वयं उप–प्रधानमन्त्री पद की स्वीकृति दी।

कोई भी समूह, राष्ट्र तब बनता है, जब आमजन में राष्ट्रीयता की भावना का संचार हो अर्थात् नागरिकों की अपनी संस्कृति व भाषा के प्रति निष्ठा हो, ये भावना जाग्रत हो जाये कि वह एक राष्ट्र है। देश की स्वतन्त्रता और विदेशी शासन से मुक्ति की इच्छा तो स्वाभाविक है, परन्तु राष्ट्रीयता प्रचार–प्रसार द्वारा अंकुरित और प्रोत्साहित होती है। 18वीं एवं 19वीं सदी में भारत में ब्रिटिश शासन सत्ता की पराधीनता, अन्याय, शोषण एवं परतन्त्रता की बेड़ियों ने राष्ट्र और राष्ट्रीयता से परिचित लोगों में एक ऐसी भावना का संचार कर दिया जो एक–दूसरे को जोड़ने, बाँधने में मददगार साबित हुई। इसके बाद शेष कार्य महात्मा गाँधी, वल्लभभाई पटेल, जवाहरलाल नेहरू, मौलाना अबुल कलाम आज़ाद, जिन्ना आदि लोगों ने किया, ये बात अलग है कि विचारों की भिन्नता ने बाद में दो राष्ट्रों को जन्म दिया। सरदार पटेल ने गली–गली, गाँव–गाँव घूमकर लोगों में ऐसा उत्साह, जोश, त्याग एवं सेवा की भावना, एकता की महत्ता, देशभक्ति एवं देशप्रेम की भावना भर दी, जिससे राष्ट्र के निर्माण के साथ–साथ राष्ट्रीयता की भावना का विकास होता चला गया। इसी राष्ट्रीयता की भावना ने देश को एकता की डोर में बाँधकर अंग्रेज़ों की नीतियों का डटकर विरोध किया और भारत को स्वतन्त्रता की मंज़िल तक पहुँचाया। राष्ट्रवाद की मूल धारणा में 'शक्ति का स्रोत' निहित होता है। जब समूह की सर्वोपरि निष्ठा व्यक्ति, परिवार, जाति, मूल, वंश, धर्म आदि से ऊपर उठकर क्षेत्रीय संगठन (भौगोलिक क्षेत्र) के प्रति स्थापित हो जाती है तो यह भावना प्रबल हो जाती है कि व्यक्ति अपनी अस्मिता और स्वतन्त्रता इसी सामूहिकता में प्राप्त कर सकता है, तब राष्ट्र का जन्म होता है। राष्ट्रवाद के लिए मिथक, प्रतीक, मसीहा और इतिहास की आवश्यकता होती है। ध्वज, राष्ट्रगान, राष्ट्रीय पर्व और शहीद, राष्ट्र निर्माण की प्रक्रिया के अंग हैं। भारतीय सन्दर्भ में, पटेल के दौर में 26 जनवरी 1930 को स्वतन्त्रता दिवस के रूप में मनाने, गाँधी जयन्ती को बड़े स्तर पर मनाने, भारत के इतिहास को प्रस्तुत करने और भारत की 'सोने की चिड़िया' की प्रतिष्ठा को पुनः प्राप्त करने, पटेल को सरदार की उपाधि एवं मोहनदास को महात्मा तथा राष्ट्रपिता के रूप में स्थापित करने के प्रयास राष्ट्रवाद की दिशा में ही उठाये गये क़दम कहे जा सकते हैं।

राष्ट्र ऐसे जन–समुदाय को कहते हैं जो राष्ट्रीयता की भावना रखता हो, अतः राष्ट्रीयता की भावना राष्ट्र का केन्द्रीय तत्त्व है। राष्ट्रीयता की

भावना अनायास अथवा ज़ोर–ज़बरदस्ती से उत्पन्न नहीं की जा सकती बल्कि उसकी उत्पत्ति का आधार अपने देश के प्रति प्रेम है, जो सामान्य जीवन मूल्यों और सांस्कृतिक परम्पराओं में भागीदार होने के परिणामस्वरूप उत्पन्न होता है। अतः देश राज्य की संस्कृति, आत्मीयता और एकता राष्ट्र के मौलिक तत्त्व हैं। राष्ट्र का निर्माण भूमि, मनुष्य, सांस्कृतिक परम्परा, भाषा, सरकार, आत्मीयता, एकता और राष्ट्रीयता आदि भौतिक, मानसिक और सांस्कृतिक तत्त्वों से मिलकर होता है। जब हम सरदार पटेल के राष्ट्र और राष्ट्रीयता पर विचार करते हैं, तो पाते है कि उनमें अदम्य साहस, धैर्य, वीरता, उत्सर्ग की भावना, देश के लिए सब कुछ न्यौछावर करने का जज़्बा, लोगों में जीवन मूल्य, संस्कार और भावनाओं को भरकर जोश और उत्साह पैदा करने की ज़बरदस्त शक्ति थी। उनकी देशभक्ति और देशप्रेम अनन्य था और उनकी रग–रग में भारतीयता के लिए अगाध आस्था थी। पटेल सदैव राष्ट्र को आधार मानकर चिन्तन और क्रिया करते थे। उनके अनेक कार्यों ने उनकी दूरदृष्टि तथा राष्ट्रहित की सर्वोपरिता को समय–समय पर सिद्ध किया है, अतः उनकी देश के प्रति अगाध श्रद्धा, विचार, भावनाएँ एवं क्रियाएँ राष्ट्रवादी थीं।

पटेल का राष्ट्र निर्माण

राष्ट्र निर्माण किसी व्यक्ति, समुदाय, जाति, धर्म या वंश की परिकल्पना नहीं है और न ही किसी उत्परिवर्तन का परिणाम है बल्कि एक लम्बे ऐतिहासिक, राजनीतिक, सांस्कृतिक, प्रशासनिक, आर्थिक, वैज्ञानिक या यों कहें अनेक पहलुओं का मिश्रित स्वरूप है तो कोई अतिशयोक्ति नहीं होगी। इसके अन्तर्गत राष्ट्र से जुड़े हर पहलू का समावेश किया जाता है। कुछ लोग राष्ट्र निर्माण को मात्र राजनीतिक प्रतिनिधित्व से जोड़कर देखते हैं, लेकिन राष्ट्र निर्माण केवल राजनीति से ही नहीं होता, राष्ट्र निर्माण में उस देश के नागरिकों की अहम भूमिका होती है। यदि किसी भी राष्ट्र का निर्माण करना है तो इसके लिए आवश्यक है कि देश के बच्चों, युवाओं, वृद्धों, महिलाओं सब में जोश, उत्साह, आन्तरिक प्रेरणा, त्याग, निःस्वार्थता की भावना, देशभक्ति का जज़्बा, समर्पण, साहस, निर्भीकता, निडरता, धैर्य, तार्किकता, उत्तरदायित्व एवं जवाबदेही की भावना, कर्तव्यनिष्ठता, एकता और अखण्डता की सूझबूझ, दूरदृष्टिकोण, परिस्थितियों से सामंजस्य एवं निपटने की कला, प्रत्येक नागरिक को साथ

लेकर आगे बढ़ने की भावना, कर्तव्य निर्वहन का दायित्वबोध, स्वतन्त्रता एवं समानता का प्रतिदर्श आदि विशेषताओं का होना आवश्यक है। राष्ट्र निर्माण किसी क्षेत्र विशेष में न होकर चहुँमुखी होना चाहिए, उसमें शिक्षा, कृषि, उद्योग, राजनीति, व्यापार, शासन, प्रशासन, समाज, संस्कृति आदि सभी को सम्मिलित किया जाता है।

राष्ट्र निर्माण एक जटिल प्रक्रिया है। राष्ट्र निर्माण का सूचकांक राजनीतिक एकता और एकरसता का जोड़ है। राष्ट्र निर्माण के किसी भी कार्यक्रम की शुरुआत अचानक नहीं या शून्य से नहीं होती, बल्कि पहले से विद्यमान संरचना/संगठन में जुड़ती चली जाती है। राष्ट्र निर्माण की प्रक्रिया एकीकृत समग्रता का निर्माण है। इस समग्रता को बनाये रखने के लिए आवश्यक क्रिया प्रभावी भी इस प्रक्रिया का एक हिस्सा है। इसमें कमज़ोर या क्षतिग्रस्त भाग को मज़बूत करने या हटाने की आवश्यकता पड़ती है। राष्ट्र निर्माण के कार्यक्रम की सफलता को उसके विशेष प्रकार के चरित्र और उस प्रणाली के भीतर होने वाले रचनात्मक परिवर्तनों से जाँचना होगा।[2] सरदार पटेल ने राष्ट्र निर्माण में समग्रता की भूमिका निर्वहन की। उन्होंने न केवल देशी रियासतों का एकीकरण किया अपितु भारतीय संविधान के निर्माण में महती भूमिका निभायी, साथ ही पटेल ने गाँधी जी के सिद्धान्तों को अपनाते हुए गुजरात के विभिन्न भागों से आन्दोलनों की चिनगारी की लौ पूरे देश में फैला दी थी। पटेल ने संकट के समय देशवासियों की सेवा अपनी जान पर खेल कर की। उनका त्याग, निःस्वार्थता, धैर्य, साहस, निर्णय क्षमता, प्रशासनिक–राजनीतिक सक्षमता, दूरदृष्टि आदि सब कुछ राष्ट्र निर्माण में लगा दी और वे अन्तिम साँस तक राष्ट्र निर्माण में बिना रुके, बिना थके, बिना निराशा के लगे रहे। सरदार पटेल विद्यार्थी जीवन से लेकर अन्तिम समय तक अपना शत–प्रतिशत योगदान राष्ट्र निर्माण में करते रहे। पटेल ने भारत विभाजन की हर सम्भावना को रोकने के लिए प्रत्येक विकल्प पर चिन्तन–मनन किया और मुस्लिम लीग के नेताओं के साथ वार्तालाप, विचार–विमर्श और राष्ट्र के नाम पर एकता एवं संगठित रहने के लिए पटेल एवं दूसरे नेताओं ने अथक प्रयास किये, परन्तु जिन्ना की हठधर्मिता से विभाजन नहीं रुक सका। दूसरा कारण था कि पटेल का चिन्तन एवं दृष्टि इतनी गहरी एवं भविष्यगत थी कि वे देश की आज़ादी के इतना नज़दीक होते हुए, किसी भी क़ीमत पर उसे खोना नहीं चाहते थे क्योंकि इसके लिए पूरे देश की जनता ने एक लम्बा संघर्ष किया है

और अब अधिक गुलामी जनता को स्थायी गुलाम बना देगी, जो उनकी विचारशक्ति एवं इच्छा के विरुद्ध होगी।

वल्लभभाई पटेल की स्पष्ट और सीधी पद्धति से काँग्रेस के अन्दर और बाहर बहुत से लोगों को नाराज़गी थी, जिसकी समाजवादी सदस्य अधिक आलोचना भी करते रहे और वे पटेल के बारे में ग़लत धारणाएँ फैलाकर भ्रम भी पैदा करते रहे। वे गाँधी जी से शिकायतें भी करते थे। एक बार 1938 में गाँधी जी ने स्वयं पटेल से शिकायत भी की थी, जिससे पटेल को बहुत पीड़ा और वेदना भी हुई। पटेल पर सामन्तों, साम्प्रदायिकों, साम्राज्यवादियों से निपटने का जो दबाव था, और एकीकरण की प्रक्रिया में राजाओं को शामिल करने में जो परेशानी थी, उसका अनुभव समाजवादियों या काँग्रेस के बहुत से नेताओं को नहीं था, जो कि गाँधी एवं पटेल के बीच खाई खोदने में लगे हुए थे। इसी को मद्देनज़र रखते हुए पटेल ने गाँधी जी के साथ वार्तालाप किया और उनकी सलाह पर 1939 में नरेन्द्र दवे को लिखा, "मुझे पता चला है कि आपके और जयप्रकाश के मन में मेरे प्रति वैचारिक रूप से कुछ कटु भावनाएँ हैं। मैं आपको विश्वास दिलाता हूँ कि मुझे अपनी ऐसी किसी बात की जानकारी नहीं है, जिसके कारण आपस में किसी के मन में ऐसी भावनाएँ उत्पन्न हुई हों। इसमें कोई सन्देह नहीं है कि राजनीतिक रूप से हमारे बीच कड़े मतभेद हैं, लेकिन आप ऐसे अन्तिम व्यक्ति होंगे जो ऐसे मतभेदों से नाराज़ होते हैं। यह सम्भव है कि व्यक्तिगत सम्पर्क न होने के कारण किसी ने आपको ग़लत सूचना दी हो, जैसा कि लाहौर के अध्यक्षीय चुनाव संघर्ष के बारे में आपको ग़लत सूचना दी गयी थी और आपने मेरे बारे में अपनी राय ऐसी निराधार रिपोर्ट्स के आधार पर बना ली थी, जिन्हें आपने सत्य समझ लिया था। मैं आपका आभारी रहूँगा, यदि आप मुझे मेरी किसी ऐसी ग़लती की जानकारी दें, जिससे आप मुझसे अप्रसन्न हुए हों अथवा आपने मेरे प्रति ऐसी प्रतिकूल धारणा बनायी हो।"[3]

सरदार के लिए राष्ट्र के प्रति उनकी निष्ठा सर्वोपरि थी। उन्होंने अच्छी तरह से जान लिया था कि देश के शासन और राज्य प्रबन्ध में वह अपनी कुछ मान्यताओं को या तो गाँधीवादी आदर्शवाद अथवा नेहरू और मौलाना की राजनीतिक मान्यताओं के साथ उनका टकराव हुए बिना क़ायम नहीं रख सकते। सरदार पटेल का दृष्टिकोण राष्ट्रवादी था और देश के लिए वे वही करना चाहते थे जो उनको करना चाहिए था। उनकी

समझबूझ के आगे बाक़ी के नेता फीके पड़ जाते, उनके चातुर्य, निर्भीकता, दृढ़ता और दूरगामी परिणामों एवं स्थितियों की समझ के आगे सब बौने साबित हुए। सरदार पटेल ने उचित एवं कम बोलने वाले व्यक्ति की ख्याति प्राप्त की थी, परन्तु उस संकुचित परिधि में लियाकत अली ख़ान ने कहा था, "सरदार जो करते थे, वही उनका आशय होता था और उनका जो आशय होता था, वही वे कहते थे।"[4]

सरदार वल्लभभाई के पास आने वाली अधिकांश बातों में उनकी अचूक कसौटी होती थी–देशभक्ति। उनका एकमात्र मापदण्ड यही होता था कि कोई विशेष नीति या विशेष घटना देश के हित में है या नहीं, संगठनात्मक स्तर पर उनके विचारों पर संस्था के साथ देश हितों का ही प्रभुत्व रहता था। उदाहरण के लिए, कैबिनेट मिशन की योजना के अवांछनीय तत्त्वों के बावजूद तथा उस सत्य के बावजूद कि अपने अनेक पहलुओं में यह योजना काँग्रेस की स्थापित नीति के विरुद्ध जाती थी, सरदार ने उसे एक ही तथ्य को ध्यान में रखकर स्वीकार किया था–वह तथ्य यह था कि अंग्रेज़ जितनी जल्दी भारत छोड़ दें उतना ही देश के लिए अच्छा होगा, इसके फलस्वरूप देश न केवल अपनी समस्याएँ हल करने के लिए स्वतन्त्र होगा बल्कि वह तीसरे पक्ष की उपस्थिति से मुक्त होकर अपने भविष्य का निर्माण भी स्वयं ही कर सकेगा। सरदार पटेल के सम्पूर्ण राजनीतिक जीवन में उनका मार्गदर्शक ध्रुवतारा रहा था, भारत की महत्ता और एकता का मनोरथ। सरदार मुस्लिम लीग के केन्द्र की संयुक्त सरकार में प्रवेश करने तथा इस प्रवेश के परिणामों का अनुभव करने के बाद इस नतीजे पर पहुँचे थे कि इसके बजाय देश का विभाजन करना और भारत के उतने भाग में जितना उस समय बचाया जा सकता था–एकता की रक्षा करना तथा उस एकता के आधार पर भारतीय राष्ट्र की महत्ता का निर्माण करना अधिक अच्छा होगा।[5] यहाँ वल्लभभाई पटेल की सब कुछ राष्ट्र के हित में करने, एकता और नवनिर्माण करने की ललक साफ़ नज़र आती है।

भारत की राजनीतिक एकता के लिए वल्लभभाई पटेल की चाणक्य जैसी कूटनीति, सूझबूझ तथा दूरदर्शिता अद्भुत मानी जाती है। किसी उद्देश्य के लिए वे जब काम में जुट जाते तो मार्ग में आने वाली समस्याओं और चुनौतियों से किसी प्रकार विचलित नहीं होते थे। पटेल श्रेष्ठ संकल्पों के महत्त्व से परिचित थे। वल्लभभाई पटेल ने अपने दृढ़

संकल्प द्वारा भारत की राजनीति को नयी दिशा प्रदान की। वे भारत की समस्त रियासतों का एकीकरण करके अखण्ड भारत की कल्पना करते थे। इस दुष्कर कार्य के लिए उन्होंने स्वतन्त्रता मिलने से पूर्व ही अपनी विचारधारा के नेताओं के साथ मिलकर देशी रियासतों को भारत में मिलाने का कार्य आरम्भ कर दिया था। सरदार पटेल का स्वतन्त्रता से पूर्व का यह नियोजन एवं गृहकार्य इतना कारगर साबित हुआ कि उसके सुखद परिणाम देश की स्वतन्त्रता के साथ ही मिलना शुरू हो गये थे। पटेल के प्रभावशाली व्यक्तित्व के सम्मुख अधिकांश रजवाड़ों ने स्वेच्छा से भारत में विलय के लिए स्वीकृति दे दी थी। सरदार पटेल की नीति परिस्थिति को ध्यान में रखकर निर्णय लेने की होती थी, परन्तु उसका विश्लेषण वह पहले ही कर चुके होते थे और निर्णय लेते समय बड़े उत्साहित, आत्मविश्वास एवं दृढ़ता से भरे होते थे। यही कारण है कि जो देशी राजा भारत में विलय के इच्छुक नहीं थे, उन्हें भी पटेल ने विलय के लिए विवश कर दिया था। इसी के परिणामस्वरूप किसी ने आत्मसमर्पण किया तो किसी ने प्रसन्नतापूर्वक विलय करने की इच्छा जतायी। सरदार पटेल के इस असम्भव प्रतीत हो रहे कार्य की सफलता को राजनीतिक विश्लेषकों ने 'रक्तहीन क्रान्ति' कहा। इस सबको देखकर स्वयं महात्मा गाँधी दंग रह गये थे और उन्होंने पटेल की प्रशंसा करते हुए पत्र लिखा, "रियासतों की समस्या इतनी जटिल थी, जिसे केवल तुम ही हल कर सकते थे।"[6] भारत की जनता पटेल के इस अद्भुत एवं अदम्य साहसिक कार्य के लिए सदैव उनकी ऋणी रहेगी। सरदार पटेल ने देश की 562 रियासतों का एकीकरण करके भारत राष्ट्र का निर्माण किया था जो उनके जीवन की ऐसी महान उपलब्धि है कि उन्हें राष्ट्र का वास्तविक सरदार कहने में गर्व की अनुभूति होती है। उन्होंने कभी न अपनी परवाह की, न कभी घर–परिवार या रिश्तेदारों की परवाह की, जब उन्होंने अपने ज़ेहन में राष्ट्र की कल्पना की तो उसके बाद वे दिन–रात एक कर, बिना विश्राम किये, बिना स्वास्थ्य की चिन्ता किये राष्ट्र निर्माण के पथ पर ऐसे निकले कि अन्तिम वर्षों में गम्भीर बीमारी के जकड़ने के उपरान्त भी अपनी अन्तरात्मा में बसी भारत राष्ट्र की संकल्पना, आज़ाद भारत, एक एवं अखण्ड भारत निर्माण के लिए एक सच्चे देशभक्त, सच्चे राष्ट्रवादी के रूप में अपने कर्तव्यबोध का परिचय दिया।

कुछ समस्याएँ जो आज भी हमारे समक्ष हैं, उनकी ओर सरदार पटेल

ने उसी समय भविष्यवाणी कर दी थी, परन्तु उनको गम्भीरता से नहीं लिया गया और न ही उन मामलों में सरदार को शामिल करना उचित समझा। यही कारण है कि चाहे कश्मीर समस्या हो अथवा तिब्बत समस्या, ये आज भी देश के समक्ष नासूर के रूप में मौजूद हैं। यदि पटेल को इनकी ज़िम्मेदारी सौंपी गयी होती या उनकी सलाह पर काम किया गया होता तो न केवल हम अधिक सुदृढ़ स्थिति में होते बल्कि विश्व शक्तियाँ भारत की ओर देख रही होतीं। सरदार वल्लभभाई पटेल की वह अवधि जिसमें उन्होंने भारत के उप–प्रधानमन्त्री का पदभार सँभाला, अनेक कार्यों के लिए उल्लेखनीय है। भारत की राज्य व्यवस्था में उनका सबसे महत्त्वपूर्ण योगदान निश्चित रूप से देशी राज्यों का एकीकरण था। दो वर्ष से कुछ ही अधिक समय में पाँच सौ से अधिक देशी राज्यों के स्थान पर भारत में एक राजनीतिक व्यवस्था स्थापित करने का महान कार्य उन्होंने कर दिखाया और उनके इस महान कार्य ने देश की एकता और अखण्डता के निर्माता की उदात्त उपाधि उन्हें दिलायी। देशी राज्यों के सम्बन्धों पर नियन्त्रण रखने के लिए एक सिद्धान्त बनाया गया, जो सर्वोपरिता (पैररामांउटेसी) का सिद्धान्त कहलाता है। सर्वोपरिता का सिद्धान्त सहकारी समझौता (सब्सिडियरी एलाइनसेज) की उस पद्धति का सीधा परिणाम था, जिसकी नींव उन्नीसवीं सदी में लॉर्ड वेलेजली ने डाली थी और जो मार्कीस ऑफ़ हेस्टिंग्स के दिनों तक लगभग सम्पूर्ण हो गयी थी, जिन्होंने सारे ही देशी राज्यों को उसके दायरे में बाँध लिया था। सर्वोपरिता का अर्थ यह था कि देशी राज्यों ने ब्रिटिश सरकार और भारत सरकार का आधिपत्य स्वीकार कर लिया है, उनके हाथ में विदेशों से सम्बन्ध स्थापित करने का कोई अधिकार नहीं रहा है, भारत सरकार उन्हें जो आदेश दे उन्हें मानना राज्यों के लिए अनिवार्य है।[7]

भारत के स्वतन्त्रता संग्राम में सरदार जिस प्रकार प्रथम पंक्ति में खड़े रहे, उसी प्रकार शासन सँभालने के साथ उन्होंने योग्यतम कुशलता का परिचय दिया। पटेल की सेना का प्रथम उद्देश्य यह था कि देश का सच्चे अर्थों में पुनर्निर्माण हो। इसलिए स्वतन्त्रता प्राप्ति पर कहा था, ''विदेशी सत्ता से तो छूटे लेकिन अन्दर ही अन्दर जो आग लग रही है उसे बुझा पायेंगे तभी स्वतन्त्रता को पचा सकेंगे। यदि यह न हो पाया तो गुलामी को याद करने का समय आयेगा।''[8] उनका सीधे–सीधे मतलब था, देश को मज़बूत एवं सुदृढ़ बनाने का और इसमें वे किसी प्रकार की कोई

लापरवाही नहीं चाहते थे। सरदार पटेल ने देश के भविष्य की सुदृढ़ नींव रखने और प्रशासनिक, क़ानूनी एवं आर्थिक व्यवस्था को नया स्वरूप देने और देश के संविधान का गणतन्त्रीय आधार पर निर्माण करने में अपना अन्तिम क्षण तक लगा दिया।[9]

सरदार वल्लभभाई पटेल ने राष्ट्र की संस्कृति को लेकर भी सजगता दिखायी और वे भारतीय संस्कृति के प्रहरी के रूप में नज़र आते हैं। सरदार वल्लभभाई पटेल ने श्रीरतिलाल छगनलाल सेठ को 15 अक्टूबर 1947 को अपने पत्र में लिखा, "देश में या परदेश में जब भी अवसर मिले, हमें अपनी संस्कृति और सभ्यता की रक्षा करनी चाहिए। इसलिए परदेश में भी जब पार्टी देने का मौक़ा पड़े अथवा अन्य रीति से किसी को न्यौतने का अवसर आये तो शराब का उपयोग नहीं करना चाहिए। अपनी संस्कृति के साथ दृढ़तापूर्वक जुड़े रहकर इस सिद्धान्त का पालन करें, तो परदेश में हमारा सम्मान बढ़ने की सम्भावना है।"[10] वैसे तो सरदार वल्लभभाई पटेल के योगदान एवं कार्यों को किसी सीमा परिधि के अन्तर्गत समेटना सम्भव नहीं है और मेरे लिए उतना ही दुष्कर है जैसे–'गिरा अनयन, नयन बिन बानी' अर्थात् यदि मेरे पास जीभ है तो उसको देखने के लिए मेरे पास आँखें नहीं हैं और जब मेरे पास आँखें हैं तो उसका वर्णन करने के लिए मेरे पास वाणी नहीं है। राष्ट्र निर्माता के रूप में उनके असीमित कार्य रहे, परन्तु तीन गौण लेकिन महत्त्वपूर्ण कार्य रहे, वे हैं–राष्ट्रभाषा के निर्माण में योगदान, देशीकरण की शिक्षा तथा प्रत्येक क्षेत्र में जनता से नवनिर्माण की अपील। मुख्य कार्यों में हैं–संविधान सभा में भूमिका और देश के संविधान निर्माण में निर्णायकता, साम्प्रदायिक दंगों की समाप्ति, शान्ति स्थापना और देश के प्रशासन को नया रूप देना तथा जनसंख्या के विभाजन स्वरूप स्थानान्तरण को निर्णायक बनाना।

संवैधानिक नीतिगत योगदान

ब्रिटिश शासन से भारत की जनता को सत्ता के हस्तान्तरण के बाद भारत का संविधान निर्मित करने हेतु संविधान सभा की स्थापना की गयी थी। वर्ष 1945–46 में जनमत ने यह सिद्ध कर दिया था कि भारतीय राजनीति में काँग्रेस का प्रभाव सर्वाधिक है। मुस्लिम लीग ने संविधान सभा का बहिष्कार किया तथा अकाली दल एवं निर्दलीय अप्रभावी थे। इस बात से इनकार करना अवास्तविक होगा कि संविधान रचना का मुख्य आधार

नेहरू तथा सरदार पटेल के नेतृत्व में काँग्रेस की विचारधारा थी परन्तु यह विचारधारा अक्सर डॉ. बी.आर. अम्बेडकर, कृष्णस्वामी अय्यर, एन. गोपालास्वामी अयंगर जैसे निर्दलीय संवैधानिक विशेषज्ञों की विचारधारा से सौम्य बना दी जाती थी, जो के.एम. मुंशी तथा टी.टी. कृष्णमाचारी के साथ संविधान के प्रमुख रचयिता थे। उम्मीदवारों के चुनाव में फिर से काँग्रेसी हों या न हों–अल्पसंख्यकों के प्रतिनिधियों को भी उदारता से प्रतिनिधित्व दिया गया था। इसके परिणामस्वरूप बहुसंख्यक मतों की अपेक्षा निर्णय अधिकतर मतैक्य के आधार पर किये जाते थे। इसलिए कहा जा सकता है कि संविधान सभा की रचना उसी तरह वास्तव में उदार, निष्पक्ष तथा राष्ट्रीय थी, जिस प्रकार केन्द्रीय मन्त्रिमण्डल देश के विभिन्न प्रकार के महत्त्वपूर्ण लोकमत का प्रतिनिधित्व करता था।[11]

सरदार पटेल संविधान सभा की दो प्रमुख कमेटियों के अध्यक्ष थे–बुनियादी अधिकारों, अल्पसंख्यकों तथा वर्जित और अंशतः वर्जित क्षेत्रों से सम्बन्धित सलाहकार कमेटी के और प्रान्तीय संविधान सम्बन्धी कमेटी के। इन समितियों में कार्य करने के अलावा पटेल ने संविधान की संकटकालीन व्यवस्थाओं के विकास में, भाषानीति के विकास में, देशी राज्यों के विलीनीकरण तथा एकीकरण के सम्बन्ध में उपनिवेश सरकार द्वारा सिर पर ली हुई ज़िम्मेदारियों से सम्बद्ध धाराओं के विकास में, सरकारी सेवाओं से सम्बद्ध धाराओं के विकास में तथा जम्मू–कश्मीर राज्य से सम्बन्धित विशेष व्यवस्थाओं के विकास में निर्णायक भाग लिया। पटेल ने भाषायी आधार पर प्रान्तों की रचना का विरोध किया था। बुनियादी अधिकारों पर सरदार ने जिस धारा में सक्रिय और उत्साहपूर्वक भाग लिया, उसका सम्बन्ध सम्पत्ति विषयक अधिकारों के संरक्षण से था। उनका मानना था कि यह संरक्षण देश के भविष्य के लिए अत्यन्त महत्त्वपूर्ण है, क्योंकि वह भीतरी और बाहरी पूँजी के आकर्षण को जन्म देने में सहायक होगा।[12]

सरदार पटेल का सबसे महत्त्वपूर्ण योगदान उन धाराओं के सम्बन्ध में था जो अल्पसंख्यकों तथा देशी राज्यों से सम्बन्धित थीं। भारत को ब्रिटिश हुकूमत के ज़माने से साम्प्रदायिक निर्वाचक मण्डलों की हानिकारक पद्धति के अमल द्वारा सम्प्रदायों के आधार हितों के विभाजन की मान्यता विरासत में मिली थी और यही एक ऐसा कारण था, जिसका भारत के विभाजन में प्रमुख हाथ रहा। इन बातों को ध्यान में रखते हुए पटेल ने अपने प्रयासों से संविधान के लिए ठोस

लोकतान्त्रिक आधार खड़ा करने में अपना ज्ञान एवं अनुभव लगा दिया। सरदार तथा काँग्रेस के नेता अपने बहुमत का उपयोग कर बलात् निर्णय मनवाने के विरुद्ध थे, और इस बात में वे विभिन्न कौमों की हार्दिक स्वीकृति प्राप्त करने के लिए उत्सुक थे।

सेवाओं के लिए संविधान में गारंटी का समावेश कराने में सरदार पटेल की भूमिका अहम रही, इन गारंटियों का सम्बन्ध सेवाओं की दो श्रेणियों में था[13]–

1. भूतपूर्व भारतमन्त्री की सेवाओं के वे सदस्य अधिकतर आईसीएस और आईपी, परन्तु कुछ सदस्य अन्य सेवाओं के भी थे, जो सत्ता के हस्तान्तरण के पश्चात् नौकरी में चालू रखे गये थे। इस श्रेणी के प्रत्येक अधिकारी को केन्द्रीय सरकार द्वारा उसकी सेवा के अधिकारों की रक्षा का आश्वासन दिया गया था।
2. सत्ता के हस्तान्तरण के बाद खड़ी की गयी दो सेवाएँ–आईएएस और आईपीएस–इनकी रचना प्रान्तीय सरकारों के सर्वसम्मत समर्थन से अखिल भारतीय सेवाओं के रूप में की गयी थी।

राष्ट्रभाषा बनाने के पक्षधर

सरदार वल्लभभाई पटेल में राष्ट्रीय एकता की भावना कूट–कूट कर भरी थी और इस दिशा में उन्होंने हरसम्भव प्रयास भी किये, उन्हीं प्रयासों में से एक हिन्दी को राष्ट्रभाषा बनाने के पक्ष में रहे। कराची काँग्रेस के अध्यक्ष पद से उन्होंने हिन्दी में कामकाज करने का निर्देश दिया था। हिन्दी के लिए पटेल ने कहा था, "हर व्यक्ति का कर्तव्य है कि वह राष्ट्रभाषा की उन्नति करे और उसकी सेवा करे जिससे सारे भारत में वह बिना किसी संकोच के या सन्देह के स्वीकृत हो। ऐसी हिन्दी का पट भी महासागर की तरह ऐसा विस्तृत होना चाहिए कि जिसमें मिलकर और भाषाएँ अपना बहुमूल्य भाग ले सकें। राष्ट्रभाषा न तो किसी प्रान्त की और न किसी जाति की है। वह सारे भारत की भाषा है और उसके लिए यह आवश्यक है कि सारे भारत के लोग उसे समझ सकें और अपनाने का गौरव हासिल कर सकें।"[14]

स्वदेशीकरण की शिक्षा एवं नवनिर्माण

सरदार पटेल ने जब सार्वजनिक जीवन में प्रवेश किया तो पूर्ण स्वदेशी

बनकर किया और असहयोग आन्दोलन के बाद स्वदेशी आन्दोलन में उन्होंने बढ़–चढ़कर हिस्सा लिया। उनका मानना था कि देश में ऐसी शिक्षा प्रणाली लागू करनी होगी जिसमें स्वदेश प्रेम एवं प्रौद्योगिकी की समुचित व्यवस्था हो तथा शिक्षा का माध्यम विद्यार्थी की स्वभाषा होनी चाहिए। स्वतन्त्रता के पश्चात् विद्वानों को अधिक–से–अधिक काम करने की प्रेरणा दी। पटेल ने कहा कि हमें सभी मतभेदों को भुलाकर राष्ट्र निर्माण में जी–जान से जुट जाना चाहिए।

जनसंख्या का स्थानान्तरण

देश के विभाजनोपरान्त जनता के एक देश से दूसरे देश जाने की बाढ़ सी आ गयी थी, जिससे पटेल अत्यन्त चिन्तित हुए। जनसंख्या के स्थानान्तरण से दो बातें सामने आयीं–एक तो यह कि भारत छोड़कर जाने वाले तथा पाकिस्तान से भारत आने वाले लोग शान्ति से ऐसा कर सकें और दूसरी यह कि जो लोग भारत आ रहे थे, उनके पुनर्वास की समुचित व्यवस्था हो। साथ ही, जो भारत में ही अपना भाग्य रखना चाहें, उनकी जान–माल की पूरी व्यवस्था हो। ऐसे समय में जब दोनों देशों की जनता का स्थानान्तरण हो रहा था, पटेल ने शान्तिपूर्वक आगमन की व्यवस्था करने का हरसम्भव प्रयास किया। गृहमन्त्री के रूप में 30 सितम्बर 1947 को अमृतसर गये और एक सार्वजनिक सभा में उन्होंने कहा, "हमने आज़ादी इसलिए ली है कि हम देश को महान और समृद्ध बनायें। इसलिए नहीं कि जो कुछ भी विदेशी हुकूमत हमारे लिए छोड़ गयी है, उसे भी नष्ट कर दें। यदि हम सावधान नहीं रहे तो हमारी वह आज़ादी जिसके लिए हम इतनी लम्बी अवधि से लालायित थे और जिसे हमने इतने संघर्षों और यातनाओं के बाद पाया है, उसे हम रख नहीं पायेंगे। बदला लेने या प्रतिकार की भावना के वश होकर हम उन लाखों–करोड़ों भाई–बहनों की बलि नहीं चढ़ा सकते। यह बहुत आवश्यक है कि आप शान्ति रखें और जवाबी हमले और बदले के इस चक्कर को ख़त्म करें तथा शरणार्थियों को सुरक्षित रास्ता दें। इन शरणार्थियों को अगर आपने रोकने की कोशिश की तो इससे उधर से आने वाले हमारे भाइयों का ख़तरा बढ़ेगा जो सर्दी, गर्मी, भूख, प्यास और अनेक अत्याचारों को सहते हुए इस ओर चले आ रहे हैं।"[15] पटियाला में पटेल ने कहा था, "आपको

वालियंटर बनकर मुसलमानों को जाने का रास्ता देना चाहिए तब अगर वे हमारे आदमियों को रोकेंगे तो हम देखेंगे।''[16]

स भारतं भारतमक्षतं परैविधातुमिच्छुः सुदृढ़ं सुशकिमत्।
युयोज चेतोहदथ विनिर्मितौ तदा सु संविधानस्य नवस्य धीरधीः।।

अर्थात् स्थिर बुद्धि वाले उन सरदार पटेल ने तब अपने भारत देश को जगमगाता, अचल और शक्तिशाली होने से, शत्रुओं से अजेय बनाने की इच्छा से, अपना मन देश के नये संविधान को बनाने में लगा दिया। हमारे देश में प्रथम अन्तरिम राष्ट्रीय सरकार की घोषणा 24 अगस्त 1946 को की गयी थी जिसमें जवाहरलाल नेहरू, सरदार वल्लभभाई पटेल, डॉ. राजेन्द्र प्रसाद, आसफ़ अली, शरतचन्द्र बोस, डॉ. जॉन मथाई, शफ़ात अहमद ख़ाँ, डॉ. सी.एच. भाभा सम्मिलित थे। वायसराय परिषद् का अध्यक्ष था और जवाहरलाल नेहरू को परिषद् का उपाध्यक्ष बनाया गया। संविधान सभा का विधिवत उद्घाटन 9 दिसम्बर 1946 को किया गया। 13 दिसम्बर 1946 को जवाहरलाल नेहरू ने उद्देश्य प्रस्ताव प्रस्तुत किया जिसे 22 जनवरी 1947 को संविधान सभा ने स्वीकार कर लिया। संविधान सभा ने संविधान रचना की समस्या के विविध पहलुओं को मद्देनज़र रखकर अनेक समितियाँ गठित कीं जिनमें कुछ समितियों के अध्यक्ष जवाहरलाल नेहरू या सरदार पटेल थे।

सरदार पटेल के ऐतिहासिक कार्य

सोमनाथ का मन्दिर–सरदार का हृदय धार्मिक भावनाओं से ओत–प्रोत था। एक हिन्दू के नाते वे सोमनाथ के महत्त्व को अनुभव करते थे। यह प्रथम मन्दिर प्रथम शताब्दी में बनाया गया था। धन–सम्पति का वहाँ इतना अधिक भण्डार था कि मुस्लिम आक्रमणकारियों ने सदा ही उसे अपना लक्ष्य बनाया तथा उस पर कई बार आक्रमण किया। यहाँ तक कि सन् 1024 में महमूद गज़नवी ने उसके तृतीय मन्दिर को नष्ट किया। इसीलिए सोमनाथ का मन्दिर भारत की धार्मिक भावना का प्रतीक था। इस मन्दिर की मूर्ति–प्रतिष्ठा का समारोह 11 मई 1951 को आयोजित किया गया और उसमें राष्ट्रपति डॉ. राजेन्द्र प्रसाद ने भी भाग लिया। इस मूर्ति–प्रतिष्ठा में शास्त्रीय विधि के अनुसार सभी महाद्वीपों की मिट्टी तथा सभी महासागरों और पवित्र नदियों के जल का उपयोग किया गया। इस प्रकार सरदार पटेल के संकल्प द्वारा भारत की एक महती राष्ट्रीय आकांक्षा की पूर्ति की

गयी। सोमनाथ का प्रथम मन्दिर ईसा की प्रथम शताब्दी में बनाया गया था। व्यापारियों से वार्तालाप करके सरदार पटेल ने उनके सम्मुख गाँधी स्मारक निधि के सम्बन्ध में अपनी योजना रखी। इसके फलस्वरूप प्रत्येक व्यापारी संघ तथा कम्पनी ने अपने–अपने व्यापार की शक्ति के अनुसार निधि में अपना–अपना योगदान किया तथा अपने–अपने कर्मचारियों से भी चन्दा लिया। इस प्रकार सरदार पटेल ने गाँधी स्मारक निधि के लिए चन्दा जमा करने का कार्य उन व्यापारियों के सुपुर्द किया।

स्थानापन्न प्रधानमन्त्री–प्रधानमन्त्री पं. जवाहरलाल नेहरू अमेरिका के तत्कालीन राष्ट्रपति ट्रू मैन के निमन्त्रण पर 7 अक्टूबर 1949 को अमेरिका, कनाडा तथा इंग्लैंड की यात्रा पर चले गये। उनकी अनुपस्थिति में उप–प्रधानमन्त्री सरदार पटेल को 7 अक्टूबर 1949 से भारत का स्थानापन्न प्रधानमन्त्री बनाया गया। इस उपलक्ष्य में सरदार पटेल ने राष्ट्रपति भवन में 27 अक्टूबर 1949 को संविधान परिषद् के सदस्यों के सम्मान में एक भोज दिया, जिसमें डॉ. राजेन्द्र प्रसाद ने भी, जो उस समय संविधान परिषद् के अध्यक्ष थे, भाग लिया। अपने प्रधानमन्त्रित्व काल में सरदार पटेल के निम्नलिखित कार्य उल्लेखनीय हैं–

अखिल भारतीय सेवाओं का भविष्य

15 अगस्त 1947 से पूर्व जिन अखिल भारतीय सेवाओं को 'भारत मन्त्री की सेवाएँ' कहा जाता था, उनके भविष्य के सम्बन्ध में भारतीय संविधान परिषद् के काँग्रेस दल में भारी वाद–विवाद था। अनेक प्रभावशाली व्यक्ति इस बात के विरुद्ध थे कि उनके भविष्य की गारंटी के लिए विधान में कोई धारा रखी जाये, यहाँ तक कि इस मामले पर केन्द्रीय मन्त्रिमण डल में भी मतभेद था। अन्त में यह निश्चय किया गया कि यह मामला सरदार पटेल पर छोड़ दिया जाये। इस विषय में भारतीय सिविल सर्विस वाले अत्यधिक चिन्तित थे। उनके प्रतिनिधिमण्डल ने सरदार से मिलकर उनको बताया कि कई प्रान्तों में उनके साथ उचित व्यवहार नहीं किया जाता। वास्तव में, उन लोगों के वेतन उस मान से कहीं अधिक थे, जो केन्द्रीय वेतन कमीशन ने निश्चित किये थे। सिविल सर्विस वालों से यह आशा की जाती थी कि वे अपने वेतन को स्वयं कम करके वेतन कमीशन द्वारा निश्चित किया हुआ वेतन स्वीकार कर लेंगे। किन्तु सरदार पटेल का मत था कि उन लोगों को जो कुछ भी आश्वासन भूतकाल में दिये जा चुके

हैं, उनके उत्तरदायित्व से मुख नहीं मोड़ा जा सकता। अतएव, उनकी व्यवस्था विधान में की जानी चाहिए। काँग्रेस पार्टी ने 8 अक्टूबर 1949 को सरदार पटेल के इस सुझाव को सर्वसम्मति से स्वीकार किया। फिर भी 9 अक्टूबर को श्री अनन्त शयनम अयंगर, श्री महावीर त्यागी, श्री रोहिणी कुमार चौधरी तथा श्री आर.के. सिन्धवा ने संविधान परिषद् की बैठक में सरदार के इस सुझाव का विरोध किया। अन्त में, सरदार के प्रभावशाली भाषण के पश्चात् विरोध शान्त हो गया तथा इस प्रस्ताव को पास कर दिया गया।

केन्द्रीय मन्त्रियों के वेतन में कटौती–सरदार की प्रेरणा पर केन्द्रीय मन्त्रिमण्डल के सभी सदस्यों ने 10 अक्टूबर 1949 को यह घोषणा की कि वह 1 अक्टूबर 1949 से अपने वेतन में 15 प्रतिशत कटौती करेंगे।

60 करोड़ रुपये की बचत–सरदार पटेल इस समय भारत के बढ़ते हुए व्यय से चिन्तित थे। उन्होंने स्थानापन्न प्रधानमन्त्री के रूप में भारत सरकार के सभी मन्त्रालयों को अपने–अपने भावी बजट में मितव्ययिता बरतने की प्रेरणा दी। फलतः सन् 1950–51 के आर्थिक वर्ष के प्रधान मदों के व्यय में कमी करके 60 करोड़ रुपये की बचत की गयी।

अन्न तथा वस्त्र के मूल्यों में कमी–इस समय भारत में अन्न तथा वस्त्र के मूल्य बराबर बढ़ते जा रहे थे। सरदार पटेल की प्रेरणा पर भारत सरकार ने यह घोषणा की कि 1 नवम्बर से उनका मूल्य कम किया जाये।

नेपाल में वैधानिक परिवर्तन–नेपाल के राजा त्रिभुवन वीर विक्रम शाह अभी तक वंशानुक्रम से प्रधानमन्त्री के क़ैदी के रूप में चले आ रहे थे। उन्होंने 6 नवम्बर 1950 को अपने महल से चलकर काठमाँडू के भारतीय दूतावास में शरण ली। भारत सरकार के प्रबन्ध से 19 तारीख़ को वह विमान द्वारा नयी दिल्ली आये। उन्होंने 28 नवम्बर को नयी दिल्ली में नेहरू जी तथा सरदार पटेल से भेंट की। किन्तु बाद में भारत सरकार के यत्न से उनको अपने सब अधिकार वापस मिल गये और राणा सरकार का पतन हुआ।

सरदार की दिनचर्या–भारत के स्वतन्त्र हो जाने पर सरदार में भी बड़ा भारी परिवर्तन आ गया। इससे उनके जीवन की एक बड़ी अभिलाषा पूर्ण हो गयी। उनकी दूसरी अभिलाषा भारतवासियों को गाँधी जी के शब्दों में 'रामराज्य' के समान सुख दिलाने की थी। अपने इस उद्देश्य में वह बराबर लगे रहे। गृहमन्त्री बनने पर भी उनकी दिनचर्या नहीं बदली। उनका प्रातःकाल 4 बजे उठने का स्वभाव नहीं बदला। दिन निकलने पर

वह मणिबेन तथा घनश्यामदास बिड़ला के साथ लोदी गार्डन में जाया करते थे। इस समय भारत के विभिन्न भागों से आने वाले अनेक व्यक्ति भी उनके साथ होकर उनके सामने अपने अभाव–अभियोग उपस्थित किया करते थे। वह 7 बजे लौटकर नयी दिल्ली के अपने निवास स्थान औरंगज़ेब रोड पर आ जाया करते थे। आठ बजे समाचार–पत्र पढ़ा करते थे। हलका भोजन करने के उपरान्त वे आगन्तुकों से मिला करते थे। ग्यारह बजे या एक बजे वे अपने कार्यालय या संसद में जाया करते थे। दोपहर बाद मीटिंग होती थी या आने वालों से भेंट की जाती थी। सायंकाल साढ़े सात बजे भोजन करके दस बजे या उसके पश्चात् वह सो जाया करते थे। सोने के पूर्व वह किसी प्रान्त के मुख्यमन्त्री या अपने तीनों सचिवों–वी.पी. मेनन, एच.वी.आर. अयंगर तथा वी. शंकर में से किसी से, जो उनसे दिन में नहीं मिल पाते थे, टेलीफ़ोन पर वार्तालाप करके उनसे ताज़ा समाचार पूछकर तदनुसार आज्ञाएँ दिया करते थे।

गवर्नर जनरल चक्रवर्ती राजगोपालाचारी, नेहरू और पटेल की त्रिमूर्ति ने भारत पर सन् 1948 से 1950 तक शासन किया। प्रधानमन्त्री नेहरू जनता के बीच अत्यन्त लोकप्रिय हो गये, लेकिन पटेल ने काँग्रेस के लोगों की निष्ठा और विश्वास को अर्जित किया। वे लोकसेवकों में काफ़ी चर्चित एवं लोकप्रिय थे। भारत की संविधान सभा में पटेल एक वरिष्ठ नेता रहे और भारतीय संविधान के प्रारूप एवं प्रस्तुति में उनका अतुलनीय योगदान रहा। डॉ. भीमराव रामजी अम्बेडकर की नियुक्ति के पीछे भी उन्हीं की सोच रही और अम्बेडकर को ड्राफ्टिंग कमेटी का चेयरमैन बनाया गया। पटेल अल्पसंख्यकों, जनजाति, मूल अधिकार एवं प्रादेशिक संविधान की विभिन्न कमेटियों के गठन के लिए ज़िम्मेदार रहे। उन्होंने प्रादेशिक विधानसभा के लिए बेहतर प्रतिदर्श प्रस्तुत किया, जिसमें राज्य के राज्यपाल की शक्तियों को सीमित किया गया। इसके पीछे निहितार्थ यह था कि राज्यपाल को निर्वाचित सरकार के गठन एवं कार्य करने के सम्बन्ध में बाधा डालने के लिए स्वतन्त्र नहीं किया जाना चाहिए।

सरदार ने मुस्लिम नेताओं से सम्पर्क एवं निकटता क़ायम की ताकि उनके पृथक् निर्वाचन की माँग को रद्द किया जा सके और उनके लिए सीटों के आरक्षण को समाप्त किया जा सके। पटेल ने इस मुद्दे पर मुस्लिम नेताओं से व्यक्तिगत संवाद स्थापित किया। उन्होंने एक मानक स्थापित किया कि राष्ट्रपति को यह अधिकार मिलना चाहिए कि वे प्रत्येक

लोकसभा के गठन पर एंग्लो–इंडियन समुदाय के सदस्यों को बतौर लोकसभा सदस्य आमन्त्रित करें।

उनका हस्तक्षेप भी अति महत्त्वपूर्ण एवं प्रासंगिक रहा कि लोकसेवकों को राजनीतिक तल्लीनता या सम्बद्धता से दूर रहना चाहिए। इसके अलावा लोकसेवकों के विशेषाधिकार एवं सुरक्षा की गारंटी भी उन्होंने ही दी। इंडियन एडमिनिस्ट्रेटिव सर्विस की स्थापना में उनके योगदान को भुलाया नहीं जा सकता, क्योंकि बिना उनके सार्थक एवं मूल योगदान के यह क़तई सम्भव नहीं था और इसीलिए उनको 'भारतीय सेवा के संरक्षक' के रूप में याद किया जाता है।

जब गुजरात के किसानों के प्रतिनिधि मण्डल ने उनसे मिलकर शिकायत की कि वे बाज़ार में दूध इसलिए नहीं भेज पा रहे हैं क्योंकि बिचौलियों का आतंक या दबदबा है, पटेल ने उन्हें सलाह दी कि वे स्वयं दूध का उत्पादन करें और बेचें। इसके लिए उन्होंने कैरा डिस्ट्रिक्ट कोऑपरेटिव मिल्क प्रोड्यूसर्स यूनियन लिमिटेड का गठन किया। यही दुग्ध उत्पादन केन्द्र बाद में अमूल के नाम से जाना गया जो आज भी 'टेस्ट ऑफ़ इंडिया' के नाम से पूरी दुनिया में मशहूर है। पटेल ने सौराष्ट्र में सोमनाथ मन्दिर का पुनः निर्माण एवं पुनरुद्धार किया। इसका निर्माण कार्य पटेल के अवसान के बाद पूरा हुआ और इस मन्दिर का उद्घाटन भारत के प्रथम राष्ट्रपति डॉ. राजेन्द्र प्रसाद के कर–कमलों द्वारा हुआ।

अखण्ड भारत का निर्माण

आज हमें यह नहीं लगता कि हमारे वैज्ञानिकों, विद्वानों या समाज वैज्ञानिकों के विचारों में इस बात को लेकर कोई भेद है कि भारत एक राष्ट्र है या कई राष्ट्रों का एक समूह है। एक राष्ट्र की अवधारणा के अन्तर्गत कुछ राष्ट्रीय तत्त्व भी होते हैं। ये निरन्तर विवाद का विषय बन जाते हैं। भारत के परिप्रेक्ष्य में यह कहने में भी कठिनाई नहीं है कि यहाँ अभी भी राष्ट्र निर्माण की प्रक्रिया जारी है। सन् 1947 में इस प्रक्रिया में व्यवधान पहुँचा था, जब पूरा राष्ट्र दो राष्ट्रों में बँट गया। स्वतन्त्रता प्राप्ति से थोड़ा पहले ही जिन्ना और मुस्लिम लीग ने द्विराष्ट्रवाद का सिद्धान्त प्रस्तुत किया था। गाँधी जी और भारतीय राष्ट्रीय काँग्रेस इस सिद्धान्त से थोड़ा भी इत्तफ़ाक़ नहीं रखते थे लेकिन इन लोगों ने ब्रिटिश हुकूमत की 'बाँटो और राज करो' की नीति के सामने घुटने टेक दिये।

अंग्रेज़ों ने जब भारत से जाने की सोची तो सत्ता का हस्तान्तरण परस्पर दो विरोधी दलों को करने के लिए सोचा था। उसी समय सत्ता का हस्तान्तरण पाँच सौ से अधिक राज्यों के बीच होना था। ये सारी चीज़ें अंग्रेज़ी हुकूमत के बस के बाहर की थीं। ये राज्य भारत के बड़े भू–भाग पर क़ाबिज़ थे। हैदराबाद, मैसूर एवं जम्मू–कश्मीर जैसे विशालकाय सूबे भी थे, लेकिन छोटे–छोटे राज्यों की संख्या अधिक थी। यदि इन छोटी–छोटी रियासतों या राज्यों को अलग–अलग ढंग से सत्ता हस्तान्तरित होती, तो देश की आज़ादी छिन्न–भिन्न हो जाती। यह हमारे देश के सामने सबसे बड़ी चुनौती थी। हमारे भारतीय राजनीतिक परिदृश्य के अनेक विचारकों को यह डर था कि राष्ट्र निर्माण की प्रक्रिया कहीं रसातल में ना चली जाये। इस परिस्थिति में हमारे देश के लिए यह सौभाग्य की बात थी कि हमारे पास बिस्मार्क के रूप में सरदार पटेल जैसी एक शख़्सियत मौजूद थी, जो स्वतन्त्र भारत के पहले गृहमन्त्री एवं उप–प्रधानमन्त्री के रूप में अनेको चुनौतियों को स्वीकार करते हुए एवं एक नये भारत के निर्माण के लिए फ़ौलादी इरादों के साथ तैयार थे। इन्होंने भारतीय राजनीति के समक्ष एक आदर्श प्रस्तुत किया। अपनी नैसर्गिक प्रतिभा और बुद्धि के बल पर इन्होंने कई नवाबों की ओर से आ रही चुनौतियों का दृढ़ता से सामना किया।

सरदार पटेल की शख़्सियत हमारे देश के राजनय को हमेशा आलोकित करती रहेगी। गाँधी जी के प्रबल समर्थक पटेल ने अहमदाबाद नगरपालिका में म्युनिसिपल काउंसलर के रूप में राजनीतिक जीवन की शुरुआत की। अपने ईमानदार श्रम के बूते पर वे काँग्रेस पार्टी के शीर्षस्थ नेताओं में से एक हो गये। इनकी राजनीतिक अन्तर्दृष्टि, प्रशासनिक क्षमता एवं कूटनीतिक प्रतिभा ने उन्हें राष्ट्र निर्माता के रूप में प्रतिष्ठित किया। लोग उन्हें 'आयरन मैन ऑफ़ इंडिया' के नाम से भी जानते हैं।

पं. जवाहरलाल नेहरू एवं सरदार वल्लभभाई पटेल ने शपथ ग्रहण सितम्बर 1946 में किया, इसके बाद संविधान सभा का चुनाव हुआ जिसमें समझौता कमेटी को नवाबों एवं प्रिंसों से बात करने के लिए नियुक्त किया गया। प्रिंसों की एक बॉडी थी जिसको 'चैम्बर ऑफ़ प्रिंसेज़' कहा गया ताकि वे अपने–अपने राज्य का प्रतिनिधित्व करें। अप्रैल 1947 तक कुछ प्रिंसों ने सभा में उपस्थिति दर्ज करायी, लेकिन अन्य प्रिंस या नवाबों ने किनारा कर लिया। इसके अलावा भारतीय राष्ट्रीय काँग्रेस और मुस्लिम लीग के

बीच सौदेबाज़ी होने लगी। इसी बीच गवर्नर जनरल लॉर्ड माउंटबेटन ने अपनी योजना का ऐलान किया कि 3 जून 1947 से सत्ता का हस्तान्तरण प्रारम्भ होगा। इस योजना के दो पक्ष थे–पहला तो ब्रिटिश हुकूमत दो सरकारों–भारत और पाकिस्तान को सत्ता हस्तान्तरित करेगी। दूसरा यदि रियासतों के नवाब या छोटे–छोटे राज्यों के नरेश भारत और पाकिस्तान में से किसी एक को चुन लेते हैं, तो ब्रिटिश की परम सत्ता या सर्वोच्च सत्ता अपने आप समाप्त हो जायेगी। अब यह स्पष्ट हो गया कि किसी भी राज्य ने इन दोनों देशों में से कहीं भी या किसी से भी मिलने से इनकार किया और अपने को स्वतन्त्र राज्य घोषित किया तो उन्हें इसकी इज़ाज़त नहीं दी जायेगी। इस तरह उनकी स्वायत्तता एवं सम्प्रभुता का हनन होने दिया जायेगा। सरदार पटेल ने यह महसूस किया कि अब स्थिति ख़तरनाक और नियन्त्रण से परे हो जायेगी, यदि स्थिति को उचित ढंग से नहीं सँभाला गया। इस बात की पूरी सम्भावना थी कि आज़ादी हाथ में आकर चली जाये और हम हाथ मलते रह जायें। उस समय क़रीब 554 नवाबों के रियासत थे जिसमें से 450 रियासतों का सालाना राजस्व 15 लाख से कम था। 327 छोटी रियासतों में प्रत्येक का क्षेत्रफल 220 वर्गमील था और औसत जनसंख्या 3,000 थी। इनका सालाना राजस्व 22,000 रुपये था। अब आज़ादी का पूरा दारोमदार दो लोगों पर था। पहला तो ब्रिटिश हुकूमत के मन–मिज़ाज पर और दूसरी तरफ़ छोटी–छोटी रियासतों के नवाबों की इच्छाशक्ति पर। पटेल ने बतौर गृहमन्त्री यह महसूस किया कि तुरन्त निर्णय लेने की आवश्यकता है और उन्होंने प्रधानमन्त्री और अन्तरिम सरकार के समक्ष निवेदन किया कि उन्हें काम करने की पूरी आज़ादी दी जाये। इसके बाद स्टेट्स डिपार्टमेंट का सृजन किया गया और सरदार पटेल और वी.पी. मेनन (सचिव) को इसका प्रभार 25 जून 1947 को सौंपा गया। इन दोनों ने ही कमाल किया और इनकी मेहनत और प्रशासनिक कूटनीतिक क्षमता ने हमें 'संयुक्त भारत' उपहार में दिया।

सरदार पटेल और उनके सचिव वी.पी. मेनन ने स्थिति की समीक्षा की और पाया कि कुछ नवाबों ने इच्छा व्यक्त की कि वे पाकिस्तान के साथ रहना चाहते हैं। कुछ नवाब ऐसे भी रहे जिन्होंने स्वतन्त्र राज्य के रूप में रहने का फ़ैसला किया। लेकिन अधिकतर राज्यों ने अपनी सम्प्रभुता की रक्षा करने के लिए भारत के साथ आने का फ़ैसला किया। पटेल ने यह सोचा कि यदि भारत की अखण्डता को अक्षुण्ण रखना है तो भारत सरकार

और इन राज्यों के मध्य एक बन्धपत्र में समझौते की आवश्यकता है। इसी बीच सत्ता का हस्तान्तरण 15 अगस्त 1947 को तय किया गया। काफ़ी गहन विचार–विमर्श के बाद स्टेट्स डिपार्टमेंट ने इन राज्यों के अधिग्रहण के लिए नीतियाँ तैयार कीं। राज्यों को यह सोचने के लिए तैयार किया गया कि वे भारत का अटूट हिस्सा हैं। ऑल इंडिया काँग्रेस कमेटी ने भारत की रूपरेखा पर अपना दृष्टिकोण 11 जून 1947 को व्यक्त किया, लेकिन जिन्ना भारत के विचार से सहमत नहीं थे और येन–केन प्रकारेण ज़्यादा–से–ज़्यादा राज्य हथियाने की फिराक में थे। नेहरू को भी लगता था कि इन समूचे राज्यों पर एक साथ अधिग्रहण नहीं हो सकता है। इस तरह पटेल के समक्ष तीनों तरह की चुनौतियाँ राजनीतिक, कूटनीतिक और प्रशासनिक स्तर पर विद्यमान रहीं।

पटेल और मेनन ने पहले तो यह माना कि वायसराय माउंटबेटन का सहयोग लिया जाये। उनके मन में था कि हो सकता है कि इनके व्यक्तित्व, इनकी कृपा और इनके सम्बन्धों की वजह से ये विविध विभिन्न राज्य सहमत हो जायें। स्टेट्स डिपार्टमेंट की यह योजना रही कि इन राज्यों से कहा जाये कि आप हमें रक्षा, विदेशी मामले और संचार का अधिकार सौंप दें। इसके पीछे तर्क यह था कि राज्यों ने कभी भी अपने अधिकार का इस्तेमाल नहीं किया था। इसलिए वे रक्षा, विदेशी मामले और संचार की बारीक़ियों और पेचीदगियों को नहीं समझ सकते थे। यहाँ तक कि बड़े राज्यों ने भी इस तरह के अधिकारों का प्रयोग नहीं किया था। जहाँ तक संचार का तात्पर्य था, भारत के ये छोटे–बड़े राज्य उस मामले में बिना केन्द्र के सहयोग के कुछ नहीं कर सकते थे। राज्यों के शासकों को केन्द्र को भी कुछ कर देने की ज़रूरत नहीं पड़ती थी। माउंटबेटन ने एक बार इस विषय पर सरदार पटेल से वार्ता की और दोनों ने एक–दूसरे को समझा। पटेल ने 5 जुलाई 1947 को एक नोटिस दिया जो इस प्रकार रहा–

"यह एक संयोग है कि कुछ राज्य हैं जो नवाबों के अधीन हैं और कुछ राज्य अभी भी ब्रिटिश भारत में रहते हैं। लेकिन सभी के सौजन्य से भारत का चरित्र एवं संस्कृति निर्मित होते हैं। हम सभी एक रक्त और अनुभवों की माला में पिरोये गये हैं और इसलिए हमारी स्वरुचि इसी में है कि हम सभी बैठकर क़ानून बनायें ताकि मित्रों की तरह हम आपस में सन्धियाँ बनायें...यह काँग्रेस पार्टी इन नवाबों के राज्यों की दुश्मन नहीं है

और न ही मेरी नीति यह होगी कि हम ऐसे राज्यों को बनायें जो एक–दूसरे का या एक–दूसरे के अधिकारों का अतिक्रमण करें...मैं उम्मीद करता हूँ कि भारतीय राज्यों ने यदि सहयोग नहीं किया तो आपस में अराजकता और भ्रम की स्थिति उत्पन्न होगी।"

इंडियन इंडिपेंडेंस बिल ब्रिटिश पार्लियामेंट में पटल पर था और ब्रिटिश सरकार ने यह दृष्टिकोण व्यक्त किया कि सत्ता हस्तान्तरण के समय राज्यों और ब्रिटिश हुकूमत के बीच सहमति में यदि कोई फ़र्क़ आया तो हस्तान्तरण शून्य या व्यर्थ समझा जायेगा। इसलिए पटेल ने मौक़े की नज़ाकत को भाँपते हुए राज्यों के नवाबों से समझौते करना शुरू किया और इनके साथ एक सम्मेलन 25 जुलाई 1947 को आयोजित किया, ताकि राज्यों के अधिग्रहण और सहमति–पत्र के प्रारूप पर विचार–विमर्श हो सके। मुहम्मद अली जिन्ना ने सरदार के इस प्रस्ताव का विरोध किया।

सरदार पटेल 24 जुलाई सन् 1947 को नवाबों या शासकों के शिष्टमण्डल से मिले और उन्हें आश्वासन दिया कि उनकी सम्प्रभुता पर किसी भी तरह का अतिक्रमण नहीं होगा। लॉर्ड माउंटबेटन ने ब्रिटिश क्राउन के प्रतिनिधि की हैसियत से 25 जुलाई सन् 1947 को एक लुभावना भाषण दिया जिसमें स्पष्ट रूप से उल्लेख किया गया कि यहाँ के राज्यों की संख्या भौगोलिक स्तर पर अधिक है जिनका भारत संघ में अधिग्रहण होना है। उन्होंने राज्यों के नरेशों और नवाबों की शक्तियों का निराकरण किया और एक सौहार्दपूर्ण वातावरण का सृजन किया। इसके बाद पटेल और उनके सहयोगियों ने छह दिन और रात लगाकर डटकर कार्य किया, इसके दौरान दो प्रारूप और तैयार किये गये जो अधिग्रहण से सम्बन्धित रहे और सहमति–पत्र 31 जुलाई 1947 को तैयार किया गया और इसी दिन स्वीकृत हो गया।

अधिग्रहण के फ़ार्मूले के द्वारा राज्यों को संघ में मिला लिया गया। इन राज्यों ने रक्षा, विदेश और संचार का अधिकार केन्द्र को सौंप दिया। अधिग्रहण के अन्तर्गत राज्यों को कोई भी वित्तीय ज़िम्मेदारी नहीं दी गयी। इसके अलावा ऐसे कई राज्य रहे जिन पर ब्रिटिश हुकूमत के विशेष अधिकार रहे। इन राज्यों की संख्या क़रीब 300 के आसपास रही और ये राज्य काठियावाड़ और गुजरात में थे। इन राज्यों को बड़े राज्यों के साथ मिलाया गया। इन छोटे–छोटे राज्यों ने इच्छा व्यक्त की कि उनको यथास्थिति में रहने दिया जाये। इन राज्यों के लिए अलग–अलग फ़ार्मूला

अपनाया गया। इसके अतिरिक्त ऐसे कई शासक रहे जिनकी हैसियत काफ़ी ऊँची थी। इनके साथ भी सहमति–पत्र पर हस्ताक्षर किये गये लेकिन इनके लिए विशेष व्यवस्था यह बनायी गयी कि इनका राजकाज और प्रशासन वैसे ही क़ायम रहेगा, जैसा कि ब्रिटिश हुकूमत के समय था। अधिग्रहण के इन तौर–तरीक़ों की देश के कुछ हलक़ों में आलोचना की गयी। राज्यों के रक्षा, विदेश और संचार को केन्द्र द्वारा अपने अधिकार में लेने का एक निहितार्थ यह भी था कि केन्द्र और राज्य के सम्बन्ध मधुर हों।

इस बिन्दु पर सारी समालोचनाएँ ग़लत साबित हो गयीं कि केन्द्र के द्वारा रक्षा का अधिकार लेने पर एक स्थिति यह भी पैदा हो गयी कि केन्द्र राज्य के अतिरिक्त सुरक्षा में बेवजह दख़ल देने लगा। अब यह राजनीतिक रूप से व्यवहार्य नहीं रहा कि इन नवाबों के राज्य केन्द्र की आलोचना करने लगें। जब जूनागढ़ ने पाकिस्तान के साथ सीधे सुर मिलाये, तो भारत की अखण्डता के लिए ख़तरा पैदा हो गया। यहाँ एक बार तो केन्द्र सरकार को यह भी लगा कि हो सकता है कि नीतियाँ सक्षमतः कार्य न कर पा रही हों। इस दौरान सरदार पटेल भी सुबह से देर रात तक लगातार कार्यों में व्यस्त रहा करते थे। उनकी गतिविधियों में प्रमुखतः लोगों से मिलकर उनके मन–मिज़ाज को भाँपना और अफसरशाहों की सलाहों को लेना रहता था। उनके मन में किसी भी तरह के भाव नहीं थे। नेता के रूप में पटेल की तकनीक यह रही कि वे पहले अपने आदमियों का चयन कर लेते और फिर अपनी नीतियों का कार्यान्वयन करते और कराते। जैसा वी.पी. मेनन ने परीक्षण किया था, उनको देखा कि सरदार को हरेक चीज़ पता हुआ करती थी किन्तु कभी वे प्रदर्शित नहीं करते थे। वे बिना किसी सलाह के किसी भी नीति को कार्यान्वित नहीं किया करते थे। नवाबों के राज्यों के गृहमन्त्री के तौर पर पटेल माउंटबेटन के कार्यालय का इस्तेमाल किया करते थे। इसका शासकों और नवाबों पर अच्छा मनोवैज्ञानिक प्रभाव पड़ा।

कुछ शासक पटेल की नीतियों से प्रसन्न नहीं थे। हैदराबाद और त्रावणकोर ने अपने आशय का खुलासा किया कि वे उनकी आज़ादी जल्द–से–जल्द घोषित करें। इसी बीच मुस्लिम लीग ने भी शासकों को प्रलोभन देना शुरू किया कि वे पाकिस्तान में विलय कर लें। इसके अतिरिक्त भारत सरकार के राजनीतिक विभाग ने भोपाल के नवाब के ऊपर दबाव बनाना शुरू किया कि वे पटेल की नीतियों से अलग होकर

तीसरा मोर्चा बनायें और पटेल के अधिग्रहण की नीतियों को हतोत्साहित करें। ये इस तरह के शासक रहे कि वे बिना किसी शर्त या सहमति के ही भारत संघ में विलय करें। लॉर्ड माउंटबेटन ने सर सी.पी. रामास्वामी अय्यर के साथ पटेल की अनुमति से त्रावणकोर के दीवान पर दबाव बनाना शुरू किया जिनकी नाराज़गी कॉंग्रेस के कुछ नेताओं से चल रही थी। पटेल ने कॉंग्रेस की त्रावणकोर इकाई से आग्रह किया कि वे प्रत्यक्ष ढंग से अधिग्रहण की कार्रवाई न करें। अन्ततः यह मुहिम भी सफल हुई और त्रावणकोर के नवाब ने भी अधिग्रहण प्रपत्र पर हस्ताक्षर कर दिये। इसके बाद जोधपुर, भोपाल और इन्दौर ने भी इस अधिग्रहण प्रपत्र पर हस्ताक्षर किये और भारत संघ में अपने को सम्मिलित किया। यहाँ तक कि सर्वाधिक विद्रोही धौलपुर, भरतपुर, बिलासपुर और नामा के नवाबों ने भी भारत संघ में अपने को सम्मिलित किया क्योंकि वे यह जानते थे कि 15 अगस्त सन् 1947 के बाद से यह अधिग्रहण भी सम्भव नहीं हो पायेगा। इसकी अभिव्यक्ति भोपाल के नवाब ने सरदार पटेल से वार्ता के दौरान व्यक्त की, ''मैंने आपके अवबोधन और नम्रता को तहेदिल से स्वीकार किया है। जब तक आप अपने रुख़ पर क़ायम रखेंगे या रहेंगे और जब तक आप विनाशकारी और विखण्डकारी तत्त्वों के ख़िलाफ़ देश को बचायेंगे, आप मेरे मित्र के रूप में बने रहेंगे, आप मेरे दिल में भक्ति और आस्था देखते रहेंगे।''

पटेल ने भी उत्तर दिया, ''बिल्कुल स्पष्ट रूप से, मैं आपके राज्य के संघ में विलय या आपके राज्य के संघ के द्वारा अधिग्रहण को विजय के रूप में नहीं देखता हूँ। या उससे मेरी कोई हार भी नहीं है। बस केवल आप और हम स्वतन्त्र भारत के लिए अपनी–अपनी भूमिका अदा कर रहे हैं।''

अधिग्रहण की नीतियों के द्वारा पटेल ने संयुक्त और एकत्रित भारत के परम दायित्व का निर्वहन किया जो एक स्वतन्त्र और एकत्रित हिन्दुस्तान के रूप में हमारे समक्ष है, जिसके कई प्रान्त और राज्य इसके अभिन्न अंग हैं। इसके निमित्त जो भी आधारभूत शर्तें बनीं, वे आगामी दिनों या पीढ़ियों के लिए एक आधारभूत ढाँचे के रूप में कार्य करेंगी जिसके आधार पर यह निश्चिततापूर्वक कहा जा सकता है कि भारत की एकता और अखण्डता स्थिर एवं सुदृढ़ रहेगी। इससे एक फ़ायदा और भी निश्चित है कि भारत के हितों की सुरक्षा एवं संरक्षा होती रहेगी। इन सहमतियों और

शर्तों का एक निहितार्थ यह भी है कि पूरे देश की अखण्डता, सौहार्दपूर्ण वातावरण स्थायी रूप से अक्षुण्ण रहेगा।

पटेल ने जिस तरह से अधिग्रहण की नीतियों का संचालन किया, यह उनकी सबसे बड़ी सफलता थी। उनकी विशिष्ट नम्रता, उनके व्यक्तित्व, 'आयरन मैन ऑफ़ इंडिया' के सर्वथा विपरीत थी। इसी ख़ासियत ने एक से एक नवाबों को प्रभावित होने के लिए विवश किया। पटेल ने अपने समूचे व्यक्तित्व को भारत को एकत्रित करने में झोंक दिया। उन्होंने नवाबों से कहा, "वे ही भारत के सच्चे निर्माता हैं क्योंकि वो अपना सर्वस्व न्यौछावर कर रहे हैं।" कुछ नवाबों ने अधिग्रहण की कार्रवाई में अपना अभूतपूर्व योगदान दिया। इन नवाबों में ग्वालियर, बड़ौदा, बीकानेर, जामनगर और पटियाला के नवाब प्रमुख रहे।

आधुनिक भारत निर्माण में सरदार पटेल का योगदान

सरदार पटेल ने स्वतन्त्रता संग्राम से लेकर शासन सत्ता सँभालने तक भली प्रकार अपनी श्रेष्ठतम योग्यता का परिचय दिया। उनका प्रयास था कि राष्ट्र का सच्चे अर्थों में पुनर्निर्माण हो। पटेल का मानना था कि स्वतन्त्रता तो मिल गयी, परन्तु असली स्वतन्त्रता तब मिलेगी जब विरासत में मिली अनेक गम्भीर समस्याओं से पार पा लिया जायेगा। आज़ादी के बाद देश के समक्ष राज्यों की रियासतों की समस्या, कश्मीर, हैदराबाद की समस्या, पुनर्वास की समस्या, साम्प्रदायिक दंगों की समस्या आदि खड़ी थीं। सरदार पटेल ने देश को सुदृढ़ आधार प्रदान करने, प्रशासनिक, क़ानूनी एवं आर्थिक व्यवस्था को नया स्वरूप देने और देश के संविधान को गणतन्त्रीय आधार प्रदान करने के लिए अपनी अन्तिम साँस तक कार्य किया। सच्चे अर्थों में सरदार सच्चे देशभक्त एवं राष्ट्र निर्माता थे। सरदार पटेल ने राष्ट्रभाषा के निर्माण में भी अपना योगदान किया और राष्ट्रीय एकता की दिशा में हिन्दी को राष्ट्रभाषा का दर्जा दिलवाया। सरदार पटेल ने स्वदेशी आन्दोलन चलाकर देशीकरण की भावना को प्रोत्साहन दिया। उन्होंने किसानों, मज़दूरों एवं जनता से अधिक काम करने की अपील की और सभी को राष्ट्र निर्माण में पूरा सहयोग देने की सलाह दी।

स्वतन्त्रता के पश्चात् देश का संविधान बनाना सर्वाधिक महत्त्वपूर्ण एवं आवश्यक कार्य था, जिसमें डॉ. बी.आर. अम्बेडकर, अनन्तशयनम अयंगर, जॉन मथाई जैसे विधि विशेषज्ञों तथा सरदार पटेल, पं. नेहरू,

राजर्षि पुरुषोत्तमदास टण्डन, के.एम. मुंशी, चक्रवर्ती राजगोपालाचारी, एम.ए. लाहिड़ी, महावीर त्यागी, देशमुख कामथ एवं आर.आर. दिवाकर जैसे अनेक लोगों ने अपना योगदान किया। संविधान सभा में सरदार पटेल को तीन महत्त्वपूर्ण उपसमितियों का कार्य सौंपा गया जिसमें उन्होंने अध्यक्ष के रूप में नेतृत्वकारी एवं निर्णायक भूमिका निभायी, ये उप–समितियाँ थीं–

1. मौलिक अधिकारों से सम्बन्धित उप–समिति।
2. प्रान्तीय संविधान उप–समिति एवं
3. अल्पसंख्यक उप–समिति।

मौलिक अधिकारों की उप–समिति के अध्यक्ष होने एवं एक ज़िम्मेदार राष्ट्र निर्माता होने के नाते सरदार पटेल ने प्रेस, मानवीय स्वतन्त्रता, धार्मिक स्वतन्त्रता, शिक्षा व संस्कृति के अधिकार, शोषण मुक्ति, विभिन्न समानताएँ, सम्पत्ति संरक्षण का अधिकार आदि की दिशा में सराहनीय कार्य किये। इसी प्रकार प्रान्तीय संविधान उप–समिति की अध्यक्षता करते हुए शक्तिशाली केन्द्र की स्थापना, राज्य न्यायपालिका को मज़बूती प्रदान करने, स्वतन्त्र निर्वाचन आयोग की स्थापना, राज्यपालों की स्थिति, देश की शासन व्यवस्था एवं देश के सर्वोच्च राष्ट्रपति पद की व्याख्या करने में अपना अहम योगदान किया। अल्पसंख्यक उप–समिति के अध्यक्ष के रूप में कार्य करते हुए उन्होंने अल्पसंख्यकों के उत्थान के लिए आरक्षण की व्यवस्था का प्रावधान किया जिस पर 10 वर्ष पश्चात् पुनर्विचार करने के लिए प्रावधान किया गया।

इनके पिता ने सन् 1857 की आज़ादी की लड़ाई में हिस्सा लिया था। इसलिए विदेशी शासन के प्रति नाराज़गी उनको विरासत में मिली थी। सरदार का पालन–पोषण भी अत्यन्त समृद्धि से भरे–पूरे परिवार में नहीं हुआ था, इसलिए ग़रीबी की दुश्चिन्ता और जनमानस की पीड़ा से वे पहले से परिचित थे। यह कटु वास्तविकता से भरा हुआ भाव उनके व्यक्तित्व में आत्मनिर्भरता का गुण विकसित कर गया। पारिवारिक संस्कारों से उनके व्यक्तित्व में आशावादिता और आत्मविश्वास के गुण पनप गये। विद्यालय के दिनों में ही उनके द्वारा उद्देश्य और ताक़त की एकात्मकता का अच्छा प्रदर्शन किया गया। सरदार धार्मिक एवं दार्शनिक प्रकृति के नहीं थे, फिर भी ईश्वर की सर्वोपरि सत्ता में विश्वास रखते थे और कहीं–न–कहीं उनमें आध्यात्मिकता का पुट भी था। जब वे यरवदा ज़ेल में थे, उन्होंने महादेव देसाई से संस्कृत सीखी और भगवद्गीता का

गहनता से अध्ययन किया। इससे उनके मानस पर गहरा असर पड़ा। उनके आचरण में ये चीज़ें साफ़–साफ़ झलकती थीं। उन्होंने इन सारी चीज़ों को अपने जीवन में उतारा भी।

यह देखकर थोड़ा आश्चर्य होता है कि जब पटेल इंग्लैंड में बैरिस्टरी की पढ़ाई करने गये, उस समय कुछ छात्रों, जैसे–श्यामजी कृष्ण वर्मा, वीरेन्द्रनाथ चट्टोपाध्याय, वी.डी. सावरकर, मदनलाल ढींगरा आदि में देशभक्ति और क्रान्ति के तेवर थे, लेकिन पटेल इन सबसे विशेष प्रभावित नहीं थे। शायद किसी ने यह याद करने का प्रयास नहीं किया होगा कि, "सरदार सबसे कम वय के नेता रहे जिन्होंने श्रम सम्बन्धी मामले में सबसे पहले दिलचस्पी ली।" सन् 1917 से भी पहले यानी असहयोग आन्दोलन से भी पहले गाँधी जी के साथ उन्होंने अहमदाबाद में श्रम सम्बन्धी विवादों का निपटारा किया। उन्होंने काफ़ी कुशलता के साथ गाँधी जी के मज़दूर महाजन संघ का संगठन एवं संचालन किया। इसके साथ ही उन्हें बी. बी. एंड सी.आई. रेलवे वर्कर्स यूनियन का चेयरमैन बनने का भी सौभाग्य प्राप्त हुआ। इस तरह से सरदार औद्योगिक श्रम, औद्योगिक शान्ति एवं ट्रेड यूनियन से काफ़ी गहनता से जुड़े रहे। इसलिए सार्वजनिक जीवन में वे नौसिखिये की तरह कभी पेश नहीं आये, भले ही लाखों परेशानियाँ, और दुश्वारियाँ आड़े आयें, वे हमेशा दिल से रचनात्मक कार्यों से जुड़े रहे, इसके अलावा उच्च तापमान वाले राजनीतिक मौसम से भी हमेशा रू–ब–रू होते रहे। उन्होंने कभी कमरे में बैठकर समाजवाद की बातें करना पसन्द नहीं किया या कभी नेपथ्य से समाज–सेवा जारी रखना स्वीकार नहीं किया। उन्होंने न जाने कितने सामाजिक संगठनों की मदद की, इसलिए सामाजिक संगठनों ने विभिन्न एवं विविध सामाजिक आवश्यकताओं की प्रतिपूर्ति की। उनका यह मानना था कि सामाजिक संगठनों के माध्यम से ही लोगों को स्वैच्छिक सामाजिक कार्यों के लिए प्रेरित किया जा सकता है। चूँकि वह प्रत्यक्ष रूप से राज्य कल्याण के प्रति निष्ठावान रहे, इसलिए उनके लिए स्वैच्छिक कार्य का स्वरूप एवं महत्त्व सर्वोपरि रहा, इसलिए इसको कभी नकारा नहीं जा सकता है। वे हमेशा प्रकृति की परिवर्तनशीलता में आस्था जताते रहे, इसलिए उन्होंने हमेशा हरिजनों के उत्थान, गिरिजनों, भील एवं सामाजिक–आर्थिक अधिकारों से वंचितों के लिए सतत प्रयास किया। वे केवल यही जानते थे कि लोगों की पहल को आगे बढ़ाना है और वो यही चाहते रहे कि समाज और सरकार में कोई फ़ासला नहीं होना

चाहिए। इसके अलावा सरदार के राजनीतिक और सामाजिक जीवन के और भी कुछ अनछुए पहलू हैं, जो उनके उत्तरदायित्वपूर्ण दृष्टिकोण को और भी अधिक विस्तृत आयाम देते हैं और उनकी योग्यता में कुछ और विशेषण जोड़ते हैं। उनके विशाल करिअर की शुरुआत खेड़ा सत्याग्रह से होती है, जो उनके राजनीतिक जीवन की पहली सीढ़ी रही। गाँधी जी ने पटेल के बारे में स्पष्टतः कहा, ''अगर उनकी सहायता नहीं मिली होती, तो हमें यह कहने में गुरेज नहीं है कि यह अभियान इतना ज़बरदस्त सफल नहीं होता।'' बोरसद में सन् 1922–24 के इर्द–गिर्द डकैती, चोरी और छीना–झपटी चरम पर थी और आम आदमी की ज़िन्दगी में सुरक्षा नाम की कोई चीज़ नहीं थी, ऐसा इसलिए रहा कि इस समाज में अफ़सरशाही एवं अपराधियों में साँठ–गाँठ थी। इस क्षेत्र में सरदार ने अपनी हिम्मत और दिलेरी दिखायी और इस साज़िश को बेनकाब कर दिया। इनकी अनूठी पहल पर सरकार ने भी ठोस दिशा में क़दम उठाये। बोरसद में भी एक सत्याग्रह आन्दोलन चला, जिसमें अनियन्त्रित कर पर लगाम कसने पर ज़्यादा ज़ोर दिया गया। यह एक शानदार सफलता रही जो सरदार की झोली में गयी। मावलंकर ने कहा, ''उनमें अभय और चतुराई कूट–कूट कर भरी थी, जो सत्ताधारियों के साथ बातचीत में टपकती थी।'' उन्होंने हमेशा आत्मसम्मान का ख़याल किया, और दूसरों की झोली भरने में संकोच भी नहीं किया, जो हमारी युवा पीढ़ी को सतत दिग्दर्शित करेगी। उनकी सेवा में उत्साह और भक्ति की तल्लीनता ऐसे अपवादस्वरूप क्रियात्मक गुण हैं कि नगरपालिका स्वच्छता समिति के चेयरमैन होते हुए भी वो अपने शहर अहमदाबाद में बने रहे, जब उनके शहर में प्लेग फैल गया और उनसे शहर छोड़ने के लिए कहा गया तो उन्होंने इनकार ही नहीं किया वरन् अहमदाबाद की गलियों में घूमते रहे, नालियों की सफ़ाई कराते रहे और प्लेग प्रभावित क्षेत्र को संक्रमण से मुक्त भी कराया। जब उनके दोस्तों ने उन्हें चेताया, तो उन्होंने केवल मौन होकर उनकी तरफ़ देखा। उनके दोस्तों को उनकी दृढ़ता एवं मज़बूती का पता चल गया और वे उनके विराट व्यक्तित्व के समक्ष नतमस्तक हो गये। नगरपालिका के अध्यक्ष के रूप में वे नागरिक सेवाएँ मुहैया कराते रहे और समस्त अफ़सरशाही की हेकड़ी को नमनीय, कोमल एवं सर्वस्वीकृत बनाते रहे। इसमें उनकी सिद्धान्ततः चतुरता और जोड़–तोड़ की नीति का असीम योगदान रहा। अगर सरदार के व्यक्तित्व का संक्षिप्त आकलन करना हो, तो बतौर

चेयरमैन, नगरपालिका उनके कृतित्व का आकलन ही काफ़ी है। जैसे–जैसे उनको उपलब्धियाँ हासिल होती गयीं, वैसे–वैसे उनके व्यक्तित्व में गवेषणा की परिपक्वता आती गयी। इस तरह उन्होंने जनता और हमारे सामने एक अनुभव दिया और अहसास दिलाया कि सरकार हमारे कितने क़रीब है और कितनी अहम है। इसके अलावा पंचायत और सहकारिता को भी उन्होंने हमारे समक्ष एक प्रतिदर्श के रूप में रखा।

आज़ादी की लड़ाई के तेवर सरदार के व्यक्तित्व में तब भी दिखे, जब बोरसद में प्लेग का संक्रमण फैल गया। पटेल की रहनुमाई बारदोली के सत्याग्रह में दिखती है जिसमें उनका सबसे ज़्यादा ज़ोर, इस बात पर था कि संगठन में अनुशासन परिलक्षित होना चाहिए और वो तभी हो सकता है, जब नियोजन और उद्देश्य में एकता और तालमेल का समावेश हो। डॉ. पी. सीतारमैया ने पटेल के व्यक्तित्व को संगमरमर जैसा क़ीमती और शालीन कहा जो भारतीय इतिहास में अद्वितीय है। अपने उद्‌गार में सीतारमैया ने उनके व्यक्तित्व के निर्भयता, आत्मबलिदान, नैतिक साहस और अनुशासन को एक अद्‌भुत संयोजन के रूप में निरूपित किया जिसमें इतना माद्‌दा था कि वो अंग्रेज़ी हुकूमत से लोहा ले सके। महादेव देसाई ने कहा कि बारदोली में एक ऐसी शख़्सियत सामने आयी जिसके पीछे भले ही योग्य अनुयायी न हों, लेकिन उन्होंने इसकी परवाह न करते हुए भी अपने को यथासम्भव योग्य नेता के रूप में पेश किया। बारदोली की समस्या हल हो जाने पर श्रीनिवास शास्त्री ने गाँधी जी को 7 सितम्बर 1920 को एक पत्र में लिखा, "वल्लभभाई वास्तव में सर्वोच्च पद के हक़दार हैं। मैं उनके सम्मान में अपने आपको समर्पित करता हूँ।" जवाहरलाल नेहरू ने भी अपनी आत्मकथा में लिखा, "बारदोली उम्मीद, शक्ति और विजय का प्रतीक बन चुका है। सरदार के पास लोगों को अभिभूत करने की जो कला है, वो नागपुर सत्याग्रह में भी दिखी कि उनमें संगठित करने का माद्‌दा है, जो प्रशासनिक तेवर और राजनीतिक संवेदनशीलता के साथ मिलकर कमाल की हो जाती है।" इसी तरह गुजरात में सन् 1927 में बाढ़ का कहर टूट पड़ा। उस समय पटेल ने संगठन में युद्धस्तर पर राहत कार्य किया जिससे प्रशासन और अफ़सरशाही ने सीख ली। यहाँ पर यह स्मरणीय है कि नेहरू जी ने इस मौक़े पर गाँधी जी को भेजा ताकि गाँधी जी के व्यक्तित्व की रूपरेखा और उनके चमत्कारिक व्यक्तित्व से गुजरात की जनता राहत महसूस कर सके तथा इस हेतु गाँधी जी ने मदद करने की अपील की।

इस तरह का करिश्माई व्यक्तित्व पटेल का रहा, जिन्होंने आपदा के क्षणों में लोगों में आत्मविश्वास और आत्मनिर्भरता की भावना का संचार किया ताकि प्रशासनिक कर्मी भी उनसे कुछ सीखें और उनका कार्यभार भी न्यून हो। सरदार पटेल की नियोजन प्रक्रिया का किसी ने विरोध नहीं किया। यह कहना बहुत मुश्किल है कि उनके तेवर और मिज़ाज कैसे रहे। लेकिन राष्ट्र और राष्ट्रवाद विषय पर वे सतत गम्भीर रहे। अपनी 75वीं वर्षगाँठ के अवसर पर बम्बई में एक उद्‍बोधन में उन्होंने अपने विचार प्रकट किये, "राष्ट्रवाद या राष्ट्रीयकरण का तभी मतलब है जब सरकार उद्योगों को सही ढंग से सुव्यवस्थित करे। लेकिन यह मुश्किल है। हमारे पास तो न तो आदमी हैं और ना ही संसाधन हैं, जिससे प्रशासन सुचारु रूप से संचालित हो। हमें सिविल सर्वेन्ट्स (लोकसेवक) अपने राज्यों को उपलब्ध कराने के लिए तैयार करने हैं। फिर भी इसके लिए वैसा कार्य नहीं हो रहा, जो होना चाहिए। ज़रा आप भी अपने ज्ञान एवं मस्तिष्क का इस्तेमाल उद्योगों को व्यवस्थित करने के लिए करें और देश के ख़ज़ाने में भी वृद्धि करें।" इसका यह मतलब कदापि नहीं कि हम सामाजिक परिवर्तन के लिए किसी भी तरह के आकस्मिक अवरोध उपस्थित करें। वे ऐसा लोकतन्त्र नहीं चाहते थे जो लोकप्रियतावादी हो बल्कि जनता के लिए जनता की हिमायत करने वाला लोकतन्त्र चाहते थे। सरदार कभी भी ख़ाली समय बिताना नहीं चाहते थे। वे समतापूर्ण समाज और समरसता उत्पन्न करने वाली व्यवस्था के समर्थक थे। उनके समय में जिस तरह से नीतियाँ कार्यान्वित हुईं वो यह पुष्ट करती हैं कि उनकी दृष्टि सटीक थी। संक्षेप में कहा जा सकता है कि सरदार पटेल एक सच्चे राष्ट्रवादी व्यक्तित्व के धनी थे और उन्होंने राष्ट्रभक्ति में रच–बस कर राष्ट्रीय एकता और अखण्डता के साथ देश का निर्माण किया। पटेल ने राष्ट्रहित के लिए अपने सिद्धान्तों को भी पीछे छोड़ दिया था।

सन्दर्भ

1. सत्येन्द्र त्रिपाठी, कृष्णदत्त द्विवेदी, *भारतीय राष्ट्रवाद : स्वरूप और विकास*, विश्वविद्यालय प्रकाशन, वाराणसी, 1990, पृ. 3
2. रजनी कोठारी (सं.), *स्टेट एंड नेशन बिल्डिंग : ए थर्ड वर्ल्ड पर्सपेक्टिव*, एलाइड पब्लिशर्स प्रा. लि., बाम्बे, 1976, पृ. 1
3. नीरजा सिंह, *गाँधी पटेल पत्र और भाषण*, नेशनल बुक ट्रस्ट इंडिया, नयी दिल्ली, 2012, पृ. XVI

4. वी. शंकर, *सरदार पटेल : सेलेक्टेड कॉरेस्पोन्डेंस ऑफ़ सरदार पटेल 1945–50*, वॉल्यूम–1, नवजीवन पब्लिशिंग हाउस, अहमदाबाद, 1977 (रिप्रिंट 2011), पृ. VII
5. उपर्युक्त, पृ. VII-VIII
6. बलदेव वंशी (सं.), *एकता–अखण्डता की प्रतिमूर्ति सरदार पटेल*, सत्साहित्य प्रकाशन, दिल्ली, 2017, पृ. 176
7. वी. शंकर, पूर्वोक्त, पृ. 543–544
8. रवीन्द्र कुमार, *सरदार वल्लभभाई पटेल के सामाजिक व राजनीतिक विचार*, मित्तल पब्लिकेशंस, नयी दिल्ली, 1991, पृ. 112
9. बाबूभाई जे. पटेल, *संगठित भारत के निर्माता : सरदार वल्लभभाई पटेल*, नवजीवन प्रकाशन, अहमदाबाद, पृ. 9
10. मणिबेन वल्लभभाई पटेल (संयोजक–सम्पादक) एवं गणेश एम. नांदुकर (सम्पादक), *सरदारश्री के विशिष्ट और अनोखे पत्र–1 (1947–50 ग्रन्थ–1)*, सरदार वल्लभभाई पटेल स्मारक, अहमदाबाद, 1981, पृ. 321
11. वी. शंकर, *सरदार पटेल : चुना हुआ पत्र व्यवहार 1945–50, खण्ड–2*, नवजीवन प्रकाशन मन्दिर, अहमदाबाद, 1976 (पुनर्मुद्रण 2011), पृ. 479–480
12. शिवप्रसाद भारद्वाज, *लौहपुरुषावदानम् ऐतिहासिक महाकाव्यम्*, हरिपुर कावली, देहरादून, 1990, पृ. 397
13. मणिबेन वल्लभभाई पटेल (1947–50 ग्रन्थ–1) पूर्वोक्त, पृ. 132
14. वी. शंकर, पूर्वोक्त, पृ. 487
15. रवीन्द्र कुमार, पूर्वोक्त, पृ. 124
16. उपर्युक्त, पृ. 125

अध्याय ग्यारह

सरदार पटेल का दर्शन

भारत में स्वतन्त्रता आन्दोलन के इतिहास में तीन महापुरुष अद्वितीय रहे, जिनमें महात्मा गाँधी, पं. जवाहरलाल नेहरू और सरदार वल्लभभाई पटेल जिन्होंने देश की स्वतन्त्रता और राष्ट्र के पुनर्निर्माण के लिए तन, मन, धन से कार्य किया। इन तीनों में हरेक में अपनी–अपनी कार्यशैली एवं विलक्षण प्रतिभाएँ रहीं। महात्मा गाँधी को देश को सत्य व अहिंसा के मार्ग पर ले जाने का गौरव प्राप्त है। सेठ गोविन्ददास ने कहा था, "गाँधी जी के चतुर्दिक व्यक्तित्व का विश्लेषण करने पर हमें उनके अगणित अनुयायियों में चार ऐसे प्रकाश पुंज दिखायी देते हैं, जिन्होंने अपने जीवन द्वारा गाँधी जी की मूल प्रवृत्तियों का प्रतिनिधित्व किया है। इनमें गाँधी जी की आध्यात्मिक धारा का आचार्य विनोबा भावे ने, उनके आचरण की पवित्रता का डॉ. राजेन्द्र प्रसाद ने, उनकी राजनीतिक सूझबूझ और दूरदर्शिता का जवाहरलाल नेहरू ने तथा उनके दृढ़ कर्मठ और व्यावहारिक विचारों का सरदार पटेल ने।"[1] सरदार वल्लभभाई पटेल का जीवनकाल 31 अक्टूबर 1875 से 15 दिसम्बर 1950 तक ऐसा काल रहा जिसमें मानो देश को उनकी इसी रूप में आवश्यकता हो। पटेल के प्रारम्भिक तथा विद्यार्थी जीवन के प्रसंग और पटेल के अन्दर पनप रहे ऐसे गुण जो हटकर थे, निश्चित रूप से प्रत्येक भारतीय के लिए प्रेरणादायी रहे। उन्होंने जिस पारिवारिक पृष्ठभूमि से संस्कारित होकर जीवन मूल्यों को अपने जीवन में उतारा, वे राष्ट्रीयता की भावना से ओतप्रोत थे और पटेल के मन में राष्ट्रभक्ति व राष्ट्र प्रेम अटूट था। पटेल ने अपने जीवन के प्रत्येक क्षेत्र में अपने कार्यों एवं व्यवहार से अमिट छाप छोड़ी। चाहे वकालत का पेशा रहा हो, चाहे पारिवारिक सदस्यों के प्रति कर्तव्य एवं उत्तरदायित्व रहे हों,

निःस्वार्थ, त्यागपूर्वक, निष्ठता एवं धैर्य से आगे आकर कार्य किया। पटेल के मन में उस देश को जानने, समझने की ललक थी, जिस देश ने भारत में आकर साम्राज्य स्थापित किया और इसके लिए पटेल ने भारी अभावों एवं कठोर परिस्थितियों से लड़ते हुए कठिन परिश्रम करके अपने जीवन मूल्यों के आधार पर कभी पीछे मुड़ना नहीं सीखा और उन्होंने बैरिस्टर की पढ़ाई के लिए इंग्लैंड जाने का सारा इन्तज़ाम स्वयं किया। इतना ही नहीं, उन्होंने इंग्लैंड के लिए समुद्र मार्ग से प्रस्थान किया, जिसमें यात्रा के दौरान बिताये गये समय का सदुपयोग करते हुए रोमन लॉ का अध्ययन कर लिया था। पटेल ने 1910 में अपना नाम 'मिडल टेम्पल' गें पंजीकृत करवाया और जब रोमन लॉ की परीक्षा आयोजित हुई तो उन्हें परीक्षा में प्रथम श्रेणी का पुरस्कार भी प्राप्त हुआ। वल्लभभाई जिस उद्देश्य के लिए इंग्लैंड गये थे, उसमें पूरी तरह अपने आपको समर्पित कर अध्ययन किया, जिसका परिणाम यह हुआ कि 1912 में जब अन्तिम परीक्षा का परिणाम आया तो वे प्रथम दर्जे में ऑनर्स के साथ उत्तीर्ण हुए, जिसके लिए उन्हें 50 पाउंड की राशि का पुरस्कार भी प्रदान किया गया। वल्लभभाई पटेल के व्यक्तित्व में मानो हर गुण समाया हुआ हो। वे त्याग की भावना से परिपूर्ण, सेवा के लिए आतुर, निःस्वार्थता के प्रहरी, श्रद्धाशीलता, स्पष्टवादिता, आशावादिता, परखशक्ति, विरोधी को जीतने की कला, दूरदृष्टिकोण, सत्य एवं अहिंसा के मार्ग के अनुयायी, नैतिकता एवं अनुशासन के पक्के, आत्मसम्मानी, समानतावादी, स्वयंभूवादी विचारधारा के पोषक, कर्तव्यनिष्ठ एवं पालक, प्रायश्चित्तवादी, मर्यादाशील, स्वच्छताप्रिय, विजित प्रकृति, दृढ़ता के प्रतीक, निर्णय शक्ति के धनी, निर्भीक एवं निडर, साहसी, संयम, धैर्य के पुजारी, स्वतन्त्र एवं विनोदी स्वभाव, राष्ट्रवाद से ओतप्रोत, धर्मनिरपेक्ष दृष्टिकोण तथा सादा जीवन उच्च विचारों वाले व्यक्तित्व से परिपूर्ण व्यक्ति थे। सरदार पटेल के जीवन के दूसरे पहलू भी प्रेरक एवं अनुकरणीय रहे। कार्य संचालन में उनका निजी साहस देश के इतिहास में अप्रतिम था। क़ानूनी पेशे तथा उससे जुड़े प्रभाव और प्रतिष्ठा का त्याग देश की सेवा करने के इच्छुक लोगों के लिए प्रकाश स्तम्भ है। अपनी व्यक्तिगत विशेषताओं के अलावा उन्होंने जिस ईमानदारी के साथ एकनिष्ठ होकर बारदोली, रास और अन्य स्थानों में किसानों के हित में काम किया, वह भी समान रूप से सराहनीय है। अपने दृढ़ निश्चय से ही सरदार को राष्ट्र का लक्ष्य स्पष्ट दृष्टिगोचर हुआ। वे स्थिति की तह तक गये और देश की

समस्याओं के मर्म को समझने में देरी नहीं की। उनकी अन्तर्दृष्टि सुस्पष्ट थी, उनकी समझ सुनिश्चित और कार्यप्रणाली सीधी थी।

एस.के. पाटिल ने सरदार पटेल के लिए कहा, "जब से सरदार ने गाँधी जी का नेतृत्व स्वीकार किया, तब से वे हमेशा गाँधी जी की इच्छा के प्रमुख प्रवर्तक रहे। यह दोनों महान व्यक्ति एक विचित्र युग्म हैं– गाँधी जी और सरदार जितने एक–दूसरे से अभिन्न हैं, उतने ही परस्पर एक–दूसरे के भक्त। साधारणतया पहला व्यक्ति सोचता है और दूसरा अपनी अपूर्व प्रयोजनात्मक एकता के साथ उसे कार्यान्वित करता है।"[2] इसी पर पट्टाभि सीतारमैया ने लिखा, "जिस दिन से वल्लभभाई ने गाँधीवादी उपासना पद्धति, ज़िन्दगी के गाँधीवादी रीति–रिवाज और गाँधी जी के सिद्धान्त अपनाये, तब से वे एक भक्त साबित हुए, जिन्होंने कभी गाँधी जी के फ़ैसले और राय में शक नहीं किया।"[3] इससे साफ़ ज़ाहिर है कि सरदार पटेल ने अपने जीवन में पूरी तरह गाँधीवादी दर्शन को ग्रहण किया और उसे जीवन में उतारकर उसके अनुरूप व्यवहार भी किया। अध्ययन से यह भी स्पष्ट होता है कि सरदार पटेल ने सत्य और अहिंसा पर आधारित जिस सत्याग्रह का मार्ग प्रशस्त किया उसको व्यवहार में लाने और उसके आधार पर देश की जनता को एकता के सूत्र में पिरोने के पवित्र कार्य को करने का श्रेय भी उनको जाता है। ऐसे समय में जब देश को पटेल जैसे अभिभावक नेतृत्व की आवश्यकता थी, आगे आकर भारत को एक सूत्र में पिरोकर उसे सुस्थिर और सुदृढ़ नींव पर खड़ा करने का भागीरथ काम विधि के विधान के अनुसार ही सरदार पटेल के हिस्से में आया था। इस कथन में लेशमात्र भी अतिशयोक्ति नहीं है कि इस भागीरथ काम की और विधि के उस विधान की गवाही तो उस समय का इतिहास ही देगा। न केवल भविष्य के लिए या सुदूर भविष्य के लिए, बल्कि युगों–युगों के लिए उससे भारत की भावी पीढ़ियों को एक ऐसी प्रेरणा मिलेगी, जिसकी कल्पना भी आज सम्भव नहीं है। सरदार वल्लभभाई पटेल के गाँधी जी के अन्धभक्त होने की बात अक्सर कही जाती है, परन्तु अध्ययन में प्रस्तुत तर्कों और तथ्यों से स्पष्ट होता है कि पटेल गाँधी जी के बताये हुए रास्ते पर चलते थे, उनसे सलाह लेते थे, उनका आदर और सम्मान भी ख़ूब करते थे और जहाँ तक सम्भव हो सकता था उनका अनुसरण भी करते थे। ऐसे अनेक दृष्टान्त देखे जा सकते हैं, जब पटेल ने गाँधी जी का पूरा सहयोग एवं अनुसरण किया, वे गाँधीवादी दर्शन

से प्रभावित रहे, तथा सत्य और अहिंसा के सिद्धान्तों पर चलकर कार्य किया। एक ऐसा उदाहरण जिसमें पटेल की अन्धभक्तता झलकती नज़र आती है—जब दिसम्बर 1929 में लाहौर में काँग्रेस का अधिवेशन होने वाला था और इसमें पार्टी को पूर्ण स्वराज का लक्ष्य रखना था, जिसके लिए जुझारू और दृढ़ इरादों वाले अध्यक्ष की आवश्यकता थी। इस अधिवेशन के लिए अध्यक्ष पद के लिए अलग—अलग प्रान्तों से तीन नाम प्राप्त हुए थे, जिसमें 10 प्रान्तों से महात्मा गाँधी, 5 प्रान्तों से वल्लभभाई पटेल और 3 प्रान्तों से जवाहरलाल नेहरू का नाम प्रस्तावित था। गाँधी जी नेहरू को अध्यक्ष बनाने के पक्ष में थे लेकिन इस सम्बन्ध में पटेल के साथ कोई सलाह—मशविरा नहीं किया था, परन्तु पटेल को इस बात का अन्देशा हो गया था कि गाँधी जी क्या चाहते हैं। सरदार पटेल कभी किसी पद व सम्मान की लालसा में नहीं रहे, उन्हें तो देश को विदेशी शासन से मुक्ति दिलाने की चिन्ता और लगन थी। जब अध्यक्ष का चयन किया जा रहा था तो गाँधी जी ने अध्यक्ष बनने से इनकार कर दिया, अब स्थिति स्पष्ट हो चुकी थी और सरदार पटेल ने भी अध्यक्ष पद स्वीकार करने से मना कर दिया। लोगों में वल्लभभाई पटेल जैसे ओजस्वी, जुझारू एवं अटल इरादों वाले नेता को इस महत्त्वपूर्ण अधिवेशन में अध्यक्ष के रूप में देखने की इच्छा थी, परन्तु पटेल ने यह कहकर टाल दिया कि जहाँ सेनापति (गाँधी जी) जा रहे, वहाँ मुझ जैसे सिपाही के जाने का क्या काम। इस तरह पटेल ने जवाहरलाल के अधिवेशन के अध्यक्ष बनने का मार्ग प्रशस्त कर दिया। ऐसे उद्धरण देखकर लोगों ने सरदार पटेल के गाँधी जी के अन्धभक्त होने की धारणा बना ली, परन्तु ऐसे अनेक उद्धरण एवं घटनाएँ रहीं जब सरदार पटेल ने साफ़ तौर पर गाँधी जी से भिन्न राय दी और उसका परिस्थितियों के अनुसार पालन भी किया। चूँकि सरदार पटेल दूरदृष्टि एवं परिणामों को भाँपने की क्षमता रखते थे और सही व ग़लत का निर्धारण विवेकानुसार स्वयं करते थे।

एक अन्य उद्धरण प्रस्तुत किया जा रहा है जिसमें सरदार पटेल की गाँधी जी से भिन्न राय के साथ—साथ पालना भी भिन्न रही। द्वितीय विश्वयुद्ध के समय ब्रिटिश सरकार काँग्रेस का समर्थन चाहती थी, परन्तु युद्ध के उद्देश्य स्पष्ट नहीं थे। इस सम्बन्ध में सरकार से पूछा तो कोई स्पष्ट उत्तर नहीं मिला और मन्त्रिमण्डलों ने विरोधस्वरूप त्याग—पत्र दे दिये। सरदार पटेल ने कहा कि जब तक अंग्रेज़ हुकूमत भारत को पूर्ण

स्वायत्तता देने का वचन नहीं देती, भारत युद्ध में भाग नहीं लेगा। उनका दृष्टिकोण नितान्त व्यावहारिक था। उस वक़्त अंग्रेज़ों को गरज थी। भारतीय जवानों की गणना विश्व के सर्वश्रेष्ठ सैनिकों में की जाती थी। महायुद्ध में शामिल होने के बाद उन्होंने वीरता के जो जौहर विभिन्न मोर्चों पर दिखाये उनसे यह सिद्ध भी हो गया। भारत की विशाल जाँबाज़ सेना के बिना अंग्रेज़ों का महायुद्ध जीतना कदाचित् असम्भव ही होता। इसलिए यही अवसर था कि काँग्रेस ब्रिटिश शासन से अपनी माँगें मनवा लेती।[4]

महात्मा गाँधी पटेल की राय से सहमत न हुए। उन्होंने तर्क दिया कि इस संकट की घड़ी में भारत को बिना शर्त युद्ध में ब्रिटेन का साथ देना चाहिए। जवाब में वल्लभभाई ने कहा कि, "युद्ध में साथ देने के लिए पूर्ण स्वायत्तता की माँग रखने से अहिंसा के सिद्धान्त का किसी भी तरह उल्लंघन नहीं होता। वह बापू के अनन्य अनुयायी थे। राजाजी राजगोपालाचारी ने कभी उनके बारे में कहा था कि–गाँधी जी के बहुत से अन्धभक्त हैं, लेकिन पटेल उनके ऐसे विलक्षण भक्तों में से हैं, जिनके विशाल नेत्र हैं, जिनसे वह सब कुछ स्पष्ट देखने की क्षमता रखते हैं। पर फिर भी वह कई बार वास्तविकता से आँखें मूँदकर गाँधी जी का अन्धानुकरण करते हैं।[5] इससे एक बात तो स्पष्ट हो जाती है कि सरदार पटेल गाँधी जी का मान सम्मान करने में कोई कंजूसी नहीं करते थे और न ही कोई मौक़ा हाथ से जाने देते थे। वे गाँधी दर्शन को अपने जीवन में एक सीमा तक उतारते और जब पानी सिर से ऊपर से निकले तो वे दृढ़ता से पेश आते थे, वे राष्ट्र, राष्ट्रीयता, राष्ट्रवाद पर किसी प्रकार का समझौता करने को तैयार नहीं थे। इस अध्ययन में सरदार पटेल के सम्बन्धों का विश्लेषण अन्य नेताओं के साथ भी किया गया है, जिसमें एक बात निकलकर आयी कि–हो सकता है कि उनकी बातों से दूसरे लोग एकमत न हों, इसमें उन्हें किसी प्रकार की न तो चिन्ता थी और न ही परेशानी। उनके मन में किसी के प्रति कोई द्वेष या वैरभाव भी नहीं था। वे मतभेद अवश्य रखते थे, परन्तु कभी मनभेद नहीं रखा।

इस अध्ययन में सरदार वल्लभभाई पटेल के हिन्दू राष्ट्रवादी और मुस्लिमों के प्रति साम्प्रदायिक दृष्टिकोण को परखने का कार्य भी किया गया है। अबुल कलाम आज़ाद ने अपनी पुस्तक 'इंडिया विंस फ्रीडम' में सरदार पटेल पर मुस्लिम विरोधी होने के आरोप लगाये हैं। आज भी मुस्लिम समुदाय में यह भावना प्रचलित है कि सरदार मुस्लिम विरोधी और हिन्दू

सम्प्रदायवादी थे। परन्तु अध्ययन के दौरान मूल कागज़ात, भाषण, सरदार के कार्यों एवं पत्र–व्यवहार का गहन एवं गम्भीरतापूर्वक अध्ययन करने पर ये आरोप निराधार हैं। इस सम्बन्ध में वी. शंकर ने लिखा है, "बेशक, सरदार हिन्दू थे और हिन्दू होने में वे गौरव का अनुभव करते थे। हिन्दू होना कोई राष्ट्रीय अपराध नहीं है, न अनावश्यक रूप से इसका अर्थ मुस्लिम विरोधी होना है। सरदार ने हमेशा ही अपने भाषणों में यह स्पष्ट किया था कि किसी वफ़ादार मुसलमान को भारतीय संघ में वही संरक्षण और विशेषाधिकार पाने का अधिकार है, जो एक वफ़ादार हिन्दू को है। अगर वे किसी के प्रति कठोर थे तो उन मुसलमानों के प्रति, जिन्होंने स्वतन्त्रता से पूर्व मुस्लिम लीग का समर्थन किया था और स्वतन्त्रता के बाद भी पाकिस्तान जाने का विचार करते थे अथवा उस उपनिवेश के प्रति सहानुभूति रखते थे।"[6] एक घटना अक्टूबर 1930 की है, जब जवाहरलाल नेहरू ने अपनी सम्भावित गिरफ़्तारी के कारण कार्यकारी अध्यक्ष सरदार पटेल को नामाँकित कर दिया था। सरदार पटेल ने कार्यभार ग्रहण करने के बाद देश का एक तूफ़ानी दौरा किया और काँग्रेस के सन्देश को लोगों तक पहुँचाया तथा इस बात पर ज़ोर दिया कि विदेशी कपड़ों का बहिष्कार किया जाये। उन्होंने अपने श्रोताओं को यह भी बताया कि जनता परिषद् में साम्प्रदायिक प्रतिनिधित्व और सीटें नहीं चाहती। उनकी समस्या भूख और रोटी है। हिन्दू–मुस्लिम एकता पर ज़ोर देते हुए उन्होंने इस विचार का खण्डन किया कि मुस्लिम इस राष्ट्रीय आन्दोलन में भाग नहीं ले रहे हैं।

सरदार पटेल की अध्यक्षता में 2 अप्रैल 1931 को कराची में इंडियन नेशनल काँग्रेस की कार्यकारिणी समिति के द्वारा विभिन्न स्तरों पर विचार किये जाने के बाद तिरंगा राष्ट्रीय ध्वज घोषित किया गया। कमेटी का दृष्टिकोण सर्वसम्मत था कि ध्वज के रंगों का कोई साम्प्रदायिक महत्त्व नहीं होना चाहिए। किन्तु अनेक सदस्यों ने यह महसूस किया कि झण्डे का लाल व हरा रंग हिन्दू और मुसलमानों का प्रतिनिधित्व करता है और बाद में सफ़ेद रंग जोड़ा गया, जो भारत के अन्य समुदायों के लिए था। बाद में इसे असाम्प्रदायिक महत्त्व देने के लिए नीले रंग के चरखे के साथ लाल रंग को केसरिया रंग में बदल दिया गया। केसरिया रंग साहस और त्याग, सफ़ेद शान्ति और सत्य का, हरा रंग विश्वास और शौर्य एवं चरखा जनता की आशा का प्रतीक है।[7]

स्वतन्त्रता आन्दोलन के अन्य राजनीतिक नेताओं के समान सरदार

पटेल हिन्दू–मुस्लिम एकता के पक्ष में थे। सन् 1921 में पाँचवीं गुजरात राजनीतिक परिषद् को सम्बोधित करते हुए पटेल ने हिन्दू–मुस्लिम एकता को एक 'कोमल पौधा' बताया जिसे आने वाले समय में अत्यन्त सावधानी से पालना पड़ेगा।[8] एक व्यावहारिक राजनेता के रूप में सरदार पटेल ने हिन्दू तथा मुसलमान की मानसिक स्थिति की चर्चा करते हुए कहा, "अभी तक हमारे मन जितने साफ़ होने चाहिए उतने साफ़ नहीं हैं। हर मामले में एक–दूसरे का विश्वास करने की हमें जो आदत पड़ गयी है, वह नहीं जाती है। इस एकता को तोड़ डालने के लिए कई तरह के प्रपंच और प्रयत्न होंगे।"[9] सरदार पटेल के उक्त कथन उनकी दूरदृष्टि के द्योतक हैं और उन्होंने समय की गति को पहचानते हुए बहुत पहले ही अनुभव कर लिया था कि आने वाले समय में कुछ निजी स्वार्थों के वशीभूत लोग तथा सत्ता और पद के लालच में अपना राष्ट्रवाद या राष्ट्रभक्ति त्याग कर हिन्दू और मुस्लिमों के बीच दरार पैदा कर एक राष्ट्र के सिद्धान्त को नुक़सान पहुँचायेंगे और उनकी बात सही साबित हुई। जब देश में स्वतन्त्रता की महक आना प्रारम्भ हुई तो हिन्दू और मुसलमानों के रूप में दो राष्ट्रों की माँग होने लगी थी। इससे सरदार पटेल विचलित हुए और अथक परिश्रम एवं मेहनत कर एकता के प्रयास करने के बावजूद विफल रहे। सन् 1920 के केन्द्रीय ख़िलाफ़त कमेटी के निर्णय का समर्थन करते हुए सरदार पटेल ने ब्रिटिश सरकार की ख़लीफ़ा के विरुद्ध नीति की आलोचना की और कहा, "मुसलमानों को ऐसी दुख भरी हालत में हिन्दू तटस्थ नहीं रह सकते। हिन्दू और मुसलमानों की मित्रता चाहते हैं, तो उन्हें उनके दुख में शरीक होना चाहिए।"[10]

वास्तविकता यह है कि सरदार वल्लभभाई के विचारों में परिवर्तन 1937 के बाद आया, जब मुस्लिम लीग काँग्रेस को अपना घोर विरोधी समझने लगी और मुसलमानों पर अत्याचार का झूठा दुष्प्रचार कर रही थी। पटेल को यह आभास हो चुका था कि मुस्लिम लीग काँग्रेस की उदारवादी नीति का नाजायज़ फ़ायदा उठाना चाहती है, जो पाकिस्तान द्वारा आज भी जारी है। वे भारत की उदारवादी विश्वबन्धुत्व की नीति का ग़लत फ़ायदा उठाकर भारत की सुरक्षा में सेंध लगाकर उसे अस्थिर करना चाहते हैं, परन्तु उनके मंसूबे न उस समय पूरे हुए, न आज पूरे होंगे और न ही भविष्य में होने की सम्भावनाएँ हैं, क्योंकि झूठ और दिखावे का सत्य एक दिन सामने आता है और उसमें स्वयं ही घिरकर अन्त की ओर

जाता नज़र आयेगा। साम्प्रदायिक दंगे तथा अन्तरिम सरकार के अनुभवों ने विभाजन विरोधी पटेल को भारत विभाजन का समर्थक बना दिया।

सरदार वल्लभभाई पटेल ने 6 जनवरी 1948 को लखनऊ में एक आमसभा में कहा था, "मैं तो यह कहना चाहता हूँ कि जो चार करोड़ मुसलमान इधर पड़े हैं उनके साथ छेड़खानी कभी न करो, जितनी छेड़खानी आप करेंगे उतना ही अपने ऊपर बोझ पड़ता रहेगा, क्योंकि उसके लिए हमें ज़्यादा पुलिस रखनी पड़ती है। ...यदि एक ऐसे मुसलमान को जो हिन्दुस्तान के प्रति वफ़ादार है और जिसने आज़ादी की लड़ाई में हमारा साथ दिया और हमारे साथ मोहब्बत से रहा है–यहाँ से जाना पड़ेगा तो उससे बड़ी शर्म की बात कोई नहीं होगी...इधर कई लोग कहते हैं कि मुसलमानों को इधर से निकालो। यह ठीक बात नहीं। इस रास्ते से हमारा काम नहीं होगा। यदि हमें पाकिस्तान के साथ हिसाब करना है तो वह इधर के मुसलमानों के साथ नहीं किया जा सकता।"[11] इससे स्पष्ट है कि सरदार पटेल न तो मुस्लिम विरोधी थे और न ही हिन्दू पक्षधर। वे राष्ट्रवादी थे और जो राष्ट्र में किसी भी प्रकार की राष्ट्र विरोधी गतिविधि करे या उसका सहयोग करे उसके ख़िलाफ़ थे। वे व्यावहारिक एवं यथार्थवादी थे। वास्तविकता यह है कि सरदार पटेल देश की अखण्डता की प्रत्येक क्षण कामना करते थे और प्रजातान्त्रिक रूप से सुदृढ़ भारत का निर्माण चाहते थे। उनकी इस इच्छा में जो भी व्यवधान उत्पन्न करता था, उसे वे देश का शत्रु समझते थे। वे उसका कड़ा विरोध भी करते और दृढ़ता से पेश भी आते थे, अब वह चाहे हिन्दू हो या मुस्लिम लीग हो या कोई और हो।

श्रीरावजीभाई ने पटेल के बारे में कहा है, "वे मन की बात छिपाते नहीं थे, स्पष्ट शब्दों में वे मुसलमानों से कहते थे कि भारत के नागरिकों की तरह हिन्दू–मुस्लिम दोनों समान हैं। इसलिए अगर मुसलमान भारत को अपनी मातृभूमि मानकर यहाँ की दूसरी प्रजा के साथ मोहब्बत से रहें, देश के हिन्दुओं के साथ भाईचारा बढ़ायें और सुख–दुख में भाग लेकर सहयोग और सहकार से भारत के प्रति वफ़ादार रहकर उसकी इज़्ज़त–आबरू बढ़ाने का प्रयत्न करें, तो किसी को उनके बारे में शंका रखने की आवश्यकता नहीं है। परन्तु जिन मुसलमानों को भारत के नागरिक के रूप में संरक्षण प्राप्त करके पाकिस्तान के प्रति वफ़ादारी रखनी हो, वे ज़रूर पाकिस्तान जा सकते हैं। भारत के नागरिक बनकर पाकिस्तान की ओर नज़र रखने वाले मुसलमानों से उन्हें घृणा थी।"[12] सरदार वल्लभभाई पटेल ने भारत

में रहने वाले मुसलमानों को स्पष्ट रूप से कहा था, "मैं आज बड़े अदब से कहना चाहता हूँ कि मैं मुसलमानों का दोस्त हूँ और दोस्त का काम है कि सच्ची बात कह दे, धोखेबाज़ी न करे। मैं साफ़–साफ़ कहना चाहता हूँ कि अब हिन्दुस्तान के लिए पूरी–पूरी मोहब्बत हो और वह समझें, उन्हें हिन्दुस्तान में ही रहना है।...उनका कर्तव्य हो जाता है कि वे जिस नाव में बैठे हैं, उसी नाव का हित सोचें, क्योंकि उन्हें भी उसी नाव में चलना पड़ेगा।"[13]

अध्ययन से यह बात स्पष्ट है कि सरदार वल्लभभाई पटेल न तो मुस्लिम या किसी अन्यं समुदाय के विरोधी थे और न ही हिन्दू समर्थक थे। वे घटनाओं को यथार्थता के धरातल पर परखते थे और वैसा ही व्यवहार करते थे। उनमें राष्ट्र के प्रति अगाध प्रेम, भक्ति और विश्वास था और उसे वे किसी भी क़ीमत पर छोड़ने को तैयार नहीं थे।

सरदार पटेल पर राष्ट्रीय स्वयंसेवक संघ (आरएसएस) के प्रति अपनाये जाने वाले व्यवहार पर भी प्रश्न उठाये गये। इस अध्ययन में सामने आया है कि राष्ट्रीय स्वयंसेवक संघ देश की अखण्डता की बात करता था और उसका श्रेष्ठ संगठन था लेकिन उसकी तंगदिली को सरदार कभी पसन्द नहीं करते थे क्योंकि उससे देश को हानि होती है। साथ ही धर्म के नाम पर कार्य करना और ऐसा कार्य करना जिससे दो सम्प्रदायों के मध्य सौहार्दपूर्ण वातावरण को बनाने में कठिनाई हो, सरदार पसन्द नहीं करते थे। स्वतन्त्रता के समय पटेल ने कहा था, ''कुछ लोग इस समय गौरक्षा की बात करने लगे हैं। अभी तो बच्चों, स्त्रियों और बूढ़ों की रक्षा नहीं होती तथा गौरक्षा की तो बात ही कहाँ? जिन मुल्कों में गायों की हत्या करने की मनाही नहीं है, वहाँ जैसी ह्रष्ट पुष्ट गायें पायी जाती हैं, वैसी यहाँ नहीं पायी जातीं। सचमुच गौरक्षा करनी हो तो गाय को अच्छी तरह पालना सीखिए।''[14] कई बार पटेल पर दोष लगाया जाता रहा है कि वे हिन्दू राष्ट्रवादी थे और मुसलमानों के प्रति साम्प्रदायिक दृष्टिकोण रखते थे। पटेल को हिन्दू–मुस्लिम एकता प्राणों से बढ़कर प्रिय थी। सन् 1941 में जब अहमदाबाद में दंगे हुए थे तब दर्दभरे दिल से उन्होंने कहा था, ''आपको एकाएक यह क्या सूझा कि आप एक–दूसरे के गले काटने लगे। मुझे दुख इस बात का है कि हमारी आबरू चली गयी। अहमदाबाद शहर के नाम पर कलंक लग गया। कैसे मिटाया जाय इसे। इसे मिटाने का एक ही तरीक़ा है कि हम इस बात की कोशिश करें कि दुबारा इस

शहर में ऐसा वातावरण न पैदा हो।'' लोग गाँधी जी से अक्सर यह शिकायत करते थे कि पटेल साम्प्रदायिक हैं परन्तु गाँधी जी उन्हें उत्तर देते हुए कहते थे, ''सरदार वल्लभभाई पटेल न तो पहले कभी क़ौमवादी थे, न आज हैं। मुझे पूरा विश्वास है कि वे ऐसा व्यवहार कभी नहीं करेंगे जिससे मुसलमानों के साथ अन्याय हो।''

वल्लभभाई पटेल राष्ट्रीय स्वयंसेवक संघ के डण्डे आदि उठाकर चलने तथा उससे आतंक बनाने का कड़ा विरोध करते थे और उसको देश के विकास और एकता में बाधक भी मानते थे। इसी कारण 6 जनवरी 1948 को, लखनऊ में एक सार्वजनिक सभा में सरदार ने कहा था, "आरएसएस वाले जिस तरह आजकल काम कर रहे हैं, उन्हें इस ग़लत रास्ते से ठीक रास्ते पर लाया जाये। डण्डे से कोई काम नहीं होगा। डण्डा तो चोर डाकू के लिए है।" उन्होंने पुनः राष्ट्रीय स्वयंसेवक संघ से अपील की थी, "मैं राष्ट्रीय स्वयंसेवक संघ को काँग्रेस में सम्मिलित होने का निमन्त्रण देता हूँ। मैं कहता हूँ कि उन्हें व्यक्तिगत हित की दृष्टि से काम नहीं करना, क्योंकि परिस्थितियाँ सरकार के सिर पर शान्ति स्थापना का दबाव बारम्बार डाल रही हैं। वे हिंसा का प्रयोग करके देश की सच्ची सेवा नहीं कर रहे हैं।"[15]

महात्मा गाँधी की हत्या के उपरान्त राष्ट्रीय स्वयंसेवक संघ के प्रति जो रोष उत्पन्न हो गया था और पूरे महाराष्ट्र में देश–भर में जो हिंसा का वातावरण बन रहा था, उसके कारण सरदार के गृहमन्त्रित्व काल में ही 4 फ़रवरी 1948 को राष्ट्रीय स्वयंसेवक संघ पर प्रतिबन्ध लगाया गया तथा सरकार ने जब यह पाया कि उसके (आरएसएस) अनेक सदस्य हिंसा फैलाने तथा अन्य समाज विरोधी कार्य करने में लगे हैं तो उन्होंने महसूस किया कि संघ को ग़ैर–वैधानिक संस्था घोषित किया जाये...। उसके बीस हज़ार सदस्य एकदम गिरफ़्तार किये गये।''[16] उसके प्रमुख गोलवलकर भी गिरफ़्तार किये गये तथा यह प्रतिबन्ध लम्बे समय तक चला और तब तक नहीं उठाया गया जब तक कि मार्च 1950 में संघ ने लिखित रूप से देश की शान्ति स्थापना के साथ किसी भी प्रकार की अराजकता सम्बन्धी कार्य को न करने का वचन दिया। इस प्रकार हम देखते हैं कि सरदार की दृष्टि लीग व आरएसएस दोनों के प्रति समान थी और जितना जो राष्ट्र विरोधी था, उतना ही सरदार उससे घृणा करते थे।

वास्तव में, सरदार पटेल का व्यक्तिगत कोई स्वार्थ नहीं था। वे मुसलमानों के विरोधी नहीं, साम्प्रदायिकता के विरोधी थे। कुछ आलोचकों

ने सरदार पटेल में वही कमियाँ खोजने का प्रयास किया, जो वे खोजना चाहते थे, बल्कि उनमें क्या है, उसे समग्रता से नहीं खोजते। हम अपने संकुचित साँचे में उन्हें ढालकर देखना चाहते हैं, बल्कि वे किस साँचे से बने थे और क्या बनाना चाहते थे, यह देखना ज़्यादा प्रासंगिक है। सरदार पटेल की सोच, विचारधारा इतनी व्यापक एवं विस्तृत थी, जहाँ तक पहुँचना हरेक व्यक्ति के लिए सम्भव नहीं है।

सरदार पटेल के सैद्धान्तिक आधार

सरदार वल्लभभाई पटेल भारत की ऐसी विभूति थे, जिन्होंने एक युग का निर्माण किया। पटेल एक ऐसे प्रकाश स्तम्भ थे, जिन्होंने दासता और बुराइयों के गहन अन्धकार में सैकड़ों वर्षों से डूबे राष्ट्र का मार्ग प्रशस्त किया था। उन्होंने ऐसे राष्ट्र का निर्माण किया जिसके कारण 'भारत के कर्णधार', 'अखण्ड भारत के शिल्पी', 'आधुनिक भारत के निर्माता', 'राष्ट्र निर्माण के विश्वकर्मा', 'लौहपुरुष' जैसी अनेकानेक उपाधियाँ उन्हें दी जाती हैं। सरदार पटेल के जीवन में ऐसे सिद्धान्तों की महत्ता है, जिससे वे निरन्तर आगे बढ़ते चले गये, उनके व्यक्तित्व की विशेषताएँ उनके दृष्टिकोण एवं विचारधारा को स्पष्ट परिभाषित करती हुई प्रतीत होती हैं। इस अध्ययन में उनके विचार एवं सैद्धान्तिक आधारों को निम्नानुसार समझा जा सकता है–

सादा जीवन उच्च विचार–सरदार पटेल एक किसान परिवार से होने एवं पारिवारिक संस्कारों से भरपूर सिंचित होने से जीवन मूल्यों से सराबोर रहे। वल्लभभाई पटेल ने भारत के उन मूल्यों का सबसे पहले आचरण किया, जिनसे भारत को नैतिक रूप से सुदृढ़ बनाया जा सके। उनमें भारत की आत्मा थी, अतः देश की प्रत्येक धड़कन को अनुभव करते थे। सादा जीवन उच्च विचार भारत की एक उत्कृष्ट जीवन पद्धति रही है। यह श्रेष्ठतम जीवन का आदर्श है। इसलिए सरदार पटेल ने इस सूत्र को अपने जीवन में धारण करते हुए उसका अनुसरण किया। पटेल की इच्छा थी कि देश का प्रत्येक व्यक्ति चारित्रिक और नैतिक रूप से सुदृढ़ बने। इसके साथ 'सादा जीवन उच्च विचार' के समर्थक होने के बावजूद वे 'कूपमण्डूकता' के पक्षधर नहीं थे।[17]

मानवतावादी दृष्टिकोण–सरदार पटेल में मानवतावादी दृष्टि तथा उनके व्यक्तित्व में भारत की उन परम्पराओं का समावेशन था, जिनमें सभी प्राणियों में एक ही आत्मतत्त्व समाहित होने का उल्लेख किया जाता

है। मानववाद में मानव प्रेम की प्रगाढ़ता रहती है एवं प्रेममय जीवन की जीवन्तता क़ायम रहती है। मानव जीवन की सफ़लता के लिए उसमें अन्तर्निहित ख़ूबियों के अनुरूप आचरण किये जाने के दृष्टिकोण को मानवतावाद कहते हैं। मानवतावाद एक विस्तीर्ण भाव है, जहाँ मानवहित, मानव प्रबन्ध, मानव प्रेम एवं मानव कल्याण का ध्वज फहराया जाता है, स्वतन्त्रता, समानता एवं शान्ति की राह प्रशस्त की जाती है एवं मानव जाति को ऊँचा उठाया जाता है।[18] संवेदना व्यक्ति के व्यक्तित्व को परिष्कृत करती है। इससे दूसरों की पीड़ा का अनुभव करने का सजग विकास होता है। संवेदना विकसित होने से एक–दूसरे के प्रति समझ उत्पन्न होती है। यह मानवता का ऐसा आन्तरिक गुण है कि यह जितना गहन होता है, उतना ही हमारे सम्बन्धों को प्रभावित करता है और हमारी ओर आकर्षण बढ़ाता है। सरदार पटेल में मानवतावादी दृष्टिकोण का सबसे उपयुक्त उदाहरण–1917 में अहमदाबाद में बाढ़ के बाद प्लेग की बीमारी फैलने पर अपनी जान जोखिम में डालकर महामारी से बचाव के कार्यों में जुट गये थे और लोगों की हरसम्भव मदद एवं सेवा कर रहे थे।

न्यायप्रियता–'जो आचरण न्याययुक्त है, वही धर्म है', यह उक्ति सरदार पटेल के जीवन पर चरितार्थ होती है। पटेल के जीवन की अनेक ऐसी घटनाएँ हैं जो न्याययुक्त आचरण के समर्थन में प्रकट होती हैं। नील की खेती करने वाले किसानों का जब अंग्रेज़ों द्वारा शोषण किया जा रहा था तो इस अन्याय के विरुद्ध गाँधी जी ने सत्याग्रह छेड़ा था, इसकी सूचना पटेल को समाचार–पत्रों के माध्यम से मिली और अन्याय के विरुद्ध आवाज़ उठाने और गाँधी जी का समर्थन करने पटेल वहाँ पहुँच गये थे।

एकता, समता और शुचिता के पक्षधर–वल्लभभाई पटेल राष्ट्र की एकता, समता और शुचिता के पक्षधर थे। पटेल ने देश के लोगों को भारतीय संस्कृति के महत्त्व को समझाते हुए कहा था कि अपनी संस्थाओं सहित यह देश अपने निवासियों की एक विरासत है, जिस पर गर्व किया जा सकता है। यहाँ के सभी लोग एक ही संस्कृति के अनुपालक और पुजारी हैं। वल्लभभाई के चरित्र की शुचिता पर बल देते हुए युवकों से अपने दोषों की समीक्षा और अपने अन्दर से अवगुण निकालने और आत्मत्याग की भावना को जाग्रत करने के लिए कहा, ''यदि हमें न्याय प्राप्त करना हो और आज़ादी लेनी हो, तो अपने ख़ुद के दोष देखना और उन्हें सुधारना, सहनशीलता, आत्मश्रद्धा और धैर्य रखना, त्याग करना, गरज

यह कि जिनसे हमें न्याय लेना है, उनके दोष देखने के बजाय उनके बड़े गुणों और चरित्र का अनुकरण करना सीखना चाहिए।''[19]

पटेल का आर्थिक चिन्तन

सरदार पटेल किसी विशेष सैद्धान्तिक पन्थ, वाद या परम्परा से जुड़े रहने के विरोधी थे, अधिक उत्पादन एवं न्यायोचित वितरण उनके आर्थिक चिन्तन का मुख्य आधार था। स्वतन्त्रता प्राप्ति के समय वित्तीय संकट, आवश्यक वस्तुओं का अभाव, औद्योगिक गतिरोध, मुद्रा प्रसार आदि गम्भीर चुनौतियाँ थीं। प्रान्तों के मुख्यमन्त्रियों को लिखे गये पत्रों एवं भाषणों में पटेल ने सरकारी ख़र्च में कटौती, केन्द्र तथा प्रान्तों के बीच अधिक सहयोग, वित्तीय अनुशासन, औद्योगिक उत्पादन में अधिक पूँजी–नियोजन तथा मज़दूरों और मालिकों के बीच अधिक सद्भावना पर विशेष बल दिया। नवनिर्माण काल में औद्योगिक शान्ति, औद्योगीकरण के क्षेत्र में संगठित प्रयास एवं उपलब्ध साधनों का अधिकतम प्रयोग तथा नये साधनों की खोज पटेल के आर्थिक चिन्तन के मुख्य आधार थे।[20] पटेल ने स्वयं स्वीकार किया कि, ''मुझ पर सदैव बिड़ला जैसे पूँजीपतियों का मित्र होने का आरोप लगाया जाता रहा है। मैंने गाँधी जी से सीखा है कि अमीर या ग़रीब, बड़ा या छोटा, सबके प्रति सहानुभूति रखो। अतः मैं श्रमिक, उद्योगपति, राजा, किसान तथा ज़मींदार से मित्रता रखता हूँ और उन्हें सही कार्य करने हेतु प्रेमपूर्वक प्रेरित कर सकता हूँ।''[21]

स्वतन्त्रता के समय साम्यवादी एवं समाजवादी मज़दूर संगठनों को औद्योगिक अशान्ति के लिए भड़का रहे थे। इसी दौरान 1947 में पटेल की प्रेरणा से इंडियन नेशनल ट्रेड यूनियन काँग्रेस (इंटक) की स्थापना हुई। इसके प्रथम वार्षिक सम्मेलन में पटेल ने गाँधीवादी श्रमिक आन्दोलन का इतिहास प्रस्तुत करते हुए पंच फ़ैसले द्वारा श्रम और पूँजी की समस्या को सुलझाने पर बल दिया। मई 1949 में पटेल ने अपने सन्देश में कहा, ''....देश में जो लोग आज के संकटकाल में ऐसी कार्यप्रणाली का आसरा लेते हैं, जो उत्पादन को रोकती है, वे मज़दूरों और देश को हानि पहुँचाते हैं। झगड़ों को निपटाने का सर्वोच्च उपाय पंच फ़ैसले की पद्धति है, और एक बार न्याय–निर्णय और पंच फ़ैसले का तन्त्र चालू हुआ कि हड़तालें ग़ैर–क़ानूनी बन जायेंगी। ऐसी परिस्थितियों में जो लोग मज़दूरों को हड़तालें करने की या जारी रखने की सलाह देते हैं, वे मज़दूरों के या देश के

मित्र नहीं हैं।''[22] वल्लभभाई पटेल राष्ट्रीयकरण के विरोधी थे। ''वर्तमान परिस्थितियों में उद्योगों का राष्ट्रीयकरण सरल कार्य नहीं है। इसके लिए देश के पास न तो समुचित साधन हैं और न क्षमता। पटेल के दृष्टिकोण में राष्ट्रीयकरण की चर्चा से पूर्व उद्योगों का विकास आवश्यक है।''[23]

पटेल का सामाजिक चिन्तन

सरदार पटेल का सामाजिक चिन्तन गाँधीवाद का पूरक है। गाँधी जी के समान पटेल ने अस्पृश्यता को हिन्दू धर्म का एक कलंक बताया और कहा–'वह धर्म के बहाने चलने वाला एक ढोंग है।' सन् 1936 में संयुक्त प्रान्त के किसान सम्मेलन में अपने अध्यक्षीय भाषण में पटेल ने छुआछूत की भर्त्सना करते हुए कहा, ''यह एक पाप है जिसे हम अछूत मानते हैं, वह अगर हमारा समाज छोड़कर दूसरा धर्म अपना ले, तो उसी वक़्त से उसे छुआ जा सकता है...हिन्दू धर्म पर से यह कलंक मिटा देने के लिए महात्माजी ने अनेक दुख सहन किये।''[24]

पटेल स्त्रियों को आत्मनिर्भर बनाने और पुरुषों के समान अधिकार दिलाने के पक्ष में रहे। साथ ही, स्त्रियों के लिए पर्दाप्रथा के भी पक्ष में नहीं थे। पटेल ने बाल विवाह की आलोचना करते हुए विरोध किया, अनमेल विवाह की ख़िलाफ़त करते हुए विधवा विवाह का समर्थन किया। समाज और देश के निर्माण के लिए पटेल ने शिक्षा पर विशेष बल दिया। सरदार पटेल एक धर्मनिरपेक्ष समाज के समर्थक थे और मानते थे कि ईश्वर एक है तथा सभी उसकी सन्तान हैं। धर्म ईश्वर तक पहुँचने के अलग–अलग मार्ग हैं लेकिन सबसे श्रेष्ठ मानवता है। वे धर्म के नाम पर संकीर्णता के विरोधी थे।

सरदार पटेल का लोकतान्त्रिक दृष्टिकोण

सरदार पटेल प्रजातन्त्र के प्रभावपूर्ण दृष्टिकोण के प्रति पूर्णरूप से आश्वस्त थे और उनका कहना था कि–प्रजा में ताक़त होगी तो जिस वस्तु की आवश्यकता उसे होगी, वह मिल जायेगी।[25] यदि प्रजा को यह लगेगा कि उसके साथ अन्याय हो रहा है तो यह स्वशासन में भी सत्याग्रह का मार्ग अपना सकेगी। सत्याग्रह का वही स्वरूप होगा, जो उन्होंने जीवन–भर अपनाया। वे धर्म की आड़ में प्रचार के विरोधी थे कि सरकार धर्म–विशेष को हानि पहुँचा सकती है। उनका मानना था कि जो ऐसा प्रचार करते हैं,

वे नहीं जानते कि आम जनता की सरकार है, इसे लोग जब चाहें बदल सकते हैं, सुधारना चाहें तो सुधार सकते हैं।

सरदार पटेल का अपने देश के कल्याण के लिए काम करने के सिवाय अन्य कोई उद्देश्य था ही नहीं। न किसी सैद्धान्तिक पन्थ या परम्परा में उनकी अनुरक्ति थी। सरदार प्रायः कहा करते थे कि वे किसी समाजवादी के साथ या पूँजीवादी के साथ या किसी अन्य 'वाद' के अनुयायी के साथ काम करने के लिए तैयार हैं। उन्होंने साम्राज्यवाद से हमेशा ही घृणा की; वे पूँजीपति वर्ग तथा ग़रीबों के बीच पायी जाने वाली 'घातक विषमता' का अन्त करना चाहते थे। उनका यह दृढ़ विश्वास था कि जनता की शक्ति के बिना कुछ नहीं किया जा सकता। परन्तु वर्ग–विग्रह की अनिवार्यता में वे विश्वास नहीं करते थे। उनका यह विश्वास था कि पूँजीपतियों तथा मज़दूरों को मित्र बनाया जा सकता है, वे एक–दूसरे के अधिकारों का आदर करें, देश के समान हित के लिए कार्य करें तथा जनता के सब वर्गों के कल्याण का प्रयत्न करें। किसी भी हालत में उनका यह दृढ़ मत था कि विचारधाराओं की लड़ाइयों का और वाक्‌कलह का 'यह समय नहीं है', यह किसी दूसरे समय किया जा सकता है। वे चाहते थे कि देश वितरण के लिए कोई उग्र क़दम उठाये, इसके पूर्व वह सम्पत्ति का अर्जन करे। वे स्वयं ग़रीबों और दलितों के संरक्षक थे और पूँजीवाद के प्रति रचनात्मक दृष्टिकोण रखते थे। इसके साथ ही उन्होंने यह भी समझ लिया था कि देश की आज की स्थिति में जहाँ राष्ट्रीय पुनर्निर्माण में पहल करने की शक्ति, पूँजी–नियोजन, व्यावसायिक कुशलता तथा सार्थक प्रयत्न और साहस कुछ ही लोगों तक मर्यादित हैं, वहाँ इनसे प्रत्यक्ष या परोक्ष लाभ उठाने वाले लोग लाखों–करोड़ों हैं; वही तत्त्वज्ञान उत्तम परिणाम ला सकता है जो देश को स्वावलम्बी बनाने के लिए उत्पादक प्रयत्नों को रोकता नहीं है, बल्कि प्रोत्साहित करता है, देश में सम्पत्ति के उत्पादन को पीछे नहीं ढकेलता बल्कि आगे बढ़ाता है तथा व्यक्तिगत पहल और साहस को निरुत्साहित नहीं करता बल्कि उत्तेजना देता है। उन्होंने अन्तर्दृष्टि से यह समझ लिया था कि देश की विभिन्न और विविध समस्याओं के हल की एकमात्र कुंजी है–उत्पादन वृद्धि, इसलिए वे विपरीत असर डालने वाले किन्हीं विघातक तत्त्वों या नीतियों को बर्दाश्त करने के लिए तैयार नहीं थे।[26]

सरदार वल्लभभाई पटेल का नाम भारत की तत्कालीन रियासतों के भारत में विलीनीकरण के कारण बहुत सम्मान से लिया जाता है और

उनके 'लौहपुरुष' होने का प्रमाण इसी से दिया जा सकता है। जब पटेल अपने मन में कोई बात ठान लेते या उसके लिए दृढ़ संकल्पित होते तो केवल आगे बढ़ने के अलावा कोई मार्ग नहीं चुनते थे। इस सन्दर्भ में वी. पी. मेनन द्वारा लिखी गयी दो महत्त्वपूर्ण पुस्तकें हैं–(1) 'दि स्टोरी ऑफ़ इंटीग्रेशन ऑफ़ दि इंडियन स्टेट्स'(1955), (2) 'दि ट्रांसफ़र ऑफ़ पावर इन इंडिया', जिनकी मदद इस अध्ययन में ली गयी है। 'दि स्टोरी ऑफ़ इंटीग्रेशन ऑफ़ दि इंडियन स्टेट्स' (1955) में वी.पी. मेनन ने उल्लेख किया है कि रियासती राज्यों के बारे में ब्रिटिश सरकार के इरादे एटली द्वारा जानबूझकर अस्पष्ट छोड़ दिये गये थे। माउंटबेटन से यह अपेक्षा थी कि वह रियासतों की ब्रिटिश भारत से उनके भविष्य के रिश्ते रखने में सही दृष्टिकोण अपनाने हेतु सहायता करेंगे। नये वायसराय को भी यह बता दिया गया था, ''जिन राज्यों में राजनीतिक प्रक्रिया धीमी थी, उनके शासकों को वे अधिक लोकतान्त्रिक सरकार के किसी भी रूप हेतु तैयार करें।''

इतिहासवेत्ता डॉलेक्स फॉन टुलसेनमाल का मानना है कि अधिकांश राज्य भारत के साथ मिलना चाहते थे लेकिन सर्वाधिक महत्त्वपूर्ण राज्यों में से चार राज्य– हैदराबाद, कश्मीर, भोपाल एवं त्रावणकोर स्वतन्त्र राष्ट्र के रूप में अपना अस्तित्व चाहते थे। इन राज्यों में प्रत्येक राज्य अपने आप में विशिष्ट था। हैदराबाद का निज़ाम दुनिया में सर्वाधिक अमीर था तथा वह मुस्लिम था और प्रजा का अधिकांश भाग हिन्दू था। यह रियासत बड़ी थी। इसके विपरीत कश्मीर के महाराजा हिन्दू थे और प्रजा का अधिकांश भाग मुस्लिम था, यह रियासत हैदराबाद की तुलना में बड़ी थी। भोपाल के नवाब एक योग्य व महत्त्वाकांक्षी व्यक्ति थे तथा मोहम्मद जिन्ना के परामर्शदाताओं में से एक थे। यह रियासत हिन्दू बाहुल्य थी तथा भारत के केन्द्र (बीचोबीच) में स्थित थी। मुस्लिम लीग की नज़रें इन रजवाड़ों की ओर इस उम्मीद से टिकी हुई थीं कि ये रियासतें भारत में मिलने से मना कर देंगी और जिन्ना भी यही देखना चाहते थे कि सरदार पटेल और पं. नेहरू को 'घुन लगा हुआ भारत मिले', लेकिन सरदार पटेल ने कठोरता से 'असरदार' काम करना शुरू कर दिया था और उनके षड्यन्त्रों एवं हर मंसूबे को ख़त्म कर दिया था। शेष रियासतों को भारतीय संघ में मिलाने के लिए बड़ी सावधानी से बातचीत की गयी और इस बात का पूरा ध्यान रखा गया कि किसी भी राजा के मान–सम्मान को किसी प्रकार की चोट न पहुँचे। पटेल ने राजाओं को यह आभास दिलाया और उनका ध्यान

आकर्षित किया कि वे चाहते हैं कि इस पवित्र भूमि को दुनिया के देशों के मध्य उचित स्थान प्राप्त हो और शान्ति एवं समृद्धि प्राप्त कर आगे बढ़ सकें। स्वतन्त्रता के मिलते ही त्रावणकोर के राजा ने अपनी स्वतन्त्रता को भारत में मिलाने का कार्य किया। भोपाल, जूनागढ़, हैदराबाद जैसी चुनौतीपूर्ण रियासतों का काम भी पटेल ने भारत में विलय कर किया। कश्मीर मामला नेहरू के पास था जो आज तक समस्या बना हुआ है। देशी रियासतों के विलय को सफलतापूर्वक कर उन्होंने नये भारत का अहिंसात्मक और शान्तिपूर्ण तरीक़े से निर्माण करके विश्व इतिहास में एक नया अध्याय लिख दिया। वी.एन. गाडगिल ने कहा था, "यदि महात्मा गाँधी हमारी स्वतन्त्रता के निर्माता हैं, तो वल्लभभाई पटेल भारतीय संघ के विश्वकर्मा हैं।"

सरदार वल्लभभाई पटेल को 'बिस्मार्क' की संज्ञा दी जाती है, परन्तु यह सरदार पटेल के क़द को कम करके आँकना है, क्योंकि दोनों की पद्धतियों एवं राज्यों की संख्या के साथ–साथ समय की परिस्थितियों की भिन्ता ऐसी रही जिससे इनकी तुलना करना सरदार पटेल के साथ अन्याय ही होगा। बिस्मार्क तो (1865–1895) केवल पर्शिया नामक छोटे से इलाक़े का राजा था, जिसमें जर्मन प्रजा रहती थी और वह छोटे–छोटे राज्यों में बिखरा हुआ था। पड़ोस वाले ऑस्ट्रिया के साथ उसकी दुश्मनी थी। जर्मनी के ऐसे छोटे–छोटे बिखरे हुए राज्यों को बिस्मार्क ने बल से या छल से एक सूत्र में पिरो दिया। वह अपनी विजयी पताका फहराते हुए ऐसी सिद्धि के साथ स्वयं जर्मनी का सर्वाधिकारी और नवनिर्मित जर्मनी का फ़ौजी तानाशाह बन गया। इसके साथ ही उसने घोषित किया कि आज के बाद जर्मनी में सभी निर्णय भाषण या बहुमत के आधार पर नहीं, बल्कि फ़ौलादी रक्तरंजित रास्ते से होने वाले हैं। जर्मनी के राज्यों की संख्या भी बहुत कम थी। जबकि सरदार पटेल ने बड़ी प्रतिकूल परिस्थितियों में देश में 562 छोटी–बड़ी रियासतों को भारतीय गणराज्य में अहिंसात्मक तरीक़े से रक्तहीन क्रान्ति कर मिलाने में महती भूमिका का निर्वहन किया। सरदार पटेल के विवेकपूर्ण निर्णय एवं अन्य राजनेताओं के सहयोग से भारत के विखण्डन की समस्या को सफलतापूर्वक हल किया गया था। अतः सरदार पटेल की तुलना किसी अन्य से करना तर्कहीन विश्लेषण होगा। वे इस दृष्टिकोण से अद्वितीय थे।

सरदार वल्लभभाई पटेल एक सफल वकील, जननेता, सामाजिक

कार्यकर्ता, योग्य और दृढ़ स्वतन्त्रता सेनानी तो रहे ही, साथ ही स्वतन्त्रता के पश्चात् भारत के उप–प्रधानमन्त्री, गृहमन्त्री तथा सूचना एवं प्रसारण मन्त्री के रूप में एक कुशल प्रशासक एवं नेतृत्व क्षमता के धनी भी थे। देश के उप–प्रधानमन्त्री एवं गृहमन्त्री के रूप में पटेल ने अदम्य साहस, धैर्य एवं दृढ़ता का परिचय देते हुए ऐसे अनेक कार्य किये जिनके लिए वे सदैव अविस्मरणीय रहेंगे। भारत के इतिहास में 'रक्तहीन क्रान्ति' के आधार पर देश की एकता, अखण्डता के लिए पूरी ताक़त झोंकते हुए 562 रियासतों का एकीकरण कर मिशाल क़ायम की जो देश की आने वाली पीढ़ियों के लिए अनुकरणीय, प्रेरणा के स्रोत के रूप में प्रेरित करते रहेंगे। सरदार पटेल के निर्देश पर 21 अक्टूबर 1946 को आकाशवाणी महानिदेशालय की ओर से सभी आकाशवाणी केन्द्रों को 'प्रसारण निर्देश' जारी किये गये। इन्हें आकाशवाणी की पहली 'प्रसारण संहिता' कहा जा सकता है, जो निम्नानुसार थे[27]–

1. राजनीतिक दलों और राजनीतिक प्रचार पर प्रतिबन्ध पूर्ववत रहेगा।
2. प्रान्तीय सरकार के मन्त्रियों या अन्तरिम केन्द्रीय सरकार के मन्त्रियों के प्रसारण, जो उनके विभाग या कार्य से सम्बन्धित हों, राजनीतिक प्रचार नहीं माना जायेगा।
3. उपर्युक्त प्रसारण में किसी राजनीतिक पार्टी या विचारधारा की प्रशंसा या आलोचना से यथासम्भव बचाव आवश्यक माना जायेगा।
4. भारत, जो स्वाधीनता की दहलीज़ पर था, ब्रिटिश सरकार के सम्बन्धों और भारतीय संविधान पर विभिन्न दलों की आलोचनात्मक टिप्पणियों से यथासम्भव बच जाये।
5. प्रान्तीय सरकार या अन्तरिम सरकार को सदस्यों या जनप्रतिनिधियों के प्रसारण के लिए महानिदेशालय की अनुमति आवश्यक नहीं होगी।
6. राज्यपालों (गवर्नरों) के प्रसारण के लिए आपातकालीन परिस्थितियों को छोड़कर वायसराय से अनुमति लेने का पूर्ववत आदेश जारी रहेगा।
7. राज्य के शासकों के प्रसारण के लिए भी वायसराय की अनुमति आवश्यक है।
8. भारतीय राज्यों के मन्त्रियों के प्रसारण के लिए मन्त्रालय की अनुमति आवश्यक मानी गयी।
9. राज्यों के अधिकारियों या कर्मियों के प्रसारण के लिए सन्देहास्पद मामलों को छोड़कर, महानिदेशालय की अनुमति आवश्यक नहीं।

10. औद्योगिक या व्यापारिक विवादों की अपील आकाशवाणी से नहीं की जा सकेगी। यद्यपि सरकार द्वारा श्रमिकों की हड़ताल समाप्त करने के लिए किये गये प्रयासों या सरकार के स्पष्टीकरण को प्रसारित किया जा सकेगा। विषम परिस्थितियों को छोड़कर इसमें महानिदेशालय की अनुमति आवश्यक नहीं।
11. आकाशवाणी प्रसारण का उपयोग जनता से फंड एकत्र करने की अपील के लिए नहीं किया जा सकेगा। इस बारे में पहले के प्रतिबन्ध जारी रहेंगे।

दूसरा महत्त्वपूर्ण कार्य जो उनके द्वारा सूचना एवं प्रसारण मन्त्री के रूप में किया गया वह था–गुलाम भारत में ब्रिटिश सरकार ने रेडियो पर 'वन्देमातरम्' और आज़ाद हिन्द फ़ौज के गीत 'क़दम–क़दम बढ़ाये जा' के गाने पर जो प्रतिबन्ध लगाया था, उस पर पटेल ने 24 सितम्बर 1946 को आदेश पारित करते हुए कहा, "मैं नहीं समझता कि 'वन्देमातरम्' गीत के प्रति सख़्त क़दम उठाया जाये। इसके विवादास्पद अथवा अन्य समुदाय की भावना को ठेस पहुँचाने वाले अंश निकालकर प्रसारित किये जा सकते हैं। अविवादास्पद अंश तो जनमानस में राष्ट्रीयता की भावना ही उत्पन्न करते हैं।"[28]

सरदार पटेल ने मज़दूर आन्दोलन को कभी एकांगी दृष्टि से नहीं देखा बल्कि आम मज़दूर, आम किसान या आम रोज़गार करने वालों की तरफ़ देखने की उनकी एक ही मानवतावादी दृष्टि थी, वे कहते थे ये सब एक ही समाज के अलग–अलग अंग हैं। इन सबको सामाजिक स्थिति के ढाँचे में न्याय मिलना चाहिए और इन सभी के द्वारा देश के आम आदमी का शोषण नहीं, बल्कि पोषण होना चाहिए। पटेल चाहते थे कि मज़दूरों और मालिकों के बीच के मतभेद जहाँ तक सम्भव हो, वहाँ तक हड़ताल से नहीं बल्कि सुलह–समझौते के वातावरण में पंचों की मदद से दूर किये जाने चाहिए। उनका मानना था कि यदि हम इस मार्ग का अनुसरण करेंगे तो देश की ग़रीबी और भुखमरी का अन्त हो सकेगा।

सरदार के समकालीनों में कुछ ने अपने विचार व्यक्त करते हुए उनके बारे में कहा था कि उनकी राजनीति कौटिल्य की नीति के समान थी। किसी भी मामले को उसकी गहराई में जाकर समझने की कला पटेल में दृष्टिगोचर होती है। उनके अन्दर समय को पहचानकर काम करने की कला विद्यमान थी। विरोधियों के मंसूबों और उनके दाँव–पेंचों की समझ

भी उनमें पर्याप्त थी। यदि इन सब कलाओं या विशेषताओं को कौटिल्य नीति मानें तो ये सभी पटेल के जीवन व्यवहार में प्रकट हुईं और इसी कारण उन्होंने देश की अमूल्य सेवा की। सरदार पटेल में मतभेदों को भुला देने की भी कला समाहित थी। वे एक–दूसरे को समझकर सुलह और शान्ति के साथ काम करने में रुचि रखते थे लेकिन जब उन्हें लगता कि ऐसे मतभेदों के परिणामस्वरूप सच्चा राष्ट्रहित ख़तरे में पड़ सकता है, तब निरुपाय होकर अपने तरीक़े से आगे बढ़ते थे।

पट्टाभि सीतारमैया ने सरदार पटेल के व्यक्तित्व पर प्रकाश डालते हुए एक लेख लिखा जिसमें उन्होंने लिखा, "सरदार में मौलाना आज़ाद का सा पाण्डित्य नहीं है, लेकिन उनमें सामान्य विवेक कहीं अधिक है। जवाहरलाल की तरह उन्होंने अधिक यात्राएँ नहीं कीं, लेकिन उनमें विचारशक्ति इतनी अधिक है कि जो उन्हें अपने–आपसे दूर क्षेत्र तक ले जाती है। उनमें सुभाष बाबू जैसे असाधारण कार्यों का कुछ भी उत्साह नहीं है, लेकिन वे मोर्चे की अपनी योजना बनाते हैं और बेरहमी से उस पर अमल करते हैं। वे बहुत थोड़ा लिखते हैं लेकिन जब शुरू करते हैं तो वे सुगम कलम काम में लाते हैं और शैली पर पूर्ण अधिकार रखते हैं जो निहायत मँजी हुई और स्पष्ट है। वे बहुत चमत्कृत भाषण देना नहीं जानते, लेकिन वे अपने भाषणों में अपना हृदय उँडेलकर रख देते हैं, जिसे वे अपनी प्रतिभा, चमकीले मज़ाक़ के द्वारा, कथा और चुटकलों के द्वारा, कहानी और दृष्टान्त से मनोहर बना देते हैं। उनके वाक्य छोटे, तीखे और सुडौल होते हैं। स्वराज स्थापित होने पर बहुत सालों तक वह गाँधी जी के सबसे अधिक विश्वस्त प्रचारक, एक दृढ़–इच्छा और निश्चित कार्यशील व्यक्ति के रूप में याद किये जायेंगे, साथ ही, जनता उन्हें विश्वास, आशा और परोपकार इन तीनों गुणों से पूर्ण देश और मानवता का सेवक समझेगी, जो तीन विशेषताएँ ईसा ने अपने शिष्यों को सिखलायी थीं।"[29]

सरदार वल्लभभाई ने राष्ट्रीय हित के सभी मुद्दों एवं पहलुओं को लेकर ख़ूब कार्य किया परन्तु उनके कार्यों को उतनी जगह प्राप्त नहीं हो पायी, जिसके वे हक़दार हैं। संविधान निर्माण के क्षेत्र में उनके योगदान के साथ अभी तक न्याय नहीं हो पाया है। सरदार पटेल ने भारतीय संविधान की आत्मा, मूल सिद्धान्तों और राजनीतिक ढाँचे के स्वरूप पर अपने विचारों की गहरी छाप छोड़ी है। पटेल ने संविधान में मूल अधिकार, नीति निर्देशक तत्त्व, संघ–राज्य सम्बन्ध, राष्ट्रपति का निर्वाचन, राज्यपालों की स्थिति और

अधिकार क्षेत्र, मन्त्रिपरिषद्, संसद और राज्य विधानमण्डलों के सदस्यों का निर्वाचन, अनुसूचित जातियों व जनजातियों के लिए विधानमण्डलों में आरक्षण, अल्पसंख्यकों के अधिकार, आपातकालीन प्रावधान, देसी रियासतों का संघ में विलय और एकीकरण की प्रक्रिया, भाषा सम्बन्धी धाराएँ, एकीकृत एवं स्वतन्त्र न्यायपालिका, न्यायाधीशों के वेतन, भारत की नागरिकता आदि विषयों पर अपना योगदान किया।

सरदार पटेल के जीवन पर दृष्टि डालने पर स्पष्ट होता है कि वे किसी दल, सम्प्रदाय, जाति, वर्ग, क्षेत्र, वंश या यों कहें कि संकीर्णता में उन्हें बाँधा नहीं जा सकता बल्कि वे देश के सच्चे सरदार थे। उनका व्यक्तित्व बहुमुखी था, उनकी इच्छाशक्ति मज़बूत, सुदृढ़ एवं स्पष्टवादी थी, उनमें विविधता में एकता की भावना, सबको साथ लेकर चलने की प्रवृत्ति और देशभक्ति कूट–कूट कर भरी हुई थी। पटेल ने अपना सारा जीवन राष्ट्र के नाम कर दिया और उन्होंने अपनी अन्तिम साँस तक देश के कल्याण के लिए कार्य किये। उनके ऐतिहासिक कार्य व योगदान के लिए वे सदैव याद किये जाते रहेंगे और उनसे प्रेरणा पाकर आने वाली पीढ़ियाँ प्रेरित व प्रोत्साहित होंगी। वे अद्वितीय व्यक्तित्व एवं कृतित्व के धनी थे।

सन्दर्भ

1. बलदेव वंशी, *एकता–अखण्डता की प्रतिमूर्ति सरदार पटेल*, सत्साहित्य प्रकाशन, दिल्ली, 2017, पृ. 147
2. पृथ्वीनाथ सिंह एवं हरि भगवान, *सामाजिक सौहार्द व विकास : अन्तरराष्ट्रीय सद्भावना वैश्विक मैत्री*, बिहार हिन्दी ग्रन्थ अकादमी, पटना, 2013, पृ. 370
3. पूर्वोक्त, बलदेव वंशी, पृ. 149
4. डॉ. एन.सी. मेहरोत्रा व डॉ. रंजना कपूर, *सरदार वल्लभभाई पटेल : व्यक्ति एवं विचार*, आत्माराम एंड संस, दिल्ली, 2012, पृ. 190
5. जी.एम. नांदुरकर, *दिस वाज सरदार–द कोमेमोरेटिव वॉल्यूमे–1*, सरदार वल्लभभाई पटेल स्मारक भवन, अहमदाबाद, 1974, पृ. 258
6. उपर्युक्त,–2, पृ. 179
7. उपर्युक्त, पृ. 197
8. नरहरि पारिख, *सरदार पटेल के भाषण*, उत्तम चन्द दीपचन्द शाह, नवजीवन प्रकाशन मन्दिर, अहमदाबाद, 1950, पृ. 35
9. *सरदार की सीख*, नवजीवन प्रकाशन मन्दिर, अहमदाबाद, 1950, पृ. 52
10. सेठ गोविन्ददास, *सरदार वल्लभभाई पटेल*, राजपाल एंड संस, दिल्ली, 1985, पृ. 100–101

11. डॉ. एन.सी. मेहरोत्रा व डॉ. रंजना कपूर, पूर्वोक्त, पृ. 202
12. पट्टाभि सीतारमैया, *सचमुच एक सरदार*, पटेल–अभिनन्दन ग्रन्थ, पृ. 9
13. सुशील कपूर, *लौहपुरुष सरदार वल्लभभाई पटेल*, विद्या विहार, नयी दिल्ली, 2013, पृ. 90
14. उपर्युक्त, पृ.90
15. वी. शंकर (सम्पादित), *सरदार पटेल : चुना हुआ पत्र–व्यवहार, खण्ड–2*, नवजीवन प्रकाशन मन्दिर, अहमदाबाद, 1976, पृ. 404
16. डॉ. प्रभा चोपड़ा (सम्पादक), *भारत का विभाजन*, प्रभात प्रकाशन, दिल्ली, 2010, पृ. 22
17. नरहरि पारिख, *सरदार पटेल के भाषण (1918 से 1947)*, अहमदाबाद, 1950, पृ. 34
18. उपर्युक्त, पृ. 34
19. उपर्युक्त, पृ. 16
20. एन.सी. मेहरोत्रा व रंजना कपूर, पूर्वोक्त, पृ. 197
21. रावजी भाई मणिभाई पटेल, *हिन्द के सरदार*, नवजीवन प्रकाशन मन्दिर, अहमदाबाद, पृ. 33
22. एन.सी. मेहरोत्रा व रंजना कपूर, पूर्वोक्त, पृ. 199
23. विष्णु प्रभाकर, *सरदार वल्लभभाई पटेल*, नेशनल बुक ट्रस्ट, इंडिया, नयी दिल्ली, 1976 (पुनर्मुद्रण 2012), पृ. 57
24. *भारत की एकता का निर्माण–सरदार पटेल के भाषण*, प्रकाशन विभाग, नयी दिल्ली, 1970, पृ. 75
25. रवीन्द्र कुमार, *सरदार वल्लभभाई पटेल के सामाजिक व राजनीतिक विचार*, मित्तल पब्लिकेशंस, नयी दिल्ली, 1991, पृ. 108
26. वी. शंकर, *सरदार पटेल सेलेक्टेड कॉरेस्पोंडेंस 1945–1950, वॉल्यूम–2*, नवजीवन पब्लिशिंग हाउस, अहमदाबाद, 1977 (रिप्रिंट 2011), पृ. 631–632
27. बलदेव वंशी, पूर्वोक्त, पृ. 204–205
28. उपर्युक्त, पृ. 205
29. प्रो. एस.एम. चाँद एवं डॉ. इक़बाल फ़ातिमा, *सरदार वल्लभभाई पटेल : जीवन और विचार*, पंचशील प्रकाशन, जयपुर, 2010, पृ. 205

साहित्य की समीक्षा

परिचय

किसी भी क्षेत्र में किये जा रहे अध्ययन का आधार उसके पूर्ववर्ती अध्ययन, शोध, पुस्तकें, लेख, समीक्षाएँ आदि होते हैं, क्योंकि ये ही आगे अध्ययन को दिशा प्रदान करने का कार्य करते हैं। इन पूर्ववर्ती अध्ययनों एवं शोधकार्यों के माध्यम से हम सम्बन्धित विषय के अवधारणात्मक पहलुओं को समझने के साथ–साथ स्थापित सिद्धान्तों का ज्ञान भी प्राप्त करते हैं। साहित्य की समीक्षा में विषय का गहन ज्ञान एवं चिन्तन निहित होता है। इसमें विषय की व्यापक समझ के साथ–साथ अध्ययन रिक्तता का भी ज्ञान होता है। यह अध्ययन को सही दिशा प्रदान कर प्रासंगिक बनाता है। समीक्षा अध्ययन के अतिव्यापन (ओवरलैपिंग) को रोकने के साथ–साथ उपलब्ध संसाधनों

एवं व्यय में बचत करता है। साहित्य की समीक्षा विषय के सकारात्मक एवं नकारात्मक पहलुओं को इंगित करता है। यह अध्ययनकर्ता के ज्ञान में वृद्धि करता है और सही दिशा की ओर अग्रसर करता है। चूँकि किसी भी पुस्तक या अध्ययन का विस्तार से उल्लेख किया जाना सम्भव नहीं है इसलिए विषय का ज्ञान करवाने के लिए संक्षेप में उसका सार प्रस्तुत कर विषय का परिचय करवाया जाता है। इस अध्ययन में पुस्तकों, शोध–कार्यों एवं लेखों की समीक्षा करने का प्रयास किया गया है। इस अध्ययन के लिए 'आधार' बनाये गये शोधकार्य, पुस्तक, लेख, पत्र आदि की संक्षिप्त समीक्षा निम्नानुसार है–

समीक्षा

- **इंटीग्रेशन ऑफ़ द इंडियन स्टेट्स**[1], ओरिएंट ब्लैकस्वान प्रा. लि., नयी दिल्ली, 2016 (पुनर्मुद्रित)

यह पुस्तक वी.पी. मेनन द्वारा लिखित है, जिसकी प्रस्तावना वी.पी. मेनन द्वारा 1955 में लिखी गयी थी और पुस्तक का परिचय आशा सारंगी द्वारा लिखा गया है। वी.पी. मेनन ने सरदार पटेल के साथ नज़दीकी से कार्य किया और 1930 के दशक से ही प्रशासक के रूप में सेवाएँ प्रदान कीं। मेनन को 1942–47 तक सुधार आयुक्त (रिफॉमर्स कमिश्नर) के रूप में कार्य करने का मौक़ा प्राप्त हुआ और फिर 1947–51 में राज्य मन्त्रालय में सचिव के रूप में कार्य किया। सरदार पटेल स्वयं चाहते थे कि मेनन दो पुस्तकों पर काम करें, जिनमें पहली है 'शक्ति स्थानान्तरण' (ट्रांसफर ऑफ़ पॉवर) एवं दूसरी 'राज्यों का एकीकरण' (इंटीग्रेशन ऑफ़ स्टेट्स)। इसी के परिणामस्वरूप यह पुस्तक 'भारत के राज्यों के एकीकरण' पर केन्द्रित विश्वस्त दस्तावेज़ है।

प्रस्तुत पुस्तक के प्रारम्भ में बताया गया है कि भारत एक भौगोलिक इकाई है। इसके लम्बे इतिहास पर दृष्टि डालने पर पता चलता है कि यह राजनीतिक एकरूपता प्राप्त नहीं कर सका। इस दिशा में मगध के राजा बिम्बिसार और अजातशत्रु ने ई.पू. छठी शताब्दी में प्रयास किये थे। इसके बाद कई राजा, शासक आये, परन्तु समरूपता प्राप्त नहीं हो पायी। प्रारम्भ में भारत में ईस्ट इंडिया कम्पनी व्यापार के लिए आयी और धीरे–धीरे अपनी जड़ें जमाते हुए 1833 के चार्टर एक्ट के तहत कम्पनी की व्यापारिक गतिविधियों को समाप्त किया और कम्पनी ने भारत सरकार

के रूप में कार्य करने की अपनी नियत को सामने रखा। इसके पश्चात् देश में अनेक आन्दोलन हुए, जो भारत की स्वतन्त्रता, एकता एवं अखण डता पर केन्द्रित रहे। पुस्तक में लॉर्ड लिनगलिथगो के विचार एवं भारत सरकार अधिनियम 1935 को विस्तृतता से बताया गया है। वर्ष 1939 से 1946 तक की गतिविधियों एवं स्वतन्त्रता के लिए किये गये प्रयासों का भली प्रकार वर्णन किया गया है। इसमें गोलमेज़ सम्मेलन, अन्तरिम सरकार, अराजकता के लिए प्रस्ताव, लॉर्ड माउंटबेटन का काँग्रेस एवं मुस्लिम लीग के नेताओं के साथ वार्तालाप तथा मतभेद पाटने की दिशा में उठाये गये क़दम, भारत निर्माण के लिए रियासतों का एकीकरण, जिनमें प्रमुख रूप से जूनागढ़, उड़ीसा एवं छत्तीसगढ़ राज्य, सौराष्ट्र, विन्ध्य प्रदेश, मध्य भारत, पटियाला एवं ईस्ट पंजाब राज्य संघ, राजस्थान, त्रावणकोर–कोचीन, मैसूर, राज्यों की विविधता, हैदराबाद–I, II, III, जम्मू एवं कश्मीर राज्य, बड़ौदा, प्रशासनिक समेकन, वित्तीय समेकन, आंगिक एकीकरण, एकीकरण की क़ीमत, पुरानी बातें और सम्भावनाओं को विस्तारपूर्वक बताने का प्रयास किया गया है।

- **पटेल : ए लाइफ़**[2], नवजीवन पब्लिशिंग हाउस, अहमदाबाद, 2013 (पुनर्मुद्रण)

यह पुस्तक राजमोहन गाँधी द्वारा लिखित है, जिसकी प्रस्तावना उन्होंने स्वयं 1990 में लिखी थी। इस पुस्तक को लेखक ने नौ अध्यायों में कुल 613 पृष्ठों में विस्तारपूर्वक प्रस्तुत किया है। पुस्तक सरदार वल्लभभाई पटेल के सम्पूर्ण जीवन को दर्शाती है। राजमोहन गाँधी ने पुस्तक में अध्याय विभाजन द्वारा सरदार वल्लभभाई पटेल के जीवन को कालखण डों में विभाजित कर विश्लेषण करने का प्रयास किया है। इन्होंने प्रथम अध्याय में सरदार पटेल के जन्म, 1875 से लेकर उनके बचपन, पारिवारिक पालन–पोषण, प्रारम्भिक शिक्षा, विवाह, डिस्ट्रिक्ट प्लीडर परीक्षा, वकालत की शुरुआत, बैरिस्टरी के अध्ययन हेतु इंग्लैंड प्रस्थान, बार–एट लॉ परीक्षा, बैरिस्टरी परीक्षा में उत्तीर्ण, पत्नी एवं पिता का देहान्त, 1915 में गुजरात सभा के सदस्य, लखनऊ काँग्रेस में गुजरात सभा की ओर से प्रतिनिधित्व, महात्मा गाँधी से सम्पर्क एवं प्रभाव, म्युनिसिपल बोर्ड के सदस्य, अहमदाबाद म्युनिसिपैलिटी के सदस्य एवं अध्यक्ष, प्लेग निवारण में भूमिका, बेगार प्रथा के ख़िलाफ़ आन्दोलन, अकाल राहत कार्य, खेड़ा सत्याग्रह आदि के द्वारा 1918 तक के घटनाक्रम को बताने का सरल प्रयास किया है।

द्वितीय अध्याय में 1918–1922 तक के काम का समावेश करते हुए रोलेट एक्ट के ख़िलाफ़ जुलूस, सत्याग्रह पत्रिका का प्रकाशन, गुजरात विद्यापीठ की स्थापना का निर्णय, नाडियाद अधिवेशन में असहयोग प्रस्ताव पारित, गुजरात प्रान्तीय काँग्रेस समिति के अध्यक्ष, सार्वजनिक जीवन में पूरी तरह समर्पित, विदेशी वस्त्रों के विरोध में धरना आन्दोलन आदि घटनाएँ प्रमुख रहीं। तृतीय अध्याय में 1922–1929 तक की समयावधि के घटनाक्रम का वर्णन किया गया है, जिसमें पटेल की झण्डा सत्याग्रह, बोरसद सत्याग्रह, सामाजिक सुधार कार्यक्रमों में सहभागिता, गुजरात में बाढ़ संकट में राहत कार्य, करबन्दी सम्बन्धी सत्याग्रह, महाराष्ट्र, बिहार, कर्नाटक एवं मद्रास की यात्रा इत्यादि का वर्ण न है। इसी अवधि में वल्लभभाई सरदार के रूप में उभर कर आये। चतुर्थ अध्याय में 1929–34 तक की अवधि, मुख्य रूप से आन्दोलनों एवं ब्रिटिश शासन की नीतियों के विरुद्ध तथा जनता के हित एवं देश के लिए कार्य करने के एवज़ में ब्रिटिश सरकार ने अधिकतम समय उन्हें जेलों में बन्द रखा। 1931 में कराची के काँग्रेस सत्र में सभापति की भूमिका, माँ का देहान्त, विट्ठलभाई का देहान्त, गुजरात विद्यापीठ में कुलपति नियुक्त आदि घटनाएँ इस अवधि के दौरान घटीं।

पाँचवें अध्याय में 1934–1939 तक में राष्ट्रव्यापी यात्रा, राहत कार्य, काँग्रेस चयन समिति के अध्यक्ष, अनुशासनहीनता पर कार्यवाही, हरिपुरा ग्राम में काँग्रेस सत्र का आयोजन, पटेल एवं सुभाषचन्द्र बोस के साथ सैद्वान्तिक मतभेद आदि का उल्लेख किया गया है। छठे अध्याय में 1939–1945 में हुए घटनाक्रम का उल्लेख है, जिसमें साबरमती जेल, यरवदा बन्दीगृह में बिताये दिन, ख़राब स्वास्थ्य, क्रिप्स शिखर सम्मेलन, भारत छोड़ो आन्दोलन एवं कारावास, शिमला सम्मेलन, काँग्रेस की केन्द्रीय एवं क्षेत्रीय असेम्बली चुनाव में विजय आदि। सातवें अध्याय में 1945–47 तक की अवधि की घटनाओं में सरदार की अडिगता, सूचना एवं प्रसारण मन्त्री व गृहमन्त्री के रूप में कार्य, 1946 में वाइस रीगल कैबिनेट से जुड़ाव, देशी रियासतों का एकीकरण, जूनागढ़ में सैन्यबल की सहायता, सोमनाथ मन्दिर का पुनर्निर्माण, विट्ठलभाई पटेल महाविद्यालय का शुभारम्भ, 15 अगस्त 1947 को स्वतन्त्र भारत के प्रथम उप–प्रधानमन्त्री के रूप में कार्य, गृह, सूचना एवं प्रसारण मन्त्रालय, रियासतों वाला भाग एवं शरणार्थियों के पुनर्वास का प्रभार आदि। आठवें अध्याय में 1947–48 एवं नवें अध्याय में 1948–1950

(15 दिसम्बर 1950 मृत्यु) तक के कार्यों एवं राष्ट्र निर्माण के निर्वहन में की गयी महती भूमिका का विस्तार से उल्लेख किया है।

- **एकता–अखण्डता की प्रतिमूर्ति : सरदार पटेल**[3], सत्साहित्य प्रकाशन, दिल्ली, 2017

यह पुस्तक डॉ. बलदेव बंशी द्वारा सम्पादित है, जिसमें 255 पृष्ठों में कुल 29 आलेखों का समावेश किया गया है। पुस्तक का प्रारम्भ डॉ. हरिवंशराय 'बच्चन' की कविता 'यही प्रसिद्व लौहपुरुष' से किया गया है। विष्णु प्रभाकर ने प्रसंगों के माध्यम से सरदार पटेल के व्यक्तित्व को प्रदर्शित करने का प्रयास किया है। देवेन्द्र स्वरूप ने अपने आलेख में पटेल को उपेक्षित किये जाने तथा उनके योगदान को इंगित करने का प्रयास किया है। शंकर शरण ने अपने लेख में ऐतिहासिक तथ्यों को सामने रखते हुए महात्मा गाँधी, नेहरू के विचारों की समीक्षा करने का प्रयास किया है। रमेश नैयर ने छत्तीसगढ़ के बस्तर और महाराष्ट्र के विदर्भ क्षेत्र को हथियाने की, हैदराबाद रियासत को साथ मिलाकर एक स्वतन्त्र देश बनाने की निज़ाम की साज़िश का पर्दाफ़ाश किया है। जयदेव हसीजा 'प्रेमी' ने 'बीसवीं सदी का चाणक्य–सरदार वल्लभभाई पटेल' नामक लेख में सरदार पटेल के पत्रों का विश्लेषण कर उनके बौद्धिक चातुर्य को उजागर करते हुए उनके निर्भीकतापूर्वक लिए गये निर्णयों, सम्भावित ख़तरों और पटेल के प्रधानमन्त्री होने पर सम्भावनाओं का विश्लेषण प्रस्तुत किया है।

डॉ. कृष्णदत्त पालीवाल ने अपने लेख में सरदार पटेल के व्यक्तित्व, कृतित्व एवं राष्ट्र निर्माण हेतु किये गये कार्यों की सराहना करते हुए उनकी दृढ़ता, निडरता एवं निःस्वार्थता को दृष्टिपटल पर लाने का प्रयास किया है। डॉ. मनमोहन सहगल ने पटेल की सरदार से लौहपुरुष तक की यात्रा का विस्तृत उल्लेख किया है। डॉ. बद्री प्रसाद पंचोली ने पटेल को राष्ट्रीय एकता के साधक के रूप में स्थापित किया है। डॉ. शिव गजरानी ने पटेल के सामाजिक एवं राजनीतिक क्षेत्र में किये गये कार्यों का वर्णन करते हुए उनकी नेतृत्व क्षमता को दर्शाने का प्रयास किया है। डॉ. नन्दलाल मेहता ने पटेल के व्यक्तित्व के गुण कर्म, कुल, परिवार वंशधरता, महात्मा गाँधी के यथार्थ उत्तराधिकारी, कुशल संगठनकर्ता, बिस्मार्क से कहीं आगे, साहसी, दूरद्रष्टा, निराधार प्रवाद, ऐतिहासिक योगदान आदि को सरलता से प्रस्तुत किया है। डॉ. परमानन्द पांचाल ने पटेल को आधुनिक भारत के निर्माता के रूप में स्थापित करने का प्रयास किया है। मृदुला सिन्हा

ने पटेल को कोमल मन एवं कठोर निर्णय लेने वाला बताया है। इला कुमार ने पटेल को स्वतन्त्रता संग्राम के सरदार के रूप में रेखांकित किया है। डॉ. रामशरण गौड़ ने पटेल को भारत के मूल्यों का आचरण करने वाला बताते हुए उनको भारत की आत्मा कहा है। उनको न्यायप्रियता, मानवतावादी दृष्टिकोण, एकता, समता और शुचिता का पक्षधर बताया है। डॉ. उमा शशि दुर्गा ने अपने लेख में पटेल के दृढ़ संकल्प द्वारा भारत की राजनीति को नयी दिशा के रूप में प्रस्तुत किया है। डॉ. बाबूराम ने पटेल की राष्ट्र निर्माण में निर्वहन की गयी भूमिका पर प्रकाश डाला है। डॉ. सुन्दरलाल कथूरिया ने पटेल को राष्ट्रीय एकता और अखण्डता का प्रबल समर्थक बताने के तर्क प्रस्तुत किये हैं।

- **लौह पुरुष सरदार वल्लभभाई पटेल[4],** कीन बुक्स, दिल्ली, 2014

इस पुस्तक में भगवती प्रसाद निदारिया ने सरदार वल्लभभाई पटेल के जन्म, पारिवारिक पृष्ठभूमि, विद्यार्थी जीवन, वकालत एवं बैरिस्टरी से सार्वजनिक जीवन में प्रवेश के घटनाक्रम को विस्तृत रूप से बताने का प्रयास किया है। इसके पश्चात् सरदार पटेल द्वारा खेड़ा सत्याग्रह, रोलेट एक्ट का विरोध, नागपुर झण्डा सत्याग्रह, बारदोली सत्याग्रह, राष्ट्रीय आन्दोलन में योगदान, देशी रियासतों के विलीनीकरण का वर्णन कालक्रमानुसार करने का सरल प्रयास किया है।

पुस्तक के दूसरे भाग में कविताओं के माध्यम से सरदार पटेल के जीवन को दृष्टिपटल पर लाने का प्रयास किया गया है। पुस्तक के तृतीय भाग में सरदार पटेल के प्रति भिन्न–भिन्न उद्‌गार रखने वाले विद्वानों, विचारकों, राजनीतिज्ञों के कथन, पटेल के उद्‌गार, पटेल के जन्म 1875 से लेकर मृत्यु 15 दिसम्बर 1950 तक को प्रस्तुत किया गया है।

- **अखण्ड भारत के निर्माता : सरदार पटेल[5],** आकाशदीप पब्लिकेशंस, नयी दिल्ली, 2012

प्रस्तुत पुस्तक प्रेमलाल सिंह एवं डॉ. सुधा सिंह द्वारा लिखित है, जिसमें इन्होंने सरदार वल्लभभाई पटेल के प्रारम्भिक जीवन, शिक्षा, वकालत, राजनीतिक जीवन में प्रवेश, खेड़ा सत्याग्रह, बारदोली सत्याग्रह, स्वाधीनता संग्राम में सेनानी के रूप में, काँग्रेस पार्लियामेंटरी बोर्ड में अध्यक्ष के रूप में, भारत छोड़ो आन्दोलन, भारत की अन्तरिम सरकार में गृहमन्त्री के रूप में निर्वहन की गयी भूमिका का उल्लेख किया है। पुस्तक में भारत के विभाजन के कारणों एवं उसके लिए ज़िम्मेदार लोगों का उल्लेख करते हुए पटेल द्व

ारा देश की स्वतन्त्रता के लिए किये गये त्याग, सिद्वान्तों एवं भूमिका की विशद व्याख्या प्रस्तुत की गयी है। साथ ही विभाजन के बाद भारत एवं पाकिस्तान, साम्प्रदायिक नरसंहार, गाँधी जी की हत्या, पटेल की अखण्ड भारत के निर्माण में भूमिका, देशी राज्यों का विलीनीकरण, कश्मीर समस्या जैसे पहलुओं पर विस्तार से चर्चा की गयी है। पटेल ने कहा कि हुकूमत के अत्याचारों के ख़िलाफ़ अवश्य संघर्ष करना चाहिए। पटेल ने अपने व्याख्यानों के माध्यम से नारीशक्ति को भी आगे आने की बात कही है।

- **लौह पुरुष : सरदार वल्लभभाई पटेल[6]**, प्रीति प्रकाशन, दिल्ली, 2011

यह पुस्तक मनीष कुमार द्वारा लिखित है, जिसमें सरदार पटेल को क्षत्रिय जाति कुर्मी की एक उपजाति लेवा पाटीदारों में जन्मा बताया गया है जो कि श्रीरामचन्द्र के पुत्र लव के वंशज हैं, जबकि कदवा जाति उनके दूसरे पुत्र कुश की वंश परम्परा से है। सरदार पटेल के जन्म, प्रारम्भिक शिक्षा, विद्यार्थी जीवन प्रसंग, वकालत, वाक्पटुता व बुद्धिकौशल, बड़े भाई के लिए त्याग, पत्नी का देहान्त, इंग्लैंड यात्रा और बैरिस्टरी की पढ़ाई, सार्वजनिक जीवन की शुरुआत, राजनीतिक परिस्थितियों में बदलाव, राजनीतिक क्षेत्र में पदार्पण, सत्याग्रह की ओर झुकाव, सविनय अवज्ञा आन्दोलन, विदेशी कपड़ों का बहिष्कार, धारा सभाओं में सम्बोधन, वैचारिक मतभेद, सृजनात्मक कार्य, आन्दोलन में भूमिका, पूर्ण स्वाधीनता का प्रस्ताव, जॉन बैपटिस्ट की संज्ञा, काँग्रेस अध्यक्ष, गाँधी–इर्विन समझौता, भारत छोड़ो आन्दोलन, कैबिनेट मिशन, अस्थायी सरकार का गठन, मुस्लिम लीग, भारत का विभाजन, एकीकरण आदि महत्त्वपूर्ण बिन्दुओं के माध्यम से पटेल के राष्ट्र निर्माण का दस्तावेज़ प्रस्तुत किया गया है।

- **लौहपुरुष सरदार वल्लभभाई पटेल[7]**, ओमेगा पब्लिकेशंस, नयी दिल्ली, 2013

प्रस्तुत पुस्तक मोहम्मद फरीश मंसूरी द्वारा लिखित है, जिसमें सरदार पटेल के जीवन को पिरोने का कार्य किया गया है। पटेल के जन्म, बचपन, पारिवारिक स्थिति, शिक्षा, कॉलेज जीवन, संघर्षपूर्ण जीवन, गाँधी जी से भेंट, जेल यात्राएँ, सत्याग्रह एवं आन्दोलन, अछूतोद्धार, काँग्रेस में प्रवेश, सर सैयद और पटेल, सार्वजनिक जीवन, गोलमेज़ सम्मेलन, खेड़ा सत्याग्रह, काला क़ानून, असहयोग आन्दोलन, स्वतन्त्र भारत, रियासतों का संगठन आदि महत्त्वपूर्ण विषयों को इस पुस्तक में समाहित किया गया है।

• **चक्रवर्ती सन्यासी सरदार पटेल**[8], प्रकाशन संस्थान, नयी दिल्ली, 2010 (2014 पुनर्मुद्रण)

यह पुस्तक हिम्मतभाई मेहता ने गुजराती भाषा में लिखी, जिसका हिन्दी अनुवाद डॉ. नवनीत ठक्कर ने किया है। प्रस्तुत पुस्तक सरदार पटेल के जन्म, बचपन, परिवार, शिक्षा, व्यवसाय, बैरिस्टर और वकालत, सार्वजनिक जीवन में प्रवेश, महात्मा गाँधी से मुलाक़ात और उनका प्रभाव, खेड़ा सत्याग्रह को प्रथम प्रशिक्षण की संज्ञा प्रदान करना जैसे विषयों पर केन्द्रित करने के साथ पटेल के राजनीति की ओर बढ़ते क़दम, असहयोग आन्दोलन, कुशल प्रबन्धक, फेरवादी और नाफेरवादियों के बीच संघर्ष, बाढ़ संकट, पूर्ण स्वातन्त्र्य के लिए पूर्णकालिक देश सेवा, काँग्रेस अध्यक्ष, गोलमेज़ सम्मेलन, 1937 के चुनाव, नरीमन और सरदार, राजकोट और देशी रियासतों में संघर्ष, सुभाषचन्द्र बोस की अध्यक्ष के रूप में ताजपोशी, क्रिप्स मिशन, शिमला सम्मेलन, कैबिनेट मिशन, भारत का बँटवारा, गाँधी जी की हत्या, अखण्ड भारत का निर्माण, जूनागढ़, हैदराबाद और कश्मीर राज्यों की समस्या आदि का विस्तार से वर्णन किया गया है। पुस्तक में यह बताने का प्रयास किया गया है कि सरदार पटेल की तुलना बिस्मार्क से करना उनके क़द को कम करके आँकना है। साथ ही यह भी बताने का प्रयास किया गया है कि स्वतन्त्रता के समय पटेल के समक्ष तीन समस्याएँ थीं– देश का क़ौमी वातावरण, राज्यों का एकीकरण तथा अन्तरराष्ट्रीय स्तर पर पड़ोसी राष्ट्रों की ओर से उभरते चित्र के परिप्रेक्ष्य में देश की सुरक्षा।

• **सरदार वल्लभभाई पटेल**[9], सामयिक प्रकाशन, नयी दिल्ली, 2016

यह पुस्तक शरद सिंह द्वारा लिखी गयी है, जिसमें सरदार वल्लभभाई पटेल के आरम्भिक जीवन, बाल्यावस्था, छात्र जीवन में नेतृत्व, शिक्षक की तानाशाही का विरोध, उच्च शिक्षा के मार्ग में बाधाएँ, सफल वकील, पारिवारिक जीवन, पत्नी का निधन, बैरिस्टर की पढ़ाई के लिए इंग्लैंड गमन, भारत वापसी, अहमदाबाद म्युनिसिपैलिटी एक्ट, चुनौतियाँ, काँग्रेस की विजय, महात्मा गाँधी से सम्पर्क, गोधरा अधिवेशन, बेगार प्रथा का विरोध, खेड़ा आन्दोलन, रोलेट एक्ट का विरोध, गाँधी की नीतियों में भूमिका, जेल यात्राओं का आरम्भ, युद्व विरोधी सत्याग्रह, भारत छोड़ो प्रस्ताव, क्रिप्स मिशन का आगमन, 'करो या मरो' का सन्देश, कैबिनेट मिशन का भारत आगमन, सत्ता का हस्तान्तरण, आरोपों से घिरे पटेल, भविष्यगत चुनौतियाँ, भारतीय रियासतों का विलय, कश्मीर रियासत के मामले में नेहरू का हस्तक्षेप,

भारतीय संघ के विश्वकर्मा, संवैधानिक नीतिगत योगदान, अल्पसंख्यक उप–समिति के अध्यक्ष, प्रान्तीय संविधान उप–समिति के अध्यक्ष, संविधान में सेवा गारंटी का समावेश, अन्तरिम सरकार में उप–प्रधानमन्त्री, गृहमन्त्री, विदेश नीति, जीवन का अवसान, पटेल और गाँधी के सम्बन्ध, पटेल और नेहरू के सम्बन्ध आदि विषयों का विस्तार से वर्णन किया गया है।

- **सरदार वल्लभभाई पटेल**[10], अरिहंत प्रकाशन, जोधपुर, 2015

यह पुस्तक डॉ. मोहन लाल गुप्ता द्वारा लिखित है, जिसमें सरदार पटेल के जन्म को भगवान श्रीराम के वंशज के रूप में प्रस्तुत किया गया है और साथ ही बचपन के प्रसंगों का भी इसमें समावेश किया गया है। वल्लभभाई पटेल को विनोदप्रिय बताया गया है और उनकी निडरता, गम्भीरता, दृढ़ता, साहस के अनेक उदाहरण प्रस्तुत किये गये हैं। पटेल इंग्लैंड जाने में इसलिए भी रुची रखते थे कि वहाँ जाकर यह देखना चाहते थे कि उस देश में ऐसी क्या विशेषताएँ हैं, जो वे भारत जैसे देश पर शासन करने की क्षमता रखते हैं। वकील के रूप में पटेल, भाई के लिए त्याग, पत्नी की मृत्यु, इंग्लैंड यात्रा और रोमन क़ानून का अध्ययन, प्लेग रोगियों की सेवा, चम्पारन आन्दोलन, सत्याग्रह, अंग्रेज़ी सेना में भारतीय युवकों का प्रवेश, असहयोग आन्दोलन, झण्डा जुलूस, अहमदाबाद में शिक्षा के मन्दिर खोलना, किसानों के साथी, दाण्डी यात्रा, गाँधी–इर्विन पैक्ट से पूरे देश में उत्तेजना, कराची सम्मेलन की अध्यक्षता, मार्गदर्शी सिद्धान्त, नरीमन, भारत छोड़ो आन्दोलन, शिमला सम्मेलन, शरणार्थियों का पुनर्वास, रियासतों का एकीकरण, डॉ. अम्बेडकर की नियुक्ति में पटेल की भूमिका आदि विषयों को अपने लेखन में सम्मिलित किया है।

- **लौहपुरुषावदानम् ऐतिहासिक महाकाव्यम्**[11], शिवप्रसाद भारद्वाज, हरिपुर छावनी, 1990

इस महाकाव्य के लेखक डॉ. शिवप्रसाद भारद्वाज हैं। इसमें 32 अध्यायों में कुल 452 पृष्ठ हैं। यह पुस्तक मूलतः संस्कृत में है, जिसका हिन्दी अनुवाद भी दिया गया है। लेखक ने इसमें वल्लभभाई पटेल के जन्म, परिवार, बचपन, शिक्षा, विवाह, वकालत, शासन व्यवस्था से संघर्ष, बड़े भाई के लिए त्याग, पत्नी निधन, विदेश यात्रा, इंग्लैंड यात्रा के दौरान की गयी समुद्र यात्रा, लन्दन निवास, भारत वापसी, अहमदाबाद में वकालत, नगरपालिका सदस्य, स्वच्छता समिति अध्यक्ष, चम्पारण सत्याग्रह, असहयोग आन्दोलन, विदेशी वस्त्रों क त्याग, नागपुर झण्डा सत्याग्रह, बोरसद सत्याग्रह, नगरपालिका

अध्यक्ष, बारदोली सत्याग्रह, जेल यात्राएँ, नरीमन काण्ड, भारत विभाजन, स्वतन्त्रता प्राप्ति, संविधान निर्माण, राज्यों का एकीकरण आदि विषयों की विशद व्याख्या प्रस्तुत की है।

• **सरदार वल्लभभाई पटेल**[12], इंडस सोर्स बुक्स, मुम्बई, 2014

यह पुस्तक बलराज कृष्ण द्वारा लिखी गयी है और पुस्तक सामग्री से आभास होता है कि लेखक ने यह पुस्तक पटेल के क़रीबी या उनके कार्यों से अवगत लोगों के अनुभवों का समावेश कर लिख़ी है और इसकी प्रासंगिकता को बढ़ा दिया है। प्रस्तुत पुस्तक मुख्य रूप से तीन भागों में विभाजित है–सर्वप्रथम पुस्तक के प्रारम्भ में राजगोपालाचारी के एक प्रश्न से शुरुआत की नयी है, जिसमें प्रश्न है–'क्या थे वल्लभभाई?' और फिर ख़ुद ही उत्तर दिया–'प्रेरणा, साहस, विश्वास और शक्ति की एक आत्ममूरत थे वल्लभभाई।' इसके साथ ही पटेल के जीवन की प्रारम्भिक शिक्षा, पारिवार, वकालत जैसे बिन्दुओं को छूते हुए प्रकाश डाला गया है। पुस्तक के प्रथम भाग में सरदार पटेल की प्रत्यक्ष भूमिका को रेखांकित करने का प्रयास है, जिसमें उनको स्वतन्त्रता सेनानी, गाँधी जी के सत्याग्रहों की रीढ़ की हड्डी, पार्टी नेता के रूप में काँग्रेसी एकता के लिए चुनौतियों का सामना, भारतीय प्रशासनिक सेवा का निर्माण, विभाजन में भारत को टूटने से बचाव, अखण्ड भारत के निर्माता की भूमिका में राज्यों का समेकन और उनका एकीकरण तथा राजसी वर्ग का विध्वंसक आदि पहलुओं पर गहन चिन्तन किया गया है।

पुस्तक के द्वितीय भाग में कश्मीर, तिब्बत और नेपाल के परिदृश्य को बताने का प्रयास किया गया है। तृतीय भाग में चर्चिल की योजना और भारत का विभाजन, कश्मीर में जनमत, माउंटबेटन का जिन्ना को प्रस्ताव, साम्प्रदायिक प्रतिनिधित्व, तिब्बत नीति, कुछ अप्रकाशित पत्रों का प्रकाशन, चर्चिल को ललकार आदि मुद्दों को विस्तारपूर्वक समेटने का कार्य किया गया है।

• **सरदार वल्लभभाई पटेल : एन आयरन मैन ऑफ़ इंडिया, (वॉल्यूम–1)**[13], अनमोल पब्लिकेशंस प्रा. लि., नयी दिल्ली, 2014

मनोज कुमार सिंह ने अपनी इस पुस्तक में सरदार पटेल के प्रारम्भिक जीवन, विद्यार्थी जीवन, युवा वकील के रूप में अनुभव, स्वतन्त्रता के लिए संघर्ष, गुजरात सत्याग्रह, बारदोली के किसानों के साथ पटेल, काँग्रेस नेतृत्व, भारत छोड़ो आन्दोलन, स्वतन्त्रता, एकीकरण और गाँधी की भूमिका,

कैबिनेट मिशन एवं विभाजन, 1940 के दशक में गाँधी के साथ पटेल, पटेल की लौहपुरुष के रूप में छवि, पटेल की दृढ़ता, अतिदृढ़ता की उत्पत्ति, स्वतन्त्रता के पश्चात् भारत, भारत और पाकिस्तान (1947–50) की स्थिति, संविधान सभा, पटेल और पी.डी. टण्डन, पटेल के बारे में गाँधी जी की दृष्टि, भारतीय राज्य और सरदार पटेल, सौराष्ट्र, जूनागढ़, पंजाब एवं उत्तर पूर्वी भारत, सिक्किम, राजनीति, एकीकरण और भारतीय अनुभव, राष्ट्रीय एकीकरण में भारतीय प्रशासनिक सेवाओं की भूमिका, भारत विभाजन के ज़िम्मेदार, कम्युनिस्ट पार्टी के प्रेरक आदि विषयों को गहनता से प्रस्तुत किया गया है। पुस्तक में यह भी बताया गया है कि सरदार पटेल ने महात्मा गाँधी के दर्शन से प्रभावित होकर किस प्रकार भारतीय स्वतन्त्रता आन्दोलनों में हिस्सा लिया।

- **सरदार वल्लभभाई पटेल : एन आयरन मैन ऑफ़ इंडिया (वॉल्यूम–2)[14],** अनमोल पब्लिकेशंस प्रा.लि., नयी दिल्ली, 2014

यह पुस्तक मनोज कुमार सिंह द्वारा लिखित है। इस पुस्तक में सरदार पटेल की किसान आन्दोलनों में भूमिका, भारत में किसान आन्दोलन, गुजरात में किसान आन्दोलन, बारदोली सत्याग्रह, राजस्थान में किसान आन्दोलन, शेख़ावटी किसान आन्दोलन, मारवाड़ किसान आन्दोलन, घड़साना किसान आन्दोलन, चम्पारन, खेड़ा, ख़िलाफ़त और अमृतसर, गाँधी और पटेल को खेड़ा के लोगों का पत्र, दाण्डी मार्च, देशी राज्यों का एकीकरण, बारदोली और खेड़ा सत्याग्रह में पटेल की भूमिका, असहयोग एवं भारत छोड़ो आन्दोलन में पटेल की भूमिका, भारत का विभाजन, इक़बाल, जिन्ना और पाकिस्तान, दृष्टि और यथार्थ आदि महत्त्वपूर्ण विषयों पर विस्तार से विचार–विमर्श किया गया है।

- **सरदार वल्लभभाई पटेल[15],** नवजीवन पब्लिशिंग हाउस, अहमदाबाद, 1953 (वॉल्यूम–1–2)

यह पुस्तक मूलतः गुजराती में लिखी गयी, तदुपरान्त अंग्रेज़ी में इसे अनूदित किया गया। इसके लेखक नरहरिदास पारिख ने सरदार वल्लभभाई पटेल के व्यक्तित्व एवं कृतित्व को दो खण्डों में प्रस्तुत किया है। इसके प्रथम खण्ड में पटेल के प्रारम्भिक जीवन, माता–पिता, प्रारम्भिक शिक्षा, वकालत, इंग्लैंड में अध्ययन, नगरपालिका प्रशासन, नगरपालिका में संरचनात्मक कार्य, गुजरात सभा, खेड़ा सत्याग्रह, अहमदाबाद में श्रमिक हड़ताल, भर्ती, रोलेट

एक्ट के विरोध में विद्रोह, असहयोग, नगरपालिका के माध्यम से असहयोग, अहमदाबाद काँग्रेस, चौरी–चौरा काण्ड, गाँधी जी की गिरफ़्तारी, झण्डा सत्याग्रह, काकीनाड़ा, गाँधी की रिहाई और स्वराज पार्टी, नगरपालिका अध्यक्ष के रूप में पटेल, गुजरात में बाढ़ संकट और सरदार पटेल द्वारा राहत कार्य, बारदोली सत्याग्रह, 1925–1928 के बीच राजनीतिक दशा, 1929 का वर्ष तैयारी का वर्ष, पूर्ण स्वाधीनता प्रस्ताव, आदि बिन्दुओं को गहनता एवं विस्तृतता के साथ प्रस्तुत किया है।

पुस्तक के द्वितीय खण्ड में लेखक नरहरिदास पारिख ने प्रथम अध्याय में बताया है कि लाहौर अधिवेशन में काँग्रेस ने पूर्ण स्वाधीनता का प्रस्ताव पारित कर दिया था और कार्यकारी समिति ने निर्देश दे दिये थे कि सम्पूर्ण देश में 26 जनवरी 1930 को स्वतन्त्रता दिवस के रूप में मनाया जाये। इसके पश्चात् सरदार पटेल को रास गाँव में गिरफ़्तार कर लिया गया। साबरमती जेल में पटेल, नमक सत्याग्रह, पटेल के पत्राचार, गाँधी–इर्विन समझौता, कराची में काँग्रेस सत्र की अध्यक्षता, गाँधी जी ने सरदार के लिए संस्कृत श्लोक जो गुजराती कवि नरसिंहराव की पंक्ति थी, गुनगुनाया–

यत्र योगेश्वरो गाँधी वल्लभश्च धनुर्धरः !
तत्र श्रीर्विजयो भूतिः ध्रुवा नीतिर्मतिमम!!

अर्थात् जहाँ गाँधी नेतृत्वकर्ता हों और वल्लभभाई ज़िम्मेदारी उठाने को तत्पर खड़े हों, वहाँ मेरा दृढ़ विश्वास है कि विजय निश्चित है। अनुबन्ध की क्रियान्विति, बारदोली जाँच, गाँधी और पटेल की गिरफ़्तारी, यरवदा जेल में गाँधी के साथ बिताये दिन, यरवदा और नासिक जेल, विद्यापीठ पुस्तकालय घटनाक्रम, बोरसद तालुका में प्लेग से लड़ाई, 1934 में बम्बई में काँग्रेस अधिवेशन और उसके बाद जेल से रिहाई, लखनऊ अधिवेशन और चुनावों में काँग्रेस, फ़ैज़पुर कांग्रेस, नरीमन काण्ड, हरीपुरा काँग्रेस, संसदीय समिति के अध्यक्ष के रूप में, भारतीय राज्यों में स्वतन्त्रता संघर्ष, त्रिपुरा काँग्रेस, काँग्रेस मन्त्रालयों से त्यागपत्र के बाद गाँधी के बिना काँग्रेस, क्रिप्स प्रस्ताव, भारत छोड़ो आन्दोलन आदि का विस्तार से उल्लेख किया गया है।

- **सरदार वल्लभभाई पटेल : फ्रॉम सिविक टु नेशनल लीडरशिप[16],** नवजीवन पब्लिशिंग हाउस, अहमदाबाद, 1980

देवव्रत नानूभाई पाठक एवं प्रवीन नटवरलाल सेठ द्वारा लिखित इस पुस्तक में सहयोगी हैं दिनेश शुक्ला एवं सिद्धार्थ भट्ट। इस पुस्तक को सरदार पटेल के अहमदाबाद नगरपालिका अध्यक्ष काल में भारी वर्षा में बाढ़ की

स्थिति के दौरान पटेल की भूमिका से प्रारम्भ किया गया है। इसमें सरदार पटेल का जनता के प्रति लगाव, जुड़ाव साफ़ नज़र आता है और उन्होंने हरसम्भव सहायता करने के प्रयास किये। इसमें उभरते सन्दर्भ में गुजरात के पर्यावरण, अहमदाबाद के नागरिक सन्दर्भ में तथा जोड़ने वाले गुट के अभाव की व्याख्या की गयी है। पुस्तक के द्वितीय भाग में विकासीय आयामों में क्रमिक बाधाएँ, नगरपालिका में प्रवेश, 1917–20 के दौरान नेतृत्व निर्माण क्षमता का विस्तार से उल्लेख किया गया है।

पुस्तक के तृतीय भाग में शिक्षा में स्वायत्तता, राष्ट्र निर्माण में एक मुद्दा, असहयोग की गत्यात्मकता, टकराव एवं समापन का विस्तार से वर्णन किया गया है। पुस्तक के चतुर्थ भाग में नगरपालिका निलम्बन और भविष्य के लिए 1922–24 के मध्य क्षेत्रीय कार्ययोजना, शहरी विकास की व्यूहरचना पर बल दिया गया है। पुस्तक के अन्तिम भाग में नेतृत्व गतिशीलता और प्रदर्शन को समझाने का प्रयास किया गया है। पुस्तक सरदार पटेल की एक नागरिक से राष्ट्रीय नेता तक की यात्रा को समझाने में मदद करती है।

- **दिस वाज सरदार : कोमेमोरेटिव वॉल्यूम (वॉल्यूम I–V)[17],** सरदार वल्लभभाई पटेल स्मारक भवन, अहमदाबाद, 1974

यह पुस्तक पाँच खण्डों में अलग–अलग है, जिसकी समन्वयक सम्पादक मणिबेन वल्लभभाई पटेल हैं और सम्पादक जी.एम. नांदुरकर हैं। प्रथम खण्ड कुल 464 पृष्ठों में चार भागों में 75 अध्यायों में सरदार पटेल के व्यक्तित्व एवं कृतित्व की गाथा को दर्शाता है। द्वितीय खण्ड 'सरदार पटेल इन ट्यून विथ द मिलियंस–I' कुल 365 पृष्ठों में सात भागों में विभक्त है, जिसमें राष्ट्र निर्माता के रूप में, इतिहास में अद्वितीय एकीकरण, शरणार्थियों की समस्या, समझौतावादी परन्तु अपीलकर्ता नहीं, शान्ति और व्यवस्था के गुरु, नायक, राष्ट्रवादी–साम्प्रदायिकता के विरोधी, अद्वितीय नियन्त्रक और अनुशासक, मानवता के लिए उनका योगदान, मज़दूरी एक अन्तिम लड़ाई, एक वास्तविक अर्थशास्त्री, शिक्षा के लिए निर्माण, नवीन राजनीतिक क्षितिज, भारत और विश्व आदि को विस्तार से बताया गया है। तृतीय खण्ड 'सरदार पटेल इन ट्यून विथ द मिलियंस–II' कुल 416 पृष्ठों में सात भागों में विभक्त है, जिसमें सर्वोच्च वास्तुकार, अभिभावक एवं प्रहरी, अद्वितीय समेकनकर्ता और राज्य संरचना के प्रवर्धक के रूप में सरदार पटेल की भूमिका को चिह्नित किया गया है।

इसके अतिरिक्त यह पुस्तक सेवाएँ, नागरिक स्वतन्त्रता, संरक्षण, श्रम,

उद्योग और सरकार, शिक्षा और विज्ञान, महात्मा गाँधी की मृत्यु के बाद, भारतीय राष्ट्रीय काँग्रेस–भविष्यगत भूमिका, रक्षा और विदेश सम्बन्धों पर भी केन्द्रित है। चतुर्थ खण्ड 'सरदार्स लैटर्स मोस्टली अननोन' कुल 332 पृष्ठों में पाँच भागों में विभक्त है, जिसमें पत्रों के माध्यम से सरदार पटेल के विचारों का विस्तार से वर्णन किया गया है। पाँचवें खण्ड में कुल 351 पृष्ठों में पाँच भागों में पत्राचार के माध्यम से पूरी स्थिति को दर्शाने का प्रयास किया गया है।

- **सरदार वल्लभभाई पटेल के सामाजिक व राजनीतिक विचार[18],** मित्तल पब्लिकेशंस, नयी दिल्ली, 1991

डॉ. रवीन्द्र कुमार ने इस पुस्तक को दस अध्यायों में विभाजित कर सरदार वल्लभभाई पटेल के समग्र को समेटने का प्रयास किया है। यह पुस्तक एक शोध–कार्य पर आधारित प्राथमिक एवं द्वितीयक आँकड़ों, तथ्यें एवं सूचनाओं पर आधारित मौलिक कार्य है। इस अध्ययन में सरदार वल्लभभाई पटेल के प्रारम्भिक जीवन, व्यक्तित्व, पटेल की समकालीन भारत की राजनीतिक परिस्थितियाँ, पटेल का सार्वजनिक जीवन में प्रवेश, एक आन्दोलनकारी के रूप में, एकदलीय नेता, नेतृत्व क्षमता, प्रशासनिक कुशलता, आधुनिक भारत के निर्माण में भूमिका, भारत के देशी राज्यों की समस्याएँ एवं भारत का एकीकरण, एक कुशल राजनीतिज्ञ के रूप में कार्यशैली का विस्तार से उल्लेख किया गया है।

- **सरदार वल्लभभाई पटेल : जीवन और विचार[19],** पंचशील प्रकाशन, जयपुर, 2010

प्रो. एस.एम. चाँद एवं डॉ. इक़बाल फ़ातिमा ने इस पुस्तक में सरदार वल्लभभाई पटेल की बाल्यकालीन एवं पारिवारिक पृष्ठभूमि से लेकर विद्यार्जन, छात्रनेता, वकालत के क्षेत्र, सार्वजनिक जीवन संघर्ष, गाँधी से सम्पर्क, आन्दोलन, काँग्रेस के साथ सम्बन्ध, नागपुर झण्डा–सत्याग्रह, बोरसद सत्याग्रह, राष्ट्रीय आन्दोलनों में पटेल की भूमिका, ब्रिटिश सत्ता हस्तान्तरण, देश विभाजन, साम्प्रदायिक उन्माद, रियासतों का एकीकरण, सामाजिक–राजनीतिक एवं प्रशासनिक विचार, समकालीन नेताओं के सम्बन्ध के साथ उनकी महानता का परिदृश्य प्रस्तुत किया है। राष्ट्रीय आन्दोलन के लम्बे इतिहास में तीन महान पुरुष महात्मा गाँधी, जवाहरलाल नेहरू एवं सरदार वल्लभभाई पटेल के देश की स्वतन्त्रता एवं उसके पुनर्निर्माण में किये गये योगदान का वर्णन किया गया है। देश विभाजन, साम्प्रदायिक

समस्या, भारत–पाक सम्बन्ध, आर्थिक नीति, समाजवाद आदि पर पटेल के विचारों एवं कार्यों की विशद प्रस्तुति की गयी है।

- **आधुनिक भारत के निर्माता : सरदार वल्लभभाई पटेल**[20], प्रकाशन विभाग, सूचना और प्रसारण मन्त्रालय, भारत सरकार, पटियाला हाउस, नयी दिल्ली, 2005

यह पुस्तक आई. जी. पटेल द्वारा लिखित एवं मणिकान्त वाजपेयी द्वारा अनूदित है। इसमें सरदार वल्लभभाई पटेल के प्रारम्भिक जीवन से लेकर अन्तिम समय तक की घटनाओं को सरलता के साथ प्रस्तुत करने का प्रयास किया गया है। इसमें लेखक ने सरदार वल्लभभाई पटेल को देश को अनूठे ढंग से संगठित करने का श्रेय देते हुए कहा है कि वे सुदृढ़ इच्छा शक्ति एवं सम्पूर्ण निर्भीकता के प्रतीक थे। उन्होंने देश के विभिन्न हिस्सों में बिखरी रियासतों एवं रजवाड़ों का बड़ी चतुरता एवं विवेकपूर्ण तरीक़े से एकीकरण कर राष्ट्रीय एकता, सद्भाव की मिसाल क़ायम की। इस पुस्तक में लेखक ने पटेल का तीव्र बुद्धि, किसानों के सरदार, गाँधी जी से प्रशिक्षण, सिंह शावक, असहयोग के अग्रदूत, भारत के सरदार, विशिष्ट राजनेता, सख़्त अभिभावक के रूप में वर्णन करते हुए उनके विचार–'धर्म ही पूजा है', रचनात्मक कार्य, मातृत्व स्नेह, आत्म बलिदान, ईश्वर में आस्था आदि का विस्तार से वर्णन किया है।

- **सरदार वल्लभभाई पटेल : व्यक्ति एवं विचार**[21], आत्माराम एंड संस, दिल्ली, 2012

डॉ. एन. सी. मेहरोत्रा एवं डॉ. रंजना कपूर ने इस पुस्तक में सरदार वल्लभभाई पटेल का जीवन परिचय देते हुए उनके सार्वजनिक जीवन में प्रवेश, अहमदाबाद म्युनिसिपैलिटी में योगदान, गुजरात सभा के सचिव, खेड़ा सत्याग्रह, काँग्रेस में मतभेद एवं पटेल की भूमिका, नागपुर सत्याग्रह, बोरसद सत्याग्रह एवं बारदोली सत्याग्रह का उल्लेख किया है। सरदार वल्लभभाई पटेल की राष्ट्रीय आन्दोलन में भूमिका, भारत के विभाजन से पूर्व भारतीय राजनीति में किये गये योगदान का वर्णन करते हुए उन्हें एक नये भारत के शिल्पी के रूप में प्रस्तुत किया है, जिसमें देशी रियासतों का विलय, संविधान सभा में किये गये योगदान तथा केन्द्रीय सरकार की समस्याओं को रेखांकित करते हुए सरदार वल्लभभाई पटेल को एक कुशल प्रशासक, लौहपुरुष, संगठनकर्ता, आर्थिक चिन्तक, सामाजिक चिन्तक के साथ ही एक राजनेता के रूप में प्रस्तुत करने का प्रयास किया है।

• **लौहपुरुष सरदार वल्लभभाई पटेल**[22], विद्या विहार, नयी दिल्ली, 2013

यह पुस्तक सुशील कपूर द्वारा लिखित है। इस पुस्तक में लेखक ने सरदार वल्लभभाई पटेल के पारिवारिक जीवन, बाल्यकाल, आरम्भिक शिक्षा, वकालत की शुरुआत, लन्दन प्रवास, स्वदेश वापसी, खेड़ा सत्याग्रह, ब्रिटिश हुकूमत, बारदोली के सरदार, राष्ट्र जागरण, पूर्ण स्वराज, जनसेवा, द्वितीय विश्वयुद्ध और भारत, हैदराबाद और कश्मीर रियासतों के विलीनीकरण को विस्तार से रेखांकित किया है।

• **भारत का विभाजन**[23], प्रभात प्रकाशन, नयी दिल्ली, 2010

डॉ. प्रभा चोपड़ा द्वारा सम्पादित इस पुस्तक में सरदार वल्लभभाई पटेल द्वारा लिखित एवं सरदार वल्लभभाई पटेल को लिखे गये पत्रों के आधार पर भारत विभाजन को समझाने का प्रयास किया गया है। इस पुस्तक में 17 जनवरी 1930 से लेकर 19 दिसम्बर 1947 तक के कुल 116 प्रलेखों में पत्राचार के आधार पर भारतीय नेताओं की मनःस्थिति, तत्कालीन समाज की स्थिति तथा भारत के विभाजन से सम्बन्धित तथ्य, तर्क, परिस्थितियों का विश्लेषण साक्ष्यों के आंधार पर करने का सफल प्रयास किया गया है। पुस्तक के अन्त में संलग्नक के रूप में सरदार पटेल के राष्ट्रीय एकता पर बल सम्बन्धी बलवंत राय को लिखे गये पत्र, भारत विभाजन पर पटेल द्वारा बनर्जी के विचारों को समर्थन, पटेल और नेहरू के विभाजन पर पत्राचार को प्रकाशन की अनुमति, संदूर के शासक को देश की एकता के प्रति दृष्टिकोण पर सराहना पत्र आदि की स्पष्ट विवेचना प्रस्तुत की गयी है।

• **सरदार पटेल : गाँधी, नेहरू एवं सुभाष**[24], प्रभात प्रकाशन, नयी दिल्ली, 2010

यह पुस्तक पी.एन. चोपड़ा एवं प्रभा चोपड़ा द्वारा सम्पादित है। इस पुस्तक में सरदार पटेल के प्रति एक ऐसी निराधार धारणा को विश्लेषित किया गया है, जो उनके महात्मा गाँधी, जवाहरलाल नेहरू एवं सुभाष चन्द्र बोस के ख़िलाफ़ होने का दुष्प्रचार करती रही। पुस्तक में बताने का प्रयास है कि सरदार पटेल के सामरिक नीति से सम्बन्धित कुछ मामलों में मतभेद अवश्य थे, परन्तु मनभेद नहीं थे। सरदार पटेल ने पाकिस्तान को 55 करोड़ रुपये दिये जाने के गाँधी जी के प्रस्ताव का विरोध नहीं किया और इसी प्रकार प्रधानमन्त्री के रूप में नेहरू जी का भी पूरा सम्मान किया। सरदार पटेल 1939 में दूसरी बार सुभाष चन्द्र बोस को काँग्रेस का अध्यक्ष चुने जाने के ख़िलाफ़ थे, परन्तु उनके मध्य आपसी प्रेम और

सम्मान की भावना थी। प्रस्तुत पुस्तक में 128 प्रलेखों के माध्यम से इनके सम्बन्धों एवं विचारों की झलक मुखरित हुई है।

- **सरदार पटेल : मुसलमान और शरणार्थी**[25], प्रभात प्रकाशन, नयी दिल्ली, 2010

यह पुस्तक पी.एन. चोपड़ा एवं प्रभा चोपड़ा द्वारा सम्पादित की गयी है और इसमें प्रस्तावना पी.एन. चोपड़ा द्वारा तथा भूमिका पी.एन. चोपड़ा एवं प्रभा चोपड़ा द्वारा संयुक्त रूप से व्यापक स्वरूप में वर्णित की गयी है। इस पुस्तक में सरदार पटेल के मुसलमान विरोधी न होने की अवधारणा को दृष्टिपटल पर लाने का प्रयास किया गया है और बताया गया है कि सरदार पटेल ने हिन्दुओं और मुसलमानों को एक साथ लाने के हरसम्भव प्रयास किये थे। इसमें मुसलमानों और शरणार्थियों के प्रति पटेल के स्पष्ट, व्यावहारिक एवं सहानुभूतिपूर्ण दृष्टिकोण को इंगित करने का प्रयास किया गया है। पुस्तक में कुल 87 प्रलेखों के माध्यम से दो भागों पहला, मुसलमान और दूसरा, शरणार्थी–में विस्तृत विवेचना प्रस्तुत की गयी है।

- **सरदार पटेल–आर्थिक एवं विदेश नीति**[26], प्रभात प्रकाशन, नयी दिल्ली, 2010

पी.एन. चोपड़ा एवं प्रभा चोपड़ा द्वारा सम्पादित यह पुस्तक 86 प्रलेखों का संकलन है, जिसे दो भागों में वर्णित करने का कार्य किया गया है। इसके प्रथम भाग में आर्थिक नीति और दूसरे भाग में विदेश नीति को प्रस्तुत किया गया है। इसमें पटेल की आर्थिक एवं विदेश नीति की विचारधारा को दर्शाने का प्रयास किया गया है। सरदार पटेल को चीन की ओर से किये गये मित्रता प्रदर्शन और 'हिन्दी–चीनी भाई–भाई' में विश्वास नहीं था। उन्होंने चीन की तिब्बत नीति पर एक नोट तैयार किया था, जिसमें इसके परिणामों के प्रति देश को चेताया था। इसमें सरदार पटेल का आर्थिक एवं विदेश नीति के प्रति गहन चिन्तन एवं ज्ञान स्पष्ट रूप से ज़ाहिर होता है और साथ ही उनकी दूरदृष्टि को भी स्वीकार किया जा सकता है, क्योंकि चीन के साथ भारत के रिश्ते सदैव ऊहापोह भरे रहे हैं और चीन ने हमेशा धोखा दिया है।

- **सरदार पटेल : कश्मीर एवं हैदराबाद**[27], प्रभात प्रकाशन, नयी दिल्ली, 2010

यह पुस्तक पी.एन. चोपड़ा एवं प्रभा चोपड़ा द्वारा सम्पादित की गयी है तथा इसमें 71 प्रलेखों के संकलन को सम्मिलित करते हुए दो भागों में वर्णित

करने का प्रयास किया गया है। प्रथम भाग में कश्मीर और द्वितीय भाग में हैदराबाद का वर्णन किया गया है। इसके प्रथम भाग में बताया गया है कि सरदार पटेल को देश के गृहमन्त्री के रूप में कश्मीर के संवेदनशील मामलों को सुलझाने में अनेक समस्याओं का सामना करना पड़ा। पटेल की यह सोच थी कि कश्मीर मामले को संयुक्त राष्ट्र में नहीं ले जाया जाना चाहिए था। पुस्तक के दूसरे भाग में हैदराबाद रियासत के सम्बन्ध में बताया गया है, इस रियासत के समझौते के लिए पटेल तैयार नहीं थे। पटेल की सूझबूझ एवं कुशल नेतृत्व ने सन् 1948 में हैदराबाद का भारत में विलय करवाया।

- **सरदार वल्लभभाई पटेल[28],** नेशनल बुक ट्रस्ट इंडिया, नयी दिल्ली, 2012

विष्णु प्रभाकर द्वारा लिखित पुस्तक एक लघु पुस्तक है, जिसमें मात्र 65 पृष्ठ हैं। इस पुस्तक में 12 अध्याय एवं अन्त में अनुक्रमणिका दी गयी है। इस पुस्तक में सरदार वल्लभभाई पटेल के जीवन में घटित घटनाओं को संक्षिप्त रूप में प्रस्तुत करने का प्रयास किया गया है। पटेल के बाल्यकाल, विद्यार्थी जीवन में घटी घटनाओं एवं प्रसंगों के माध्यम से उनकी कुशाग्रता, स्पष्टवादिता एवं दृढ़ निश्चितता को केन्द्रित करते हुए विरासत, वकील साहब, रामकृष्ण के विवेकानन्द, बारदोली के सरदार, परिजनों के बीच, स्वाधीनता संग्राम के सेनानी, प्रसव वेदना, कड़वा घूँट, मुक्ति दिवस मुस्काया, विशाल भारत के निर्माता, हरि सम्हालना जी आदि प्रसंगों के माध्यम से उनके जीवन का सम्पूर्ण ख़ाका प्रस्तुत करने का प्रयास किया गया है।

- **हिन्द के सरदार[29],** नवजीवन प्रकाशन मन्दिर, अहमदाबाद, 2013

यह पुस्तक मूल रूप से गुजराती भाषा में रावजी भाई म. पटेल द्वारा लिखी गयी पुस्तक का सोमेश्वर पुरोहित द्वारा अनुवादित संस्करण है। इस पुस्तक की प्रस्तावना मोरारजी देसाई द्वारा लिखी गयी थी। 'हिन्द के सरदार' पुस्तक में रावजी भाई पटेल ने सरदार वल्लभभाई पटेल की पूरी जीवनयात्रा को 45 प्रसंगों एवं घटनाओं के माध्यम से 346 पृष्ठों में दर्शाने का प्रयत्न किया है। इसमें बाल्यकाल, विद्यार्थी, वकालत, बैरिस्टर, सेवा की दीक्षा, असहयोग के मार्ग पर, अहमदाबाद म्युनिसिपैलिटी में, नागपुर झण्डा सत्याग्रह, मुण्ड–करका आन्दोलन, गुजरात का बाढ़ संकट, बारदोली सत्याग्रह, पारिवारिक जीवन, लोकनेता सरदार वल्लभभाई, 1930 का सत्याग्रह, जेल से मुक्ति, विलीनीकरण का शुभारम्भ, संयुक्त सौराष्ट्र

राज्य की रचना, कोल्हापुर और बड़ौदा राज्य, कश्मीर की कहानी, मैसूर, त्रावणकोर और कोचीन, हैदराबाद, अखण्ड भारत का स्वप्न, ऐतिहासिक जीवन कार्य इत्यादि घटनाओं एवं प्रसंगों को प्रभावी रूप से प्रस्तुत करने का प्रयास किया है।

- **गाँधी–पटेल पत्र और भाषण[30]**, नेशनल बुक ट्रस्ट, इंडिया, 2012

यह पुस्तक नीरजा सिंह द्वारा संकलित पत्राचार के आधार पर तैयार सामग्री का गुजराती से अनुवाद है, जिसे डॉ. विचारदास 'सुमन' ने हिन्दी में अनुवादित किया है। इसमें संकलित प्रलेखों में विभिन्न राजनीतिक, सामरिक और सामाजिक मामलों में पटेल और गाँधी के मध्य विभिन्न मुद्दों पर मतभेद एवं समान विचारों को उल्लिखित किया है। इन पत्रों में पटेल और गाँधी दोनों के अलग–अलग दृष्टिकोणों को व्यक्त किया गया है। इस संकलन में शामिल किये गये प्रलेखों में 1929 से 1947 तक की अवधि से सम्बन्धित सामग्री को प्रस्तुत किया गया है। यह संग्रह पाँच भागों में बाँटा गया है। भाग प्रथम राजनीतिक और कार्यनीति सम्बन्धी मुद्दों के पत्र व्यवहार के सम्बन्ध में है, भाग द्वितीय काँग्रेस के अन्दर के मतभेदों के बारे में है, भाग तृतीय काँग्रेस की आन्तरिक गतिशीलता के सम्बन्ध में है, भाग चतुर्थ साम्प्रदायिक मुद्दों के सम्बन्ध में और भाग पंचम कार्यशैली के अन्तर के बारे में है।

- **सरदार पटेल : चुना हुआ पत्र–व्यवहार 1945–1950[31]**, खण्ड–1, नवजीवन प्रकाशन मन्दिर, अहमदाबाद, 2011

यह पुस्तक श्री वी. शंकर द्वारा सम्पादित है। मूल अंग्रेज़ी आवृत्ति का हिन्दी अनुवाद श्री सोमेश्वर पुरोहित द्वारा किया गया है। इस पुस्तक में सरदार पटेल के पत्रों को, जो 1945–1950 के बीच के हैं, संकलित करने का प्रयास किया है। इसको पाँच प्रमुख भागों में बाँटते हुए पहले भाग में केन्द्रीय और प्रान्तीय चुनाव 1945–1946, दूसरे भाग में कैबिनेट मिशन, अन्तरिम सरकार, विभाजन, स्वाधीनता, तीसरे भाग में जम्मू–कश्मीर, चौथे भाग में साम्प्रदायिक उपद्रव एवं पाँचवें भाग में सरदार और देशी राज्यों का एकीकरण से सम्बन्धित पत्र–व्यवहारों को स्पष्ट करने का प्रयास किया गया है।

- **सरदार पटेल : चुना हुआ पत्र–व्यवहार, 1945–1950[32]**, खण्ड–2, नवजीवन प्रकाशन मन्दिर, अहमदाबाद, 2011

यह पुस्तक प्रथम खण्ड के आगे के पत्र–व्यवहार पर आधारित श्री वी.

शंकर द्वारा सम्पादित मूल अंग्रेज़ी आवृत्ति का हिन्दी अनुवाद है, जिसे श्री सोमेश्वर पुरोहित ने अनुवादित किया है। इसमें पुस्तक को छह भागों में बाँटा गया है, जिसमें प्रथम भाग में 'हैदराबाद' से सम्बन्धित कुल 96 पत्र–व्यवहारों का उल्लेख किया गया है, द्वितीय भाग 'केन्द्रीय सरकार की समस्याएँ' विषय पर केन्द्रित है, जिसके प्रथम भाग में सरदार–नेहरू के मतभेद से सम्बन्धित 26 पत्र, द्वितीय में भारतीय राष्ट्रीय मज़दूर काँग्रेस के संगठन से सम्बन्धित 6 पत्र, तृतीय में मन्त्रिमण्डल में मतभेद से सम्बन्धित 18 पत्र, चतुर्थ में पूर्व बंगाल की समस्याओं पर 4 पत्र, पाँचवें में युद्ध मानस वाली साम्प्रदायिक संस्थाओं से सम्बन्धित 10 पत्र, छठवें में गाँधी जी की हत्या से सम्बन्धित 16 पत्र, सातवें में मन्त्रिमण्डल की संयोजन समिति से सम्बन्धित 4 पत्र, आठवें में आज़ाद हिन्द फ़ौज से सम्बन्धित 5 पत्र, नवें में विदेशी मामले : भारत और ब्रिटिश राष्ट्रमण्डल : चीन से सम्बन्धित 5 पत्र, दसवें में प्रान्तीय मुख्यमन्त्रियों के साथ पत्र–व्यवहार पर आधारित 4 पत्र तथा ग्यारहवें में विभिन्न विषयों से सम्बन्धित पत्र–व्यवहारों की विवेचना की गयी है।

पुस्तक के तीसरे भाग में 'सरदार और प्रान्तीय सरकारें' विषय से सम्बन्धित 65 पत्र, चौथे भाग में 'संविधान की रचना में सरदार का योगदान' से सम्बन्धित 13 पत्र, पाँचवें भाग में 'सरदार और काँग्रेस पार्टी' से सम्बन्धित 70 पत्रों का वर्णन करते हुए अन्त में उपसंहार प्रस्तुत किया गया है।

- **सरदारश्री के विशिष्ट और अनोखे पत्र–1**[33], सरदार वल्लभभाई पटेल स्मारक भवन, अहमदाबाद, 1981

इस पुस्तक की संयोजक सम्पादक मणिबेन वल्लभभाई पटेल एवं सम्पादक गणेश एम. नांदुरकर हैं जिसका अनुवाद काशीनाथ त्रिवेदी द्वारा किया गया है। इस पुस्तक को मुख्य रूप से छह भागों में बाँटा गया है, जिसके प्रथम भाग में 'आज़ादी के पहले और बाद' में आज़ादी का अर्थ, भारत के इतिहास का अनोखा पृष्ठ, जिसमें सौराष्ट्र–जूनागढ़, सौराष्ट्र, भावनगर और गोंडल, सौराष्ट्र–विविध, कच्छ, गुजरात–बड़ौदा, गुजरात–संभाग, गुजरात–विविध, देशी राज्य–हैदराबाद, देशी राज्य–विविध, राष्ट्रनीति के अन्तर्गत सुरक्षा के नाम पर सत्याग्रहियों को मुआवज़ा, शरणार्थी, राष्ट्रीयता की विवेचना की गयी। प्रान्तीय भावना, हमारी राष्ट्रभाषा आदि विषयों का वर्णन किया गया है।

पुस्तक के दूसरे भाग में 'राष्ट्रीय महासभा और रचनात्मक कार्य' में राष्ट्रीय महासभा काँग्रेस अध्यक्ष का चुनाव एवं विविध रचनात्मक कार्य में–खादी कार्य, स्वदेशी, हरिजन सेवा, नयी तालीम, सर्वोदय प्रवृत्ति एवं विविध, लोक सेवा में अकाल पीड़ित वनासकांठा, पानी का अभाव आदि को प्रस्तुत किया गया है। पुस्तक के तीसरे भाग 'गाँधी जी के निर्वाण के बाद' में गाँधी परिवार के साथ, हरिलाल और रामदास, बापू के रास्ते, बापू के सच्चे वारिस, बापू की विरासत में बापू की अस्थियाँ, हरिजन पत्र, नवजीवन का कॉपीराइट, गाँधी स्मारक निधि के लिए, इंडियन ओपिनियन, गाँधी जी के स्मारक में कीर्तिमन्दिर, मणिभुवन एवं विविध को सम्मिलित करते हुए पत्रों के माध्यम से बताने का प्रयास किया गया है।

चौथे भाग, 'श्रम और उद्योग' में मज़दूर प्रवृत्ति में जमशेदपुर का मज़दूर कार्य, अन्तरराष्ट्रीय मज़दूर परिषद्, हिन्दुस्तान मज़दूर सेवक संघ एवं विविध, व्यापार और उद्योग में कपड़े पर नियन्त्रण, उद्योग विषयक को वर्णित किया गया है। पाँचवें भाग 'स्नेहियों के नाम' में मित्रों और आत्मजनों को दिलासे के पत्र आदि के माध्यम से सरदार पटेल की विचारधारा एवं व्यक्तित्व को बताया गया है। पुस्तक के अन्तिम भाग 'विविध पत्र' में सरदार के जीवन चरित्र के बारे में, माननीय विठ्ठलभाई, सरदार का स्वास्थ्य, 'राम रखे उसे कौन चखे' अफ्रीकावासी हिन्दुस्तानी, आज का कर्तव्य एवं विविध का समावेश करते हुए पुस्तक में वास्तविक तथ्यों को प्रस्तुत किया गया है।

- **सरदारश्री के विशिष्ट और अनोखे पत्र–2**[34], सरदार वल्लभभाई पटेल स्मारक भवन, अहमदाबाद, 1981

पुस्तक मणिबेन वल्लभभाई पटेल द्वारा संयोजक–सम्पादक के रूप में तथा काशीनाथ त्रिवेदी द्वारा अनुवादित है। इस पुस्तक में पत्राचार का विवेचन किया गया है तथा जिसे चार भागों में बाँटा गया है। प्रथम भाग–'सरदारश्री के पत्र : महात्मा जी के नाम' पर केन्द्रित है, जिसमें कुल 66 पत्राचार सम्मिलित किये गये हैं। दूसरा भाग–'सरदारश्री के पत्र : महादेव भाई के नाम' पर केन्द्रित है, जिसमें पटेल और महादेव भाई के बीच के पत्राचार को 20 पत्रों के माध्यम से प्रस्तुत किया गया है। तीसरा भाग–'सरदारश्री के पत्र : साथियों के नाम' पर आधारित है, जिसमें अपने साथियों को किये गये सरदार पटेल के पत्राचार को दर्शाया गया है। चौथे एवं अन्तिम भाग में–'सरदारश्री के पत्र : सम्बन्धियों के नाम' के पत्राचार का उल्लेख किया

गया है, इसमें पटेल द्वारा किये गये अपने सम्बन्धियों एवं रिश्तेदारों के पत्राचार को कुल 52 पत्रों के माध्यम से वर्णित किया गया है।

- **सरदार वल्लभभाई पटेल–द नेशन बिल्डर[35],** इंडियन इंस्टीट्यूट ऑफ़ पब्लिक एडमिनिस्ट्रेशन, नयी दिल्ली, 2004

यह पुस्तक डॉ. पी.एल. संजीव रेड्डी एवं प्रो. एस. एन. मिश्र द्वारा सम्पादित है। पुस्तक का प्राक्कथन भारत के पूर्व उपराष्ट्रपति श्री भैरो सिंह शेखावत द्वारा लिखा गया है। इस पुस्तक में कुल 21 आलेखों का संकलन है। पुस्तक में सरदार वल्लभभाई पटेल का परिचय पी.एल. संजीव रेड्डी एवं एस.एन. मिश्र द्वारा दिया गया है। अनिल दत्त मिश्र ने अपने लेख 'सरदार वल्लभभाई पटेल : ए ब्रीफ़ लाइफ़ स्केच' में सरदार पटेल के जीवनवृत्त का संक्षिप्त ख़ाका खींचते हुए प्रस्तुत किया है।

इनके अतिरिक्त डॉ. ए.एच. ने 'सरदार पटेल्स कॉन्ट्रीब्यूशन टू द फ्रीडम स्ट्रगल', सुषमा यादव ने 'सरदार ऑफ़ बारदोली : द मेकिंग ऑफ़ ए लीडर', टी. एन. चतुर्वेदी ने 'सरदार पटेल्स एडमिनिस्ट्रेटिव विजन : सम रिफ्लैक्शंस', सुभाष सी. कश्यप ने 'सरदार पटेल कॉन्स्टीट्यूंट असेम्बली एंड फ्रेमिंग ऑफ़ द कॉन्स्टीट्यूशन', पी. आर. दुभाषी ने 'सरदार पटेल : पॉलिटिकल एडमिनिस्ट्रेटर पार एक्सीलेस', वाल्मीकि प्रसाद सिंह ने 'डेमोक्रेसी, इकोलॉजी एंड कल्चर : ए होमेज टू सरदार वल्लभभाई पटेल', के. एल. कमल ने 'सरदार पटेल : द आरर्किटेक्चर ऑफ़ मॉडर्न इंडिया', एस.के. चौबे ने 'पटेल एंड द इंटीग्रेशन ऑफ़ स्टेट्स', जे.एन. शर्मा ने 'सरदार पटेल : द ग्रेट इंटीग्रेशनिस्ट', पी.डी. शर्मा ने 'सरदार पटेल : ए गाँधियन बिस्मार्क एंड हिज़ पॉलिसी ऑफ़ ब्लडलैस आयरन', एस. आर. माहेश्वरी ने 'इंडियन प्रिंसली स्टेट्स एंड देयर इंटीग्रेशन', 'सरदार वल्लभभाई पटेल : द ऑथर ऑफ़ ऑल इंडिया सर्विस', अशोक मुखोपाध्याय ने 'सरदार पटेल एज़ ए नेशन बिल्डर : हिज़ कॉन्ट्रीब्यूशन टू द इंटीग्रेशन ऑफ़ द प्रिंसली स्टेट्स इन इंडिया', ए. एन. पंडा ने 'ओडिसा फ्यूडेटरी स्टेट्स एंड देयर मर्जर इन टू द इंडियन यूनियन : द रोल ऑफ़ सरदार वल्लभभाई', एम.सी. भट्ट ने 'सरदार पटेल्स रोल इन फ्रेमिंग ऑफ़ कॉन्स्टीट्यूशन ऑफ़ इंडिया', के.डी. गंग्राडे ने 'सरदार पटेल : कॉन्स्टीट्यूशन मेकर', बी. पाठक ने 'सरदार वल्लभभाई पटेल : ए सीजर ऑफ़ इंडियन पॉलिटिक्स', वी.पी. वर्मा ने 'द पॉलिटिकल फ़िलॉसफ़ी ऑफ़ सरदार पटेल : नेशनल रियलिज़्म एंड फ्रीडम', जे.जी. रॉय ने 'सरदार पटेल्स कॉन्ट्रीब्यूशन टू म्युनिसिपल

पॉलिटिक्स एंड एडमिनिस्ट्रेशन' तथा एल.एन. शर्मा ने 'पटेल एज़ द फर्स्ट डिप्टी प्राइम मिनिस्टर एंड होम मिनिस्टर ऑफ़ इंडिया' लेख के माध्यम से विचार प्रस्तुत किये हैं।

सन्दर्भ

1. वी.पी.मेनन, *इंटीग्रेशन ऑफ़ द इंडियन स्टेट्स,* ओरिएंट ब्लैकस्वान प्रा. लि., नयी दिल्ली, 2016
2. राजमोहन गाँधी, *पटेल : ए लाइफ,* नवजीवन पब्लिशिंग हाउस, अहमदाबाद, 2013 (पुनर्मुद्रण)
3. डॉ. बलदेव बंशी, *एकता–अखण्डता की प्रतिमूर्ति सरदार पटेल,* सत्साहित्य प्रकाशन, दिल्ली, 2017
4. भगवती प्रसाद निदारिया, *लौहपुरुष सरदार वल्लभभाई पटेल,* कीन बुक्स, दिल्ली, 2014
5. प्रेमलाल सिंह एवं डॉ. सुधा सिंह, *अखण्ड भारत के निर्माता : सरदार पटेल,* आकाशदीप पब्लिकेशंस, नयी दिल्ली, 2012
6. मनीष कुमार, *लौहपुरुष सरदार वल्लभभाई पटेल,* प्रीति प्रकाशन, दिल्ली, 2011
7. मोहम्मद फरीश मंसूरी, *लौहपुरुष सरदार वल्लभभाई पटेल,* ओमेगा पब्लिकेशंस, नयी दिल्ली, 2013
8. हिम्मतभाई मेहता, *चक्रवर्ती संन्यासी सरदार पटेल,* प्रकाशन संस्थान, नयी दिल्ली, 2010 (2014 पुनर्मुद्रण)
9. शरद सिंह, *सरदार वल्लभभाई पटेल,* सामयिक प्रकाशन, नयी दिल्ली, 2016
10. डॉ. मोहन लाल गुप्ता, *सरदार वल्लभभाई पटेल,* अरिहंत प्रकाशन, जोधपुर, 2015
11. डॉ. शिवप्रसाद भारद्वाज, *लौहपुरुषावदानम् ऐतिहासिक महाकाव्यम्,* हरिपुर छावनी, 1990
12. बलराज कृष्ण, *सरदार वल्लभभाई पटेल,* इंडस सोर्स बुक्स, मुम्बई, 2014
13. मनोज कुमार सिंह, *सरदार वल्लभभाई पटेल : एन आयरन मैन ऑफ़ इंडिया, (वॉल्यूम–1),* अनमोल पब्लिकेशंस प्रा. लि., नयी दिल्ली, 2014
14. मनोज कुमार सिंह, *सरदार वल्लभभाई पटेल : एन आयरन मैन ऑफ़ इंडिया, (वॉल्यूम–2),* अनमोल पब्लिकेशंस प्रा. लि. नयी दिल्ली, 2014
15. नरहरि दास पारिख, *सरदार वल्लभभाई पटेल (वॉल्यूम–1–2),* नवजीवन पब्लिशिंग हाउस, अहमदाबाद, 1953
16. देवव्रत नानूभाई पाठक एवं प्रवीन नटवरलाल सेठ, *सरदार वल्लभभाई पटेल : फ्रॉम सिविक टु नेशनल लीडरशिप,* नवजीवन पब्लिशिंग हाउस, अहमदाबाद, 1980
17. मणिबेन वल्लभभाई पटेल और सम्पादक जी.एम.नांदुरकर, *दिस वाज सरदार : कोमेमोरेटिव (वॉल्यूम I-V),* सरदार वल्लभभाई पटेल स्मारक भवन, अहमदाबाद, 1974
18. डॉ. रवीन्द्र कुमार, *सरदार वल्लभभाई पटेल के सामाजिक व राजनीतिक विचार,* मित्तल पब्लिकेशंस, नयी दिल्ली, 1991

19. प्रो. एस.एम. चाँद एवं डॉ. इक़बाल फ़ातिमा, *सरदार वल्लभभाई पटेल : जीवन और विचार,* पंचशील प्रकाशन, जयपुर, 2010
20. आई. जे. पटेल, *आधुनिक भारत के निर्माता : सरदार वल्लभभाई पटेल,* प्रकाशन विभाग, सूचना और प्रसारण मन्त्रालय, भारत सरकार, पटियाला हाउस, नयी दिल्ली, 2005
21. एन.सी. मेहरोत्रा एवं रंजना कपूर, *सरदार वल्लभभाई पटेल : व्यक्ति एवं विचार,* आत्माराम एंड संस, कश्मीरी गेट, दिल्ली, 2012
22. सुशील कपूर, *लौहपुरुष सरदार वल्लभभाई पटेल,* विद्या विहार, नयी दिल्ली, 2013
23. डॉ. प्रभा चोपड़ा, *भारत का विभाजन,* प्रभात प्रकाशन, नयी दिल्ली, 2010
24. पी.एन.चोपड़ा एवं प्रभा चोपड़ा (सम्पादक), *सरदार पटेल : गाँधी, नेहरू एवं सुभाष,* प्रभात प्रकाशन, दिल्ली, 2006
25. पी.एन.चोपड़ा एवं प्रभा चोपड़ा (सम्पादक), *सरदार पटेल : मुसलमान और शरणार्थी,* प्रभात प्रकाशन, दिल्ली, 2010
26. पी.एन.चोपड़ा एवं प्रभा चोपड़ा (सम्पादक), *सरदार पटेल : आर्थिक एवं विदेश नीति,* प्रभात प्रकाशन, दिल्ली, 2010
27. पी.एन.चोपड़ा एवं प्रभा चोपड़ा (सम्पादक), *सरदार पटेल : कश्मीर एवं हैदराबाद,* प्रभात प्रकाशन, दिल्ली, 2010
28. विष्णु प्रभाकर, *सरदार वल्लभभाई पटेल,* नेशनल बुक ट्रस्ट, इंडिया, नयी दिल्ली, 2012
29. रावजी भाई म. पटेल, *हिन्द के सरदार,* नवजीवन प्रकाशन मन्दिर, अहमदाबाद, 2013
30. नीरजा सिंह (संकलन) एवं सुमन, विचारदास (अनुवाद), *गाँधी–पटेल पत्र और भाषण,* नेशनल बुक ट्रस्ट, इंडिया, नयी दिल्ली, 2012
31. वी. शंकर, *सरदार पटेल : चुना हुआ पत्र–व्यवहार 1945–1950, खण्ड–1,* नवजीवन प्रकाशन मन्दिर, अहमदाबाद, 2011
32. वी. शंकर, *सरदार पटेल : चुना हुआ पत्र व्यवहार 1945–1950, खण्ड–2,* नवजीवन प्रकाशन मन्दिर, अहमदाबाद, 2011
33. मणिबेन वल्लभभाई (सम्पादक), *सरदारश्री के विशिष्ट और अनोखे पत्र–1,* सरदार वल्लभभाई पटेल स्मारक भवन, अहमदाबाद, 1981
34. मणिबेन वल्लभभाई (सम्पादक), *सरदारश्री के विशिष्ट और अनोखे पत्र–2,* सरदार वल्लभभाई पटेल स्मारक भवन, अहमदाबाद, 1981
35. डॉ. पी.एल. संजीव रेड्डी एवं प्रो. एस. एन. मिश्रा, *सरदार वल्लभभाई पटेल : द नेशन बिल्डर,* इंडियन इंस्टीट्यूट ऑफ़ पब्लिक एडमिनिस्ट्रेशन, नयी दिल्ली, 2004

परिशिष्ट

राज्य की सूची जो डॉमिनियन ऑफ़ इंडिया में उपलब्ध है–1. अगर 2. आगराबारखेरा 3. अहमदनगर 4. अजयगढ़ 5. अजरौड़ा 6. अकालकोट 7. अकडिया 8. अलीराजपुर 9. अलवर 10. अरकोट 11. आलमपुर 12. अलीपुरा 13. अल्वा 14. आमला 15. अम्बलियारा 16. आमोड़ 17. अमरापुर (कैधवार) 18. अमरापुर (रेवा कंधा) 19. आनन्दपुर 20. आंधड 21. अंकेवालिया 22. अरनिया 23. अधगढ़ 24. अधमलिक 25. औंढ़ 26. बालसीनोर 27. बांगनपल्ले 28. बांसडा 29. बांसवारा 30. बौनी 31. बरूंधा 32. बरिया 33. बड़ौदा 34. बरवानी 35. बशहर 36. बेनारेस 37. भरतपुर 38. भावनगर 39. भोपाल 40. भोर 41. बीजावर 42. बीकानेर 43. बिलासपुर 44. बूँदी 45. बावरा 46. बगासरा 47. बगासरा हडला 48. बगासरा खारी 49. बगासरा नटवर 50. बगासरा राम 51. बाद्यल 52. बाघट 53. बागली 54. बाई 55. बाजना 56. बख्तगढ़ 57. बलसान 58. बामनबोर 59. बामरा 60. बनेरा 61. बंकापहाड़ी 62. बंतवामनावदार 63. बंतनासरदारगढ़ 64. बारम्बा 65. बारड़िया 66. बरखेड़ा देव डूँगरी 67. बरखेड़ापंध 68. बारवाला 69. बासोड़ा 70. बस्तर 71. बौध 72. बेरी 73. भाभर 74. भादौरा 75. भादली 76. भदवाना 77. भादवा 78. भौसोला 79. भज्जी 80. भलाला 81. भलगाम 82. भलदोई 83. भलगामदा 84. भालूसना 85. भंडारिया 86. भरेजड़ा 87. भरूदपुरा 88. भाथन 89. भदखेड़ी 90. भावल 91. भीऑल्डिया 92. भीमोरिया 93. भौइका 94. भोजखेड़ी 95. भोजावदार 96. भोरोले 97. बिछारांदवरिष्ठ 98. बिछारांदकनिष्ठ 99. बिहत 100. बिहोरा 101. बीजा 102. बिजना 103. बिलौद 104 बिलौदा 105. बिलबाड़ी 106. बिलड़ी 107. बौद 108. बोदानोनेस 109. बोलूंद्रा 110 बोनई 111. बोरखेड़ा (इन्दौर) 112. बोरखेड़ा (मालवा) 113 कैम्बे 114. चम्बा 115. चरखारी 116. छतरपुर 117. छोटा उदयपुर 118. कोचीन 119. कूचबेहार 120. कच्छ 121. चाचना

122. चमाद्री 123. चंगभाकर 124. चरखा 125. चेररा 126. छलाला 127. छलियार 128. छोटा बरखेड़ा 129. छुइकाडन 130. चिक्तीयाबर 131. चिंचीगडाद 132. चिरोदा 133. चित्रावास 134. चोबारी 135. चोक 136. चोरांगला 137. चोटिला 138. चूड़ा 139. चूड़ेसर 140. दन्ता 141. दतिया 142. देवास (सीनियर) 143. देवास (जूनियर) 144. धार 145. धरमपुर 146. धौलपुर 147. ध्रागंध्रा 148. ढोल 149. डूँगरपुर 150. दाभा 151. दब्र 152. दधालिया 153. दाहिदा 154. दप्पलपुर 155. दरिया खेड़ी 156. दरकोटी 157. दारोड़ 158. दसाड़ा 159. दसपल्ला 160. दताना 161. दधा 162. देभावटी 163. देदान 164. देदरड़ा 165. देध्रोटा 166. देलॉली 167. देवदार 168. देरडी जांबाई 169. देरोल 170. देवालिया 171. देवलिया 172. धबला 173. धीर 174. धबला धोसी 175. धमासिया 176. धामी 177. धौरागंजारा 178. धारी 179. धरनौड़ा 180. धेंकानाल 181. ढोला 182. धोलाखा 183. धुलाटिया 184. धुरवाई 185. डोडका 186. ध्राफा 187. दूधपुर 188. दूधरेज 189. दूगरी 190. दूजना 191. फरीदकोट 192. गोंडल 193. ग्वालियर 194. गबत 195. गढ़ बोरियाड 196. गाधली 197. गाढिया 198. गढका 199. गाढूला 200. गडवी 201. गंधोल 202. गंगपुर 203. गरामलीमोती 204. गरामलीनहानी 205. गरहा 206. गररोली 207. गारही 208. गौरीहार 209. गवरीदाड़ 210. गेडी 211. घोड़ासर 212. गिगासारण 213. गोतारड़ी 214. गोढड़ा 215. गुण्डियाली 216. हैदराबाद 217. हलारिया 218. हापा 219. हारोल 220. हिण्डोल 221. हिन्दूर 222. हीरापुर 223. आइदर 224. इन्दौर 225. इलपुरा 226. इलोल 227. इत्रिया 228. इटवाड़ 229. जयपुर 230. जैसलमेर 231. जम्मू एवं कश्मीर 232. जनजीरा 233. जौरा 234. जवहार 235. झाबुआ 236. झालावाड़ 237. जींद 238. जोधपुर 239. जूनागढ़ 240. जबरियाभील 241. जाफ़राबाद 242. जाखन 243. जलियामानजी 244. जलियादेवानी 245. जलिया कपाणी 246. जम्मूघोड़ा 247. जमखण्डी 248. जमानिया 249. जसदान 250. जशपुर 251. जासी 252. जठ 253. जवासिया 254. जेसर 255. जैतपुर 256. झालेरा 257. झमर 258. झमका 259. झम्पोदर 260. झरीबरखडी 261. झिंझूवाड़ा 262. जिगनी 263. जिरालकमसोली 264. जोबत 265. जुब्बल 266. जुम्खा 267. जूनापादर 268. कालाहांडी 269. कपूरथला 270. करौली 271. खिलचीपुर 272. किशनगढ़ 273. कोल्हापुर 274. कोटाह 275. काछीबड़ोदा 276. कडाना 277. कादोली 278. कालीबावरी 279. कलसिया 280. कालू 281. खेड़ा 282. कमधिया 283. कमलापुर (बोम्बे) 284. कमलापुर (सीआई) 285. कम्भला

286. कमटाराजौला 287. कानड़ा 288. कनेर 289. कनज़रड़ा 290. कांकेर 291. कांकरेज 292. कांकसियाली 293. कानपुरईश्वरिया 294. कंधारिया 295. करौडिया 296. करियाना 297. करमाड़ 298. करोल 299. कासलापगिनामुवाड 300. कस्सलपुरा 301. काथून 302. कथियावारा 303. कथरोटा 304. कटोदिया 305. कटोसन 306 कावरधा 307. कयाथ 308. केऑनझर 309. कैंथल 310. केरवाड़ा 311. केसरिया 312. खाडल 313. ख़ैरागढ़ 314. खजूरी 315. खाम्बलाव 316. खांडिया 317. खण्डपाड़ा 318. खानियाछाना 319. खरसावन 320. खरसी 321. खेड़ावाड़ा 322. खेरली 323. खेरवाडा 324. खेड़ीराजपुर 325. खेरवासा 326. खिओडा 327. खिजाडिया (गोहिलवार) 328. खिजाडिया (सूरध) 329. खिरासरा 330. खोजनखेड़ा 331. क्यरिम 332. किरली 333. कोरेया 334. कोटडानयानी 335. कोटडापीठा 336. कोटड़ासांगनी 337. कोठारिया 338. कूबा 339. कुम्हासेन 340. कुनिहार 341. कुरूंदवाड (सीनियर) 342. कुरूंदवाड़ (जूनियर) 343. कुरवाली 344. कुशलगढ़ 345. कुठार 346. लिम्बडी 347. लोहारू 348. लूनावाड़ा 349. लखपादर 350. लखतर 351. लालगढ़ 352. लालियाड़ 353. लांगरिन 354. लाठी 355. लावेज 356. लावा 357. लिखी 358. लिम्बदा 359. लोधिका 360. लुगासी 361. मैहार 362. मलेरकोटला 363. मण्डी 364. मणिपुर 365. मयूरभंज 366. मोरवी 367. मुधोल 368. मैसूर 369. मगोड़ी 370. मगुना 371. महराम 372. माहलोग 373. महमूदपुरा 374. मकराय 375. मकसुदानगढ़ 376. मलाईसोहमत 377. मालिया 378. मालपुर 379. मनावदार 380. मण्डवा 381. मनाल 382. मंगाम 383. माँगरोल 384. मंसा 385. माऔंग 386. मौसंग्राम 387. मरियाव 388. मथराव 389. मातराटिम्बा 390. मेन 391. मंगानी 392. मेवासा 393. मेवली 394. मिराज (सीनियर) 395. मिराज (जूनियर) 396. मोहनपुर 397. मोकापगिना 398. मुवाड़ा 399. मोनवेल 400. मोरचोपना 401. मुलियाडेरी 402. मोटाकोथरना 403. मोवा 404. मुहम्मदगढ़ 405. मुली 407. मुल्थान 408. मुंजपार 409. मामलियम 410. नाभा 411. नागोद 412. नरसिंगगढ़ 413. नावानगर (जामनगर) 414. नहारा 415. नाइगावानराइबल 416. नालिया 417. नंदगाँव 418. नरसिंगपुर 419. नारूकोट 420. नारवाड़ 421. नसवाड़ी 422. नौगांव 423. नौलाना 424. नयागढ़ 425. नीलगिरी 426. निलवाला 427. नीमखेड़ा 428. नोवोसोहोह 429. नोधांवादर 430. नोंगकलां 431. नोंगसपुंग 432. नोंगसटोइन 433. ओरछा 434. पालनपुर 435. पलिटाना 436. पन्ना 437. प्रतापगढ़ 438. पटियाला 439. पटना 440. पोरबन्दर 441. पुटुक्कोट्टाई

442. पाचेगाम 443. पाह 444. पहरा 445. पाल 446. पाललाहेरा 447. पलाज 448. पालली 449. पलासनी 450. पलासविहार 451. पालदेव 452. पालिमाड 453. पलासनी 454. पंचवाड़ा 455. पाण्डू 456. पांतलवाड़ा 457. पंथपीपलोदा 458. पारोन 459. पटौदी 460. पातड़ी 461. पाथड़ी 462. पथारिया 463. पठापुर 464. फलटन 465. फुलेरा 466. पिमलादेवी 467. पिम्परी 468. पीपलिया 469. पीपलियानगर 470. पीपलोदा 471. पोइचा 472. पोल 473. प्रेमपुर 474. पुनाद्रा 475. राधनपुर 476. राजगढ़ 477. राजकोट 478. राजपीपला 479. रामपुर 480. रतलाम 481. रेवा (रेवाह) 482. रघुगढ़ 483. राहरखोल 484. राय सांकली 485. रायगढ़ 486. राईखा 487. राजगढ़ (सीआई) 488. राजपारा (गोहिलवार) 489. राजपारा (हलार) 490. राजपुर (काठियावाड़) 491. राजपुर (रेवा कंधा) 492. रमणका 493. रामस 494. रामब्राई 495. रामदुर्ग 496. रागढ़ 497. रामपरड़ा 498. रामपुर (उ.प्र.) 499. रामपुरा 500. राणासन 501. रंधिया 502. रानीगाम 503. रानीपुरा 504. रणपुरा 505. रतनमाल 506. रतनपुर धमानका 507. रातेश 508. रेगन 509. रोहिसाला 510. रूपाल 511. साचिन 512. सैलाना 513. समधार 514. सांगली 515. सांत 516. सावंतवाड़ी 517. शाहपुरा 518. सिक्किम 519. सिरमूर 520. सिरोही 521. सीतामऊ 522. सोनेपुर 523. सुकेत 524. साड़ा खेरी 525. साहुका 526. साकठी 527. समधियाला 528. समधियालाचारन 529. समधियालाछभाडिया 530. समला 531. सनाला 532. सनौधा 533. सन्दूर 534. सांगरी 535. संजेली 536. सनोर 537. सनोसरा 538. संतालपुर 539. सारनगढ़ 540. सरीला 541. सतानोनेस 542. सथम्बा 543. सतलासना 544. सटोंदाडबावड़ी 545. सवानूर 546. सायला 547. सेजाकपुर 548. सेराइकेला 549. शाहपुर 550. शाजोता 551. शानोर 552. शेओगढ़ 553. भयोपुर–बरोड़ा 554. शेवदीवादर 555. शिवबारा 556. सिडरी 557. सिहोरा 558. सिलाना 559. सिन्धियापुरा 560. सिंघाना 561. सिरगुजा 562. सिरसी (ग्वालियर) 563. सिरसी (मालवा) 564. सिसांगचांदली 565. सोहावाल 566. सोनगढ़ 567. सोनखेड़ा एवं सारवाण 568. सुदाम्रा 569. सुदासना 570. सुईगाम 571. सुंध 572. सुरगना 573. सरगुजा 574. टिहरी गढ़वाल 575. टोंक 576. त्रावणकोर 577. त्रिपुरा 578. ताजपुरीताल 579. तलसाना 580. टप्पा 581. टारोण 582. तावी 583. तेजपुरा 584. टेरवाड़ा 585. सुतालिया 586. थानादेवली 587. धराड़ व मोरवाड़ा 588. थरोच 589. टिगिरिया 590. टिम्बा 591. टोडा 592. टोडी

593. टोंक (सीआई) 594. टोरी फतेहपुर 595. उदयपुर (मेवाड़) 596. उचाना 597. उदयपुर (छत्तीसगढ़) 598. उमरी (बोम्बे) 599. उमरी (सीआई) 600. ऊनी 601. उमेठा 602. ऊँटड़ी 603. उपवाड़ा 604. वादल 605. वडली 606. वाडिया 607. वड़ोद (गोहिलवार) 608. वड़ोद (झालावाड़) 609. वद्यवाड़ी 610. वजीरिया 611. वख्तापुर 612. वाला 613. वलसाना 614. वाना 615. वनाला 616. वंगाधरा 617. वनोड़ 618. वारागाम 619. वरनोलमाल 620. वरनोलीमोती 621. वरनोलीनानी 622. वरसोडा 623. वासनसेवड़ा 624. वासनवीरपुर 625. वसावड़ 626. वसुरना 627. वावड़ी धरवाला 628. वावड़ीवचानी 629. वेकारिया 630. विछावड़ 631. विजानोनेस 632. विजयनगर 633. विरमपुरा 634. विरपुर 635. विरसोड़ा 636. विरवाओ 637. विट्ठलगढ़ 638. वोरा 639. वधवान 640. वाँकानेर 641. वड़ागाम 642. वाडी 643. वाई 644. वाओ 645. वधवान 646. वारही 647. वासना 648. जैनबाद।

सन्दर्भ ग्रन्थ-सूची

1. पटेल, आई. जे., *आधुनिक भारत के निर्माता सरदार वल्लभभाई पटेल,* प्रकाशन विभाग, सूचना और प्रसारण मन्त्रालय, भारत सरकार, पटियाला हाउस, नयी दिल्ली, 2005
2. मेहरोत्रा, एन.सी. एवं कपूर, रंजना, *सरदार वल्लभभाई पटेल : व्यक्ति एवं विचार,* आत्माराम एंड सन्स, कश्मीरी गेट, दिल्ली, 2012
3. कुमार, रवीन्द्र, *सरदार वल्लभभाई पटेल के सामाजिक व राजनीतिक विचार,* मित्तल पब्लिकेशंस, नयी दिल्ली, 1991
4. प्रभाकर, विष्णु, *सरदार वल्लभभाई पटेल,* नेशनल बुक ट्रस्ट इंडिया, नयी दिल्ली, 2012
5. चाँद, एस.एम. एवं फ़ातिमा, इक़बाल, *सरदार वल्लभभाई पटेल : जीवन और विचार,* पंचशील प्रकाशन, जयपुर, 2010
6. कमल, एम.पी., *सरदार वल्लभभाई पटेल,* राजा पॉकेट बुक्स, दिल्ली, 2008
7. चोपड़ा, प्रभा, *भारत विभाजन* (सम्पादित), प्रभात प्रकाशन, दिल्ली, 2010
8. चोपड़ा, पी.एन. एवं चोपड़ा, प्रभा (सम्पादक), *सरदार पटेल : कश्मीर एवं हैदराबाद,* प्रभात प्रकाशन, दिल्ली, 2010
9. चोपड़ा, पी.एन. एवं चोपड़ा, प्रभा (सम्पादक), *सरदार पटेल : आर्थिक एवं विदेश नीति,* प्रभात प्रकाशन, दिल्ली, 2010
10. चोपड़ा, पी.एन. एवं चोपड़ा, प्रभा (सम्पादक), *सरदार पटेल : मुसलमान और शरणार्थी,* प्रभात प्रकाशन, दिल्ली, 2010
11. चोपड़ा, पी.एन. एवं चोपड़ा, प्रभा (सम्पादक), *सरदार पटेल : गाँधी, नेहरू एवं सुभाष,* प्रभात प्रकाशन, दिल्ली, 2006

12. टण्डन, पी.डी., *भारत के कर्णधार,* साहित्य भवन प्रा. लि., इलाहाबाद, 1997
13. चोपड़ा, पी.एन. एवं चोपड़ा, प्रभा (संकलन) तथा शुक्ल, रामसुन्दर (अनुवाद), *सरदार पटेल की अनमोल वाणी,* प्रकाशन विभाग, सूचना और प्रसारण मन्त्रालय, भारत सरकार, नयी दिल्ली, 2005
14. सिंह नीरजा (संकलन) एवं सुमन, विचारदास (अनुवाद), *गाँधी–पटेल पत्र और भाषण,* नेशनल बुक ट्रस्ट इंडिया, नयी दिल्ली, 2012
15. सिंह, मनोज कुमार, *सरदार वल्लभभाई पटेल : एन आयरन मैन ऑफ़ इंडिया (वॉल्यूम–1),* अनमोल पब्लिकेशंस प्रा. लि., नयी दिल्ली, 2014
16. सिंह,मनोज कुमार, *सरदार वल्लभभाई पटेल : एन आयरन मैन ऑफ़ इंडिया (वॉल्यूम–2),* अनमोल पब्लिकेशंस प्रा. लि., नयी दिल्ली, 2014
17. सिंह, प्रेमलाल एवं सिंह, डॉ. सुधा, *अखण्ड भारत के निर्माता : सरदार पटेल,* आकाशदीप पब्लिकेशंस, नयी दिल्ली, 2012
18. सिंह, शरद, *सरदार वल्लभभाई पटेल,* सामयिक प्रकाशन, नयी दिल्ली, 2016
19. कुमार, मनीष, *लौहपुरुष सरदार वल्लभभाई पटेल,* प्रीति प्रकाशन, दिल्ली, 2011
20. मंसूरी, मोहम्मद फरीश, *लौहपुरुष सरदार वल्लभभाई पटेल,* ओमेगा पब्लिक़ेशंस, नयी दिल्ली, 2013
21. मेहता, हिम्मतभाई, *चक्रवर्ती संन्यासी सरदार पटेल,* प्रकाशन संस्थान, नयी दिल्ली, 2010 (2014 पुनर्मुद्रण)
22. गुप्ता ,डॉ. मोहन लाल, *सरदार वल्लभभाई पटेल,* अरिहंत प्रकाशन, जोधपुर, 2015
23. भारद्वाज, डॉ. शिवप्रसाद, *लौहपुरुषावदानम् ऐतिहासिक महाकाव्यम्,* हरिपुर छावनी, 1990
24. कृष्ण, बलराज, *सरदार वल्लभभाई पटेल,* इंडस सोर्स बुक्स, मुम्बई, 2014
25. कपूर, सुशील, *लौहपुरुष सरदार वल्लभभाई पटेल,* विद्या विहार, नयी दिल्ली, 2013

26. आज़ाद, अबुल कलाम, *आज़ादी की कहानी* (अनुवादक), महेन्द्र चतुर्वेदी, ओरिएंट लांगमैन, कलकत्ता, 1965
27. काँग्रेस वर्णिका–*भारतीय राष्ट्रीय काँग्रेस के 100 वर्ष,* नयी दिल्ली, 1985
28. ताराचन्द, *भारतीय राष्ट्रीय आन्दोलन का इतिहास, खण्ड–दो, तीन, चार,* प्रकाशन विभाग, 1982, 1983, 1984
29. पटेल, मणिबेन, *बोरसद सत्याग्रह,* अहमदाबाद, 1972
30. पटेल, मणिबेन, *सरदारश्री के विशिष्ट और अनोखे पत्र,* अहमदाबाद
31. *राष्ट्रीय एकता का निर्माण : सरदार वल्लभभाई पटेल के भाषण,* प्रकाशन विभाग, नयी दिल्ली, 1954
32. शंकर, वी., *सरदार पटेल : चुना हुआ पत्र–व्यवहार 1945–1950, खण्ड–1,* नवजीवन प्रकाशन मन्दिर, अहमदाबाद, 2011
33. शंकर, वी., *सरदार पटेल : चुना हुआ पत्र–व्यवहार 1945–1950, खण्ड–2,* नवजीवन प्रकाशन मन्दिर, अहमदाबाद, 2011
34. नांदुरकर, गणेश मा. (सम्पादक) एवं पटेल, मणिबेन वल्लभभाई (संयोजक सम्पादक), *सरदारश्री के विशिष्ट और अनोखे पत्र–1,* सरदार वल्लभभाई पटेल स्मारक भवन, अहमदाबाद, 1981
35. निदारिया, भगवती प्रसाद, *लौहपुरुष सरदार वल्लभभाई पटेल,* कीन बुक्स, दिल्ली, 2014
36. मणिबेन वल्लभभाई (सम्पादक), *सरदारश्री के विशिष्ट और अनोखे पत्र–2,* सरदार वल्लभभाई पटेल स्मारक भवन, अहमदाबाद, 1981
37. ताराचन्द, *भारतीय स्वतन्त्रता का इतिहास, भाग–1,* प्रकाशन विभाग, नयी दिल्ली, प्रथम संस्करण, 1982
38. ताराचन्द, *भारतीय स्वतन्त्रता का इतिहास, भाग–2,* प्रकाशन विभाग, नयी दिल्ली, प्रथम संस्करण, 1982
39. *बापू के पत्र–2 : सरदार वल्लभभाई पटेल के नाम,* नवजीवन प्रकाशन मन्दिर, अहमदाबाद, प्रथम संस्करण, 1959
40. *राष्ट्रीय एकता का निर्माण : सरदार वल्लभभाई पटेल के भाषण,* प्रकाशन विभाग, नयी दिल्ली, पुनर्मुद्रण, 1970
41. महादेव भाई देसाई, *वीर वल्लभभाई,* सरदार पटेल यूनिवर्सिटी, वल्लभ विद्यानगर, प्रथम संस्करण, 1970

42. मेनन, वी.पी., *इंटीग्रेशन ऑफ़ द इंडियन स्टेट्स,* ओरिएंट ब्लैकस्वान प्रा. लि., नयी दिल्ली, 2016
43. गाँधी, राजमोहन, *पटेल : ए लाइफ,* नवजीवन पब्लिशिंग हाउस, अहमदाबाद, 2013 (पुनर्मुद्रण)
44. बंशी, डॉ. बलदेव, *एकता–अखण्डता की प्रतिमूर्ति सरदार पटेल,* सत्साहित्य प्रकाशन, दिल्ली, 2017
45. पारिख, नरहरि, *सरदार वल्लभभाई भाग–1,* नवजीवन प्रकाशन मन्दिर, अहमदाबाद, प्रथम संस्करण, 1950
46. परिख, नरहरि, *सरदार वल्लभभाई भाग–2,* नवजीवन प्रकाशन मन्दिर, अहमदाबाद, प्रथम संस्करण, 1956
47. *सरदार पटेल : सत्याग्रही से राजनीतिज्ञ–निर्देशक,* भारतीय अभिलेखागार, नयी दिल्ली, स्टेटसमैन प्रेस, नयी दिल्ली।
48. देसाई, नारायण, *सरदार और गाँधी जी,* सरदार पटेल राष्ट्रीय स्मारक, अहमदाबाद, प्रथम संस्करण, 1982
49. कुलसचिव, सरदार पटेल यूनिवर्सिटी, वल्लभ विद्यानगर, प्रथम संस्करण, 1978
50. पटेल, ईश्वर भाई, *सरदार वल्लभभाई पटेल,* चरोत्तर बुक्स, आनन्द, प्रथम संस्करण, 1974
51. दास, सेठ गोविन्द, *सरदार पटेल,* राजपाल एंड सन्स, नयी दिल्ली, द्वितीय संस्करण, 1969
52. गिरिकर, देव, *सरदार पटेल : चरित्र और काल,* भारत ग्रन्थमाला, पुणे, प्रथम संस्करण, 1971
53. शरण, गिरिराज, *पटेल ने कहा था,* प्रभात प्रतिष्ठान, नयी दिल्ली, प्रथम संस्करण, 1982
54. पटेल, जे. बाबूभाई, *स्वतन्त्र भारत का निर्माण,* सरदार पटेल स्मारक, अहमदाबाद, प्रथम संस्करण, 1983
55. शर्मा, धर्मपाल, राष्ट्रीय एकता के अग्रदूत, युगवार्ता प्रसंग लेख सेवा, नयी दिल्ली, प्रथम संस्करण, 1982
56. पटेल, मणिभाई एवं भाई, रावजी, *हिन्द के सरदार,* नवजीवन प्रकाशन मन्दिर, अहमदाबाद, प्रथम संस्करण, 1972
57. प्रभाकर, विष्णु, *सरदार वल्लभभाई पटेल,* नेशनल बुक ट्रस्ट, इंडिया, तृतीय संस्करण, 1982

58. *सरदार की सीख,* नवजीवन प्रकाशन मन्दिर, अहमदाबाद, प्रथम संस्करण, 1958
59. पारिख, नरहरि, *सरदार पटेल के भाषण,* उत्तम चन्द दीप चन्द शाह, नवजीवन प्रकाशन मन्दिर, अहमदाबाद, प्रथम संस्करण, 1950
60. पाठक, देवव्रत, *सरदार वल्लभभाई पटेल,* सरदार पटेल राष्ट्रीय स्मारक, अहमदाबाद, प्रथम संस्करण, 1981
61. मेहता, चन्द्रबहन, *अनन्य देशभक्त–महावीर या धर्मवीर वल्लभभाई,* सरदार पटेल राष्ट्रीय स्मारक, अहमदाबाद, पुनर्मुद्रण, 1981
62. शंकर, वी., *सरदार के सपनों का भारत एवं वास्तविकताएँ,* सरदार पटेल राष्ट्रीय स्मारक, अहमदाबाद, प्रथम संस्करण, 1982
63. पटेल, एच.एम., *सरदार पटेल की सर्वोमुखर राष्ट्रसेवा,* सरदार पटेल राष्ट्रीय स्मारक, अहमदाबाद, प्रथम संस्करण, 1982
64. *सरदार का मार्गदर्शन–कार्यकताओं को : नडियाद में व्याख्यान,* सरदार पटेल राष्ट्रीय स्मारक, अहमदाबाद, प्रथम संस्करण, 1982
65. पाठक, देवव्रत, नानूभाई पाठक एवं सेठ, प्रवीन नटवरलाल, *सरदार वल्लभभाई पटेल फ्रॉम सिविक टु नेशनल लीडरशिप,* नवजीवन पब्लिशिंग हाउस, अहमदाबाद, 1980
66. रेड्डी, डॉ. पी.एल. संजीव एवं मिश्र, प्रो. एस. एन., *सरदार वल्लभभाई पटेल : द नेशन बिल्डर,* इंडियन इंस्टीट्यूट ऑफ़ पब्लिक एडमिनिस्ट्रेशन, नयी दिल्ली, 2004
67. शरण, गिरिराज, *मैं पटेल बोल रहा हूँ* प्रभात प्रकाशन, नयी दिल्ली, 2012
68. व्यास, दीनानाथ, *सरदार वल्लभभाई पटेल,* आगरा, 1948
69. प्रसाद, डॉ. राजेन्द्र, *एट दी फीट ऑफ़ महात्मा गाँधी,* एशिया पब्लिशिंग हाउस, दिल्ली, 1962
70. हडसन ए.बी. (सं.), *द ग्रेट डिवाइड (ब्रिटेन–इंडिया–पाकिस्तान),* ऑक्सफ़ोर्ड सिटी प्रेस, कराची।
71. गुप्ता, सुनील एवं सिंह, कमल कुमार, *सुशासन,* नेशनल बुक ट्रस्ट, नयी दिल्ली, 2001
72. कमल, एम.पी., *सरदार वल्लभभाई पटेल,* राजा पॉकेट बुक्स, दिल्ली, 2008

73. मिश्रा, राजेश, *राजनीति विज्ञान : एक समग्र अध्ययन,* गोल्डन पीकॉक पब्लिकेशन, नयी दिल्ली, 2016
74. मेनन, वी.पी., *दि स्टोरी ऑफ़ दि इंटीग्रेशन ऑफ़ दि इंडियन स्टेट्स,* ओरिएंट लांगमैन, कलकत्ता, 1956
75. नेमा, डॉ. जी.पी., जैन, डॉ. राकेश एवं शर्मा, डॉ. हरिश्चन्द्र, *भारत में राज्यों की राजनीति,* कॉलेज बुक डिपो, जयपुर
76. गुप्ता, डॉ. मोहनलाल, *सरदार वल्लभभाई पटेल,* अरिहंत प्रकाशन, जोधपुर, 2015
77. अग्रवाल, मीना, *सरदार पटेल,* डायमण्ड बुक्स, नयी दिल्ली, 2014
78. शुक्ल, कमल, *लौहपुरुष सरदार पटेल,* अनिल प्रकाशन, दिल्ली, 2009
79. टण्डन, पी.डी., *भारत के कर्णधार,* साहित्य भवन प्रा.लि., इलाहाबाद, 1992
80. शाह, गुणवन्त, *द पीयरलेस सरदार,* नवजीवन पब्लिशिंग हाउस, अहमदाबाद, 2013
81. पटेल, बाबू भाई जशभाई, *संगठित भारत के निर्माता : सरदार वल्लभभाई पटेल*
82. देसाई, नीरूभाई, *वल्लभभईच्याजीवनाचे पैलू,* साधना सरदार पटेल विशेषांक, 1992
83. राजू, राज, *सरदार वल्लभभाई पटेल : अखण्ड भारत के निर्माता,* तुलसी साहित्य पब्लिकेशन, मेरठ, 2014
84. जैन, डॉ. हुकम चन्द एंड माली, डॉ. नारायण लाल, *राजस्थान का इतिहास, कला, संस्कृति, साहित्य, परम्परा एवं विरासत,* राजस्थान हिन्दी ग्रन्थ अकादमी प्रकाशन, जयपुर, 2017
85. त्रिपाठी, सत्येन्द्र, द्विवेदी, कृष्णदत्त, *भारतीय राष्ट्रवाद : स्वरूप और विकास,* विश्वविद्यालय प्रकाशन, वाराणसी, 1990
86. कोठारी, रजनी (सं.), *स्टेट एंड नेशन बिल्डिंग ए थर्ड वर्ल्ड पर्सपेक्टिव,* एलाइड पब्लिशर्स प्रा. लि., बाम्बे, 1976
87. सिंह, पृथ्वीनाथ एवं भगवान, हरि, *सामाजिक सौहार्द व विकास, अन्तरराष्ट्रीय सद्भावना वैश्विक मैत्री,* बिहार हिन्दी ग्रन्थ अकादमी, पटना, 2013
88. शुक्ला, कमल, *लौह पुरुष सरदार पटेल,* अनिल प्रकाशन, दिल्ली,1997

89. वर्मा, मकुट बिहारी, *लौहपुरुष सरदार पटेल,* द्वितीय संस्करण, प्रकाशन विभाग, नयी दिल्ली, 1996

शोध-पत्र एवं आलेख

1. टी. एन. चतुर्वेदी, *सरदार पटेल्स एडमिनिस्ट्रेटिव विज़न : सम रिफ़्लेक्शंस,* आईआईपीए, नयी दिल्ली, 2004
2. पी. आर. दुभाषी, *सरदार पटेल : एडमिनिस्ट्रेटर पार एक्सलैंस,* इंडियन इंस्टीट्यूट ऑफ़ पब्लिक एडमिनिस्ट्रेशन, नयी दिल्ली, 2004
3. मृत्युंजय दीक्षित, *आधुनिक भारत के निर्माता : लौहपुरुष सरदार पटेल,* 31 अक्टूबर 2015
4. राकेश कुमार आर्य, *भारतीय रियासतों का एकीकरण और पटेल,* 25 अगस्त 2012
5. डॉ. राधेश्याम द्विवेदी, *भारत में देशी रियासतें और उनका इतिहास,* 18 अगस्त 2016
6. रेहान फ़ज़ल, *कैसे बना हैदराबाद भारत का हिस्सा,* 31 जुलाई 2013
7. *ऐसा क्या किया पटेल ने,* दैनिक भास्कर, 28 अक्टूबर 2015
8. *चालीस दिन में किया विलय, रियासतों का विलय,* दैनिक भास्कर, 28 अक्टूबर 2015
9. शिरीष त्रिपाठी, *ये है स्वतन्त्रता के बाद भारतीय राज्यों के विलय की कहानी,* 9 फ़रवरी 2016 (TOPYAPS.com)
10. https//hi.wikipedia.org/wiki/*भारत का राजनीतिक एकीकरण,* 17 अप्रैल 2017
11. अनिरुद्ध जोशी 'शतायु', *भारत विभाजन से जुड़ी दस बातें,* Web Dunia 17 अप्रैल 2017

साक्षात्कार

1. माननीय श्री मोरारजी देसाई, भूतपूर्व प्रधानमन्त्री के साथ, ओशियाना, बम्बई, दिनांक 11–12 सितम्बर 1984
2. कुमारी मणिबेन वल्लभभाई पटेल के साथ, सरदार स्मारक भवन, अहमदाबाद, दिनांक 26 नवम्बर 1984
3. माननीय श्री बाबूभाई जशभाई पटेल के साथ, शाही बाग, अहमदाबाद, दिनांक 28 नवम्बर 1984

4. माननीय श्री मोरारजी देसाई, भूतपूर्व प्रधानमन्त्री के साथ, गुजरात विद्यापीठ, अहमदाबाद, दिनांक 19 जनवरी 1985
5. माननीय श्री त्रिभुवनदास किशी भाई पटेल के साथ, गुजरात राज्य कोऑपरेटिव फ़ेडरेशन के कार्यालय, अहमदाबाद, दिनांक 22 जनवरी 1985
6. माननीय श्री प्रभुदास पटवारी, पूर्व राज्यपाल तमिलनाडु के साथ, भद्रा, अहमदाबाद, दिनांक 28 जनवरी 1985
7. माननीय श्री बाबूभाई जशभाई पटेल के साथ, भद्रा, अहमदाबाद, दिनांक 1 फ़रवरी 1985
8. माननीय श्री हितेन्द्र भाई देसाई, डफनाला, अहमदाबाद, दिनांक 11 फ़रवरी 1985

Bibliography (English)

1. Abdul Mazid Khan, *Leader by Merit : A study of Sardar Patel including his speeches* , Lahore : Indian Printing Works, 1946
2. Ahluwalia, B.K. (edited), *Facets of Sardar Patel*, Delhi : Kalyani, 1974
3. Ahluwalia, B.K., *Sardar Patel : A Life*, New Delhi : Sagar Publication, 1974
4. Bakshi, S.R., *Sardar Patel : His Political Ideology*, New Delhi : Anmol, 1990
5. Bakshi, S.R., *Sardar Patel and Bardoli Satyagraha*, New Delhi : Deep and Deep, 1990
6. Biswas, Swapna, *Sardar Patel and Nation Building*, Vallabh Vidyanagar : Sardar Patel University, 1989
7. Campbell-Johnson, *Alan : Mission with Mountbatten*, Macmillan Publishing Company, 1985
8. Chopra, P.N. (edited), *The Collected works of Sardar Vallabhbhai Patel, 1918-25 : The Kheda Non-Cooperation Movement, Nagpur Flag Agitation and Borsad Satyagraha*, 1990
9. Chopra, P.N. (edited), *The Collected works of Sardar Vallabhbhai Patel (1926-29 : Flood relief in Gujarat and*

Historic Bardoli Satyagarha, Stosius Inc/Advent Books Division, 1992

10. Chopra, P.N., *Collected works of Sardar Vallabhbhai Patel*, Delhi : Konark, 1997
11. Chopra, P.N. and Prabha Chopra (edited), *Insise Story of Sardar Patel : The Dairy of Maniben Patel, 1936-50.* New Delhi : Vision Books, 2001
12. Chopra, P.N., *The Sardar of India : Bibliography of Vallabhbhai Patel*. New Delhi : Allied, 1995
13. Chopra, P.N. (edited), *Sardar Vallabhbhai Patel : Kashmir and Hyderabad*, Dehli : Konark, 2002
14. Chopra, P.N., *Sardar Patel a Photographic Album*, New Delhi : Aryan Books International, 2000
15. Dass, S.G., *Sardar Patel : A Biography,* Delhi : Ministry of Information and Broadcasting, 1967
16. Durga Das (edited*), Sardar Patel's Correspondence 1945-50*, Ahmedabad : Navjivan Publishing House, 1972
17. Dutt, Krishan, *Sardar Patel in the Bardoli Movement*, Meerut : Anu Books, 1986
18. Gandhi, M.K., *Letters to Sardar Vallabhabhai Patel*, Ahmedabad : Navjivan Publication House, 1957
19. Govind Dass, *Sardar Patel,* Delhi : Rajpal, 1981
20. Husain Zakir, *Educational Reconstruction in India : Sardar Vallabhbhai Patel Lectures*, New Delhi : Ministry of Information and Broadcasting, 1959 (D.P. Nayar's Collection)
21. Indian Ministry of Information and Boradcasting, *For a United India : Speeches of Sardar Patel 1947-50,* New Delhi : The Ministry, 1949
22. Jagmohan, All India Radio *Sardar Patel Memorial Lecture* : The Challenge of our Cities, *1983*
23. Jagjivan Ram, et.al., *Sardar Patel in new Perspective*, edited

by P.K. Ravindranath, Bombay : Sardar Patel Birth Century Celebration Committee, 1978

24. Jain, Rajula, *Vallabhbhai Patel and the Indian National Congress : A Study, 1934-39*
25. Khan A.H., *Sardar Vallabhbhai Patel (Rashtriya Charitra-16)* 2nd edition
26. Khan, Abdul Majid, *Life and Speeches of Sardar Vallabhbhai Patel*...Until his death 1951
27. Krishna, B., *Sardar Vallabhbhai Patel : India's Iron Man.* India : Harper Collins, 1997
28. Kulkarni, V.B., *Indian Triumvirate : A Political Biography of Mahatma Gandhi, Sardar Patel and Pandit Nehru,* Bombay : Bhartiya Vidya Bhavan, 1969
29. Kumar, Rabindra Nath P., *Role of Sardar Patel in the Integration of India*, Muzaffarpur : Prabha Publications, 1987
30. Kumar, Rabindra Nath P., *Role of Sardar Patel : A New Perspective,* Bombay : Sardar Patel Celebrations Committee, 1978
31. Kumar, Rabindra, *Sardar Vallabhbhai Patel and Comrade Mao-Tse-Tung : A Comparative Study with reference to Peasantry*, New Delhi : Mittal, 1999
32. Kumar, Rabindra, *Sardar Vallabhbhai Patel : A Recollection,* New Delhi : Atlantic, 1990
33. Lyon, Michael H., *Sardar Patel and Indian Independence,* Delhi : Konark, 1996
34. Menon, V.P., *Integration of the Indian States*,Orient Blackswan Private Limited, New Delhi, 2016
35. Murthi, R.K., *Sardar Patel : The Man and His Contemporaries* New Delhi : Sterling, 1976
36. Nandurkar, G.M., *Sardar Patel : In Tune with Millions,* Ahmedabad : Sardar Vallabhbhai Patel Smarak Bhawan, 1976

37. Punjabi, Kewal L., *Indomitable Sardar : A Political Biography of Sardar Vallabhbhai Patel,* Bombay : Bhartiya Vidya Bhawan, 1962
38. Parikh, Narhari D., *Sardar Vallabhbhai Patel,*. Ahmedabad : NavJivan Publishing House, 1953
39. Patel, I.J., *Sardar Vallabhbhai Patel*, New Delhi, Ministry of Information and Broadcasting, 1985
40. Patel, P.H., *Sardar Patel : India's Man of Destiny.* Bombay : Asian Court, 1964
41. Patel, Sardar Vallabhbhai, *Enduring relevance of Sardar Patel*, New Delhi : Publications Division, 1993
42. Patel, Sardar Vallabhbhai, *For a United India : Speeches of Sardar Patel (1947-50),* New Delhi : Publications Division, 1967
43. Saggi, P.D., *Vallabhbhai Patel : Life and Works of Sardar Vallabhbhai Patel.* Bombay : Overseas Publishing House, 2010
44. Patel, Sardar Vallabhbhai, *Sardar Patel*, Delhi : Adhunik, 1993
45. Patel, Sardar Vallabhbhai, *Sardar Vallabhbhai Patel*, 2nd ed. Delhi: Sahitya Kendra, 1976
46. Shankar, V., *Selected Correspondence of Sardar Patel 1945-50,* Ahmedabad : Navjivan Publishing House, 1971
47. Pathak, Devvrat Nanubhai and Pravin Sheth, *Sardar Vallabhbhai Patel : From Civic to National Leadership*, Ahmedabad : Navjivan Publishing House, 1980
48. Prabhakar, Vishnu, *Sardar Vallabhbhai Patel*, New Delhi : National Book Trust, 1996
49. Rana, Bhawaan Singh, *Sardar Vallabhbhai Patel*, New Delhi : Bhartiya Granth Niketan, 1990
50. Reddy, P.L. Sanjeev (edited), *Sardar Vallabhbhai Patel : The Nation Builder*, New Delhi : Indian Institute of Public Administration, 2004

51. Saggi, P.D., *A Nation's Homage : Life and Work of Sardar Vallabhbhai Patel*, Bombay : Overseas Publishing House, 1953
52. *Sardar Patel*, New Delhi : Publication Division, 1975
53. *Sardar Patel and Indian Independence*, 1996
54. Sarin, L.N., *Sardar Patel*, New Delhi : S. Chand, 1972
55. Sethi, Hiralal, *Iron Dictator : A Biographical study of Gandhi's Greatest General Sardar Vallabhbhai patel*, 3rd ed, Lahore : Hero, 1945
56. Shankar Dass, Rani Dhavan, *Vallabhbhai Patel : Power and Organization in Indian Politics*, Orient Longman, 1988.
57. Sheth Ketaki and Raghubir Singh, *Twin Spotting : Patel twins in Britain and India*, Atrium Books
58. Singh, G.P., ed., *Sardar Patel : The Working of his Mind*, Delhi : Rajhans Publications, 1949
59. Singh, L.P., *Sardar Patel and the Indian Administrative System*, Surat : South Gujarat University, 1986. (Sadar Patel Memorial Lecture Series, No. 1)
60. Singh, L.P., *Sardar Patel and the Indian Administration*, New Delhi : Uppal, 1987
61. Singh, L.P., *Fourth Sardar Patel Memorial Lecture*, Hyderabad : Sardar Vallabhbhai Patel National Police Academy, 1987
62. Singh, Mubarak, *Sardar Vallabhbhai Patel, The Man of Few Words and Many Triumphs*, Lahore : Associated Publishing House, 1945
63. Surendra Kumar, *Sardar Patel*. New Delhi : S.K. Publisher, 1991
64. Tendulkar, Vijay, *Last days of Sardar Patel : Original Film Script for Ketan Mehta's Sardar*, Bombay : Popular, 1993
65. Tendulkar, Vijay, *The Last days of Sardar Patel and Mime Players : Two Screen-Plays*, New Delhi : Permanent Black, 2001
66. Tiwari, Arya Ramchandra G., *Making of the Leader : Sardar Vallabhbhai Patel : His role in the Ahmedabad Municipality 1917-22*, Vallabh Vidyanagar : Sardar Patel University, 1967

67. Zakaria, R., *Sardar Patel and Indian Muslims*, Bhartiya Vidyabhavan, Bombay, 2001

भारत के राष्ट्रीय अभिलेखागार से मूल दस्तावेज़, नयी दिल्ली–

1. Home Deptt-Political 1918 (General) F.No. 23/27/18 Poll.
2. F.N. 18 of November 1921, Branch-B.
3. F.No. 1/May/1928/Poll.
4. F.No. 5/73/1932/Poll.
5. F.No. 27/4/1934/Poll.
6. F.No. 32/Au gust/1931/Poll.
7. F.No. 302/31/August/Poll.
8. F.No. 3/33/42/Poll.
9. F.No. 22/32/34/Poll.
10. F.No. 4/41/Poll.

सरदार पटेल को लिखे कुद महत्त्वपूर्ण पत्र–

1. चौधरी चरण सिंह	15.12.1980
2. श्री वी.वी. वर्गीज	26.02.1981
3. श्री मोरारजी देसाई	06.11.1984
4. श्री अकबर अली खान	14.11.1984
5. श्री उत्तम चन्दशाह	27.11.1984
6. श्री माधव लाल बी. शाह	29.11.1984
7. श्री मोहन पारिख	03.12.1984
8. श्री उत्तम चन्द शाह	11.12.1984
9. श्री कनुभाई गाँधी	12.12.1984
10. श्री छगन लाल जोशी	15.12.1984
11. श्री पुरुषोत्तम गाँधी	18.12.1984
12. श्री दिलकुश भाई दीवानगी	20.12.1984
13. श्री वीरेन्द्र वर्मा	30.12.1984
14. श्री बाबू लाल पटेल	10.01.1985
15. डॉ. हरि सिंह	05.06.1985

16. श्री मोरारजी देसाई 19.07.1985
17. श्री शान्ता कुमार 20.07.1985
18. श्री बाबू भाई पटेल 22.07.1985
19. चौधरी चरण सिंह 25.07.1985
20. श्री एस. निज लिंगप्पा 07.10.1985

❏❏